**ROBINSON SAKIYAMA BARREIRINHAS
E HENRIQUE R. SUBI**

4ª EDIÇÃO 2021

OAB 2ª FASE

PRÁTICA EMPRESARIAL

COMO PASSAR

Modelos de Peças Práticas

Questões Discursivas

Conteúdo On-line

Exercícios Práticos
OAB/Exame Unificado
Resolvidos pela OAB

Peças Prático-Profissionais
OAB/Exame Unificado
Resolvidos

WANDER GARC
ANA PAULA G
COORDENADORES DA CO

EDITORA FOCO

2021 © Editora Foco

Coordenador: Wander Garcia
Cocordenadora: Ana Paula Garcia
Autores: Robinson Barreirinhas e Henrique Subi
Editor: Roberta Densa
Diretor Acadêmico: Leonardo Pereira
Assistente editorial: Paula Morishita
Revisora Sênior: Georgia Dias
Projeto Gráfico: R2 Editorial
Diagramação: Ladislau Lima
Capa: Leonardo Hermano
Impressão e acabamento: GRÁFICA GRAFNORTE

Dados Internacionais de Catalogação na Publicação (CIP) de acordo com ISBD

B271c   Barreirinhas, Robinson

Como passar na OAB 2ª fase: prática empresarial / Robinson Barreirinhas, Henrique R. Subi ; organizado por Wander Garcia, Ana Paula Garcia. - 4. ed. - Indaiatuba, SP : Editora Foco, 2021.

336 p. : 16cm x 23cm.

Inclui índice e bibliografia

ISBN: 978-65-5515-293-7

1. Direito. 2. Ordem dos Advogados do Brasil - OAB. 3. Exame de Ordem. 4. Empresarial. I. Subi, Henrique R. II. Garcia, Wander. III. Garcia, Ana Paula. IV. Título.

2021-489   CDD 340   CDU 34

Elaborado por Odilio Hilario Moreira Junior - CRB-8/9949

Índices para Catálogo Sistemático:

1. Direito 340   2. Direito 34

DIREITOS AUTORAIS: É proibida a reprodução parcial ou total desta publicação, por qualquer forma ou meio, sem a prévia autorização da Editora Foco, com exceção do teor das questões de concursos públicos que, por serem atos oficiais, não são protegidas como Direitos Autorais, na forma do Artigo 8º, IV, da Lei 9.610/1998. Referida vedação se estende às características gráficas da obra e sua editoração. A punição para a violação dos Direitos Autorais é crime previsto no Artigo 184 do Código Penal e as sanções civis às violações dos Direitos Autorais estão previstas nos Artigos 101 a 110 da Lei 9.610/1998.

NOTAS DA EDITORA:

Atualizações do Conteúdo: A presente obra é vendida como está, atualizada até a data do seu fechamento, informação que consta na página II do livro. Havendo a publicação de legislação de suma relevância, a editora, de forma discricionária, se empenhará em disponibilizar atualização futura. Os comentários das questões são de responsabilidade dos autores.

Bônus ou Capítulo *On-line*: Excepcionalmente, algumas obras da editora trazem conteúdo extra no on-line, que é parte integrante do livro, cujo acesso será disponibilizado durante a vigência da edição da obra.

Erratas: A Editora se compromete a disponibilizar no site www.editorafoco.com.br, na seção Atualizações, eventuais erratas por razões de erros técnicos ou de conteúdo. Solicitamos, outrossim, que o leitor faça a gentileza de colaborar com a perfeição da obra, comunicando eventual erro encontrado por meio de mensagem para contato@editorafoco.com.br. O acesso será disponibilizado durante a vigência da edição da obra.

Impresso no Brasil (05.2021)   Data de Fechamento (05.2021)

2021
Todos os direitos reservados à
Editora Foco Jurídico Ltda.
Avenida Itororó, 348 – Sala 05 – Cidade Nova
CEP 13334-050 – Indaiatuba – SP

E-mail: contato@editorafoco.com.br
www.editorafoco.com.br

APRESENTAÇÃO

Após anos dedicados ao estudo do direito, das leis, dos mais diversos modelos e resultados de interpretação, nos tornamos pouco a pouco mais conservadores, desenvolvemos um certo apego à ordem e à previsibilidade. A segurança jurídica que nos é apresentada como conceito vago no início da Graduação, ganha forma, contexto e valor para quem pretende o exercício da advocacia.

Esse livro foi feito para você, bacharel em Direito que busca a aprovação no Exame de Ordem dos Advogados do Brasil. Com o objetivo de te auxiliar na construção do seu sonho idealizamos uma obra científica que fosse capaz de concentrar as mais recentes provas e questões apresentadas nos últimos exames realizados no Brasil.

Você acaba de adquirir um exemplar totalmente renovado, revisado e com as mais preciosas dicas e sugestões idealizadas especialmente para a sua preparação para o exame que te concederá autorização para o exercício de uma fundamental carreira essencial à função jurisdicional.

É sabido que o efetivo exercício da advocacia, pública ou particular, depende da aprovação no Exame de Ordem, que felizmente está consagrado em nosso cenário jurídico, pois é inegavelmente reconhecido como ferramenta básica para o ingresso de profissionais de qualidade no mercado de trabalho.

Foi justamente visando a melhor preparação dos nossos profissionais que essa obra foi idealizada. Fruto de parceria entre os professores Robinson Barreirinhas e Henrique R. Subi, a obra se vale de conceitos técnicos e jurídicos para o auxílio do examinando em sua adequada preparação e consequente concretização de um sonho.

Nosso objetivo primordial é o seu sucesso!

SUMÁRIO

ORIENTAÇÕES AO EXAMINANDO VII

1. PROVIMENTOS CFOAB 144/2011, 156/2013 E 174/2016: O NOVO EXAME DE ORDEM VII
2. PONTOS A SEREM DESTACADOS NO EDITAL DO EXAME X
   - 2.1. Materiais/procedimentos permitidos e proibidos X
   - 2.2. Legislação nova e legislação revogada...XI
   - 2.3. Critérios de correção...XI
3. DICAS DE COMO ESTUDAR XII
   - 3.1. Tenha calma XII
   - 3.2. Tenha em mãos todos os instrumentos de estudo e treinamento...........................XIII
   - 3.3. 1º Passo – Leitura dos enunciados das provas anteriores XIII
   - 3.4. 2º Passo – Reconhecimento das leis XIV
   - 3.5. 3º Passo – Estudo holístico dos exercícios práticos (questões discursivas).........XIV
   - 3.6. 4º Passo – Estudo holístico das peças práticas (peças prático-profissionais) XV
   - 3.7. 5º Passo – Verificar o que faltou XV
   - 3.8. Dicas finais para resolver os problemas..XVI
   - 3.9. Dicas finais para o dia da prova XVI

EXERCÍCIOS PRÁTICOS.. 1

1. EXERCÍCIOS PRÁTICOS.. 1
   - 1.1. SOCIEDADES LIMITADAS.. 1
   - 1.2. SOCIEDADES POR AÇÕES.. 25
   - 1.3. SOCIETÁRIO – OUTRAS MATÉRIAS 47
   - 1.4. NOME EMPRESARIAL... 68
   - 1.5. ESTABELECIMENTO... 70
   - 1.6. TÍTULOS DE CRÉDITO 75
   - 1.7. FALÊNCIA... 123
   - 1.8. RECUPERAÇÃO DE EMPRESAS 137
   - 1.9. PROPRIEDADE INDUSTRIAL 146
   - 1.10. EMPRESÁRIO 155
   - 1.11. CONTRATOS EMPRESARIAIS.. 159
   - 1.12. LOCAÇÕES EMPRESARIAIS.. 183
   - 1.13. OUTRAS MATÉRIAS.. 190

VI

PEÇAS PRÁTICO-PROFISSIONAIS 203

1. TEORIA GERAL DO DIREITO EMPRESARIAL 203
    AÇÃO DE OBRIGAÇÃO DE NÃO FAZER C/C PEDIDO DE TUTELA DE URGÊNCIA 207
    INCIDENTE DE DESCONSIDERAÇÃO DA PERSONALIDADE JURÍDICA 212
    AÇÃO RENOVATÓRIA DE LOCAÇÃO NÃO RESIDENCIAL 218
    MODELO: AÇÃO RENOVATÓRIA DE CONTRATO DE LOCAÇÃO 223
    AÇÃO RENOVATÓRIA DE CONTRATO DE LOCAÇÃO 223

2. DIREITO SOCIETÁRIO 227
    AÇÃO DE DISSOLUÇÃO PARCIAL DE SOCIEDADE SIMPLES 229
    AÇÃO DE DISSOLUÇÃO PARCIAL CUMULADA COM PEDIDO DE APURAÇÃO DE HAVERES 235
    EXECUÇÃO DE TÍTULO EXTRAJUDICIAL 239
    MODELO: PETIÇÃO INICIAL DE AÇÃO ORDINÁRIA CONDENATÓRIA 243
    AÇÃO ORDINÁRIA CONDENATÓRIA 244
    MODELO: RÉPLICA 249

3. TÍTULOS DE CRÉDITO 252
    AÇÃO DE CANCELAMENTO DE PROTESTO 254
    AÇÃO DE EXECUÇÃO POR QUANTIA CERTA 259
    AÇÃO DE COBRANÇA 265
    EMBARGOS À EXECUÇÃO 270
    AÇÃO MONITÓRIA 276
    RESOLUÇÃO DA PEÇA PRÁTICO-PROFISSIONAL 280
    EXECUÇÃO DE TÍTULO EXTRAJUDICIAL 281

4. DIREITO FALIMENTAR 283
    AGRAVO DE INSTRUMENTO 286
    RAZÕES DO AGRAVO DE INSTRUMENTO 286
    AÇÃO REVOCATÓRIA COM PEDIDO DE TUTELA DE URGÊNCIA 295
    PEDIDO DE RECUPERAÇÃO JUDICIAL 302
    PEDIDO DE FALÊNCIA 309
    RESOLUÇÃO DA PEÇA PRÁTICO-PROFISSIONAL 313
    HABILITAÇÃO DE CRÉDITO RETARDATÁRIA 313

ORIENTAÇÕES
AO EXAMINANDO

1. Provimentos CFOAB 144/2011, 156/2013 e 174/2016: o Novo Exame de Ordem

O Conselho Federal da Ordem dos Advogados do Brasil (OAB), publicou em novembro de 2013 o Provimento 156/2013 que alterou o Provimento 144/2011, estabelecendo as normas e diretrizes do Exame de Ordem. Confira o texto integral do provimento, com as alterações dadas pelos provimentos 167/2015 e 172 e 174/2016:

PROVIMENTO Nº 144, de 13 de junho de 2011, com as alterações dada pelos Provimentos 156/2013 e 174/2016.
Dispõe sobre o Exame de Ordem.

O CONSELHO FEDERAL DA ORDEM DOS ADVOGADOS DO BRASIL, no uso das atribuições que lhe são conferidas pelos arts. 8º, § 1º, e 54, V, da Lei n. 8.906, de 4 de julho de 1994 – Estatuto da Advocacia e da OAB, tendo em vista o decidido nos autos da Proposição n. 2011.19.02371-02, resolve:

CAPÍTULO I
DO EXAME DE ORDEM
Art. 1º O Exame de Ordem é preparado e realizado pelo Conselho Federal da Ordem dos Advogados do Brasil – CFOAB, mediante delegação dos Conselhos Seccionais. § 1º A preparação e a realização do Exame de Ordem poderão ser total ou parcialmente terceirizadas, ficando a cargo do CFOAB sua coordenação e fiscalização.
§ 2º Serão realizados 03 (três) Exames de Ordem por ano.

CAPÍTULO II
DA COORDENAÇÃO NACIONAL DE EXAME DE ORDEM
Art. 2º É criada a Coordenação Nacional de Exame de Ordem, competindo-lhe organizar o Exame de Ordem, elaborar-lhe o edital e zelar por sua boa aplicação, acompanhando e supervisionando todas as etapas de sua preparação e realização. (NR. Ver Provimento n. 156/2013)
Art. 2º-A. A Coordenação Nacional de Exame de Ordem será designada pela Diretoria do Conselho Federal e será composta por:
I – 03 (três) Conselheiros Federais da OAB;
II – 03 (três) Presidentes de Conselhos Seccionais da OAB;
III – 01 (um) membro da Escola Nacional da Advocacia;
IV – 01 (um) membro da Comissão Nacional de Exame de Ordem;
V – 01 (um) membro da Comissão Nacional de Educação Jurídica;

PRÁTICA EMPRESARIAL – 4ª EDIÇÃO

VI – 02 (dois) Presidentes de Comissão de Estágio e Exame de Ordem de Conselhos Seccionais da OAB. Parágrafo único. A Coordenação Nacional de Exame de Ordem contará com ao menos 02 (dois) membros por região do País e será presidida por um dos seus membros, por designação da Diretoria do Conselho Federal. (NR. Ver Provimento n.50/2013)

CAPÍTULO III
DA COMISSÃO NACIONAL DE EXAME DE ORDEM, DA COMISSÃO NACIONAL DE EDUCAÇÃO JURÍDICA, DO COLÉGIO DE PRESIDENTES DE COMISSÕES DE ESTÁGIO E EXAME DE ORDEM E DAS COMISSÕES DE ESTÁGIO E EXAME DE ORDEM

Art. 3º À Comissão Nacional de Exame de Ordem e à Comissão Nacional de Educação Jurídica compete atuar como órgãos consultivos e de assessoramento da Diretoria do CFOAB.

Art. 4º Ao Colégio de Presidentes de Comissões de Estágio e Exame de Ordem compete atuar como órgão consultivo e de assessoramento da Coordenação Nacional de Exame de Ordem.

Art. 5º Às Comissões de Estágio e Exame de Ordem dos Conselhos Seccionais compete fiscalizar a aplicação da prova e verificar o preenchimento dos requisitos exigidos dos examinandos quando dos pedidos de inscrição, assim como difundir as diretrizes e defender a necessidade do Exame de Ordem.

CAPÍTULO IV
DOS EXAMINANDOS

Art. 6º A aprovação no Exame de Ordem é requisito necessário para a inscrição nos quadros da OAB como advogado, nos termos do art. 8º, IV, da Lei 8.906/1994.

§ 1º Ficam dispensados do Exame de Ordem os postulantes oriundos da Magistratura e do Ministério Público e os bacharéis alcançados pelo art. 7º da Resolução n. 02/1994, da Diretoria do CFOAB. (NR. Ver Provimento n. 167/2015).

§ 2º Ficam dispensados do Exame de Ordem, igualmente, os advogados públicos aprovados em concurso público de provas e títulos realizado com a efetiva participação da OAB até a data da publicação do Provimento n. 174/2016-CFOAB. (NR. Ver Provimento n. 174/2016).

§ 3º Os advogados enquadrados no § 2º do presente artigo terão o prazo de 06 (seis) meses, contados a partir da data da publicação do Provimento n. 174/2016-CFOAB, para regularização de suas inscrições perante a Ordem dos Advogados do Brasil. (NR. Ver Provimento n. 174/2016)

Art. 7º O Exame de Ordem é prestado por bacharel em Direito, ainda que pendente sua colação de grau, formado em instituição regularmente credenciada.

§ 1º É facultado ao bacharel em Direito que detenha cargo ou exerça função incompatível com a advocacia prestar o Exame de Ordem, ainda que vedada a sua inscrição na OAB.

§ 2º Poderá prestar o Exame de Ordem o portador de diploma estrangeiro que tenha sido revalidado na forma prevista no art. 48, § 2º, da Lei n. 9.394, de 20 de dezembro de 1996.

§ 3º Poderão prestar o Exame de Ordem os estudantes de Direito dos últimos dois semestres ou do último ano do curso. (NR. Ver Provimento n. 156/2013)

CAPÍTULO V
DA BANCA EXAMINADORA E DA BANCA RECURSAL

Art. 8º A Banca Examinadora da OAB será designada pelo Coordenador Nacional do Exame de Ordem. Parágrafo único. Compete à Banca Examinadora elaborar o Exame de Ordem ou atuar em conjunto com a pessoa jurídica contratada para a preparação, realização e correção das provas, bem como homologar os respectivos gabaritos. (NR. Ver Provimento n. 156/2013)

Art. 9º À Banca Recursal da OAB, designada pelo Coordenador Nacional do Exame de Ordem, compete decidir a respeito de recursos acerca de nulidade de questões, impugnação de gabaritos e pedidos de revisão de notas, em decisões de caráter irrecorrível, na forma do disposto em edital. (NR. Ver Provimento n. 156/2013)

§ 1º É vedada, no mesmo certame, a participação de membro da Banca Examinadora na Banca Recursal.

§ 2º Aos Conselhos Seccionais da OAB são vedadas a correção e a revisão das provas.

§ 3º Apenas o interessado inscrito no certame ou seu advogado regularmente constituído poderá apresentar impugnações e recursos sobre o Exame de Ordem. (NR. Ver Provimento n. 156/2013)

IX
ORIENTAÇÕES AO EXAMINANDO – OAB 2ª FASE

Art. 10. Serão publicados os nomes e nomes sociais daqueles que integram as Bancas Examinadora e Recursal designadas, bem como os dos coordenadores da pessoa jurídica contratada, mediante forma de divulgação definida pela Coordenação Nacional do Exame de Ordem. (NR. Ver Provimento n. 172/2016)
§ 1º A publicação dos nomes referidos neste artigo ocorrerá até 05 (cinco) dias antes da efetiva aplicação das provas da primeira e da segunda fases. (NR. Ver Provimento n. 156/2013)
§ 2º É vedada a participação de professores de cursos preparatórios para Exame de Ordem, bem como de parentes de examinandos, até o quarto grau, na Coordenação Nacional, na Banca Examinadora e na Banca Recursal. (NR. Ver Provimento n. 156/2013)

CAPÍTULO VI
DAS PROVAS

Art. 11. O Exame de Ordem, conforme estabelecido no edital do certame, será composto de 02 (duas) provas:
I – prova objetiva, sem consulta, de caráter eliminatório;
II – prova prático-profissional, permitida, exclusivamente, a consulta a legislação, súmulas, enunciados, orientações jurisprudenciais e precedentes normativos sem qualquer anotação ou comentário, na área de opção do examinando, composta de 02 (duas) partes distintas;
a) redação de peça profissional;
b) questões práticas, sob a forma de situações-problema.
§ 1º A prova objetiva conterá no máximo 80 (oitenta) questões de múltipla escolha, sendo exigido o mínimo de 50% (cinquenta por cento) de acertos para habilitação à prova prático-profissional, vedado o aproveitamento do resultado nos exames seguintes.
§ 2º Será considerado aprovado o examinando que obtiver, na prova prático-profissional, nota igual ou superior a 06 (seis) inteiros, vedado o arredondamento.
§ 3º Ao examinando que não lograr aprovação na prova prático-profissional será facultado computar o resultado obtido na prova objetiva apenas quando se submeter ao Exame de Ordem imediatamente subsequente. O valor da taxa devida, em tal hipótese, será definido em edital, atendendo a essa peculiaridade. (NR. Ver Provimento n. 156/2013)
§ 4º O conteúdo das provas do Exame de Ordem contemplará as disciplinas do Eixo de Formação Profissional, de Direitos Humanos, do Estatuto da Advocacia e da OAB e seu Regulamento Geral e do Código de Ética e Disciplina, podendo contemplar disciplinas do Eixo de Formação Fundamental. (NR. Ver Provimento n. 156/2013)
§ 5º A prova objetiva conterá, no mínimo, 15% (quinze por cento) de questões versando sobre Estatuto da Advocacia e seu Regulamento Geral, Código de Ética e Disciplina, Filosofia do Direito e Direitos Humanos. (NR. Ver Provimento n. 156/2013)

CAPÍTULO VII
DAS DISPOSIÇÕES FINAIS

Art. 12. O examinando prestará o Exame de Ordem no Conselho Seccional da OAB da unidade federativa na qual concluiu o curso de graduação em Direito ou na sede do seu domicílio eleitoral.
Parágrafo único. Uma vez acolhido requerimento fundamentado, dirigido à Comissão de Estágio e Exame de Ordem do Conselho Seccional de origem, o examinando poderá realizar as provas em localidade distinta daquela estabelecida no *caput*.
Art. 13. A aprovação no Exame de Ordem será declarada pelo CFOAB, cabendo aos Conselhos Seccionais a expedição dos respectivos certificados.
§ 1º O certificado de aprovação possui eficácia por tempo indeterminado e validade em todo o território nacional.
§ 2º O examinando aprovado somente poderá receber seu certificado de aprovação no Conselho Seccional onde prestou o Exame de Ordem, pessoalmente ou por procuração.
§ 3º É vedada a divulgação de nomes e notas de examinados não aprovados.
Art. 14. Fica revogado o Provimento n. 136, de 19 de outubro de 2009, do Conselho Federal da Ordem dos Advogados do Brasil.
Art. 15. Este Provimento entra em vigor na data de sua publicação, revogadas as disposições em contrário.

Ophir Cavalcante Junior
Presidente
Marcus Vinicius Furtado Coêlho
Conselheiro Federal – Relator

2. Pontos a serem destacados no edital do exame

2.1. Materiais/procedimentos permitidos e proibidos

O Edital do Exame Unificado da OAB vem adotando as seguintes regras em relação aos materiais:

MATERIAL/PROCEDIMENTOS PERMITIDOS

- Legislação não comentada, não anotada e não comparada.
- Códigos, inclusive os organizados que não possuam índices temáticos estruturando roteiros de peças processuais, remissão doutrinária, jurisprudência, informativos dos tribunais ou quaisquer comentários, anotações ou comparações.
- Leis de Introdução dos Códigos.
- Instruções Normativas.
- Índice remissivo.
- Exposição de Motivos.
- Súmulas.
- Enunciados.
- Orientações Jurisprudenciais.
- Regimento Interno.
- Resoluções dos Tribunais.
- Simples utilização de marca-texto, traço ou simples remissão a artigos ou a lei.
- Separação de códigos por clipes e/ou por cores, providenciada pelo próprio examinando, sem nenhum tipo de anotação manuscrita ou impressa nos recursos utilizados para fazer a separação.
- Utilização de separadores de códigos fabricados por editoras ou outras instituições ligadas ao mercado gráfico, desde que com impressão que contenha simples remissão a ramos do Direito ou a leis.

Observação: As remissões a artigo ou lei são permitidas apenas para referenciar assuntos isolados. Quando for verificado pelo fiscal advogado que o examinando se utilizou de tal expediente com o intuito de burlar as regras de consulta previstas neste edital, formulando palavras, textos ou quaisquer outros métodos que articulem a estrutura de uma peça jurídica, o uso do material será impedido, sem prejuízo das demais sanções cabíveis ao examinando.

MATERIAL/PROCEDIMENTOS PROIBIDOS

Códigos comentados, anotados, comparados ou com organização de índices temáticos estruturando roteiros de peças processuais.

Jurisprudências.

Anotações pessoais ou transcrições.

Cópias reprográficas (xerox).

Utilização de marca-texto, traços, post-its ou remissões a artigos ou a lei de forma a estruturar roteiros de peças processuais e/ou anotações pessoais.

Impressos da Internet.

Informativos de Tribunais.

Livros de Doutrina, revistas, apostilas, calendários e anotações.

Dicionários ou qualquer outro material de consulta.

Legislação comentada, anotada ou comparada.

Súmulas, Enunciados e Orientações Jurisprudenciais comentados, anotados ou comparados.

Quando possível, a critério do fiscal advogado e dos representantes da Seccional da OAB presentes no local, poderá haver o isolamento dos conteúdos proibidos, seja por grampo, fita adesiva, destacamento ou qualquer outro meio. Caso, contudo, seja constatado que a obra possui trechos proibidos de forma aleatória ou partes tais que inviabilizem o procedimento de isolamento retromencionado, o examinando poderá ter seu material recolhido pela fiscalização, sendo impedido seu uso.

Os materiais que possuírem conteúdo proibido não poderão ser utilizados durante a prova prático-profissional, sendo garantida ao fiscal advogado a autonomia de requisitar os materiais de consulta para nova vistoria minuciosa durante todo o tempo de realização do Exame.

O examinando que, durante a aplicação das provas, estiver portando e/ou utilizando material proibido, ou se utilizar de qualquer expediente que vise burlar as regras deste edital, especialmente as concernentes aos materiais de consulta, terá suas provas anuladas e será automaticamente eliminado do Exame.

Por fim, é importante que o examinando leia sempre o edital publicado, pois tais regras podem sofrer algumas alterações a cada exame.

2.2. Legislação nova e legislação revogada

Segundo o edital do exame, "legislação com entrada em vigor após a data de publicação deste edital, bem como alterações em dispositivos legais e normativos a ele posteriores não serão objeto de avaliação nas provas do Exame de Ordem".

Repare que há dois marcos: a) data da entrada em vigor da lei (não é a data da publicação da lei, mas a data em que esta entra em vigor); b) data da publicação do edital.

Portanto, atente para esse fato quando for estudar.

2.3. Critérios de correção

Quando você estiver redigindo qualquer questão, seja um exercício prático (questão discursiva), seja uma peça prático-profissional (peça), lembre-se de que serão levados em conta, para os dois casos, os seguintes critérios previstos no Edital:

a) adequação das respostas ao problema apresentado;
  - peça inadequada (inepta, procedimento errado): nota zero;
  - resposta incoerente ou ausência de texto: nota zero;

b) vedação de identificação do candidato;
  - o caderno de textos definitivos não poderá ser assinado, rubricado ou conter qualquer palavra ou marca que o identifique em outro local que não o apropriado (capa do caderno), sob pena de ser anulado;

c) prova deve ser manuscrita, em letra legível, com caneta esferográfica de tinta azul ou preta;
  - letra ilegível: nota zero;

d) respeito à extensão máxima;
  - 150 linhas na peça processual / 30 linhas em cada questão;
  - fragmento de texto fora do limite: será desconsiderado;

e) respeito à ordem de transcrição das respostas;

PRÁTICA EMPRESARIAL – 4ª EDIÇÃO

f) caso a prova exija assinatura, deve-se usar:

ADVOGADO...

- Penas para o desrespeito aos itens "e" e "f": nota zero;

g) nas peças/questões, examinando deve incluir todos dados necessários, sem identificação e com o nome do dado seguido de reticências:

- Ex: Município..., Data..., OAB...;
- Omissão de dados: descontos na pontuação;

Por outro lado, apesar de não previstos textualmente no edital, temos percebido que a examinadora tem adotando, também, os seguintes critérios:

a) objetividade;

- as respostas devem ser claras, com frases e parágrafo curtos, e sempre na ordem direta;

b) organização;

- as respostas devem ter começo, meio e fim; um tema por parágrafo; e divisão em tópicos (na peça processual);

c) coesão textual;

- um parágrafo deve ter ligação com o outro; assim, há de se usar os conectivos (dessa forma, entretanto, assim, todavia...);

d) correção gramatical;

- troque palavras que você não conheça, por palavras que você conheça;
- leia o texto que você escreveu;

e) quantidade de fundamentos;

- Cite a premissa maior (lei), a premissa menor (fato concreto) e chegue a uma conclusão (subsunção do caso à norma e sua aplicação);
- Traga o maior número de fundamentos pertinentes; há questões que valem 1,25 pontos, sendo 0,25 para cada fundamento trazido; o examinando que fundamenta sua resposta num ponto só acaba por tirar nota 0,25 numa questão desse tipo;
- Tempestade de ideias; criatividade; qualidade + quantidade;

f) indicação do nome do instituto jurídico aplicável e/ou do princípio aplicável;

g) indicação do dispositivo legal aplicável;

- Ex: para cada fundamento usando pelo examinando, é NECESSÁRIO citar o dispositivo legal em que se encontra esse fundamento, sob pena de perder até 0,5 ponto, a depender do caso;

h) indicação do entendimento doutrinário aplicável;

i) indicação do entendimento jurisprudencial aplicável;

j) indicação das técnicas interpretativas;

- Ex: interpretação sistemática, teleológica etc.

3. Dicas de como estudar

3.1. Tenha calma

Em primeiro lugar, é preciso ter bastante calma. Quem está para fazer a 2ª fase do Exame de Ordem já está, literalmente, com meio caminho andado.

A diferença é que, agora, você não terá mais que saber uma série de informações sobre as mais de quinze principais disciplinas do Direito cobradas na 1ª fase. Agora você fará uma prova delimitada, na qual aparecem questões sobre um universo muito menor que o da 1ª fase.

XIII   ORIENTAÇÕES AO EXAMINANDO – OAB 2ª FASE

Além disso, há a possibilidade de consultar a legislação no momento da prova. Ah, mas antes era possível consultar qualquer livro, você diria. Pois é. Mas isso deixava muitos examinandos perdidos. Primeiro porque não sabiam o que comprar, o que levar e isso gerava estresse, além de um estrago orçamentário. Segundo porque, na hora da prova, eram tantos livros, tantas informações, que não se sabia o que fazer, por onde atacar, o que levava a uma enorme perda de tempo, comprometendo o bom desempenho no exame. E mais, o examinando deixava de fazer o mais importante, que é conhecer e usar a lei. Vi muitas provas em que o examinando só fazia citações doutrinárias, provas essas que, se tivessem feito menção às palavras-chave (aos institutos jurídicos pertinentes) e aos dispositivos legais mencionados no Padrão de Resposta da examinadora, fariam com que o examinando fosse aprovado. Mas a preocupação em arrumar a melhor citação era tão grande que se deixava de lado o mais importante, que é a lei e os consequentes fundamentos jurídicos.

Ademais, caso não o examinando não lograr aprovação na prova prático-profissional terá a faculdade de reaproveitar o resultado da prova objetiva, para fins de realização da prova prático-profissional do Exame imediatamente subsequente.

Então, fica a lembrança de que você fará um exame com temas delimitados e com a possibilidade, ainda, de contar com o apoio da lei na formulação de suas respostas, e esses são fatores muito positivos, que devem te dar tranquilidade. Aliás, você já é uma pessoa de valor, um vencedor, pois não anda fácil ser aprovado na 1ª, e você conseguiu isso.

3.2. Tenha em mãos todos os instrumentos de estudo e treinamento

Uma vez acalmado o ânimo, é hora de separar os materiais de estudo e de treinamento.

Você vai precisar dos seguintes materiais:

a) todos os exercícios práticos de provas anteriores do Exame Unificado da OAB (contidos neste livro);

b) todas as peças práticas de provas anteriores da Exame Unificado da OAB (contidas neste livro);

c) resolução teórica e prática de todos os exercícios e peças mencionadas (contida neste livro);

d) todos os informativos com os principais julgamentos dos Tribunais Superiores do último ano;

e) todas as súmulas da sua área de concentração;

f) explicação teórica e modelo das principais peças processuais da sua área de concentração (contidos neste livro);

g) doutrina de qualidade sobre o direito material e o direito processual de sua área de escolha; nesse sentido recomendamos o livro "Super-Revisão OAB: Doutrina Completa", da Editora Foco (www.editorafoco.com.br); você também pode usar outros livros de apoio, podendo ser um livro que você já tenha da sua área.

h) *Vade mecum* ou coletâneas de legislação, além de leis impressas que não estiverem no livro de legislação que tiver adquirido.

3.3. 1º Passo – Leitura dos enunciados das provas anteriores

A primeira providência que deve tomar é ler todos os exercícios e todas as peças já cobradas pelo Exame Unificado da OAB. Nesse primeiro momento não leia as resoluções teóricas dessas questões.

Repito: leia apenas os **enunciados** dos exercícios e das peças práticas. A ideia é que você tenha um "choque de realidade", usando uma linguagem mais forte. Numa linguagem mais adequada, eu diria que você, ao ler os enunciados das questões da 2ª fase, ficará **ambientado com o tipo de prova** e também ficará com as **"antenas" ligadas sobre o tipo de estudo** que fará das peças, da jurisprudência e da doutrina.

3.4. 2º Passo – Reconhecimento das leis

Logo após a leitura dos enunciados das questões das provas anteriores, **separe** o livro de legislação que vai usar e todas as leis que serão necessárias para levar no exame e **faça um bom reconhecimento** desse material.

Quando chegar o dia da prova, você deverá estar bem íntimo desse material. A ideia, aqui, não é ler cada artigo da lei, mas sim conhecer as leis materiais e processuais pertinentes, atentando-se para seus capítulos e suas temáticas. Leia o sumário dos códigos. Leia o nome dos capítulos e seções das leis que não estão dentro de um código. Procure saber como é dividida cada lei. Coloque marcações nas principais leis. Dê uma olhada no índice remissivo dos códigos e procure se ambientar com ele.

Os dois primeiros passos devem durar, no máximo, um dia estudo.

3.5. 3º Passo – Estudo holístico dos exercícios práticos (questões discursivas)

Você deve ter reparado que as questões discursivas presentes neste livro estão classificadas por temas de direito material e de direito processual.

Deve ter reparado também que as súmulas e os informativos de jurisprudência deste livro estão separados por temas de direito material e de direito processual.

E você deve lembrar que é fundamental ter à sua disposição, além das questões e da jurisprudência que estão no livro, um bom livro de doutrina de sua área e uma coletânea de leis.

Muito bem. Agora sua tarefa é fazer cada questão discursiva (não é a *peça prática*; trata-se do *exercício prático*), uma a uma.

Primeiro leia o enunciado da questão e tente fazê-lo sozinho, como se estivesse no dia da prova. Use apenas a legislação. E não se esqueça de utilizar os **índices**!!!

Antes de fazer cada questão, é muito importante coletar todas as informações que você tem sobre o tema e que conseguiu extrair da lei.

Num primeiro momento, seu trabalho vai ser de "tempestade de ideias". Anote no rascunho tudo que for útil para desenvolver a questão, tais como dispositivos legais, princípios, entendimentos doutrinários que conhecer, entendimentos jurisprudenciais, técnicas interpretativas que pode citar etc.

Depois da tempestade de ideias, agrupe os pontos que levantou, para que sejam tratados de forma ordenada, e crie um esqueleto de resposta. Não é para fazer um rascunho da resposta e depois copiá-lo. A ideia é que faça apenas um esqueleto, um esquema para que, quando estiver escrevendo a resposta, você o faça de modo bem organizado e não esqueça ponto algum.

Quando terminar de escrever uma resposta (e somente depois disso), leia a resolução da questão que está no livro e anote no papel onde escreveu sua resposta **o que faltou nela**. Anote os fundamentos que faltaram e também a eventual falta de organização de ideias e eventuais outras falhas que identificar. Nesse momento, tenha autocrítica. A ideia é você cometer cada vez menos erros a cada exercício. Depois de ler a resolução da questão presente neste livro, deverá buscar na legislação cada lei citada em nosso comentário. Leia os dispositivos citados por nós e aproveite também para conferir os dispositivos legais que têm conexão com o assunto.

ORIENTAÇÕES AO EXAMINANDO – OAB 2ª FASE

Em seguida, pegue seu livro de doutrina de referência e leia o capítulo referente àquela temática.

Por fim, você deve ler todas as súmulas e precedentes jurisprudenciais referentes àquela temática, que estão devidamente classificados neste livro.

Faça isso com todas as questões discursivas (*exercícios práticos*). E anote nos livros (neste livro e no livro de doutrina de referência) tudo o que você já tiver lido. Com essa providência você já estará se preparando tanto para os *exercícios práticos* como para a *peça prática*, só não estará estudando os modelos de peça.

Ao final desse terceiro passo seu *raciocínio jurídico* estará bastante apurado, com um bom *treinamento da escrita* e também com um bom conhecimento da *lei*, da *doutrina* e da *jurisprudência*.

3.6. 4° Passo – Estudo holístico das peças práticas (peças prático-profissionais)

Sua tarefa, agora, é resolver todas as peças práticas que já apareceram no Exame Unificado da OAB.

Primeiro leia o enunciado do problema que pede a realização da peça prática e tente fazê-la sozinho, como se estivesse fazendo a prova. Mais uma vez use apenas a legislação. Não se esqueça de fazer a "tempestade de ideias" e o esqueleto.

Terminado o exercício, você vai ler a resolução da questão e o modelo da peça trazido no livro e anotará no papel onde escreveu sua resposta o que faltou nela. Anote os fundamentos que faltaram, a eventual falta de organização de ideias, dentre outras falhas que perceber. Lembre-se da importância da autocrítica.

Agora você deve buscar na legislação cada lei citada no comentário trazido neste livro. Leia os dispositivos citados e aproveite, mais uma vez, para ler os dispositivos legais que têm conexão com o assunto.

Em seguida, leia a jurisprudência que consta do presente livro e o livro de doutrina de sua confiança, com o objetivo de rememorar os temas que apareceram naquela peça prática, tanto na parte de direito material, como na parte de direito processual.

Faça isso com todas as peças práticas. E continue anotando nos livros tudo o que já tiver lido.

Ao final desse terceiro passo você sairá com o *raciocínio jurídico* ainda mais apurado, com uma melhora substancial na *sua escrita* e também com ótimo conhecimento da *lei*, da *doutrina* e da *jurisprudência*.

3.7. 5° Passo – Verificar o que faltou

Sua tarefa, agora, é verificar o que faltou. Leia os temas doutrinários que ainda não foram lidos, por não terem relação alguma com as questões resolvidas neste livro. Confira também as súmulas e os informativos de jurisprudência que restaram. Se você fizer a marcação do que foi e do que não foi lido, não haverá problema em identificar o que está faltando. Faça a marcação com um lápis. Poder ser um "x" ao lado de cada precedente jurisprudencial lido e, quanto ao livro de doutrina, faça um "x" nos temas que estão no índice do livro. Nos temas mais importantes pode fazer um "x" e um círculo. Isso permitirá que você faça uma leitura dinâmica mais perto da prova, apenas para relembrar esses pontos.

Leia também as demais peças processuais que se encontram no livro e reserve o tempo restante para pesquisa de jurisprudência de anos anteriores e treinamento, muito treinamento. Para isso, reescreva as peças que já fez até chegar ao ponto em que sentir que pegou o jeito.

3.8. Dicas finais para resolver os problemas

Em resumo, recomendamos que você resolva as questões e as peças no dia da prova usando as seguintes técnicas:

a) leia o enunciado pelo menos duas vezes, a primeira para ter ideia do todo e a segunda para anotar os detalhes;

b) anote as informações, perguntas e solicitações feitas no enunciado da questão;

- Ex: qual é o vício? / fundamente / indique o dispositivo legal;

c) busque a resposta nas leis relacionadas;

d) promova uma tempestade de ideias e ANOTE TUDO o que for relacionado;

- Ex: leis, princípios, doutrina, jurisprudência, fundamentos, exemplos etc;

e) agrupe as ideias e crie um esqueleto de resposta, respondendo às perguntas e solicitações feitas;

f) redija;

g) revise o texto, buscando erros gramaticais.

3.9. Dicas finais para o dia da prova

Por fim, lembre-se que você está na reta final para a sua prova. Falta pouco. Avise aos familiares e amigos que neste último mês de preparação você estará um pouco mais ausente. Peça ajuda nesse sentido. E lembre-se também de que seu esforço será recompensado.

No dia da prova, tome os seguintes cuidados:

a) chegue com muita antecedência;

- o Edital costuma determinar o comparecimento com antecedência mínima de uma 1 hora e 30 minutos do horário de início;

b) leve mais de uma caneta permitida;

- a caneta deve ser azul ou preta, fabricada em material transparente;

- não será permitido o uso de borracha e corretivo;

c) leve comprovante de inscrição + documento original de identidade, com foto;

d) leve água e chocolate;

e) se ficar nervoso: se você for religioso, faça uma oração antes de iniciar a prova; outra providência muito boa, havendo ou não religiosidade, é você fazer várias respirações profundas, de olhos fechados. Trata-se de uma técnica milenar para acalmar e concentrar. Além disso, antes de ir para a prova, escute suas músicas preferidas, pois isso acalma a dá um ânimo bom.

No mais, tenha bastante foco, disciplina, perseverança e fé!

Tenho certeza de que tudo dará certo.

Wander Garcia
Coordenador da Coleção

EXERCÍCIOS
PRÁTICOS

1. EXERCÍCIOS PRÁTICOS

1.1. SOCIEDADES LIMITADAS

(OAB/Exame Unificado – 2019.2 – 2ª fase) O objeto social de Tucano, Dourado & Cia. Ltda. é a comercialização de hortaliças. A sócia administradora Rita de Cássia empregou a firma social para adquirir, em nome da sociedade, cinco equipamentos eletrônicos de alto valor individual para adornar sua residência. O contrato social encontra-se arquivado na Junta Comercial desde 2007, ano da constituição da sociedade, tendo sido mantido inalterado o objeto social. João Dourado, um dos sócios, formulou os questionamentos a seguir.

A) A sociedade pode opor, a terceiros, a ineficácia do ato praticado por Rita de Cássia? **(Valor: 0,65)**

B) Rita de Cássia poderá ser demandada em ação individual reparatória ajuizada por um dos sócios, independentemente de qualquer ação nesse sentido por parte da sociedade? **(Valor: 0,60)**

Obs.: o(a) examinando(a) deve fundamentar suas respostas. A mera citação do dispositivo legal não confere pontuação.

RESPOSTAS

Os administradores são os responsáveis pela condução da sociedade empresária e, ao mesmo tempo, responsáveis juridicamente pela empresa.

> **Art. 1.011.** *O administrador da sociedade deverá ter, no exercício de suas funções, o cuidado e a diligência que todo homem ativo e probo costuma empregar na administração de seus próprios negócios.*

Neste sentido, cumpre dizer que o administrador será responsabilizado pelos prejuízos, nos termos do art. 1.017 do CC:

> **Art. 1.017.** *O administrador que, sem consentimento escrito dos sócios, aplicar créditos ou bens sociais em proveito próprio ou de terceiros, terá de restituí-los à sociedade, ou pagar o equivalente, com todos os lucros resultantes, e, se houver prejuízo, por ele também responderá.*

Parágrafo único. Fica sujeito às sanções o administrador que, tendo em qualquer operação interesse contrário ao da sociedade, tome parte na correspondente deliberação.

Assim sendo, é importante dizer que nesse caso o administrador poderá ser destituído do cargo.

Não podem ser administradores, além das pessoas impedidas por lei especial, os condenados à pena que vede, ainda que temporariamente, o acesso a cargos públicos; ou por crime falimentar, de prevaricação, peita ou suborno, concussão, peculato; ou contra a economia popular, contra o sistema financeiro nacional, contra as normas de defesa da concorrência, contra as relações de consumo, a fé pública ou a propriedade, enquanto perdurarem os efeitos da condenação, conforme dispõe o art. 1.011, em seu §1°.

O administrador da sociedade limitada também deve respeitar as regras do mandato, previstas no CC, e poderá ser pessoa física que integre ou não integre a sociedade. A designação do administrador pode ser feita no próprio contrato social ou em documento apartado.

Havendo nomeação em ato apartado, necessária a assinatura do administrador no termo de posse que ficará registrado no livro de atas da administração (art. 1.062 do CC).

O registro pode proteger a própria sociedade contra atos em excesso do administrador, ao deixar claro no contrato social os poderes do administrador, logo, se ele realizar atos não previstos no contrato social, caberia ao interessado verificar seus poderes.

Ademais, o administrador responderá solidariamente perante a sociedade e os terceiros prejudicados por atos praticados no desempenho de funções que excedam os poderes conferidos a ele.

Cumpre dizer que os atos somente poderão ser oponíveis contra terceiros, caso a limitação de poderes esteja inscrita ou averbada no registro da sociedade, se forem operações evidentemente estranhas aos negócios da empresa, ou ainda, se comprovado que era conhecida do terceiro, nos termos do art. 1.015 parágrafo único do CC.

Tais atos são os chamados *ultra vires*, pois, os administradores os praticam sem poderes para tal, ou excedendo os poderes que lhes foram atribuídos.

A responsabilidade dos administradores também pode avançar a seara criminal e tributária, desde que os atos praticados, tenham ocorrido mediante excesso de poder ou infração da lei ou do contrato social.

Sim, tendo em vista que o ato praticado por Rita de Cássia se deu com excesso em negócio que era evidentemente estranha as atividades da empresa, corroborando o constante do art. 1.015, parágrafo único, inciso III do CC.

Sim. Rita poderá responder em ação individual, uma vez que conforme o art. 1.016 do CC ela responde solidariamente perante a sociedade e os terceiros prejudicados, desde que tenha agido culposamente no desempenho de suas funções.

Comentários adicionais

Culpa é inobservância do dever de cuidado seja pela imprudência, negligência ou imperícia do agente.

PRÁTICA EMPRESARIAL – 4ª EDIÇÃO   3   EXERCÍCIOS PRÁTICOS

GABARITO COMENTADO – FGV

A questão tem por finalidade verificar os conhecimentos do examinado quanto ao dever do administrador de sociedade simples ou empresária atuar nos limites do objeto social e observar eventuais restrições ou vedações contratuais ou legais, dentre elas os atos fora do objeto social (ultra vires). Em tais casos, mesmo que a sociedade não promova a ação de responsabilidade civil em face do administrador pelos efeitos desses atos, ele será responsável perante terceiros prejudicados, nos termos do Art. 1.016 do CC.

A) Sim. Uma vez que o ato praticado por Rita de Cássia é evidentemente estranho aos negócios da sociedade (OU estranho ao objeto social, ato ultra vires), essa poderá alegar o excesso por parte da administradora, opondo a terceiros sua ineficácia, com fundamento no Art. 1.015, parágrafo único, inciso III, do CC.

B) Sim. Rita de Cássia, como administradora, responde perante terceiros prejudicados pelos danos decorrentes de atos ilícitos praticados no exercício de suas atribuições, inclusive outros sócios, segundo a dicção do Art.1.016 do CC.

DISTRIBUIÇÃO DE PONTOS

ITEM	PONTUAÇÃO
A. Sim. Uma vez que o ato praticado por Rita de Cássia é evidentemente estranho aos negócios da sociedade (**OU** estranho ao objeto social **OU** considerado ato ultra vires), essa poderá alegar o excesso por parte da administradora, opondo a terceiros sua ineficácia (0,55), com fundamento no Art. 1.015, parágrafo único, inciso III, do CC (0,10).	0,00/0,55/0,65
B. Sim. Rita de Cássia, como administradora, responde perante terceiros prejudicados pelos danos decorrentes de atos ilícitos praticados no exercício de suas atribuições, inclusive outros sócios (0,50), segundo a dicção do Art.1.016 do CC (0,10).	0,00/0,50/0,60

(OAB/Exame Unificado – 2018.2 – 2ª fase) Quatro pessoas naturais e duas pessoas jurídicas constituíram uma sociedade do tipo limitada com prazo de duração previsto no contrato de 10 (dez) anos. Após três anos do início das atividades sociais, os quatro sócios pessoas naturais exerceram, tempestivamente, o direito de retirada em razão da discordância da ampliação do objeto social, aprovada em reunião de sócios com observância do quórum legal. Os sócios pessoas jurídicas, que representam 4/5 (quatro quintos) do capital social, se recusaram a atender ao pedido de apuração de haveres sob a seguinte alegação: nas sociedades limitadas constituídas por prazo determinado o sócio somente poderá exercer o direito de retirada se provar, judicialmente, justa causa, o que não se verifica no entendimento dos sócios majoritários. Os sócios dissidentes consultaram um(a) advogado(a), questionando os itens a seguir.

A) A causa apontada autorizaria o exercício do direito de retirada, independentemente da propositura de ação judicial? **(Valor: 0,65)**

B) Os sócios dissidentes respondem pelas obrigações contraídas pela sociedade anteriores e posteriores à retirada? **(Valor: 0,60)**

Obs.: o(a) examinando(a) deve fundamentar as respostas. A mera citação do dispositivo legal não confere pontuação.

RESPOSTAS

O direito de retirada é uma das possibilidades de resolução da sociedade em relação a um sócio. Neste sentido, o art. 1.029 do Código Civil consagra o princípio da liberdade das convenções.

Existem sociedades em que o prazo de duração é determinado, ou seja, não cabe a retirada do sócio pura e simplesmente. A retirada nesta hipótese apenas poderá ser efetivada quando o sócio provar em juízo a justa causa.

Neste sentido, podem ocorrer diversas hipóteses de justa causa, como a modificação do contrato social em que houve discordância do sócio que requer sua retirada. Alteração societária em que o sócio dissentiu da deliberação, nos termos do art. 1.077 do CC, sob a condição de manifestar-se no prazo de 30 dias da deliberação, caso contrário, anuirá com o deliberado.

Em qualquer dos casos de exclusão de sócio, ou seja, de resolução da sociedade em relação a um sócio (retirada, morte etc.), o valor de suas quotas será liquidado, por meio de apuração de haveres.

A apuração de haveres é feita a partir do levantamento de balanço específico para esse fim, mediante apuração do montante realizado a apuração será realizada de acordo com a situação patrimonial atual da sociedade, salvo se houver disposição contratual diversa (CC, art.1.031, caput).

No caso em tela, não há óbice a saída do sócio dissidente, uma vez que o art. 1.077 do CC prevê:

> *Art. 1.077. Quando houver modificação do contrato, fusão da sociedade, incorporação de outra, ou dela por outra, terá o sócio que dissentiu o direito de retirar-se da sociedade, nos trinta dias subsequentes à reunião, aplicando-se, no silêncio do contrato social antes vigente, o disposto no art. 1.031.*

Cumpre dizer ainda que o sócio retirante, o sócio excluído e os herdeiros de sócio falecido respondem por todas as dívidas da sociedade contraídas antes da respectiva saída. O prazo de tal responsabilidade ocorre pelos 2 anos seguintes à saída, a contar da data da averbação (CC, art. 1.032).

Isso implica em dizer que a saída do sócio só passa a ser efetiva após o registro, podendo estender-se tanto tempo quanto demorar o registro.

A) Sim. O sócio tem o direito de retirar-se uma vez que fora efetuada a modificação do contrato social com todos os preceitos necessários a validade do ato, tal como sua aprovação em reunião de sócios com a observância do quórum legal, conforme art. 1.077 do CC.

B) Sim. Os sócios dissidentes responderão pelas obrigações anteriores realizadas até a data de sua saída, e as posteriores até dois anos após sua saída ser averbada na Junta Comercial, conforme art. 1.032 do CC.

GABARITO COMENTADO – FGV

A questão tem por objetivo verificar se o examinando identifica que o direito de retirada na sociedade limitada é regulado pelo Art. 1.077 do CC. Esse dispositivo não faz distinção entre a sociedade limitada constituída por prazo determinado ou indeterminado. Nota-se que foi aprovada pelos sócios com quórum legal a ampliação do objeto social, que é uma cláusula obrigatória do contrato (Art. 1.054 c/c Art. 997, inciso II, ambos do CC). Assim, quando houver

PRÁTICA EMPRESARIAL – 4ª EDIÇÃO   5   EXERCÍCIOS PRÁTICOS

modificação do contrato, terá o sócio que dissentiu o direito de retirar-se da sociedade, nos trinta dias subsequentes à reunião. Os sócios minoritários exerceram tempestivamente o direito de retirada. Outro objetivo da questão é verificar se o examinando é capaz de reconhecer a obrigação legal de os sócios retirantes responderem pelas obrigações sociais anteriores nos dois anos seguintes à averbação da retirada no órgão de registro da sociedade e, pelas posteriores e em igual prazo, enquanto não for requerida a averbação.

A) Sim. Diante da aprovação da ampliação do objeto social em reunião houve modificação do contrato e, nesse caso, os sócios que dissentiram poderão exercer o direito de retirar-se da sociedade, seja ela ou não constituída por prazo determinado e independente da propositura de ação judicial, com base no Art. 1.077 do CC.

B) Sim. Os sócios dissidentes respondem pelas obrigações sociais anteriores, até dois anos após ser averbada a resolução da sociedade; e pelas posteriores e em igual prazo, enquanto não se requerer a averbação, com base no Art. 1.032 do CC.

DISTRIBUIÇÃO DE PONTOS

ITEM	PONTUAÇÃO
A. Sim. Diante da aprovação da ampliação do objeto social em reunião houve modificação do contrato e, nesse caso, os sócios que dissentiram poderão exercer o direito de retirar-se da sociedade, seja ela ou não constituída por prazo determinado e independente da propositura de ação judicial (0,55), com base no Art. 1.077 do CC (0,10).	0,00/0,55/0,65
B. Sim. Os sócios dissidentes respondem pelas obrigações sociais anteriores, até dois anos após ser averbada a resolução da sociedade(0,25); e pelas posteriores e em igual prazo, enquanto não se requerer a averbação (0,25), com base no Art. 1.032 do CC (0,10).	0,00/0,25/0,35/0,50/0,60

(OAB/Exame Unificado – 2016.3 – 2ª fase) Os sócios da sociedade limitada Salão de Beleza e Cosmética Granja Ltda. pretendem reduzir o capital social integralizado em 90%, ou seja, dos atuais R$ 50.000,00 (cinquenta mil reais) para R$ 5.000,00 (cinco mil reais). Você deverá analisar o caso e responder aos seguintes questionamentos.

A) Qual a justificativa prevista na legislação aplicável para a pretendida redução e qual o procedimento a ser adotado? **(Valor: 0,95)**

B) Sabendo-se que a sociedade não tem dívidas em mora e paga pontualmente aos seus credores, há necessidade de manifestação destes sobre a redução do capital? **(Valor: 0,30)**

Obs.: o(a) examinando(a) deve fundamentar as respostas. A mera citação do dispositivo legal não confere pontuação.

RESPOSTAS

O valor do capital social pode ser alterado tanto para reduzir seu valor, quanto para aumentar.

Qualquer das hipóteses depende do contrato ser levado a registro para averbação no Registro Público de Empresas Mercantis a fim de dar publicidade ao ato.

No aumento de capital, os sócios têm preferência na integralização das novas quotas, no prazo de 30 dias, na mesma proporção das quotas de que já são titulares. Não o fazendo, essas poderão ser integralizadas por terceiros, conforme dispõe o art.1081, caput e §1º do CC.

Neste sentido, podemos apontar como requisitos básicos do aumento do capital social:

- o respeito das prescrições legais;

- a alteração do Contrato Social após 30 dias da integralização das novas cotas ou de sua redução,

- aprovação das alterações com quórum de 3/4 dos sócios;

- registro dos atos na Junta Comercial.

Contudo, somente é possível a redução do capital social já integralizado, se houver perdas irreparáveis, ou o capital for considerado excessivo em relação ao objeto da sociedade.

Assim sendo, se comprovada uma dessas hipóteses haverá redução proporcional das quotas da sociedade, conforme disposto no art. 1.083 do CC.

A) A legislação prevê como justificativa para redução do capital o excesso do capital em relação ao objeto social, nos termos do art. 1.082, inciso II, do CC. O procedimento a ser adotado deverá ser o de deliberação dos sócios por meio de assembleia que deverá ter a aprovação de ao menos 3/4 do capital social, e após, a realização da modificação do contrato social com base no art. 1.071, inciso V, e art. 1.076, inciso I, do CC.

B) Há a necessidade da manifestação dos credores acerca da redução do capital social, uma vez que o art. 1.084, §§ 1º e 2º do CC, prevê que ela só será eficaz se não houver a impugnação de nenhum credor quirografário que tenha título líquido e certo nos 90 dias anteriores a data da publicação da ata da assembleia ou reunião que aprovar a redução; ou ainda, se houver impugnação, for provado o pagamento da dívida ou a realização de depósito judicial apto a quitar a obrigação.

GABARITO COMENTADO – FGV

A questão tem por objetivo aferir os conhecimentos do(a) examinando(a) sobre as causas que autorizam a redução do capital na sociedade limitada, o procedimento a ser adotado e a necessidade de manifestação dos credores quirografários anteriores à deliberação antes do arquivamento da ata no registro competente.

Pelo enunciado fica patente que não se trata da hipótese de redução do capital por perdas irreparáveis, seja porque não há menção que a sociedade teve perdas, ao contrário paga pontualmente seus credores e não tem dívidas em mora, seja porque não tem seu capital inteiramente integralizado. Destarte, o examinando **deve afastar a incidência do inciso I do Art. 1.082, do Código Civil**.

Assim sendo, não pontua a resposta que apontar como justificativa para redução a compensação de perdas irreparáveis, seja porque tal informação não consta do enunciado, seja porque o capital não está integralizado em 100%, exigência legal, e sim em 90%.

Espera-se que a(o) examinanda(o) **reconheça a inadequação da situação descrita no inciso I do Art. 1.082, do Código Civil, e não a reproduza em sua resposta**, exatamente para afirmar que a justificativa para a redução é, exclusivamente, o excesso do capital fixado no contrato em relação ao objeto social.

PRÁTICA EMPRESARIAL – 4ª EDIÇÃO   7   EXERCÍCIOS PRÁTICOS

A) A justificativa prevista na legislação para a redução do capital é, **exclusivamente**, o excesso deste em relação ao objeto social, de acordo com o Art. 1.082, inciso II, do Código Civil. Quanto ao procedimento, deverá ser realizada a modificação do contrato social, de acordo com o Art. 1.082, *caput*, do Código Civil, por meio de deliberação dos sócios em reunião ou assembleia, observando-se o quórum de, no mínimo, ¾ (três quartos) do capital social, nos termos do que dispõe o Art. 1.071, inciso V, e o Art. 1.076, inciso I, ambos do Código Civil.

B) Sim. Mesmo que a sociedade não possua dívidas em mora e pague pontualmente aos credores, a redução somente se tornará eficaz se, no prazo de noventa dias, contados da data da publicação da ata da assembleia ou da reunião que aprovar a redução, não for impugnada por credor quirografário, por título líquido anterior a essa data, ou se provado o pagamento da dívida ou o depósito judicial do respectivo valor, com fundamento no Art. 1.084, §§ 1º e 2º, do Código Civil.

DISTRIBUIÇÃO DE PONTOS

ITEM	PONTUAÇÃO
A1. A justificativa prevista na legislação para a redução do capital é, exclusivamente, o excesso do capital em relação ao objeto social (0,15), de acordo com o Art. 1.082, inciso II, do Código Civil (0,10). Obs: *A mera citação ou transcrição do dispositivo legal não confere pontuação.*	0,00/0,15/0,25
A2. Por meio de deliberação dos sócios em assembleia (0,20) e observância do quórum de, no mínimo, ¾ (três quartos) do capital social (0,20), deverá ser realizada a modificação do contrato social (0,10), com base no Art. 1.071, inciso V, (0,10) **E** Art. 1.076, inciso I, todos do Código Civil (0,10). Obs: *A mera citação do dispositivo legal não confere pontuação.*	0,00/0,20/0,30/0,40/0,50/0,60/0,70
B. Sim. A redução somente se tornará eficaz se, no prazo de noventa dias, contado da data da publicação da ata da assembleia ou reunião que aprovar a redução, não for impugnada por credor quirografário, por título líquido anterior a essa data, ou se provado o pagamento da dívida ou o depósito judicial do respectivo valor (0,20), com fundamento no Art. 1.084, §§ 1º e 2º, do Código Civil (0,10). Obs: *A mera citação do dispositivo legal não confere pontuação.*	0,00/0,20/0,30

(OAB/Exame Unificado – 2015.1 – 2ª fase) A sociedade empresária Princesa Comércio de Veículos Ltda. foi constituída com os sócios Treviso e Passos Maia.

Por sugestão de Passos Maia, os sócios resolveram admitir na sociedade Celso Ramos, detentor de larga experiência no mercado de veículos. Como o sócio Celso Ramos não dispõe de bens ou dinheiro para integralizar a sua quota, consultou-se o advogado da sociedade para saber se poderia ser permitido que Celso Ramos ingressasse somente com o seu trabalho, a título de integralização de quota, ou, alternativamente, que ele não tivesse quota, apenas participando com a contribuição em serviços, como prevê o Art. 981 do Código Civil.

Com base nas informações do enunciado e nas disposições legais sobre o tipo societário, responda aos itens a seguir.

A) A primeira solução apresentada, isto é, a integralização da quota com trabalho, é viável? **(Valor: 0,60)**

B) É viável a segunda solução apresentada, ou seja, a participação de Celso Ramos na sociedade sem titularidade de quota? **(Valor: 0,65)**

Responda justificadamente, empregando os argumentos jurídicos apropriados e a fundamentação legal pertinente ao caso.

RESPOSTAS

A integralização do capital social é a efetivação do valor a ser investido (dinheiro, bens ou até mesmo créditos), formando o patrimônio inicial da sociedade empresária.

A responsabilidade de cada sócio é restrita ao valor de suas quotas, mas todos respondem solidariamente pela integralização do capital social (art. 1.052). Neste sentido, quem pagar pelo sócio remisso, tem contra este o direito de regresso.

Contudo, importa dizer que a não integralização do capital social poderá acarretar na responsabilidade direta do sócio remisso, de forma que a sociedade empresária poderá demandá-lo, realizando execução em dinheiro, bens ou créditos indicados por ele à integralização.

Desta forma, conclui-se que a integralização do capital social em quotas pode ser feita de diversas formas: com bens – móveis ou imóveis, materiais ou imateriais –, dinheiro, entre outras. Contudo, na sociedade limitada, não se admite a contribuição em serviços, conforme previsão expressa do art. 1.055, § 2. °, do Código Civil: "é vedada a contribuição que consista em prestação de serviços".

A) A integralização do capital social de quotas com a prestação de serviços é expressamente vedada pelo CC, somente sendo possível em bens de cunho monetário, conforme art. 1.054 c/c o Art. 997, III, e Art. 1.055, § 2°, todos do CC.

B) O contrato de sociedade limitada deve conter cláusula que estabeleça o valor correspondente a quota de cada sócio dentro do capital social, uma vez que a responsabilidade de todos é limitada ao valor das quotas integralizadas por eles. Assim, não havendo quotas integralizadas não há como constituir um dos requisitos fundamentais deste tipo de sociedade, razão que impede a entrada de Celso Ramos, conforme arts. 1.054 c/c o Art. 997, IV, e Art. 1.052 do Código Civil. Desta forma, nenhuma das soluções apresentadas por Celso Ramos é passível de fazer com que ele se torne sócio da sociedade, uma vez que se trata de Sociedade Limitada, e a integralização nos moldes propostos são vedadas pelo CC.

GABARITO COMENTADO – FGV

A questão está relacionada à sociedade limitada. O examinando deverá ser capaz de conhecer o tipo societário a partir do nome empresarial e a legislação a ele pertinente, no caso o Código Civil, bem como as exigências para a formação do capital e a proibição da contribuição em prestação de serviços a título de integralização da quota. Nenhuma das soluções apresentadas pelos clientes para o ingresso de Celso Ramos na sociedade é viável, sendo compulsória a integralização da quota em bens, materiais ou imateriais, numerário ou crédito.

A) Não. Na sociedade limitada as quotas deverão ser integralizadas com bens suscetíveis de avaliação pecuniária, sendo vedada a integralização com serviços (trabalho), com fundamento no Art. 1.054 c/c o Art. 997, III, do Código Civil, e Art. 1.055, § 2º, do Código Civil.

B) Não. O contrato de sociedade limitada deverá conter cláusula que estabeleça a quota de cada sócio no capital social, sendo a responsabilidade dos sócios limitada ao valor da quota de cada um, com fundamento no Art. 1.054 c/c o Art. 997, IV, do Código Civil, e no Art. 1.052 do Código Civil. Portanto, Celso Ramos não poderá participar da sociedade sem titularizar quota.

DISTRIBUIÇÃO DE PONTOS

ITEM	PONTUAÇÃO
A. Não. Na sociedade limitada as quotas deverão ser integralizadas com bens suscetíveis de avaliação pecuniária (0,20), sendo vedada a integralização com serviços (trabalho) (0,20), com fundamento no Art. 1.054 c/c o Art. 997, III, do Código Civil, (0,10) e no Art. 1.055, § 2º, do Código Civil (0,10). Obs.: *a simples menção ou transcrição de qualquer dos artigos não será pontuada.*	0,00/0,20/0,30/ 0,40/0,50/0,60
B1. Não. O contrato de sociedade limitada deverá conter cláusula que estabeleça a quota de cada sócio no capital social (0,25), com fundamento no Art. 1.054 c/c Art. 997, IV, do Código Civil. (0,10). Obs.: *a simples menção ou transcrição de qualquer dos artigos não será pontuada.*	0,00/0,25/0,35
B2. E a responsabilidade dos sócios é limitada ao valor da quota de cada um (0,20), com base no Art. 1.052 do Código Civil (0,10). Obs.: *a simples menção ou transcrição do artigo não será pontuada.*	0,00/0,20/0,30

(OAB/Exame Unificado – 2014.2 – 2ª fase) Macuco Turismo Ecológico Ltda., com nove sócios, diante do permissivo legal, instituiu Conselho Fiscal composto por três membros, todos não sócios, e igual número de suplentes. Em deliberação majoritária, vencido o conselheiro Paulo de Frontin, eleito por sócios que representam um terço do capital, foram aprovadas (i) as contas dos administradores referentes ao exercício de 2012 e (ii) a convocação de reunião extraordinária para deliberar sobre as denúncias anônimas recebidas em face do administrador J. Porciúncula. Tais denúncias estão embasadas em vários documentos, cuja validade o órgão fiscalizador confirmou em diligências e que apontam indícios graves de ilícitos civis e penais.

J. Porciúncula procurou seu advogado e lhe fez a seguinte consulta: são válidas as deliberações tomadas pelo Conselho Fiscal? **(Valor: 1,25)**

Obs.: o examinando deve fundamentar corretamente sua resposta. A simples menção ou transcrição do dispositivo legal não pontua.

RESPOSTAS

As deliberações societárias são tomadas em reunião ou assembleia, dependendo do que dispor o contrato social.

A reunião ocorre quando a deliberação não envolver mais de 10 sócios, nos termos do art. 1.072, caput e § 1° do CC.

A assembleia ocorre quando a deliberação envolver mais de 10 sócios, ou seja, ao menos 11 sócios.

As deliberações por reunião ou assembleia podem ser realizadas em periodicidade definida em contrato social ou na lei. Já em relação à reunião, sua periodicidade ficará a cargo exclusivo do contrato social, bem como o quórum mínimo para sua instalação e a norma de convocação (publicação no diário oficial, jornal, carta, e-mail etc.)

Já a assembleia possui regramentos legais evidentes, como a previsão dos arts. 1.072, § 6° e 1.079 do CC.

Tanto nas reuniões como nas assembleias, sua convocação costuma ocorrer mediante convocação dos administradores da sociedade, que devem atuar conforme previsão do contrato social.

Existe a possibilidade de os sócios convocarem reuniões ou assembleias, de forma extraordinária quando ocorrer, por exemplo, a omissão do administrador em convocar a reunião ou assembleia nas hipóteses legais ou previstas no contrato social, por mais de 60 dias; omissão do administrador suprida pelo Conselho Fiscal, na demora de convocação anual; ou quando se tratar de assunto de grande relevância, nos termos do art. 1.073 do CC.

Via de regra, a assembleia é convocada mediante publicação em Diário Oficial e em jornal de grande circulação com antecedência mínima de 8 dias na primeira convocação e, não havendo quórum mínimo, intervalo mínimo de 5 dias, nos termos do art. 1.072, § 2° do CC.

A reunião em assembleia deverá respeitar a periodicidade mínima da anualidade. Fechado o exercício social, a sociedade terá 4 meses para realizá-la.

o objetivo da assembleia anual, conforme o art. 1.078 do CC, é a Prestação de contas, análise do balanço da empresa, resultado econômico, manutenção ou indicação de novo administrador, dentre outros assuntos de menor relevância que poderão ser tratados.

Como as reuniões são realizadas para limitadas com menos de 11 sócios, logo, mais simples, a lei permite à sociedade que estipule no contrato social sua periodicidade, convocação, quórum para votações não previstas em lei etc. Já as assembleias possuem contornos legais que devem ser seguidos.

Sendo a lei omissa em relação às reuniões e não havendo previsão sobre periodicidade, por exemplo, no contrato social, aplica-se a regra prevista em lei para as assembleias, nos termos do art. 1.072, § 6° e art. 1.079 do CC.

A reunião anual ou assembleia anual é obrigatória, trata-se de assembleia anual ordinária que trata da prestação de contas, destituição ou designação de administradores etc. (art. 1.078 do CC.)

Dito isto, podemos dizer que as contas dos administradores somente podem ser aprovadas em deliberação dos sócios mediante Assembleia, conforme dispõe o art. 1.071 do CC, razão pela qual reputa-se ilegal por exceder a competência da Assembleia.

Já no que concerne à segunda deliberação, esta é perfeitamente legal e enquadra-se no disposto no art. 1.069, inciso V do CC, uma vez que conforme citado no enunciado houveram denúncias que apontam indícios graves de ilícitos civis e penais.

PRÁTICA EMPRESARIAL – 4ª EDIÇÃO 11 EXERCÍCIOS PRÁTICOS

GABARITO COMENTADO – FGV

A questão tem por finalidade verificar o conhecimento do candidato sobre a competência do Conselho Fiscal na sociedade limitada (item 2.3 do Programa de Direito Empresarial). Não é aceita como adequada resposta com conteúdo e fundamento na Lei n. 6.404/76, pois a sociedade em questão é do tipo limitada, portanto, regulada pelo Código Civil nesta parte (arts. 1.066 a 1.070)

A instituição do Conselho Fiscal na sociedade limitada é facultada pelo artigo 1.066 do Código Civil; sua composição obedece aos ditames contidos no mesmo dispositivo.

A primeira deliberação – aprovação das contas dos administradores – é ilegal porque invade a competência privativa da assembleia ou reunião dos sócios, nos termos do Art. 1071, I c/c Art. 1066, *caput*, do Código Civil (ou Art. 1.078, I c/c Art. 1.066). A instituição de Conselho Fiscal na sociedade limitada não pode se dar em prejuízo dos poderes conferidos à assembleia/reunião de sócios. Verifica-se por esta disposição do Art. 1.066 que houve ilegalidade na deliberação dos conselheiros.

A segunda deliberação é perfeitamente válida porque na competência do Conselho Fiscal inclui-se a prerrogativa de convocar reunião sempre que ocorram motivos graves e urgentes, com fundamento nos artigos 1.069, V e 1.073, II, do Código Civil (ambos devem ser citados). Fica patente no enunciado que foram recebidas denúncias pelos conselheiros embasadas em vários documentos, cuja validade do órgão fiscalizador confirmou em diligências e que apontam indícios graves de ilícitos civis e penais.

Portanto, trata-se de motivo grave e urgente que enseja a convocação pelo Conselho de reunião extraordinária de sócios. É improcedente a menção a qualquer outro inciso do art. 1.069 do Código Civil tendo em vista que o enunciado descreve apenas a hipótese de convocação prevista no inciso V.

DISTRIBUIÇÃO DE PONTOS

ITEM	PONTUAÇÃO
A. Não. A deliberação sobre a aprovação das contas dos administradores é inválida porque invade a competência da reunião de sócios nesta matéria (0,50), com fundamento nos artigos 1.066, caput (0,10), e 1.071, I, do Código Civil OU art. 1.078, I, do Código Civil (0,10).	0,00/0,50/0,60/0,70
B. A deliberação sobre a convocação de reunião extraordinária é válida, pois se encontra prevista dentro do rol de competências do Conselho Fiscal (0,35), nos termos dos artigos1.069, V (0,10) e 1.073, II, do Código Civil (0,10).	0,00/0,35/0,45/0,55

(OAB/Exame Unificado – 2014.1 – 2ª fase) No dia 03.01.2012, Maria e Joana assinaram ato constitutivo de uma sociedade limitada empresária denominada Arroz de Festa Ltda. Nesta data, Maria integralizou 5.000 (cinco mil) cotas, representativas de 50% (cinquenta por cento) do capital social da sociedade, ao valor nominal de R$1,00 (um real) cada uma, enquanto Joana integralizou 1.000 (mil) cotas à vista e se comprometeu a pagar o restante (4.000 quotas) após 6 (seis) meses. No dia 16.01.2012, Maria e Joana levaram os documentos necessários ao registro da referida sociedade à Junta Comercial competente, que procedeu ao arquivamento dos mesmos uma semana depois. Em função de enfrentarem certa dificuldade inicial nas vendas, Maria e Joana não conseguiram adimplir o contrato de aluguel da sede, celebrado em dia 05.01.2012, o que implicou a contração de uma dívida no valor de R$20.000,00 (vinte mil reais). O proprietário do imóvel em que está localizada a sede, Miguel, formula as seguintes indagações:

A) A sociedade Arroz de Festa Ltda. era regular à época da celebração do contrato de locação? **(Valor: 0,60)**

B) Miguel pode cobrar de Maria a integralidade da dívida de Arroz de Festa Ltda.? **(Valor: 0,65)**

Responda à consulta indicando os respectivos dispositivos legais aplicáveis. A simples menção ou transcrição do dispositivo legal não pontua.

RESPOSTAS

As Juntas Comerciais são responsáveis pelos atos de registro. São eles: a) matrícula; b) arquivamento; c) autenticação (art. 32 da Lei 8.934/1994).

Matrícula é um ato de registro praticado pela Junta que somente é realizado por alguns profissionais específicos como: leiloeiros, tradutores públicos, intérpretes, trapicheiros e administradores de armazéns-gerais.

Já o arquivamento refere-se ao registro dos atos constitutivos da sociedade empresária ou do empresário individual. Deve ser feito o arquivamento na Junta Comercial, segundo o art. 32, inciso II, da Lei 8.934/1994: "a) dos documentos relativos à constituição, alteração, dissolução e extinção de firmas mercantis individuais, sociedades mercantis e cooperativas; b) dos atos relativos a consórcio e grupo de sociedade de que trata a Lei 6.404, de 15 de dezembro de 1976;c) dos atos concernentes a empresas mercantis estrangeiras autorizadas a funcionar no Brasil; d) das declarações de microempresa; e) de atos ou documentos que, por determinação legal, sejam atribuídos ao Registro Público de Empresas Mercantis e Atividades Afins ou daqueles que possam interessar ao empresário e às empresas mercantis".

Já a autenticação é ato de registro a que se refere a escrituração dos livros empresariais e dos agentes auxiliares do comércio.

A sociedade limitada antes do início de suas atividades já deve ter realizado a assinatura do contrato social e levado para registro e arquivamento na Junta comercial dentro do prazo de 30 dias, onde a eficácia do contrato retroagirá até a data de sua assinatura. Contudo, se levado após os 30 dias, o contrato social só terá sua eficácia a partir daquela data, conforme o art. 36 da Lei 8.934/94.

A) A sociedade era regular quando celebrado o contrato, uma vez que o arquivamento na Junta Comercial foi realizado dentro dos 30 dias posteriores a data da assinatura, conforme dispõe o art. 36 da Lei 8.934/94.

B) Miguel não pode cobrar o valor total da dívida de Maria, mas pode cobrar até o limite do que ainda não foi não integralizado por Joana – R$4.000,00 – uma vez que elas respondem solidariamente pela integralização do capital social, conforme a parte final do art. 1.052 do CC.

GABARITO COMENTADO – FGV

O examinando deverá demonstrar conhecimento sobre os efeitos do arquivamento tempestivo de documentos sujeitos ao Registro Público de Empresas Mercantis, o efeito em relação à aquisição da personalidade jurídica, bem como à responsabilidade solidária dos sócios de sociedade limitada pela integralização do capital social.

O enunciado informa que Maria e Joana constituíram uma sociedade limitada empresária. De plano, o examinando deveria atentar para a competência da Junta Comercial, como órgão executor dos serviços do Registro Público de Empresas Mercantis, jamais o Registro Civil de Pessoas Jurídicas. Assim, não tem cabimento qualquer fundamentação legal no art. 998 do Código Civil, seja porque (i) a sociedade não é do tipo simples, (ii) também não é simples quanto ao seu regime jurídico para os fins do art. 1.150 do Código Civil, (iii) o enunciado afirma que os documentos necessários ao registro da sociedade limitada foram encaminhados à Junta Comercial competente. Destarte, a menção ao art. 998 do Código Civil releva não atendimento ao conteúdo avaliado no que tange a fundamentação legal (item 3.5.8 do Edital do XIII Exame).

Portanto, sabendo pelo próprio enunciado que a sociedade é empresária e que o órgão competente é a Junta Comercial, o examinando deverá demonstrar conhecimento do efeito do arquivamento dos documentos de constituição. Segundo o art. 985 do Código Civil, a sociedade adquire personalidade jurídica com o arquivamento no registro próprio, **na forma da lei**, de seus atos constitutivos. Partindo-se da premissa da ciência do disposto nesse dispositivo do Código Civil, a banca examinadora pretendeu avaliar se o examinando conhece a legislação básica sobre o Registro de Empresas Mercantis, pois é a ela que se refere o art. 985 do Código Civil no que tange à sociedade empresária. A Lei nº 8.934/94, em seu artigo 36, dispõe que: "Os documentos referidos no inciso II do art. 32 [dentre eles os documentos relativos à constituição de sociedades empresárias] deverão ser apresentados a arquivamento na junta, dentro de 30 (trinta) dias contados de sua assinatura, **a cuja data retroagirão os efeitos do arquivamento**; fora desse prazo, o arquivamento só terá eficácia a partir do despacho que o conceder. "

Sendo inequívoco que: (i) em 03.01.2012 foi assinado o ato constitutivo de uma sociedade limitada empresária; (ii) no dia 05.01.2012 foi celebrado o contrato de locação da sede; (iii) em 16.01.2012 foram entregues na Junta Comercial os documentos necessários ao registro da referida sociedade; e (iv) no dia 23.01.2012, a Junta Comercial procedeu ao arquivamento (uma semana depois), o arquivamento foi tempestivo nos termos do art. 36 da Lei nº 8.934/94 e produziu efeito ex tunc.

Em relação ao item A

A) O examinando deverá indicar que, como o ato constitutivo foi registrado na Junta Comercial dentro dos 30 dias subsequentes à assinatura (antes de 02.02.2012), seus efeitos (inclusive a personalidade jurídica e a capacidade negocial da sociedade – art. 1.022 do Código Civil), retroagem a tal data (03.01.2012), nos termos do artigo 36 da Lei nº 8.934/94. Logo, a sociedade era considerada regular/possuía personalidade jurídica no momento da celebração do contrato (05.01.2012), pois ao registro tempestivo a lei confere eficácia retroativa para os fins do art. 985 do Código Civil.

Para os fins do item 3.5.5 do Edital do XIII Exame, não atendem ao conteúdo avaliado afirmativas de que a sociedade limitada era uma sociedade em comum (art. 986 do Código Civil), que não era regular na data da celebração do contrato porque o contrato não tinha

ROBINSON BARREIRINHAS E HENRIQUE SUBI 14

sido arquivado, entre outras variações de resposta que conflitem com os dados do enunciado e o disposto no art. 36 da Lei nº 8.934/94.

Em relação ao item B o examinando deveria ser capaz de demonstrar conhecimento sobre a solidariedade entre os sócios de uma sociedade limitada pela integralização do capital social, nos termos da segunda parte do art. 1.052 do Código Civil. Ademais, a banca examinadora procurou aferir se o examinando compreende que a integralização das quotas por parte de um dos sócios o exime de responsabilidade **perante o credor social** do valor correspondente a esta parcela do capital, persistindo a responsabilidade pelo capital não integralizado. Nos termos do exposto acima, Maria não responderá pela integralidade da dívida perante Miguel, isto é, R$ 20.000,00 (vinte mil reais), nem pelo valor de R$ 10.000,00 (dez mil reais) – 50% da dívida porque ela é titular de quotas representativas de 50% do capital social, nem pelo valor de R$ 9.000,00 (nove mil reais) – R$ 4.000 + R$ 5.000,00 (valor do capital não integralizado + valor das quotas integralizadas) ou pelo valor de R$ 5.000,00 (cinco mil reais).

B) Miguel **somente pode cobrar** de Maria até o limite do capital ainda não integralizado (R$ 4.000,00), pois os sócios de uma sociedade limitada respondem solidariamente pela integralização do capital social, nos termos da parte final do artigo 1.052, do Código Civil, mas não respondem pelo valor da quota já integralizada. Nestes termos, não atende ao conteúdo avaliado para os fins do item 3.5.5 do Edital do XIII Exame quando se afirma, alternativamente, que Maria responderá ilimitadamente (art. 990/1.024 do Código Civil), limitadamente ao valor de sua quota já integralizada (R$ 5.000,00), limitadamente ao valor de R$ 9.000,00 (quota integralizada e parcela do capital não integralizado), limitadamente na proporção de sua participação no capital (R$ 10.000,00) ou pela integralidade da dívida (R$ 20.000,00).

DISTRIBUIÇÃO DE PONTOS

ITEM	PONTUAÇÃO
A. Sim, a sociedade era regular no momento da celebração do contrato, visto que os efeitos do arquivamento retroagem àquela data quando o ato é registrado/ arquivado nos 30 dias subsequentes à sua celebração (0,45), com base no artigo 36 da Lei nº 8.934/94. (0,15)	0,00/0,45/0,60
B. Não. Miguel não pode cobrar a integralidade da dívida de Maria, mas pode cobrar dela até o limite do capital ainda não integralizado por Joana, qual seja R$ 4.000,00 (0,50), nos termos do artigo 1.052, do Código Civil (0,15).	0,00/0,50/0,65

(OAB/Exame Unificado – 2013.2 – 2ª fase) Os sócios da sociedade Rafael Jambeiro & Companhia Ltda. decidiram dissolvê-la de comum acordo pela perda do interesse na exploração do objeto social. Durante a fase de liquidação, todos os sócios e o liquidante recebem citação para responder aos termos do pedido formulado por um credor quirografário da sociedade, em ação de cobrança intentada contra esta e os sócios solidariamente.

Na petição inicial o credor invoca o art. 990 do Código Civil, por considerar a sociedade em comum a partir de sua dissolução e início da liquidação. Por conseguinte, os sócios passariam a responder de forma ilimitada e solidariamente com a sociedade, que, mesmo despersonificada, conservaria sua capacidade processual, nos termos do art. 75, IX, do Código de Processo Civil.

PRÁTICA EMPRESARIAL – 4ª EDIÇÃO   15   EXERCÍCIOS PRÁTICOS

Com base na hipótese apresentada, responda à seguinte questão.

Tem razão o credor quirografário em sua pretensão de ver reconhecida a responsabilidade ilimitada e solidária dos sócios? Justifique e dê amparo legal. **(Valor: 1,25)**

O examinando deve fundamentar corretamente sua resposta. A simples menção ou transcrição do dispositivo legal não pontua.

RESPOSTAS

Primeiramente, cumpre fazer breve comentário a respeito dos tipos de sociedade considerados nesta questão.

A sociedade em comum é a sociedade não personificada, onde por mais que haja atividade empresarial realizada pelos sócios, esta atividade carece de ato constitutivo, ou seja, não foi realizado o a inscrição e/ou arquivamento no registro competente. São conhecidas também como sociedades de fato, ou irregulares. Este tipo de sociedade é regulado pelos arts. 986 a 990 do Código Civil.

Já as sociedades personificadas possuem personalidade jurídica adquirida mediante registro, nos termos do art. 985 e do art. 1.150, do Código Civil.

No caso em questão, resta evidente que se trata de sociedade limitada, razão pela qual deve ser atendido os preceitos elencados no art. 1.052 do Código Civil, respondendo os sócios limitadamente na medida de suas quotas.

> *Art. 1.052. Na sociedade limitada, a responsabilidade de cada sócio é restrita ao valor de suas quotas, mas todos respondem solidariamente pela integralização do capital social.*
> *§ 1º A sociedade limitada pode ser constituída por 1 (uma) ou mais pessoas.*
> *§ 2º Se for unipessoal, aplicar-se-ão ao documento de constituição do sócio único, no que couber, as disposições sobre o contrato social*

Comentários adicionais

Cumpre observar que a sociedade em conta de participação embora seja não personificada difere-se da sociedade comum.

GABARITO COMENTADO – FGV

A questão tem por objetivo aferir o conhecimento do examinando sobre um dos efeitos da dissolução da sociedade, isto é, a manutenção da personalidade jurídica até o encerramento da liquidação e baixa do registro no órgão competente (art. 51 do Código Civil: *"Nos casos de dissolução da pessoa jurídica ou cassada a autorização para seu funcionamento, ela subsistirá para os fins de liquidação, até que esta se conclua"*). Assim, o credor não tem razão em propor a ação em face dos sócios com fundamento no art. 990 do Código Civil, que se aplica apenas à sociedade em comum, não personificada. Os sócios permanecem durante a liquidação com a responsabilidade limitada prevista no art. 1.052 do Código Civil.

DISTRIBUIÇÃO DE PONTOS

Esta prova não especificou como seriam distribuídos os pontos.

ROBINSON BARREIRINHAS E HENRIQUE SUBI

(OAB/Exame Unificado – 2013.1 – 2ª fase) Os sócios da Sociedade Gráfica Veloz Ltda., atuante no setor de impressões, vinham passando por dificuldades em razão da obsolescência de seus equipamentos. Por este motivo, decidiram, por unanimidade, admitir Joaquim como sócio na referida sociedade. Joaquim subscreveu, com a concordância dos sócios, quotas no montante de R$100.000,00 (cem mil reais), se comprometendo a integralizá-las no prazo de duas semanas. O ato societário refletindo tal aumento de capital foi assinado por todos e levado para registro na Junta Comercial competente. Contando com os recursos financeiros oriundos do aumento de capital e na esperança de recuperar o mercado perdido, os administradores da Gráfica Veloz Ltda. adquiriram os equipamentos necessários ao aprimoramento dos serviços prestados pela sociedade, comprometendo-se a efetuar o pagamento de tais aparelhos dentro do prazo de dois meses. Como Joaquim não integralizou o valor subscrito no prazo acertado, a Sociedade Gráfica Veloz Ltda. o notificou a respeito do atraso no pagamento e, após 1 (um) mês do recebimento desta notificação, Joaquim não integralizou as quotas subscritas. Em função do inadimplemento de Joaquim, a Gráfica Veloz Ltda. assumiu expressiva dívida, na medida em que atrasou o pagamento dos equipamentos adquiridos e teve que renegociar seu débito, submetendo-se a altos juros. Na qualidade de advogado dos sócios da Gráfica Veloz Ltda., responda aos seguintes itens.

A) É possível excluir Joaquim da sociedade? **(Valor: 0,85)**

B) É possível cobrar de Joaquim os prejuízos sofridos pela sociedade, caso ele permaneça como sócio da Gráfica Veloz Ltda.? **(Valor: 0,40)**

O examinando deve fundamentar corretamente sua resposta. A simples menção ou transcrição do dispositivo legal não pontua.

RESPOSTAS

Dá-se o nome de remisso ao sócio que está em mora na integralização das suas cotas na sociedade, conforme dispõe o art. 1.004 do CC.

A responsabilidade de cada sócio é restrita ao valor de suas quotas, mas todos respondem solidariamente pela integralização do capital social (art. 1.052). Neste sentido, quem pagar pelo sócio remisso, tem contra este o direito de regresso.

Contudo, importa dizer que a não integralização do capital social poderá acarretar na responsabilidade direta do sócio remisso, de forma que a sociedade empresária poderá demandá-lo, realizando execução em dinheiro, bens ou créditos indicados por ele à integralização.

No caso de sócio remisso, os demais sócios podem cobrar dele uma indenização pelos eventuais prejuízos que sua mora tenha causado à sociedade. Mas essa não é a única medida que os demais sócios podem tomar contra o remisso.

Isso pois, nos termos do parágrafo único do art. 1.004, *"verificada a mora, poderá a maioria dos demais sócios preferir, à indenização, a exclusão do sócio remisso, ou reduzir-lhe a quota ao montante já realizado, aplicando-se, em ambos os casos, o disposto no § 1° do art. 1.031".*

Vê-se, pois, que além da possibilidade de requerer indenização pelo dano emergente da mora ou de reduzir a quota ao montante já integralizado (art. 1.004, parágrafo único, do CC), de acordo com o art. 1.058, ainda é possível que *"não integralizada a quota de sócio remisso, os outros sócios podem, sem prejuízo do disposto no art. 1.004 e seu parágrafo único do CC, tomá-la para si ou transferi-la a terceiros, excluindo o primitivo titular e devolvendo-lhe o que houver pago, deduzidos os juros da mora, as prestações estabelecidas no contrato mais as despesas."*

A) Sim. Em razão da mora na integralização das quotas pode a sociedade ao invés de promover a cobrança judicial ou amigável, excluir extrajudicialmente, nos termos do Art. 1.058 do Código Civil.

B) No caso em questão, fica claro que o examinador deseja que seja respondido a respeito da possibilidade de indenização, já que Joaquim irá continuar na sociedade. Sendo assim, cumpre dizer que é perfeitamente possível que seja realizada a cobrança de Joaquim pelos prejuízos sofridos pela sociedade em razão da demora para o cumprimento de suas obrigações, nos termos do art. 1.004 caput do CC.

GABARITO COMENTADO – FGV

O examinando deverá demonstrar conhecimento sobre o tratamento conferido pela legislação aplicável às sociedades limitadas ao sócio remisso.

A) O examinando deverá indicar que, em razão da mora na integralização das quotas, a sociedade pode, ao invés de promover a cobrança judicial ou amigável da dívida, excluir o sócio Joaquim, nos termos do Art. 1.058 do Código Civil. Trata-se de hipótese clara de exclusão EXTRAJUDICIAL de sócio, portanto não será aceito como fundamentação legal o Art. 1.030 do Código Civil, que trata de exclusão judicial.

B) O examinando deverá responder que, caso permaneça na sociedade, esta poderá cobrar de Joaquim indenização pelos prejuízos sofridos com a mora, nos termos do Art. 1.004, caput, do Código Civil. Note-se que a pergunta diz respeito à cobrança dos prejuízos sofridos pela sociedade, caso Joaquim permaneça na sociedade. Portanto, a pergunta é claríssima já informando que o sócio será mantido na sociedade e não excluído. Se o candidato souber interpretar adequadamente o Art. 1.004 do Código Civil, perceberá que apenas o caput prevê a possibilidade de cobrança de indenização pelo dano decorrente da mora do sócio. O parágrafo único do Art. 1.004 prevê situações completamente diversas – a exclusão extrajudicial de sócio pela maioria ou a redução de sua quota ao montante integralizado. Portanto, não será aceita fundamentação no parágrafo único do Art. 1.004 do Código Civil porque demonstra que o candidato não soube interpretar o dado do enunciado nem a pergunta formulada, eis que citou hipótese completamente distinta (exclusão ao invés de indenização).

DISTRIBUIÇÃO DE PONTOS

ITEM	PONTUAÇÃO
A) Sim, os sócios podem excluir Joaquim da sociedade, em razão da mora na integralização das quotas (0,50), nos termos do Art. 1.058 do Código Civil (0,35). Obs: *A simples menção ao dispositivo legal não pontua.*	0,00 / 0,50 / 0,85
B) A sociedade pode cobrar de Joaquim indenização pelos prejuízos decorrentes da mora, nos termos do caput do Art. 1.004 do Código Civil (0,40). Obs: *A simples menção ao dispositivo legal não pontua.*	0,00 / 0,40

ROBINSON BARREIRINHAS E HENRIQUE SUBI

(OAB/Exame Unificado – 2012.3 – 2ª fase) Felipe, Rodrigo e Fabiana cursaram juntos a Faculdade de Letras e tornaram-se grandes amigos. Os três trabalhavam como tradutores e decidiram celebrar um contrato de sociedade, para prestação de serviços de tradução, sob a denominação de Tradutores Amigos Ltda., tendo cada um a mesma participação societária.

Alguns anos depois, Fernando, credor particular de Rodrigo, tenta executá-lo, mas o único bem encontrado no patrimônio é a sua participação na Tradutores Amigos Ltda., cuja empresa é altamente lucrativa.

A partir da hipótese apresentada, responda, de forma fundamentada, aos itens a seguir.

A) A parte dos lucros da sociedade que cabe a Rodrigo pode responder por sua dívida particular? **(Valor: 0,75)**

B) Rodrigo pode vender diretamente a Fernando suas quotas, a fim de extinguir sua dívida particular? **(Valor: 0,50)**

RESPOSTAS

A) Dada a omissão, as sociedades limitadas regem-se pelas regras das sociedades simples, conforme art. 1.053 caput do CC.

Sendo assim, em relação ao questionamento, dispõe o art. 1.026 caput do CC que *"o credor particular de sócio pode, na insuficiência de outros bens do devedor, fazer recair a execução sobre o que a este couber nos lucros da sociedade, ou na parte que lhe tocar em caso de liquidação".* E o seu parágrafo único acresce: *"se a sociedade não estiver dissolvida, pode o credor requerer a liquidação da quota do devedor, cujo valor, apurado na forma do art. 1.031, será depositado em dinheiro, no juízo da execução, até noventa dias após aquela liquidação".*

Portanto, os lucros de sua parte na sociedade podem sim responder por sua dívida, sendo realizada a penhora das quotas para a garantia de suas dívidas pessoais. Importante dizer que neste cenário de penhora das quotas, o credor não ingressa na sociedade, sendo a quota liquidada para obtenção do valor que será efetivamente utilizado para a quitação da dívida.

B) O contrato social da sociedade limitada poderá dispor como será a cessão de quotas, e se nada estiver disposto seguirá as regras do art. 1.057 do Código Civil.

Tendo em vista tal omissão no ato constitutivo, Rodrigo poderá vender suas quotas a Fernando, desde que nenhum dos sócios se oponha, uma vez que o referido artigo prevê que o sócio pode ceder sua quota a estranho, se não houver oposição de titulares de mais de um quarto do capital social.

GABARITO COMENTADO – FGV

O examinando deve demonstrar conhecimento a respeito das sociedades limitadas.

A) A parte dos lucros da sociedade Tradutores Amigos Ltda. que cabe a Rodrigo, sócio executado, pode responder por sua dívida particular no caso de insuficiência de seus bens, conforme dispõe o art. 1.026, *caput,* do CC, uma vez que, na omissão do capítulo próprio, as sociedades limitadas regem-se pelas normas das sociedades simples (art. 1.053, *caput,* do CC).

B) Rodrigo pode vender suas quotas a Fernando, desde que nenhum dos sócios da Tradutores Amigos Ltda. se oponha, visto que o contrato é omisso quanto à cessão de quotas e, nesse caso, o art. 1.057 do CC prevê que o sócio pode ceder sua quota a estranho, se não houver oposição de titulares de mais de 1/4 do capital social.

PRÁTICA EMPRESARIAL – 4ª EDIÇÃO   19   EXERCÍCIOS PRÁTICOS

DISTRIBUIÇÃO DE PONTOS

ITEM	PONTUAÇÃO
A) Sim, a parte dos lucros de Tradutores Amigos Ltda que cabe a Rodrigo pode responder por sua dívida particular no caso de insuficiência de seus bens (0,50), conforme art. 1.026 caput, do Código Civil (0,25). Obs.: *A mera citação do artigo não pontua.*	0,00/0,50/0,75
B) Sim, na omissão do contrato da sociedade limitada, Rodrigo pode vender suas quotas a Fernando, caso não haja oposição de qualquer dos sócios OU o sócio pode ceder suas quotas a estranho, se não houver oposição de titulares de mais de ¼ do capital social (0,25), com fundamento no Art. 1.057, do Código Civil (0,25). Obs.: *A mera citação do artigo não pontua.*	0,00/0,25/0,50

(**OAB/Exame Unificado – 2012.3 – 2ª fase**) Marcos e Juliana casaram-se logo depois de formados. Decidiram, então, constituir a sociedade "ABC" Ltda., tendo como sócios, Susana e Felipe. Marcos e Juliana possuem, em conjunto, 70% das quotas de "ABC" Ltda., enquanto Susana e Felipe possuem 15% cada um. Marcos e Felipe são os administradores da sociedade.

Marcos convoca uma reunião por e-mail, a ser realizada no dia seguinte, para tratar de uma possível incorporação de outra sociedade do mesmo ramo. Todos se dão por cientes do local, data, hora e ordem do dia da reunião. Por e-mail, com todos os demais sócios copiados, Susana formula algumas indagações a respeito da proposta de incorporação referida acima. Após diversas trocas de e-mails, Marcos, Juliana e Felipe aprovaram a operação, enquanto Susana votou contra. Marcos imprime todos os e-mails e os arquiva na sede da sociedade.

De acordo com o enunciado acima e com a legislação pertinente, responda fundamentadamente aos itens a seguir.

A) Marcos poderia convocar a reunião para o dia seguinte, por e-mail? (**Valor: 0,65**)

B) Haveria necessidade de realizar a reunião no dia seguinte ao da convocação? (**Valor: 0,60**)

RESPOSTAS

O órgão específico responsável pela tomada das deliberações sociais é a assembleia dos sócios. Todavia, o Código Civil dispõe que em sociedades limitadas menores, de até 10 sócios, a assembleia pode ser substituída pela reunião de sócios.

Isso importa dizer que nas sociedades limitadas com mais de dez sócios a deliberação por Assembleia é obrigatória, conforme art. 1.072, § 1° do CC.

Neste sentido, a principal diferença entre a Assembleia e a Reunião – além do número de sócios – é o procedimento, pois enquanto a Assembleia tem suas regras específicas dentro do Código Civil, a Reunião pode ser realizada como melhor decidirem os sócios, com os detalhes a serem estabelecidos no próprio contrato social.

Entretanto, tanto a reuniões quanto às Assembleias podem ser dispensadas e substituídas por um documento escrito, desde que todos os sócios estejam de acordo, ou seja, desde que essa decisão seja unânime, conforme art. 1.072, § 3° do CC.

A) Sim. Tendo em vista o disposto no art. 1.072 §2º do CC, as formalidades podem ser dispensadas uma vez que todos os sócios afirmaram por escrito estarem cientes da Reunião.

B) É dispensável a Reunião marcada pelo fato de todos os sócios terem se decidido por escrito em relação ao objeto que seria discutido, conforme dispõe o art. 1.072 §3º do CC.

GABARITO COMENTADO – FGV

O examinando deve demonstrar conhecimento a respeito das sociedades limitadas.

A) Sim, desde que todos os sócios estejam cientes do local, data, hora e ordem do dia da reunião, atendendo, assim, ao disposto no art. 1.072, § 2º, do Código Civil. Como o enunciado informa que "todos se dão por cientes", não há nenhuma irregularidade na convocação.

B) Não há necessidade de realização da reunião no dia seguinte, pois todos os sócios decidiram, por escrito, sobre a matéria que seria objeto da mesma, conforme o art. 1.072, § 3º, do Código Civil. Marcos, Juliana e Felipe aprovaram a operação e Susana votou contra, conforme expressamente indica o enunciado.

DISTRIBUIÇÃO DE PONTOS

ITEM	PONTUAÇÃO
A) Sim, desde que todos os sócios estejam cientes do local, data, hora e ordem do dia da reunião (0,40), atendendo, assim, o disposto no Art. 1.072, §2º, do Código Civil. (0,25) Obs.: *A mera citação do artigo não pontua.*	0,00 / 0,40 / 0,65
B) Não, pois todos os sócios decidiram, por escrito, sobre a matéria que seria objeto da reunião (0,40), conforme Art. 1.072, § 3º, do Código Civil. (0,20) Obs.: *A mera citação do artigo não pontua.*	0,00 / 0,40 / 0,60

(OAB/Exame Unificado – 2012.2 Exame – 2ª fase) Pedro, 15 anos, Bruno, 17 anos, e João, 30 anos, celebraram o contrato social da sociedade XPTO Comércio Eletrônico Ltda., integralizando 100% do capital social. Posteriormente, João é interditado e declarado incapaz, mediante sentença judicial transitada em julgado. Os sócios desejam realizar alteração contratual para aumentar o capital social da sociedade.

A) João poderá permanecer na sociedade? Em caso positivo, quais condições devem ser respeitadas? **(Valor: 0,50)**

B) Quais critérios legais a Junta Comercial deve seguir para que o registro da alteração contratual seja aprovado? **(Valor: 0,75)**

O examinando deve fundamentar corretamente sua resposta. A simples menção ou transcrição do dispositivo legal não pontua.

RESPOSTAS

Primeiramente, importante dizer que o art. 974 do Código Civil se refere principalmente ao exercício individual de empresa, de modo que o incapaz possui a possibilidade de continuar exercendo sua atividade empresarial de empresário individual.

Desta forma, somente é aplicável ao caso o art. 974 § 3º do Código Civil, uma vez que a figura do empresário individual é completamente distinta do sócio, pois nesse caso o empresário é a própria pessoa jurídica, somente sendo necessário o cumprimento dos requisitos constantes no referido art., quais sejam:

> I – o sócio incapaz não pode exercer a administração da sociedade;
>
> II – o capital social deve ser totalmente integralizado;
>
> III – o sócio relativamente incapaz deve ser assistido e o absolutamente incapaz deve ser representado por seus representantes legais.

A) João poderá continuar na sociedade, desde que devidamente representado ou assistido, conforme a causa de sua interdição, nos termos do art. 974 §3º do CC.

B) Para que seja possível o Registro da alteração contratual na Junta Comercial é necessário que justamente os pressupostos elencados nos incisos do art. 974 §3º sejam cumpridos. São eles: o sócio incapaz não pode exercer a administração da sociedade; o capital social deve ser totalmente integralizado; o sócio relativamente incapaz deve ser assistido e o absolutamente incapaz deve ser representado por seus representantes legais.

GABARITO COMENTADO – FGV

O examinando deve demonstrar conhecimento a respeito da possibilidade de o incapaz, ainda que absolutamente, ser sócio de sociedade empresária e os requisitos legais a serem observados pelo Registro Público de Empresas Mercantis.

A) O examinando deve indicar que João, mesmo interditado, pode permanecer na sociedade, desde que seja devidamente representado ou assistido, conforme a causa de sua interdição. Por se tratar de sócio de sociedade empresária, e não de empresário individual, são inaplicáveis ao caso proposto o *caput* e os §§ 1º e 2º do art. 974.

O *caput* prevê a continuidade da empresa pelo incapaz e João não irá continuar empresa porque é sócio e não empresário. Os §§ 1º e 2º do art. 974, da mesma forma, estabelecem regras que se aplicam exclusivamente ao empresário individual. Por conseguinte, não se aplica a João a necessária autorização judicial prévia, onde o juiz examinará os riscos do prosseguimento da atividade pelo incapaz, ainda mais sendo sócio de responsabilidade limitada. A condição a ser respeitada para que João permaneça na sociedade encontra-se, **exclusivamente**, no art. 974, § 3º, do CC.

B) Para que seja arquivada a alteração contratual, a Junta Comercial deverá verificar o cumprimento dos requisitos previstos no art. 974, § 3º, CC: (i) nenhum dos sócios incapazes poderá exercer a administração da sociedade; (ii) o capital social deve estar totalmente integralizado; (iii) o sócio Bruno deve estar assistido, o sócio Pedro deve estar representado e o sócio João, representado ou assistido, conforme a causa de sua interdição.

Sobre o terceiro requisito do art. 974, § 3º, do CC, o examinando poderá diferenciar a incapacidade absoluta da relativa, enquadrando Pedro como absolutamente incapaz, conforme o art. 3º, I, do CC, e Bruno como relativamente incapaz, conforme o art. 4º, I, do CC. Em relação a João sua incapacidade pode ser absoluta ou relativa, conforme a causa que determinou a interdição (art. 1.767 do CC). Se for absolutamente incapaz deverá ser representado, se relativamente incapaz, assistido.

Alternativamente, o examinando poderá indicar que os sócios absolutamente incapazes devem estar representados e os relativamente incapazes assistidos, sem precisar a situação individual de cada um.

DISTRIBUIÇÃO DE PONTOS

ITEM	PONTUAÇÃO
A) Independentemente de autorização judicial, o sócio João pode permanecer na sociedade, devidamente assistido, **OU** devidamente representado (0,25), com fundamento no art. 974, § 3º, do CC (0,25).	0,00 / 0,25 / 0,50
B1) A Junta Comercial verificará a representação dos sócios Pedro e João e a assistência ao sócio Bruno **OU** a representação do sócio Pedro e assistência aos sócios Bruno e João (0,20);	0,00/0,20
B2) Integralização do capital social antes do aumento (0,20);	0,00/0,20
B3) Se nenhum dos sócios foi eleito administrador da sociedade (0,20).	0,00/0,20
B4) Fundamentação legal: § 3º do art. 974 do CC (0,15). OBS.: A simples menção do dispositivo legal não pontua, devendo citar um dos critérios legais anteriores.	0,00/0,15

(OAB/Exame Unificado – 2012.1 – 2ª fase) Fábio, sócio da sociedade Divina Pastora Confecções Ltda., que possui 12 sócios, toma conhecimento da intenção dos demais sócios de realizar um aumento de capital. Fábio concorda com a referida pretensão, mas não deseja exercer o seu direito de preferência, caso a proposta seja aprovada. No contrato social, não há qualquer cláusula sobre a cessão de quotas ou a cessão do direito de preferência.

Fábio o procura com as seguintes indagações:

A) Havendo cláusula contratual permissiva, a deliberação a respeito do aumento de capital poderá ser tomada em reunião de sócios? **(Valor: 0,65)**

B) Diante da omissão do contrato social, Fábio poderá ceder o seu direito de preferência a terceiro não sócio? **(Valor: 0,60)**

Responda aos questionamentos de modo fundamentado, indicando os dispositivos legais pertinentes.

RESPOSTAS

As deliberações societárias são tomadas em reunião ou assembleia, dependendo do que dispor o contrato social.

A reunião ocorre quando a deliberação não envolver mais de 10 sócios, nos termos do art. 1.072, caput e § 1º do CC.

A assembleia ocorre quando a deliberação envolver mais de 10 sócios, ou seja, ao menos 11 sócios.

As deliberações por reunião ou assembleia podem ser realizadas em periodicidade definida em contrato social ou na lei. Já em relação à reunião, sua periodicidade ficará a cargo exclusivo do contrato social, bem como o quórum mínimo para sua instalação e a norma de convocação (publicação no diário oficial, jornal, carta, e-mail etc.)

Já a assembleia possui regramentos legais evidentes, como a previsão dos arts. 1.072, § 6º e 1.079 do CC.

Tanto nas reuniões como nas assembleias, sua convocação costuma ocorrer mediante convocação dos administradores da sociedade, que devem atuar conforme previsão do contrato social.

PRÁTICA EMPRESARIAL – 4ª EDIÇÃO   23   EXERCÍCIOS PRÁTICOS

Existe a possibilidade de os sócios convocarem reuniões ou assembleias, de forma extraordinária quando ocorrer, por exemplo, a omissão do administrador em convocar a reunião ou assembleia nas hipóteses legais ou previstas no contrato social, por mais de 60 dias; omissão do administrador suprida pelo Conselho Fiscal, na demora de convocação anual; ou quando se tratar de assunto de grande relevância, nos termos do art. 1.073 do CC.

Via de regra, a assembleia é convocada mediante publicação em Diário Oficial e em jornal de grande circulação com antecedência mínima de 8 dias na primeira convocação e, não havendo quórum mínimo, intervalo mínimo de 5 dias, nos termos do art. 1.072, § 2º do CC.

A reunião em assembleia deverá respeitar a periodicidade mínima da anualidade. Fechado o exercício social, a sociedade terá 4 meses para realizá-la.

O objetivo da assembleia anual, conforme o art. 1.078 do CC, é a Prestação de contas, análise do balanço da empresa, resultado econômico, manutenção ou indicação de novo administrador, dentre outros assuntos de menor relevância que poderão ser tratados.

Como as reuniões são realizadas para limitadas com menos de 11 sócios, logo, mais simples, a lei permite à sociedade que estipule no contrato social sua periodicidade, convocação, quórum para votações não previstas em lei etc. Já as assembleias possuem contornos legais que devem ser seguidos.

A) Mesmo que houvesse cláusula permissiva, a deliberação neste caso não pode ser feita via Reunião, uma vez que a sociedade possui mais de 10 (dez) sócios, e, portanto, tem a obrigatoriedade de realizar as Assembleias, nos termos do art. 1.072, §1º do CC.

B) Dispõe o art. 1.057 do CC que *"na omissão do contrato, o sócio pode ceder sua quota, total ou parcialmente, a quem seja sócio, independentemente de audiência dos outros, ou a estranho, se não houver oposição de titulares de mais de um quarto do capital social".* Desta forma, Fábio pode ceder seu direito de preferência conforme expressamente positivado no art. 1.081, § 2º do CC.

GABARITO COMENTADO – FGV

A) A sociedade em questão deverá realizar suas deliberações em assembleia, por possuir mais de 10 sócios (art. 1.072, § 1º, do CC).

B) Considerando-se a omissão do contrato sobre a cessão de quotas, Fábio poderá ceder o seu direito de preferência a um terceiro não sócio, conforme previsto no art. 1.081, § 2º, do CC, desde que não haja oposição de titulares de mais de 1/4 (um quarto) do capital social.

DISTRIBUIÇÃO DE PONTOS

ITEM	PONTUAÇÃO
A) Não, a deliberação deverá ser tomada em assembleia, pois a sociedade em questão possui mais de 10 sócios (0,30), conforme exige o art. 1.072, §1º, do Código Civil (0,30). Obs: *A simples menção a dispositivo legal não pontua.*	0,00/0,30/0,60
B) Fábio poderá ceder o seu direito de preferência a terceiro não sócio, desde que não haja oposição de titulares de mais de um quarto do capital social (0,35), nos termos do art. 1.081, §2º, do Código Civil (0,30). Obs: *A simples menção a dispositivo legal não pontua.*	0,00/0,35/0,65

ROBINSON BARREIRINHAS E HENRIQUE SUBI

(OAB/Exame Unificado – 2011.1 – 2ª fase) Caio, Tício e Mévio são os únicos sócios da CTM Comércio Internacional Ltda., o primeiro possuindo quotas representativas de 60% do seu capital social e os demais 20% cada um. A sociedade é administrada pelos três sócios, e o contrato social determina que a representação da sociedade perante terceiros somente é válida quando realizada pelos três sócios em conjunto. Em razão de problemas pessoais com Tício, Caio passou a se negar a assinar qualquer documento da sociedade, o que pôs a continuidade da empresa em risco, uma vez que o objeto social da CTM está diretamente relacionado à compra e à venda internacional de alimentos, atividade que envolve a celebração de diversos contratos diariamente. Para contornar a situação, Tício e Mévio decidem excluir Caio da sociedade.

Com base nesse cenário, responda aos itens a seguir, empregando os argumentos jurídicos apropriados e a fundamentação legal pertinente ao caso.

A) É possível a exclusão do sócio majoritário pelos sócios minoritários? **(Valor: 0,50)**

B) Qual é o procedimento a ser adotado nesse caso? **(Valor: 0,75)**

RESPOSTAS

A) Em linhas gerais, a dissolução parcial da sociedade por exclusão de sócio na sociedade contratual pode dar-se judicial ou extrajudicialmente, valendo-se da aplicação supletiva das regras que regem a sociedade simples. A primeira está prevista para qualquer sócio e decorre da lei, ao passo que a segunda opera-se somente em relação a sócios minoritários e deve estar prevista no contrato social.

No caso em exame, Caio, quem os demais sócios pretendem excluir, é sócio majoritário da sociedade. Portanto, sua exclusão é possível, porém somente pela via judicial, comprovando-se falta grave no cumprimento de suas funções (art. 1.030 do CC), tal qual a narrada no enunciado da questão, ou por incapacidade superveniente.

B) A ação judicial de dissolução parcial da sociedade deve ser proposta pela maioria dos demais sócios, contados por cabeça e não pela representatividade do capital social, ou seja, Tício e Mévio, devendo Caio constar no polo passivo. A ação deverá observar o disposto nos arts. 1.031 e 1.032 do CC. Assim, julgada procedente, deverá ser liquidado o valor da cota do sócio excluído, verificada em balanço levantado especialmente para este fim. Manterá, ainda, o sócio excluído responsável pelas obrigações sociais anteriores por até dois anos após averbada a resolução, bem como pelas posteriores até que se averbe a resolução.

Comentários adicionais

Apesar de não contemplado diretamente na questão, é interessante para o candidato explorar, rapidamente, o contexto em que o problema está inserido. Aqui, por exemplo, a resposta abrange somente a exclusão judicial do sócio, mas vale incluir breves palavras sobre a possibilidade de exclusão extrajudicial.

Lembre-se das demais possibilidades de dissolução parcial da sociedade contratual:

- morte de sócio

- direito de retirada

- falência do sócio pessoa jurídica

- liquidação forçada de quota (prevista no art. 1.026, parágrafo único, do CC, pode ser requerida por credor particular do sócio para satisfação desta obrigação)

- quebra da *affectio societatis* (Enunciado 67 das JDC/CJF), a qual seguirá, por analogia, o mesmo procedimento previsto no art. 1.030 do CC.

GABARITO COMENTADO – FGV

O examinando deve demonstrar que possui conhecimentos sobre as possibilidades de exclusão de sócios de sociedade limitada e aplicação subsidiária das normas da sociedade simples.

A questão envolve a aplicação dos arts. 1.030, 1.031 e 1.032, todos do CC. A exclusão do sócio majoritário pelos minoritários é perfeitamente possível, nos termos do artigo 1.030 do CC. Nesse caso, Tício e Mévio deverão ajuizar ação de dissolução parcial de sociedade em face de Caio. Em seguida, serão liquidadas as quotas de Caio, na forma dos arts. 1.031 e 1.032 do CC.

DISTRIBUIÇÃO DE PONTOS

ITEM	PONTUAÇÃO
A) Sim, (0,25) com base no art.1.030 do Código Civil (0,25). **OU** Sim (0,25) com base na quebra de *affectio societatis* e o princípio da preservação da empresa/dissolução parcial no art.1.030 do CC.(0,25)	0,00/0,25/0,50
B) Proposta de ação de dissolução parcial de sociedade em face de Caio (0,25) (art. 1.030, CC). Liquidação das quotas de Caio (0,25) (arts.1.031 e 1.032 do CC) (0,25).	0,00/0,25/0,50/0,75

1.2. SOCIEDADES POR AÇÕES

(OAB/Exame Unificado – 2020.1 – 2ª fase) A Companhia Venha-Ver Engenharia, constituída em 2008, é da espécie fechada, e seu capital social é inteiramente composto por ações ordinárias.

A assembleia geral extraordinária aprovou, em 22/08/2017, por maioria absoluta de votos, a reforma do estatuto para o aumento do capital mediante a emissão de ações preferenciais, sem direito a voto, em duas classes: A e B. As ações da classe A conferem a seus titulares prioridade na distribuição de dividendo fixo. As ações da classe B conferem a seus titulares prioridade no reembolso do capital sem prêmio.

Pedro Avelino, acionista titular de 12% do capital social, inconformado com a aprovação da alteração estatutária, ajuizou ação para anular a deliberação assemblear sob a alegação de ilegalidade na atribuição das vantagens patrimoniais às ações preferenciais da classe B.

Argumenta o autor que as ações preferenciais da classe B deveriam conferir aos futuros subscritores uma preferência ou vantagem adicional, como o recebimento do dividendo, por ação preferencial, pelo menos 10% (dez por cento) maior do que o atribuído às ações ordinárias. Da forma como foi aprovada pela assembleia, a criação da nova espécie de ação acarretou um evidente prejuízo aos acionistas minoritários, porque a eliminação do direito de voto não corresponderia a uma vantagem real e efetiva, configurando-se o abuso da maioria.

Considerando os fatos acima e que a ação anulatória foi proposta em 25/03/2019, responda aos itens a seguir.

A) Na data da proposta da ação – 25/03/2019 –, já estaria prescrita a pretensão anulatória da deliberação assemblear? **(Valor: 0,55)**

B) Pedro Avelino tem razão quanto à ilegalidade na atribuição da vantagem patrimonial às ações preferenciais da classe B? **(Valor: 0,70)**

Obs.: o(a) examinando(a) deve fundamentar suas respostas. A mera citação do dispositivo legal não confere pontuação.

RESPOSTAS

A) Não. Persiste na data da propositura da ação a pretensão anulatória da deliberação assemblear. A deliberação ocorreu em 22 de agosto de 2017 e a ação foi proposta em 25 de março de 2019. Portanto, não se passaram 2 (dois) anos da data da deliberação, que é o prazo prescricional previsto no Art. 286 da Lei 6.404/76.

B) Não. O acionista Pedro Avelino não tem razão em sua pretensão de ver anulada a deliberação por violação à lei. Não é obrigatória a concessão de vantagem adicional às ações preferenciais de companhia fechada que tiverem assegurado o direito de prioridade no reembolso do capital com ou sem prêmio. O Art. 17, § 1º da Lei nº 6.404/76 impõe que seja atribuído às ações preferenciais uma das vantagens previstas nos incisos do parágrafo como condição para negociação no mercado de valores mobiliários, o que não se aplica à Companhia Venha-Ver Engenharia porque o enunciado informa que ela é uma companhia da espécie fechada, logo, seus valores mobiliários não são admitidos à negociação neste mercado (Art. 4º, *caput*, da Lei nº 6.404/76).

GABARITO COMENTADO – FGV

A questão tem por finalidade verificar o conhecimento do candidato das vantagens que podem ser conferidas às ações preferenciais previstas no Art. 17 da Lei nº 6.404/76 e do prazo prescricional da ação para anular as deliberações das companhias que violarem a Lei (Art. 286).

(OAB/Exame Unificado – 2018.3 – 2ª fase) O acionista controlador de uma companhia aberta formulou oferta pública para adquirir a totalidade das ações em circulação no mercado, com a finalidade de cancelamento do registro para negociação de ações no mercado. Três sociedades empresárias, todas acionistas da referida companhia e titulares de 15% (quinze por cento) das ações em circulação no mercado, requereram conjuntamente ao Presidente do Conselho de Administração a convocação de assembleia especial dos acionistas titulares de ações em circulação no mercado, a fim de deliberar sobre a realização de nova avaliação da companhia por critério diverso daquele apresentado pelo ofertante. O requerimento foi apresentado no dia 26 de março de 2018, devidamente fundamentado e acompanhado de elementos de convicção, demonstrando a imprecisão no critério de avaliação adotado, sendo que a divulgação do valor da oferta pública ocorreu no dia 1º de março de 2018.Com base nas informações acima, responda aos itens a seguir.

A) As três sociedades empresárias possuem legitimidade para pleitear a revisão do valor inicial da oferta pública? **(Valor: 0,60)**

B) Considerando as datas de divulgação da oferta e da apresentação do requerimento, na condição de Presidente do Conselho de Administração, como você procederia? **(Valor: 0,65)**

Obs.: o(a) examinando(a) deve fundamentar as respostas. A mera citação do dispositivo legal não confere pontuação.

RESPOSTAS

A) As sociedades possuem legitimidade para pleitear a revisão do valor, pois se enquadram no requisito necessário para tal – mais de 10% das ações em circulação no mercado – conforme prevê o Art. 4º-A da Lei 6.404/1976.

PRÁTICA EMPRESARIAL – 4ª EDIÇÃO — 27 — EXERCÍCIOS PRÁTICOS

B) Embora o requerimento tivesse cumprido os requisitos da fundamentação, elementos de convicção que demonstrassem falha ou imprecisão do cálculo, ele não poderá ser acatado, uma vez que conforme o disposto no art. 4º-A, §1º da Lei 6.404/1976, ele não é tempestivo, por ter sido apresentado em prazo superior aos 15 (quinze) dias.

GABARITO COMENTADO – FGV

A questão tem por objetivo verificar se o examinando conhece as condições previstas na lei das S/A para o pedido de

A) Sim. As três sociedades empresárias, acionistas da companhia aberta, conjuntamente, possuem 15% (quinze por cento) das ações em circulação e, portanto, superam o mínimo de 10% (dez por cento) exigido para apresentação do pedido de revisão, de acordo como Art. 4º-A, caput, da Lei nº 6.404/76.

B) Diante da intempestividade do requerimento, por ter sido apresentado em 26 de março de 2018, além do prazo de 15 (quinze) dias da divulgação do valor da oferta, deverá ser indeferido, com fundamento no Art. 4º-A, § 1º, da Lei nº 6.404/76.

DISTRIBUIÇÃO DE PONTOS

ITEM	PONTUAÇÃO
A) Sim. As três sociedades empresárias, acionistas da companhia aberta, conjuntamente, possuem 15% (quinze por cento) das ações em circulação e, portanto, superam o mínimo de 10% (dez por cento) exigido para apresentação do pedido de revisão (0,50), de acordo com o Art. 4º-A, caput, da Lei nº 6.404/76 (0,10).	0,00/0,50/0,60
B) Diante da intempestividade do requerimento, por ter sido apresentado em 26 de março de 2018, além do prazo de 15 (quinze) dias da divulgação do valor da oferta, deverá ser indeferido (0,55), com fundamento no Art. 4º-A, § 1º, da Lei nº 6.404/76 (0,10).	0,00/0,55/0,65

(OAB/Exame Unificado – 2015.3 – 2ª fase) Diamantino, Aquino, Lucas e Esperidião são os únicos acionistas da Companhia Querência S/A e condôminos de imóvel situado na área rural do município de Porto Estrela. Após a aprovação da reforma estatutária para aumento do capital social, os quatro acionistas subscreveram ações que serão integralizadas com a incorporação ao patrimônio da companhia do referido imóvel. O acionista Lucas também subscreveu ações que serão integralizadas com equipamentos agrícolas de sua propriedade exclusiva. Foi dispensada a avaliação do imóvel rural por se tratar de bem em condomínio de todos os subscritores e impedimento de voto dos subscritores nesse caso.

Para a avaliação dos equipamentos agrícolas foi aprovada em assembleia a contratação de sociedade avaliadora, que apresentou laudo fundamentado. No laudo apresentado, o valor apontado para os equipamentos foi superior ao atribuído pelo acionista Lucas no momento da subscrição.

Como advogado consultado para opinar sobre a legalidade dos atos praticados, responda aos itens a seguir.

A) A dispensa de avaliação do imóvel sob as justificativas apresentadas é procedente? **(Valor: 0,75)**

ROBINSON BARREIRINHAS E HENRIQUE SUBI

B) Diante da divergência entre o valor apontado no laudo da sociedade avaliadora e aquele que lhe atribuiu o subscritor, qual a solução a ser dada? **(Valor: 0,50)**

Obs.: O examinando deve fundamentar suas respostas. A mera citação do dispositivo legal não será pontuada

RESPOSTAS

O art. 7.º da LSA dispõe que as contribuições para integralizar o capital subscrito podem ser feitas com dinheiro ou bens avaliáveis em dinheiro (bens móveis, imóveis, créditos) etc.

Quando a integralização é feita em bens, eles devem ser avaliados por 3 (três) peritos ou por empresa especializada, nomeados em assembleia geral dos subscritores, convocada pela imprensa e presidida por um dos fundadores, instalando-se em primeira convocação com a presença de subscritores que representem metade, pelo menos, do capital social, e em segunda convocação com qualquer número, conforme dispõe o art. 8.º caput da Lei 6.404/1976.

Depois de realizada a avaliação, os peritos ou a empresa responsável pela avaliação deverão apresentar o laudo fundamento com a indicação dos critérios utilizados, elementos de comparação, devendo todos os dados serem instruídos com os devidos documentos. Além disso, os peritos deverão estar presentes na Assembleia que conhecer o laudo para prestar eventuais questões que forem suscitadas, nos termos do art. 8º §1º da Lei das Sociedades Anônimas. Neste sentido, após a apresentação do laudo, o subscritor responsável pelos bens deve concordar ou não com ele, conforme §2º do mesmo dispositivo.

Desta forma:

A) A justificativa apresentada para que fosse o bem dispensado da avaliação não procede, já que o fato de todos os subscritores serem proprietários não dispensa a avaliação do imóvel, devendo o procedimento ser realizado nos termos do art. 8º, *caput*, da Lei n. 6.404/76. Na mesma esteira, não há qualquer impedimento de voto, pois os subscritores poderão aprovar o laudo nos termos do art. 115, § 2º, da Lei n. 6.404/76.

B) Nesse caso, a companhia deverá devolver ao subscritor o excesso ou a importância superior ao valor das ações porque o bem não poderá ser incorporado ao patrimônio da companhia por valor superior ao atribuído pelo subscritor, conforme art. 8º, § 4º, da Lei 6.404/1976.

GABARITO COMENTADO – FGV

A questão tem por objetivo aferir o conhecimento dos examinandos sobre as regras pertinentes à avaliação dos bens que serão incorporados ao capital social de uma companhia quando da subscrição de ações em aumento de capital social, em especial a obrigatoriedade da avaliação mesmo se todos os subscritores forem condôminos do mesmo bem e a proibição de incorporação de bem ao patrimônio da companhia quando o laudo de avaliação apontar valor superior ao dado pelo subscritor.

O examinando deverá observar o item 3.5.6 do Edital, segundo o qual "Na redação das respostas às questões discursivas, o examinando deverá indicar, obrigatoriamente, a qual item do enunciado se refere cada parte de sua resposta ("A)", "B)", "C)" etc.), sob pena de receber nota zero."

PRÁTICA EMPRESARIAL – 4ª EDIÇÃO   29   EXERCÍCIOS PRÁTICOS

Fica claro no cotejo das informações do enunciado com a Lei n. 6.404/76 que **as razões apresentadas** pelos subscritores para dispensa da avaliação e impedimento de voto **são improcedentes**. Portanto, resposta em sentido contrário não será pontuada (item 3.5.5 do Edital).

A) Não. **As razões apontadas** – (i) bem em condomínio e (ii) o impedimento de voto dos subscritores – **são improcedentes**, porque **não se dispensa a avaliação do bem imóvel nem há impedimento ao exercício do direito de voto**. Deve ser nomeado um avaliador pessoa jurídica ou 3 (três) peritos para avaliar o imóvel e os subscritores poderão aprovar o laudo, com base, respectivamente, no art. 8°, *caput*, da Lei n. 6.404/76 e no art. 115, § 2°, da Lei n. 6.404/76.

B) Havendo divergência entre o valor apresentado no laudo, por ser esse superior ao que tiver sido atribuído pelo subscritor, **o bem não poderá ser incorporado ao patrimônio da companhia, em razão do disposto no art. 8°, § 4°, da Lei n. 6.404/76**. A solução a ser dada será a companhia deverá devolver/pagar ao subscritor o excesso (ou a importância superior ao valor das ações).

Entre outras, a resposta que afirmar que a solução é "o bem não será incorporado ao patrimônio da companhia", reproduzindo o texto já contido no §4° do art. 8° da Lei n. 6.404/76, ou que "prevalecerá o valor dado pelo subscritor", desprezando o laudo de avaliação, não será considerada para efeito de pontuação.

DISTRIBUIÇÃO DE PONTOS

ITEM	PONTUAÇÃO
A1) Não. O fato de todos os subscritores serem condôminos do imóvel não dispensa a avaliação do bem, que é obrigatória mesmo neste caso (0,20), com base no Art. 8°, caput da Lei n° 6.404/76. (0,10) *Obs.: A simples menção ou transcrição do dispositivo legal não pontua.*	0,00 / 0,20 / 0,30
A2) Não há impedimento de voto porque os subscritores poderão aprovar o laudo (0,35), com base no Art. 115, § 2°, da Lei n° 6.404/76. (0,10) *Obs.: A simples menção ou transcrição do dispositivo legal não pontua*	0,00 / 0,35 / 0,45
B) A companhia deverá devolver/pagar ao subscritor o excesso **OU** a importância superior ao valor das ações (0,15) porque o bem não poderá ser incorporado ao patrimônio da companhia por valor superior ao atribuído pelo subscritor (0,25), em razão do disposto no Art. 8°, § 4°, da Lei n° 6.404/76. (0,10) *Obs.: A simples menção ou transcrição do dispositivo legal não pontua*	0,00 / 0,15 / 0,25 / 0,35 / 0,40 / 0,50

(OAB/Exame Unificado – 2015.2 – 2ª fase) A companhia CM Têxtil S/A é de capital autorizado. O Conselho de Administração, com base em permissivo contido no estatuto social, aprovou o aumento do capital social e a emissão de bônus de subscrição, ambos no limite do capital autorizado. O acionista minoritário Lobato consultou sua advogada, questionando-a sobre os pontos a seguir.

A) Tendo em vista que o capital social é uma cláusula obrigatória do estatuto (Art. 5°, *caput,* da Lei n° 6.404/76), poderia o Conselho de Administração aprovar o aumento do capital? **(Valor: 0,50)**

B) Poderia o Conselho de Administração aprovar a emissão de bônus de subscrição? **(Valor: 0,75)**

Obs.: o examinando deve fundamentar sua resposta, esclarecendo, quanto ao item B, a finalidade dos bônus de subscrição. A simples menção ou transcrição de dispositivo legal não confere pontuação.

RESPOSTAS

O capital social nas sociedades anônimas é dividido em ações e poderá ser formado por contribuições em dinheiro ou outros bens que possam ser avaliados em capital (art. 7º da Lei n. 6.404/76).

Em situações especiais poderá ser majorado (art. 166), v.g. para emissão de novas ações ou reduzido (art. 173), se houver prejuízo da companhia.

Em relação ao bônus de subscrição, há possibilidade de conceder aos seus titulares, conforme condições expressas no certificado de emissão, direito de subscrever ações, na hipótese de aumento de capital.

O bônus de subscrição, é, portanto, uma preferência de subscrição, mas o titular do bônus deverá pagar o preço de emissão das ações, nos termos do art. 75 da Lei n. 6.404/76. Elas podem ser nominativas ou escriturais.

A) Sim, havendo cláusula permissiva no estatuto, com base nos arts. 166, II, e 168, caput da Lei n.6.404/76, o Conselho de Administração das sociedades anônimas de capital autorizado podem aumentar o capital social.

B) Sim. Nas sociedades anônimas de capital autorizado é permitido ao Conselho de Administração deliberar sobre a emissão de bônus de subscrição, autorizado pelo estatuto, com fundamento no art. 76 da Lei n. 6.404/76.

GABARITO COMENTADO – FGV

A questão tem por objetivo verificar o conhecimento do examinando sobre a sociedade anônima de capital autorizado e algumas de suas peculiaridades, a saber: (i) a possibilidade de o capital social ser aumentado por deliberação da Assembleia Geral ou do Conselho de Administração, conforme dispuser o estatuto; (ii) a competência do Conselho de Administração para deliberar sobre a emissão de bônus de subscrição, quando houver autorização no estatuto; (iii) a finalidade dos bônus de subscrição.

Preliminarmente, para fins de atribuição de pontuação, o texto produzido pelo examinando em sua folha de respostas foi avaliado quanto à adequação ao problema apresentado, ao domínio do raciocínio jurídico, à fundamentação e sua consistência, à capacidade de interpretação e exposição e à técnica profissional demonstrada, sendo que a mera transcrição de dispositivos legais, desprovida do raciocínio jurídico e contextualização aos dados do enunciado, não enseja pontuação (item 3.5.11 do Edital do XVII Exame).

A) Sim. Embora o capital social seja uma cláusula obrigatória do estatuto, de acordo com o art. 5º, da Lei n. 6.404/76, e a competência para aprovar as reformas estatutárias seja privativa da assembleia geral (art. 122, I, da Lei n. 6.404/76), nas sociedades anônimas de capital autorizado o capital social pode ser aumentado por deliberação do Conselho de Administração, se assim dispuser o estatuto, com base nos arts. 166, II, e 168, *caput* da Lei n.6.404/76.

B) Sim. Nas sociedades anônimas de capital autorizado é permitido ao Conselho de Administração deliberar sobre a emissão de bônus de subscrição, autorizado pelo estatuto, com fundamento no art. 76 da Lei n. 6.404/76.

A finalidade dos bônus de subscrição é atribuir a seus titulares, nas condições constantes do certificado, se houver, o direito de subscrever ações da companhia emissora, a ser exercido mediante apresentação do título (ou documento que o substitua) à companhia e pagamento do preço de emissão, com base no art. 75, parágrafo único, da Lei n. 6.404/76.

PRÁTICA EMPRESARIAL – 4ª EDIÇÃO   31   EXERCÍCIOS PRÁTICOS

DISTRIBUIÇÃO DE PONTOS

ITEM	PONTUAÇÃO
A) Sim. Embora o capital social seja uma cláusula obrigatória do estatuto, de acordo com o art. 5º, da Lei n. 6.404/76, e a competência para aprovar as reformas estatutárias seja privativa da assembleia geral (0,15), nas sociedades de capital autorizado o capital social pode ser aumentado por deliberação do Conselho de Administração, independentemente de reforma estatutária (0,25), com base nos arts. 166, II e 168, caput, da Lei n.6.404/76 (0,10) *A simples menção ou transcrição dos artigos não pontua.*	0,00 / 0,15 / 0,25 / 0,35 / 0,40 / 0,50
B.1)Sim, porque nas sociedades de capital autorizado é permitido ao estatuto autorizar o Conselho de Administração deliberar sobre a emissão de bônus de subscrição (0,25), com fundamento no art. 76 OU no art. 142, VII, da Lei n. 6.404/76 (0,10). *A simples menção ou transcrição do artigo não pontua.*	0,00/0,25/0,35
B.2) Os bônus de subscrição são valores mobiliários que atribuem aos seus titulares, nas condições constantes do certificado, se houver, o direito de subscrever ações do capital da companhia emissora (0,30), com base no art. 75, parágrafo único, da Lei n. 6.404/76 (0,10). *A simples menção ou transcrição do artigo não pontua.*	0,00/0,30/0,40

(OAB/Exame Unificado – 2014.1 – 2ª fase) Em 12.01.2012, reunidos em assembleia geral extraordinária, os acionistas de Brisa S.A. aprovaram a mudança do objeto social da companhia, tendo a ata da assembleia sido publicada em 16.01.2012. Letícia, acionista da Brisa S.A., exerceu seu direito de retirada, em 15.02.2012, último dia do prazo. Em 20.03.2012, Brisa S.A. realizou assembleia geral ordinária, na qual foram aprovadas as demonstrações financeiras do exercício findo em 2011. Nesta ocasião, Letícia se alegrou ao perceber que o valor patrimonial por ação do exercício de 2011 aumentou em relação ao exercício de 2010, tendo passado de R$10,00 (em 2010) para R$15,00 por ação (em 2011).

De acordo com o enunciado acima e com a legislação pertinente, responda às questões abaixo, indicando o(s) respectivo(s) fundamento(s) legal(is):

A) Qual é o valor por ação que Letícia deve receber, considerando que o estatuto social da companhia não estabelece normas para a determinação do valor de reembolso? **(Valor: 0,65)**

B) Depois de ter exercido o seu direito de retirada, isto é, a partir de 16.02.2012, há possibilidade de Letícia requerer levantamento de balanço especial para fins de reembolso? **(Valor: 0,60)**

O examinando deve fundamentar corretamente sua resposta. A simples menção ou transcrição do dispositivo legal não pontua.

RESPOSTAS

O direito de retirada consiste basicamente em no direito que o acionista tem em ter suas ações reembolsadas pela companhia, nos casos de discordância da deliberação social que determine criação de ações preferenciais, aumento sem guardar proporção com as demais classes de ações; alteração nas preferências; criação de classes mais favorecidas; redução de dividendo obrigatório; fusão, incorporação, cisão; participação em grupo de sociedade; ou ainda, a mudança de objeto.

ROBINSON BARREIRINHAS E HENRIQUE SUBI

Ademais, os direitos essenciais dos acionistas são aqueles nem a assembleia geral, nem o estatuto da companhia podem retirar dos sócios.

Esses direitos constam no rol do art. 109 da LSA. São eles:

Art 109: "nem o estatuto social nem a assembleia geral poderão privar o acionista dos direitos de:

I – participar dos lucros sociais;

II – participar do acervo da companhia, em caso de liquidação;

III – fiscalizar, na forma prevista nesta Lei, a gestão dos negócios sociais;

IV – preferência para a subscrição de ações, partes beneficiárias conversíveis em ações, debêntures conversíveis em ações e bônus de subscrição, observado o disposto nos artigos 171 e 172;

V – retirar-se da sociedade nos casos previstos nesta lei".

O balanço especial é realizado visando apuração de haveres de sócio retirante, falecido ou excluído da sociedade.t

Este balanço ocorre para que seja avaliada a efetiva situação patrimonial da empresa, pois pode ocorrer de não estarem registradas transações como amortizações, depreciações e etc., o que resultaria em prejuízo para o sócio retirante.

A) O valor que Letícia deverá receber é de R$10,00 por ação. O valor deve ser calculado com base no último balanço aprovado em relação à data da deliberação da assembleia que gerou o direito de retirada, conforme artigo 45, § 1°, da Lei n° 6.404/1976.

B) Não, pois o levantamento de balanço especial deveria ter sido solicitado no mesmo momento do exercício do direito de retirada, conforme artigo 45, § 2°, da Lei n° 6.404/1976, o que não ocorreu.

GABARITO COMENTADO – FGV

O examinando deve demonstrar conhecimento a respeito das sociedades anônimas, do direito de retirada de seus acionistas, previsto no artigo 137 da Lei n° 6.404/1976, e das regras para cálculo do reembolso, previstas no art. 45 da Lei n. 6.404/76. O comando da pergunta informa ao examinando que o estatuto social da companhia não estabelece normas para a determinação do valor de reembolso. Logo, o cálculo do reembolso deve seguir o critério do valor patrimonial da ação referente ao exercício social de 2010, isto é, R$10,00 por ação.

É incabível a adoção do critério do valor econômico da companhia a ser apurado em avaliação, pois esse depende de expressa previsão estatutária, o que não se verifica.

Com base na identificação preliminar do critério de cálculo, através do exame do dispositivo pertinente (art. 45, § 1° da Lei n° 6.404/76, o examinando deverá verificar, pelos dados do enunciado, se Letícia faz jus ou não a receber o valor por ação referente ao exercício de 2011 (R$ 15,00). A conclusão é pela **impossibilidade** de pagamento do reembolso com base no valor de R$15,00 por ação. A resposta neste sentido é incoerente com o conteúdo avaliado, o enunciado, a Lei n° 6.404, aplicando-se o item 3.5.5 do Edital do XIII Exame.

Como a assembleia geral ordinária de 2012 ocorreu no dia 20.03.2012, ou seja, depois da assembleia geral extraordinária que alterou o objeto social da companhia (12.01.2012) – e que, portanto, deu ensejo ao direito de retirada de Letícia (exercido em 15.02.2012) –, o valor

PRÁTICA EMPRESARIAL – 4ª EDIÇÃO   33   EXERCÍCIOS PRÁTICOS

patrimonial do exercício de 2011 (R$ 15,00 por ação) não é aplicável para fins de cálculo do valor de reembolso das ações de Letícia, sócia dissente.

A) O examinando deve indicar que Letícia deve receber R$10,00 por ação, visto que a base de cálculo para o valor do reembolso decorre do último balanço aprovado (referente ao exercício social de 2010) em relação à data da deliberação da assembleia que gerou o direito de retirada, conforme artigo 45, § 1º, da Lei nº 6.404/1976.

B) Tendo em vista já haver decorrido mais de 60 (sessenta) dias entre a data da deliberação da AGO que aprovou o balanço referente ao exercício social de 2010 (nos quatro primeiros meses do exercício social de 2011), observado o art. 132 da Lei n. 6.404/76, e a data da deliberação da AGE que aprovou a mudança do objeto social (12.01.2012), Letícia, **a princípio**, poderia requerer o levantamento de balanço especial. Contudo, tal faculdade deveria ter sido exercida **juntamente com o pedido de reembolso**, o que não ocorreu porque Letícia exerceu seu direito de retirada em 15.02.2012, quando apenas em 20.03.2012 é que foi divulgado o novo valor patrimonial da ação (R$ 15,00). Com estas considerações, o examinando deve responder que não há possibilidade de Letícia solicitar o levantamento de balanço especial, caso assim desejasse, pois deveria tê-lo solicitado no mesmo momento do exercício do direito de retirada, conforme artigo 45, § 2º, da Lei nº 6.404/1976.

A resposta no sentido de que Letícia poderá pedir o levantamento do balanço especial, qualquer que seja a justificativa, é contrária ao conteúdo avaliado e às informações do enunciado (item 3.5.5 do Edital do XIII Exame). É inequívoco que Letícia não solicitou no momento da retirada o levantamento deste balanço, como também é incontroverso que o art. 45, § 2º, da Lei nº 6.404/76, exige que os pedidos de reembolso e balanço especial formulados pelo acionista dissidente sejam concomitantes.

Por fim, a simples menção ou transcrição do dispositivo legal apontado na distribuição de pontos não atribui a pontuação. O examinando deve demonstrar que compreendeu aquilo que está sendo indagado e fundamentar corretamente a sua resposta, para que seja pontuado o fundamento legal.

DISTRIBUIÇÃO DE PONTOS

ITEM	PONTUAÇÃO
A) O valor que Letícia deverá receber é de R$10,00 por ação. O valor será calculado com base no último balanço aprovado em relação à data da deliberação da assembleia que gerou o direito de retirada (0,50), conforme artigo 45, § 1º, da Lei nº 6.404/1976 (0,15). *A simples menção ou transcrição do dispositivo legal não pontua.*	0,0/0,50/0,65
B) Não, pois o levantamento de balanço especial deveria ter sido solicitado no mesmo momento do exercício do direito de retirada (0,40), conforme artigo 45, § 2º, da Lei nº 6.404/1976 (0,20). *A simples menção ou transcrição do dispositivo legal não pontua.*	0,00/0,40/ 0,60

(OAB/Exame Unificado – 2013.1 – 2ª fase) A Saúde Vital Farmacêutica S.A. é uma companhia fechada, cuja diretoria é composta por quatro membros: Hermano, diretor presidente, Paulo, diretor financeiro, Roberto, diretor médico e Pedro, diretor jurídico. Todos possuem atribuições específicas estabelecidas no Estatuto da Companhia. Não há Conselho de Administração.

Em dezembro de 2010, os acionistas apuraram que três funcionários da área financeira da Companhia desviaram, ao longo do ano, R$ 3.000.000,00 (três milhões de reais) das contas da companhia, promovendo saídas de capital que poderiam ser facilmente identificadas por meio de simples extratos bancários.

Os extratos bancários eram enviados, mensalmente, a todos os diretores da companhia.

Os acionistas da Saúde Vital Farmacêutica S.A. procuram um advogado com o objetivo de, independentemente das penalidades cabíveis aos funcionários, responsabilizar a administração da Companhia.

A partir do caso apresentado, responda aos seguintes itens.

A) Qual o procedimento judicial a ser adotado? **(Valor: 0,50)**

B) Quem pode ser responsabilizado pelo desvio dos recursos? Somente Paulo ou também os demais diretores? **(Valor: 0,75)**

O examinando deve fundamentar corretamente sua resposta. A simples menção ou transcrição do dispositivo legal não pontua.

RESPOSTAS

De acordo com o art. 158 da LSA, quem responde pelos atos de gestão dos administradores da companhia é ela mesma. Contudo, cabe a ela exigir a reparação civil de danos que eventualmente forem causados por atos dos administradores que tenham agido com culpa ou dolo, que violem o estatuto, ou a lei.

Assim, conforme consta o art. 159 da LSA, "compete à companhia, mediante prévia deliberação da assembleia geral, a ação de responsabilidade civil contra o administrador, pelos prejuízos causados ao seu patrimônio". Em princípio, frise-se, a deliberação acerca da propositura da referida ação contra os administradores compete à assembleia geral ordinária, já que é ela quem possui competência, nos termos do art. 132, inciso I, da LSA, para tomar as contas dos administradores.

Importante dizer que, uma vez deliberada acerca da propositura da ação, caso os administradores ainda estejam exercendo mandato, deverão ser realizadas suas imediatas substituições, vez que restam impedidos, conforme disposto no § 2.º do art. 159.

Cumpre dizer que de maneira geral cabe à própria sociedade propor a ação de responsabilidade contra os administradores. Contudo, caso a companhia fique inerte após a deliberação, qualquer dos acionistas, dentro do prazo de 3(três) meses, conforme determinação do §3.º do art. 159.

Além disso, mesmo que haja a deliberação pela não propositura da ação, se acionistas que representem pelo menos 5% do capital social quiserem podem ingressar com a referida ação.

A) O procedimento que deve ser adotado é ação de responsabilidade civil contra os administradores, conforme dispõe o art. 159, *caput*, da Lei 6.404/1976 necessitando ainda a prévia autorização da deliberação em Assembleia geral.

PRÁTICA EMPRESARIAL – 4ª EDIÇÃO   35   EXERCÍCIOS PRÁTICOS

B) Tendo em vista o fato de que os extratos foram enviados a todos os diretores mês a mês, e nenhum deles identificou tal situação previamente, todos podem ser responsabilizados. Isso pois o art. 153 da Lei 6.404/1976 prevê o dever de diligência, o qual não fora cumprido por nenhum dos diretores.

GABARITO COMENTADO – FGV

O examinando deve demonstrar conhecimento a respeito dos dispositivos da Lei de Sociedades por Ações (Lei 6.404/1976) referentes aos deveres legais dos administradores, especialmente o dever de diligência, e a responsabilidade dos mesmos.

A) Com base nas informações contidas no enunciado verifica-se que os acionistas da Saúde Vital Farmacêutica S.A. procuraram um advogado com o objetivo de independente das penalidades cabíveis aos funcionários, responsabilizar a administração da Companhia. Assim, o procedimento judicial a ser adotado, de conformidade com o disposto no art. 159, *caput*, da Lei 6.404/1976 é a ação de responsabilidade civil contra os administradores, a ser previamente aprovada em deliberação da assembleia geral da companhia. Não será pontuada a resposta sem a fundamentação de que a propositura da ação de responsabilidade depende de prévia deliberação assemblear porque, como consignado ao final do enunciado, o candidato deverá fundamentar corretamente sua resposta e a simples transcrição parcial ou total do dispositivo legal não pontua.

B) O examinando deve indicar que todos os diretores podem ser responsabilizados pelo desvio dos recursos, uma vez que todos foram negligentes, descumprindo com o dever de diligência que lhes é atribuído pelo art. 153 da Lei 6.404/1976.

Ademais, nas companhias fechadas (caso da Saúde Vital Farmacêutica S.A.), de acordo com o art. 158, § 2º, do mesmo diploma legal, "os administradores são solidariamente responsáveis pelos prejuízos causados em virtude do não cumprimento dos deveres impostos por lei para assegurar o funcionamento normal da companhia, ainda que, pelo estatuto, tais deveres não caibam a todos eles". Assim, mesmo havendo atribuição específica para cada um dos diretores, todos são solidários na responsabilidade pelo descumprimento de dever imposto por lei.

DISTRIBUIÇÃO DE PONTOS

ITEM	PONTUAÇÃO
A) A medida judicial cabível é a ação de responsabilidade civil contra os administradores, a ser previamente aprovada pela assembleia geral da companhia (0,35), com fundamento no Art. 159 da Lei n. 6.404/1976 (0,15). Obs: *A simples menção ou transcrição do dispositivo legal não pontua.*	0,00 / 0,35 / 0,50
B) Tanto Paulo quanto os demais diretores podem ser responsabilizados pelo desvio dos recursos (0,25), uma vez que todos descumpriram o dever de diligência previsto no Art. 153 da Lei n. 6.404/76 (0,25). A responsabilidade é solidária pelos prejuízos causados em virtude do não cumprimento dos deveres impostos por lei para assegurar o funcionamento normal da companhia (Art. 158, § 2º, da Lei n. 6.404/76) (0,25). Obs: *A simples menção ou transcrição do dispositivo legal não pontua.*	0,00/0,25/0,50/0,75

(OAB/Exame Unificado – 2012.2 Exame – 2ª fase) João, economista renomado, foi durante cinco anos acionista da Garrafas Produção e Comércio de Bebidas S.A.

Seis meses depois de ter alienado a totalidade de suas ações, é nomeado Conselheiro de Administração da Companhia. Preocupado com as suas novas responsabilidades, João consulta um advogado para esclarecer as seguintes dúvidas:

A) João pode residir no exterior? **(Valor: 0,50)**

B) João já ocupa o cargo de conselheiro fiscal de Alfa Comércio de Eletrônicos S.A. Ele precisa renunciar ao cargo? **(Valor: 0,25)**

C) O fato de João ter alienado a totalidade das ações de emissão da companhia que possuía em sua titularidade, não sendo, portanto, acionista da Garrafas Produção e Comércio de Bebidas S.A, representa um fato impeditivo à ocupação do cargo? **(Valor: 0,50)**

O examinando deve fundamentar corretamente sua resposta. A simples menção ou transcrição do dispositivo legal não *pontua*

RESPOSTAS

Antes de 2001 a Lei de Sociedades Anônimas exigia que o conselho de administração fosse formado exclusivamente por acionistas pessoas físicas, porém, houve a alteração do art. 146 que passou a conter o seguinte:

> *Art. 146. Poderão ser eleitas para membros dos órgãos de administração pessoas naturais, devendo os diretores ser residentes no País. (Redação dada pela Lei nº 12.431, de 2011).*
>
> *§ 1o A ata da assembleia-geral ou da reunião do conselho de administração que eleger administradores deverá conter a qualificação e o prazo de gestão de cada um dos eleitos, devendo ser arquivada no registro do comércio e publicada.*
>
> *§ 2º A posse do conselheiro residente ou domiciliado no exterior fica condicionada à constituição de representante residente no País, com poderes para receber citação em ações contra ele propostas com base na legislação societária, mediante procuração com prazo de validade que deverá estender-se por, no mínimo, 3 (três) anos após o término do prazo de gestão do conselheiro.*

Além disso, da interpretação do art. 146, podemos dizer que os conselheiros, ao contrário do que ocorre com os diretores, podem residir fora do país. Contudo, deve-se ser levado em conta o § 2.º do art., que estabelece a necessidade da constituição de representante que seja residente no País, com poderes especiais como condição para a posse do cargo.

Há ainda impedimentos para a investidura nos cargos de conselheiro e diretor, conforme estabelece o art. 147:

> *Art. 147. Quando a lei exigir certos requisitos para a investidura em cargo de administração da companhia, a assembleia-geral somente poderá eleger quem tenha exibido os necessários comprovantes, dos quais se arquivará cópia autêntica na sede social.*
>
> *§ 1º São inelegíveis para os cargos de administração da companhia as pessoas impedidas por lei especial, ou condenadas por crime falimentar, de prevaricação, peita ou suborno, concussão, peculato, contra a economia popular, a fé pública*

PRÁTICA EMPRESARIAL – 4ª EDIÇÃO 37 EXERCÍCIOS PRÁTICOS

> *ou a propriedade, ou a pena criminal que vede, ainda que temporariamente, o acesso a cargos públicos.*
>
> *§ 2º São ainda inelegíveis para os cargos de administração de companhia aberta as pessoas declaradas inabilitadas por ato da Comissão de Valores Mobiliários.*
>
> *§ 3º O conselheiro deve ter reputação ilibada, não podendo ser eleito, salvo dispensa da assembleia-geral, aquele que:*
>
> *I – ocupar cargos em sociedades que possam ser consideradas concorrentes no mercado, em especial, em conselhos consultivos, de administração ou fiscal; e*
>
> *II – tiver interesse conflitante com a sociedade.*
>
> *§ 4º A comprovação do cumprimento das condições previstas no § 3º será efetuada por meio de declaração firmada pelo conselheiro eleito nos termos definidos pela Comissão de Valores Mobiliários, com vistas ao disposto nos arts. 145 e 159, sob as penas da lei.*

A) João poderá residir no exterior, sendo que a sua posse ficará condicionada à constituição de um representante que more no Brasil, havendo ainda a necessidade de que a procuração tenha poderes especiais para receber citação, tendo esta a validade de no mínimo até 3 anos após o término de seu mandato, conforme determina o § 2º do art. 146 da LSA.

B) Não há a necessidade de renunciar ao cargo, pois conforme preleciona o art. 147 §3º da Lei 6.404/1976, não há impedimento uma vez que as empresas não são concorrentes no mercado, não havendo assim, interesses conflitantes.

C) Não, pois desde a alteração da LSA ser acionista não é mais um requisito para a ocupação de cargo no conselho de administração, sendo plenamente possível João ocupa-lo, conforme o art. 146 caput da Lei 6.404/1976.

GABARITO COMENTADO – FGV

O examinando deve demonstrar conhecimento sobre as regras aplicáveis aos membros de conselhos de administração de sociedades anônimas.

A) O examinando deve indicar que é possível o conselheiro de administração ter domicílio no exterior, de acordo com o art. 146, *caput* e § 2º da Lei 6.404/1976. Contudo, a posse do conselheiro fica condicionada à nomeação de representante no país com poderes para receber citação, com validade de no mínimo até 3 anos após o término de seu mandato, conforme determina o § 2º.

B) O examinando deve responder que não incide no caso apresentado o impedimento para o acúmulo dos cargos, previsto no art. 147, § 3º, I da Lei 6.404/1976, uma vez que as sociedades não podem ser consideradas concorrentes no mercado em razão de suas atividades serem distintas.

C) O examinado deve mostrar conhecimento sobre a inexistência de obrigação de ser acionista da companhia para ocupar cargo no conselho de administração, tendo em vista a redação do art. 146, *caput*, da Lei 6.404/1976.

DISTRIBUIÇÃO DE PONTOS

ITEM	PONTUAÇÃO
A) É possível o conselheiro de administração ter domicílio no exterior, de acordo com o art. 146 caput e § 2º da Lei n. 6.404/76 (0,25). A posse do conselheiro fica, contudo, condicionada à nomeação de representante no país com poderes para receber citação, com validade de no mínimo até 3 anos após o término de seu mandato, conforme o § 2º (0,25).	0,00 / 0,25 /0,50
B) Não incide o impedimento previsto no art. 147, § 3º, I da Lei n. 6.404/76, pois as sociedades não podem ser consideradas concorrentes no mercado. Assim, é possível o acúmulo dos cargos de conselheiro fiscal e de conselheiro de administração nas companhias (0,25). Obs. : *A mera citação ou transcrição do dispositivo legal não pontua.*	0,00/ 0,25
C) A qualidade de acionista não é condição para se ocupar o cargo de conselheiro de administração (0,25), tendo em vista o disposto no art. 146, caput, da Lei nº 6.404/1976 (0,25).	0,00/ 0,25 / 0,50

(OAB/Exame Unificado – 2012.1 – 2ª fase) Rogério, diretor e acionista da companhia aberta Luz Alimentos S.A., alienou em bolsa, no dia 28.12.2009, 100% (cem por cento) das ações de emissão da companhia de que era titular.

No dia 30.12.2009, a companhia divulgou ao mercado os seus demonstrativos financeiros, com notas explicativas, detalhando o resultado negativo obtido no exercício.

Em decorrência dos resultados divulgados, em janeiro de 2010, o preço das ações sofreu uma queda de 40% (quarenta por cento) em relação ao mês anterior. Em maio de 2010, a Comissão de Valores Mobiliários (CVM) iniciou processo investigatório contra Rogério, para apurar a eventual ocorrência de infração grave em detrimento do mercado de capitais.

De acordo com o enunciado, responda às questões abaixo, indicando o(s) respectivo(s) fundamento(s) legal(is):

A) É lícito a CVM instaurar processo administrativo investigatório contra Rogério? **(Valor: 0,50)**

B) Qual teria sido o ilícito praticado por Rogério? Teria havido violação a algum dispositivo da Lei 6.404/1976 (Lei das Sociedades por Ações)? **(Valor: 0,50)**

C) Quais as penalidades que podem ser impostas a Rogério pela Comissão de Valores Mobiliários, caso reste comprovada a conduta descrita no enunciado? **(Valor: 0,25)**

RESPOSTAS

A) É lícito, uma vez que o art. 9º, inciso V e §2º da Lei 6.385/1976 prevê que haverá processo administrativo quando houver atos ilegais e práticas estranhas dos administradores, membros do conselho fiscal e acionistas de companhias abertas, bem como dos intermediários e dos demais participantes do mercado. Tal processo poderá ter etapa investigativa, visando a elucidação dos fatos, devendo ser obedecido o procedimento fixado pela Comissão.

B) Rogério teria praticado o ato ilícito uma vez que realizou alienação de todas as suas ações em benefício próprio utilizando informação privilegiada. Assim, ele violou os deveres de sigilo e lealdade constantes no art. 155, § 1º da Lei n.6404/76, bem como o de informar o não cumprimento da obrigação prevista no parágrafo 6º do art. 157 da referida Lei.

PRÁTICA EMPRESARIAL – 4ª EDIÇÃO — EXERCÍCIOS PRÁTICOS

C) As penalidades podem ser aplicadas isolada, ou cumulativamente a Rogério se constatada que realmente ele infringiu a Lei, conforme art. 11 da Lei 6.385/1976. São elas: advertência; multa; inabilitação temporária, até o máximo de 20 (vinte) anos, para o exercício de cargo de administrador ou de conselheiro fiscal de companhia aberta, de entidade do sistema de distribuição ou de outras entidades que dependam de autorização ou registro na Comissão de Valores Mobiliários; suspensão da autorização ou registro para o exercício das atividades; inabilitação temporária, até o máximo de 20 (vinte) anos, para o exercício das atividades de que trata a Lei 6.385/76; proibição temporária, até o máximo de vinte anos, de praticar determinadas atividades ou operações, para os integrantes do sistema de distribuição ou de outras entidades que dependam de autorização ou registro na Comissão de Valores Mobiliários; e, a proibição temporária, até o máximo de dez anos, de atuar, direta ou indiretamente, em uma ou mais modalidades de operação no mercado de valores mobiliários.

GABARITO COMENTADO – FGV

A) É possível a CVM instaurar processo administrativo, precedido de etapa investigatória, para apurar atos ilegais de administradores de companhias abertas. O fundamento legal para a resposta encontra-se no art. 9º, V, e § 2º, da Lei 6.385/1976.

B) A situação pode caracterizar uso indevido de informação privilegiada, bem como violação aos deveres de lealdade e/ou sigilo, em razão da alienação em bolsa de todas as ações de emissão da companhia de que o diretor Rogério era titular, antes da divulgação ao mercado do resultado negativo obtido no exercício social. Teria havido infração ao art. 155, § 1º, da Lei 6.404/1976. Ademais, como diretor de companhia aberta, Rogério teria violado o dever de informar, especificamente quanto ao disposto no § 6º do art. 157, da Lei 6.404/1976.

C) A Comissão de Valores Mobiliários (CVM) pode aplicar ao diretor Rogério as penalidades previstas no art. 11 da Lei 6.385/1976.

A simples menção ou transcrição do dispositivo legal apontado na distribuição de pontos nas respostas dos itens "A", "B" ou "C" não atribui pontuação.

DISTRIBUIÇÃO DE PONTOS

ITEM	PONTUAÇÃO
A) Sim, uma vez que o ato praticado por Rogério é ilícito, sendo a CVM competente para instaurar processo administrativo, precedido de etapa investigatória, para apurar atos ilegais de administradores de companhias abertas (0,25). O fundamento encontra-se no art. 9º, inciso V, e § 2º da Lei n. 6.385/1976. (0,25)	0,00/0,25/0,50
B) O diretor Rogério teria praticado ato ilícito porque alienou, em benefício próprio, a totalidade de suas ações na companhia, com base em informação privilegiada ainda não divulgada ao mercado (0,25). Teria havido violação aos deveres de lealdade e/ou sigilo previsto no art. 155, § 1º da Lei n.6404/76, como também ao dever de informar pelo não cumprimento da obrigação prevista no parágrafo 6º do art. 157 (0,25)	0,00/0,25/0,50
C) A CVM poderá aplicar ao diretor Rogério as penalidades previstas no art. 11 da Lei n. 6.385/1976.	0,00/0,25

ROBINSON BARREIRINHAS E HENRIQUE SUBI   40

(OAB/Exame Unificado 2011.3 – 2ª fase) Alfa Construtora S.A., companhia aberta, devidamente registrada na Comissão de Valores Mobiliários, tem o seu capital dividido da seguinte forma: 55% de suas ações são detidas pelo acionista controlador, Sr. Joaquim Silva, fundador da companhia; 20% das ações estão distribuídos entre os Conselheiros de Administração; 5% estão em tesouraria. O restante encontra-se pulverizado no mercado.

Em 15.04.2010, a Companhia divulgou Edital de Oferta Pública de Aquisição de Ações para Fechamento de Capital, em que as ações da Companhia seriam adquiridas em mercado ao preço de R$ 5,00 por ação.

Diante da divulgação, um grupo de acionistas detentores em conjunto de 5% do capital social (correspondente a 25% das ações em circulação) da companhia apresenta, em 25.04.2010, requerimento aos administradores, solicitando a convocação de Assembleia Geral Especial para reavaliar o preço da oferta, uma vez que foi adotada metodologia de cálculo inadequada, o que foi comprovado por meio de laudo elaborado por uma renomada empresa de auditoria e consultoria.

Em 05.05.2010, a administração da companhia se manifesta contrariamente ao pedido, alegando que ele não foi realizado de acordo com os requisitos legais.

A) Está correto o argumento da Administração da Companhia? **(Valor: 0,9)**

B) Diante da negativa, que medida poderiam tomar os acionistas? **(Valor: 0,35)**

RESPOSTAS

A Assembleia geral é a reunião de todos os acionistas que decidirão sobre assuntos relacionados à sociedade, nos termos do art. 121 da Lei n. 6.404/76: A assembleia geral, convocada e instalada de acordo com a lei e o estatuto, tem poderes para decidir todos os negócios relativos ao objeto da companhia e tomar resoluções que julgar convenientes à sua defesa e desenvolvimento.

Ela possui, conforme a lei, algumas competências privativas, como reformar o estatuto social; eleger/destituir os administradores e fiscais da companhia; analisar as contas dos administradores; autorizar a emissão de debêntures/partes beneficiárias.

A convocação da assembleia geral será realizada pelo Conselho de Administração, se houver, ou aos diretores, respeitadas as disposições no estatuto. O art. 123 indica outras possibilidades de convocação, como a convocação pelo conselho fiscal.

A convocação da Assembleia Geral será realizada mediante anúncio publicado pelo menos por 3 vezes, indicando o local em que será realizada a assembleia, data, hora, e a pauta de deliberação do dia (ordem do dia).

A primeira convocação, para as companhias fechadas, deve ocorrer com, no mínimo, 8 dias de antecedência do primeiro anúncio, conforme o art. 124 da Lei das 6.404/76.

Já na companhia aberta, a convocação possui um prazo maior, são 15 dias de antecedência, contados do primeiro anúncio. Se necessário, a segunda convocação deverá acontecer com o mínimo de 8 dias de antecedência.

Quórum de instalação:

1ª convocação: 1/4 do capital social representado por acionistas com direito a voto.

2ª convocação: qualquer número, nos termos do art. 125 da Lei n. 6.404/76.

PRÁTICA EMPRESARIAL – 4ª EDIÇÃO

EXERCÍCIOS PRÁTICOS

As deliberações seguem a regra do art. 129, o qual estabelece que as decisões devem ser tomadas por maioria absoluta de votos, excluindo-se os votos em branco. O voto qualificado ocorre em situações especiais – art. 136 da referida Lei.

A) O argumento da Administração da Companhia não está correto, uma vez que o requerimento foi baseado nos requisitos legais, dispostos no art. 4º-A da Lei 6.404/76. O requerimento foi formulado por acionistas que atingem o mínimo de representação de mais de 10% das ações em circulação (que seria 3% do capital social); foi realizado dentro do prazo legal de 15 dias e estava devidamente fundamentado e acompanhado de elementos de convicção que demonstravam a falha no emprego da metodologia de cálculo.

B) Uma vez decorrido o prazo de 8 dias, os próprios acionistas podem convocar a assembleia especial, tanto nos termos do art. 4º-A, §1º, da Lei 6.404/76, quanto do art. 123, parágrafo único, "c", da Lei 6.404/76.

GABARITO COMENTADO – FGV

O examinando deve demonstrar conhecimento a respeito dos dispositivos da Lei de Sociedades Anônimas (Lei 6.404/1976) relativos à oferta pública de aquisição de ações para fechamento de capital.

Em relação à letra "a", o examinando deve indicar que o argumento da Administração da Companhia não está correto, uma vez que o requerimento foi baseado nos requisitos legais, dispostos no art. 4º-A da Lei 6.404/1976, ou seja, foi formulado por acionistas que atingem o mínimo de representação de mais de 10% das ações em circulação e foi realizado dentro do prazo legal de 15 dias (art. 4º-A, § 1º, da Lei 6.404/1976). O requerimento, ademais, foi fundamentado e devidamente acompanhado de elementos de convicção que demonstram a falha ou imprecisão no emprego da metodologia de cálculo ou no critério de avaliação adotado (art. 4º-A, § 1º, da Lei 6.404/1976).

Sobre a letra "b", o examinando deve indicar que uma vez decorrido o prazo de 8 (oito) dias, os próprios acionistas podem convocar a assembleia especial. Tal resposta deverá ser fundamentada no art. 4º-A, § 1º, **OU** art. 123, parágrafo único, "c", ambos da Lei 6.404/1976.

A simples menção ou transcrição do dispositivo legal apontado na distribuição de pontos não atribui a pontuação por si só. O examinando deve ainda demonstrar que compreendeu aquilo que está sendo indagado e fundamentar corretamente a sua resposta, para que o item seja integralmente pontuado.

DISTRIBUIÇÃO DE PONTOS

ITEM	PONTUAÇÃO
A) O argumento da Administração da Companhia não está correto, uma vez que o requerimento foi baseado nos requisitos legais, dispostos no art. 4º-A da Lei 6.404/76 (0,50), **OU** uma vez que foi formulado por acionistas que atingem o mínimo de representação de mais de 10% das ações em circulação (que seria 3% do capital social); foi realizado dentro do prazo legal de 15 dias (0,50) / e estava devidamente fundamentado e acompanhado de elementos de convicção que demonstravam a falha no emprego da metodologia de cálculo (0,40).	0,00 / 0,40 / 0,50 / 0,90
B) Uma vez decorrido o prazo de 8 dias, os próprios acionistas podem convocar a assembleia especial, nos termos do art. 4º-A, §1º, da Lei 6.404/76 **OU** art. 123, parágrafo único, "c", da Lei 6.404/76 (0,35).	0,00 / 0,35

(**OAB/Exame Unificado 2010.3 – 2ª fase**) A Companhia ABC foi constituída em 2010, sendo o seu capital social de R$ 150.000.000,00, representado por ações ordinárias e preferenciais, estas possuindo a vantagem de prioridade no recebimento de dividendo fixo e cumulativo equivalente ao montante que resultar aplicação de juros de 6% ao ano sobre o respectivo preço de emissão. Quando da emissão das ações, na ocasião de constituição da companhia, 20% do preço de emissão foram destinados ao capital social e 80% foram destinados à reserva de capital. Em face das suas elevadas despesas pré-operacionais, a companhia apresentou prejuízo em seu primeiro exercício (encerrado em 31.12.2010), o qual foi integralmente absorvido pela reserva de capital, que permaneceu com um saldo de aproximadamente R$ 500.000.000,00.

Em relação ao cenário acima, responda aos itens a seguir, empregando os argumentos jurídicos apropriados e a fundamentação legal pertinente ao caso.

A) Tendo em vista o resultado do exercício encerrado em 31.12.2010, qual seria sua orientação aos administradores da companhia para a elaboração da proposta da administração para Assembleia Geral Ordinária de 2011, no que diz respeito à distribuição de dividendos aos acionistas? (**Valor: 0,50**)

B) Nesse cenário, haveria possibilidade de distribuição de dividendos aos acionistas titulares de ações preferenciais? (**Valor: 0,50**)

RESPOSTAS

A) Considerando que a companhia apresentou prejuízo operacional em seu primeiro exercício, não constituindo, assim, saldo de lucro líquido ou reserva de lucros, não deverá esta distribuir dividendos no exercício de 2011. Dispõe o art. 201 da Lei 6.404/1976 que a companhia somente está autorizada a pagar dividendos à conta de lucro líquido do exercício, lucros acumulados ou reserva de lucros. Excepcionalmente, o mesmo preceptivo autoriza o pagamento à conta de reserva de capital, exclusivamente para os titulares de ações preferenciais.

B) Conforme mencionado, os titulares de ações preferenciais podem receber dividendos à conta da reserva de capital caso estejam expressamente autorizados no estatuto e tenham como benefício a prioridade na distribuição de dividendo cumulativo, nos termos do art. 17, § 5º, da Lei 6.404/1976. No cenário apresentado, tal pagamento seria possível, porque as ações preferenciais foram emitidas com prioridade no recebimento do dividendo fixo e do cumulativo equivalente ao montante que resultar da aplicação de juros de 6% sobre o respectivo preço de emissão.

Comentários adicionais

A questão cobrou conhecimentos específicos sobre o regime de pagamento de dividendos nas companhias, bem como as diferentes reservas que esta pode ou deve constituir ao final do exercício financeiro.

Dividendo, em poucas palavras, é a parcela do lucro a ser dividida entre os acionistas. *Dividendo fixo*, de pagamento obrigatório, é aquele previsto no estatuto social, imutável, calculado como um percentual do valor do capital social. *Dividendo cumulativo* é aquele que, por não ter sido pago em determinado ano, é contabilizado como um passivo da companhia junto ao acionista, sendo distribuído em exercício posterior. Fala-se, ainda, em *dividendo mínimo*, quando as ações preferenciais, após o pagamento dos dividendos obrigatórios, tiverem o direito de concorrer com as ações ordinárias sobre o lucro remanescente.

Já as reservas são localizadas a partir do art. 193 da Lei 6.404/1976 e se dividem em: *reserva legal*, correspondente a 5% do lucro líquido do exercício, destinada a assegurar a integridade do capital social, aumentando-o ou compen-

PRÁTICA EMPRESARIAL – 4ª EDIÇÃO · 43 · EXERCÍCIOS PRÁTICOS

sando prejuízos; *reservas estatutárias*, criadas pelo estatuto social para as finalidades que nele constarem; *reservas para contingências*, aprovada na AGO para compensar perdas prováveis no futuro; *reserva de incentivos fiscais*, para onde pode ser destinada a parcela do lucro líquido decorrente de doações ou subvenções governamentais para investimentos; *reserva de lucros a realizar*, para garantir o pagamento de dividendos obrigatórios em exercícios futuros; e *reserva de capital*, criadas para absorção de prejuízos, resgate, reembolso ou compra de ações, resgate de partes beneficiárias, incorporação ao capital social e pagamento de dividendos a ações preferenciais, quando esta vantagem lhes for assegurada.

GABARITO COMENTADO – FGV

O examinando deve demonstrar que possui conhecimentos sobre os pressupostos para distribuição de dividendos pelas sociedades anônimas bem como das possíveis vantagens a que fazem jus as ações preferenciais.

A questão envolve a aplicação do art. 201 e do § 6º do art. 17, ambos da Lei 6.404/1976. Com efeito, a companhia somente pode pagar dividendos à conta de lucro líquido do exercício, de lucros acumulados e de reserva de lucros; e à conta de reserva de capital (no caso das ações preferenciais de que trata o art. 17, § 6º, da Lei das S.A.). No caso concreto, face à inexistência de lucros no exercício, a proposta da administração deveria ser pela não distribuição de dividendos. Todavia, haveria possibilidade de distribuição de dividendos aos acionistas titulares de ações preferenciais caso houvesse previsão, no estatuto social, de pagamento de dividendos a esses acionistas à conta de reserva de capital.

DISTRIBUIÇÃO DE PONTOS

ITEM	PONTUAÇÃO
Requisitos para distribuição de dividendos (art. 201 da Lei 6.404/76). 0,50= só com o argumento e o dispositivo legal.	0,00 / 0,30 / 0,50
Possibilidade de pagamento de dividendo cumulativo para ações preferenciais à conta de reserva de capital (art. 17, §6º, da Lei 6.404/76). 0,50 = só com o argumento e o dispositivo legal.	0,00 / 0,30 / 0,50

(OAB/Exame Unificado – 2010.2 – 2ª fase) Os acionistas da Cia. Agropecuária Boi Manso, cujo capital é composto somente de ações ordinárias, decidiram adquirir uma nova propriedade para expandir a sua criação de gado. João Alberto, acionista detentor de 20% das ações da companhia, é proprietário de um imóvel rural e ofereceu-se para aportá-lo como capital social, razão pela qual foram nomeados por assembleia geral três peritos avaliadores que elaboraram um laudo de avaliação fundamentado e devidamente instruído com os documentos da fazenda avaliada.

Convocada assembleia para aprovação do laudo, os acionistas Maria Helena e Paulo, titulares, respectivamente, de 28% e 20% das ações divergiram da avaliação, pois entenderam-na acima do valor de mercado. A matéria, todavia, foi aprovada por maioria com o voto de Heráclito, titular de 32% das ações e o voto de João Alberto.

À vista da situação fática acima, informe se Maria Helena e Paulo podem questionar a decisão da assembleia? Indique os procedimentos a serem adotados e qual a base legal utilizada na fundamentação, bem como o prazo prescricional eventualmente aplicável.

RESPOSTAS

A rigor, a vontade de Maria Helena e Paulo deveria prevalecer, na hipótese, pois os dois sócios representam a maioria dos votos válidos.

Isso porque João Alberto não poderia votar na assembleia que analisou a avaliação de seu próprio imóvel, por vedação expressa do art. 115, § 1°, c/c o art. 8°, § 5°, da Lei das Sociedades por Ações – LSA (Lei 6.404/1976):

> *Art. 115. O acionista deve exercer o direito a voto no interesse da companhia; considerar-se-á abusivo o voto exercido com o fim de causar dano à companhia ou a outros acionistas, ou de obter, para si ou para outrem, vantagem a que não faz jus e de que resulte, ou possa resultar, prejuízo para a companhia ou para outros acionistas.*
>
> *§ 1° O acionista não poderá votar nas deliberações da assembleia geral relativas ao laudo de avaliação de bens com que concorrer para a formação do capital social e à aprovação de suas contas como administrador, nem em quaisquer outras que puderem beneficiá-lo de modo particular, ou em que tiver interesse conflitante com o da companhia.*
>
> *(...)"*
>
> *Art. 8° A avaliação dos bens será feita por 3 (três) peritos ou por empresa especializada, nomeados em assembleia geral dos subscritores, convocada pela imprensa e presidida por um dos fundadores, instalando-se em primeira convocação com a presença de subscritores que representem metade, pelo menos, do capital social, e em segunda convocação com qualquer número.*
>
> *(...)*
>
> *§ 5° Aplica-se à assembleia referida neste artigo o disposto nos §§ 1° e 2° do artigo 115."*

Por essa razão, Maria Helena e Paulo podem propor ação para anular a aprovação do laudo pela assembleia geral, no prazo de 2 anos contados da deliberação, conforme o art. 286 da LSA:

> *Art. 286. A ação para anular as deliberações tomadas em assembleia geral ou especial, irregularmente convocada ou instalada, violadoras da lei ou do estatuto, ou eivadas de erro, dolo, fraude ou simulação, prescreve em 2 (dois) anos, contados da deliberação.*

Ademais, caso o imóvel tenha sido efetivamente superavaliado, cabe ação indenizatória contra os peritos e o subscritor (João Alberto), cujo prazo prescricional é de 1 ano contado da publicação da ata da assembleia que aprovou o laudo, conforme o art. 287, I, *a*, da LSA:

> *Art. 287. Prescreve:*
>
> *I – em, 1 (um) ano:*
>
> *a) a ação contra peritos e subscritores do capital, para deles haver reparação civil pela avaliação de bens, contado o prazo da publicação da ata da assembleia geral que aprovar o laudo;*
>
> *(...)"*

São essas as duas medidas judiciais à disposição de Maria Helena e Paulo.

DICA: leia atentamente a lei das sociedades anônimas e familiarize-se com a disposição das matérias, para que consiga encontrar os dispositivos legais necessários para a solução das questões no dia da sua prova.

Note que os prazos prescricionais para as ações atinentes às companhias estão concentrados nos arts. 285 a 288 da LSA.

PRÁTICA EMPRESARIAL – 4ª EDIÇÃO — 45 — EXERCÍCIOS PRÁTICOS

GABARITO COMENTADO – FGV

A decisão pode ser questionada por dois fundamentos e em prazos distintos.

Se, de fato, houve superavaliação ou avaliação errônea do imóvel, os acionistas dissidentes (Maria Helena e Paulo) poderão propor ação para haver reparação civil contra os peritos e João Alberto (na qualidade de subscritor), no prazo de 1 (um) ano contado da publicação da ata da assembleia geral que aprovou o laudo, com base no art. 287, I, a da Lei 6.404/1976.

Ainda que não tenha havido superavaliação ou avaliação errônea e mesmo após o transcurso do prazo acima, a decisão assemblear poderá ser questionada por meio de ação anulatória proposta no prazo do art. 286, da Lei 6.404/1976, ou seja dois anos contados da deliberação que se busca anular.

Isso porque o caso relatado configura hipótese de flagrante conflito formal de interesse, tendo o voto do acionista João Alberto sido dado e computado com expressa violação do art. 115, § 1º da Lei 6.404/1976.

A aplicação das disposições do art. 115 ao caso descrito decorre, ainda, da letra expressa do § 5º do art. 8º da mesma lei, que regula as formalidades para a formação do capital da sociedade, inclusive na hipótese de contribuição em bens. Tal parágrafo determina aplicarem-se à assembleia ali referida "o disposto nos §§ 1º e 2º do art. 115".

DISTRIBUIÇÃO DE PONTOS

ITEM	PONTUAÇÃO
Fundamentação.	0,00 / 0,30 / 0,50
Procedimentos.	0,00 / 0,30
Prazo prescricional.	0,00 / 0,20

(OAB/Exame Unificado – 2010.2 – 2ª fase) Pedro é diretor presidente, estatutário, da empresa Sucupira Empreendimentos Imobiliários S.A. Sempre foi tido no mercado como um profissional honesto e sério. No exercício de suas atribuições, contratou, sem concorrência ou cotação de preços, a empresa Cimento do Brasil Ltda. de seu amigo João. Esta empresa seria responsável pelo fornecimento de cimento para a construção de um hotel, na Barra da Tijuca, com vistas a atender a demanda por leitos em função dos Jogos Olímpicos e da Copa do Mundo.

Pedro não recebeu qualquer contrapartida financeira por parte de João em virtude da aludida contratação, mas não efetuou as análises devidas da empresa Cimento do Brasil Ltda., limitando-se a confiar em seu amigo. O preço contratado para o cimento estava de acordo com o que se estava cobrando no mercado. Entretanto, a qualidade do material da Cimento do Brasil Ltda. era ruim (fato de notório conhecimento do mercado), impedindo que ele fosse utilizado na obra.

Outro fornecedor de cimento teve de ser contratado, causando atrasos irrecuperáveis e prejuízos consideráveis para a empresa Sucupira Empreendimentos Imobiliários S.A. Os acionistas, indignados com a situação, procuraram você para consultá-lo se poderiam tomar alguma medida em face de Pedro.

Diante dessa situação hipotética indique as medidas judiciais cabíveis e apresente os dispositivos legais aplicáveis à espécie, fundamentando e justificando sua proposição.

RESPOSTAS

Apesar de Pedro não ter recebido "contrapartida financeira", está claro que agiu com desídia ao contratar o seu amigo.

Ou seja, "limitando-se a confiar em seu amigo", acabou por agir descuidadamente, colocando a relação de amizade acima dos interesses da companhia, causando-lhe prejuízo.

Pedro descumpriu o dever de diligência, regra básica a ser observada pelo administrador, conforme o art. 153 da LSA:

> *Art. 153. O administrador da companhia deve empregar, no exercício de suas funções, o cuidado e diligência que todo homem ativo e probo costuma empregar na administração dos seus próprios negócios.*

Ao beneficiar seu amigo, cujo produto era de qualidade ruim, "fato de notório conhecimento do mercado", Pedro faltou também com o dever de lealdade, previsto no art. 155, I, da LSA:

> *Art. 155. O administrador deve servir com lealdade à companhia e manter reserva sobre os seus negócios, sendo-lhe vedado:*
>
> *I – usar, em benefício próprio ou de outrem, com ou sem prejuízo para a companhia, as oportunidades comerciais de que tenha conhecimento em razão do exercício de seu cargo;*
>
> *(...)"*

Por ter agido com negligência e, portanto, culpa, Pedro responde pelos prejuízos causados, conforme o art. 158 da LSA (grifei):

> *Art. 158. O administrador não é pessoalmente responsável pelas obrigações que contrair em nome da sociedade e em virtude de ato regular de gestão; **responde, porém, civilmente, pelos prejuízos que causar, quando proceder:***
>
> *I – dentro de suas atribuições ou poderes, **com culpa** ou dolo;*
>
> *(...)"*

A ação deve ser proposta pela companhia, desde que haja deliberação da assembleia geral nesse sentido (art. 159, *caput*, da LSA).

Caso a ação não seja proposta no prazo de 3 meses contados da deliberação, qualquer acionista poderá demandar em juízo (art. 159, § 3º).

Finalmente, ainda que a assembleia não delibere pela ação, ela poderá ser proposta por acionistas que representem, pelo menos, 5% do capital social (art. 159, § 4º, da LSA).

DICA: note que, além do dano à companhia, é possível que a atuação do administrador também cause prejuízo diretamente a determinado acionista ou terceiro. Neste caso, cabe a ele (acionista ou terceiro) propor ação indenizatória própria, desde que, evidentemente, comprovem esse prejuízo direto (art. 159, § 7º, da LSA). Veja o seguinte precedente em que o sócio não comprovou que o prejuízo era dele próprio, de modo que a legitimidade ativa processual era apenas da companhia:

PROCESSUAL CIVIL E SOCIETÁRIO. AÇÃO PROPOSTA POR ACIONISTAS MINORITÁRIOS EM FACE DE ADMINISTRADORES QUE SUPOSTAMENTE SUBCONTABILIZAM RECEITAS. AJUIZAMENTO DE AÇÃO INDIVIDUAL PARA RESSARCIMENTO DE DANOS CAUSADOS À SOCIEDADE EMPRESÁRIA. ILEGITIMIDADE ATIVA RECONHECIDA.

- Os danos diretamente causados à sociedade, em regra, trazem reflexos indiretos a todos os seus acionistas. Com o ressarcimento dos prejuízos à companhia, é de se esperar que as perdas dos acionistas sejam revertidas. Por

PRÁTICA EMPRESARIAL – 4ª EDIÇÃO

EXERCÍCIOS PRÁTICOS

isso, se os danos narrados na inicial não foram diretamente causados aos acionistas minoritários, não detém eles legitimidade ativa para a propositura de ação individual com base no art. 159, § 7º, da Lei das Sociedades por Ações. Recurso Especial não conhecido.

(STJ, REsp 1014496/SC, 3ª Turma, j. 04.03.2008, rel. Min. Nancy Andrighi, DJe 01.04.2008)

GABARITO COMENTADO – FGV

Nos termos do art. 153, da lei 6.404 de 1976 (lei de sociedades anônimas) "o administrador da companhia deve empregar, no exercício de suas funções, o cuidado e diligência que todo homem ativo e probo costuma empregar na administração dos seus próprios negócios".

Por outro lado, de acordo com o art. 158 da Lei de Sociedades Anônimas, o "administrador não é pessoalmente responsável pelas obrigações que contrair em nome da sociedade e em virtude de ato regular de gestão", no entanto, consoante o mesmo dispositivo, "responde, porém, civilmente, pelos prejuízos que causar, quando proceder: I – dentro de suas atribuições ou poderes, com culpa ou dolo".

No caso em tela, Pedro agiu com culpa, pois não tomou as precauções devidas, contratando João, pura e simplesmente, em razão de sua amizade. Pedro sequer buscou informações no mercado com relação à empresa de seu amigo, o que, certamente, evitaria a contratação, já que o produto da cimento Brasil era de má qualidade, fato amplamente conhecido no mercado (haja vista que Pedro sempre foi tido no mercado como um profissional honesto e sério). Sendo assim, os acionistas podem mover ação de responsabilidade civil em face de Pedro, cobrando dele próprio os prejuízos decorrentes de sua conduta culposa.

DISTRIBUIÇÃO DE PONTOS

ITEM	PONTUAÇÃO
Medidas judiciais cabíveis.	0,00 / 0,10 / 0,20 / 0,30
Fundamentação / justificativa.	0,00 / 0,20 / 0,50
Indicação da base legal.	0,00 / 0,20

1.3. SOCIETÁRIO – OUTRAS MATÉRIAS

(OAB/Exame Unificado – 2020.1 – 2ª fase) Quatro sociedades empresárias (B, C, H e Z) constituíram sociedade para atuação no mercado de construção e incorporação de imóveis. No documento de constituição, ficou estabelecido que a atividade constitutiva do objeto social seria exercida unicamente pelos sócios B e C, em nome individual e sob a exclusiva responsabilidade de cada um, participando os demais sócios dos resultados correspondentes, nos termos do contrato. A sociedade não tem personalidade jurídica, nem nome empresarial, e o contrato social produz efeito somente entre os sócios.

Durante a vigência do contrato, foi decretada a falência do sócio participante H pelo juiz da Vara Cível da Comarca de Liberdade.

Com base nas informações acima, responda aos itens a seguir.

ROBINSON BARREIRINHAS E HENRIQUE SUBI

A) Sendo certo que os sócios não deram publicidade ao contrato, abstendo-se de arquivá-lo em qualquer registro, foi regular a constituição da sociedade? **(Valor: 0,40)**

B) Diante da falência do sócio H, como os demais sócios podem proceder? **(Valor: 0,85)**

Obs.: o(a) examinando(a) deve fundamentar suas respostas. A mera citação do dispositivo legal não confere pontuação.

RESPOSTAS

A) Sim, foi regular a constituição da sociedade. A sociedade em conta de participação não está sujeita às formalidades de constituição de outros tipos, podendo ser provada sua existência por todos os meios de prova admitidos em direito, de acordo com o Art. 992 do Código Civil.

B) O contrato fica sujeito às normas dos contratos bilaterais do falido, de acordo com a determinação contida no Art. 994, § 3°, do Código Civil. Assim, com fundamento no Art. 117, § 1°, da Lei n° 11.101/05, os sócios B, C ou Z podem interpelar o administrador judicial da massa falida de H para que, no prazo de até 90 (noventa) dias, contado da assinatura do termo de sua nomeação e dentro de 10 (dez) dias, declare se cumpre ou não o contrato de sociedade em conta de participação.

GABARITO COMENTADO – FGV

O examinando deve identificar pelos dados contidos no enunciado que as sociedades B, C, H e Z constituíram uma sociedade em conta de participação, sendo, as duas primeiras, os sócios ostensivos e, as duas últimas, os sócios participantes. O examinando deve conhecer a disciplina desse tipo de sociedade não personificada contida no Código Civil, em especial as disposições do Art. 992 ("A constituição da sociedade em conta de participação independe de qualquer formalidade e pode provar-se por todos os meios de direito"), do Art. 994, § 3°, ("Falindo o sócio participante, o contrato social fica sujeito às normas que regulam os efeitos da falência nos contratos bilaterais do falido."), bem como do Art. 117, § 1°, da Lei n° 11.101/05..

(OAB/Exame Unificado – 2018.3 – 2ª fase) Novo & Trento Ltda. pretende instituir uma empresa individual de responsabilidade limitada (EIRELI), que será administrada por Rui Novo, um dos sócios. Nenhum dos sócios é empresário individual, e eles não desejam limitar sua responsabilidade com a instituição da EIRELI, pois já ostentam essa condição como sócios de Novo & Trento Ltda.

Com base nas informações acima, responda aos itens a seguir.

A) É possível a instituição de EIRELI por Novo & Trento Ltda.? **(Valor: 0,40)**

B) Qual(is) a(s) espécie(s) de nome empresarial de uma EIRELI instituída por pessoa jurídica e como esse nome será formado? **(Valor: 0,85)**

Obs.: o(a) examinando(a) deve fundamentar as respostas. A mera citação do dispositivo legal não confere pontuação.

RESPOSTAS

O Código Civil trouxe em seu art. 980-A, caput, a disposição do que a EIRELI será constituída por uma única pessoa titular da totalidade do capital social, sem especificar se pessoa física ou jurídica. Logo, consolidou-se o entendimento de que é possível a constituição de EIRELI por pessoas jurídicas. Contudo, é exigido que o capital mínimo da empresa integralizado seja no mínimo 100 vezes o valor do salário mínimo vigente no momento em que a empresa for registrada. Tal como em outros modelos societários, tal integralização pode ser realizada com quaisquer tipos de bens que sejam passíveis de avaliação pecuniária.

A) Não há qualquer impedimento em pessoa jurídica ser titular de EIRELI, uma vez que o Art. 980-A, *caput*, do CC prevê que esta modalidade societária poder ser constituída por qualquer pessoa, desde que essa seja titular do capital de no mínimo 100 (cem) salários mínimos, que deverá ser integralizado quando de seu registro. Deste modo, não havendo especificação do tipo de pessoa no referido artigo, entende-se que esta tanto pode ser natural, quanto jurídica.

B) O art. 980-A, §1º, do Código Civil estabelece que a EIRELI pode girar sob firma ou denominação. Contudo, considerando que a firma é própria de pessoas jurídicas que detenham como sócios pessoas naturais, a EIRELI constituída por pessoa jurídica poderá adotar unicamente denominação, composta pelo nome empresarial de seu titular ou elemento fantasia, seguido de seu objeto empresarial e a expressão "EIRELI" ao final, nos termos do art. 980-A, §6º, e do art. 1.158, §§1º e 2º, do CC.

GABARITO COMENTADO – FGV

A questão tem por objetivo avaliar o conhecimento do examinando sobre a possibilidade de instituição de EIRELI por pessoa jurídica, admitida com base na permissão a qualquer pessoa contida no Art. 980-A, *caput,* do Código Civil. Esse dispositivo não faz distinção entre pessoa natural e jurídica, exigindo apenas a integralização inicial do capital mínimo de 100 (cem) salários mínimos por uma única pessoa.

No mesmo sentido do texto legal (Art. 980-A, *caput,* do Código Civil) e respaldando sua interpretação não restritiva, encontra-se a Instrução Normativa nº 38/2017, Anexo V, do Departamento de Registro Empresarial e Integração (DREI), item "1.2.5 Pode ser titular de EIRELI, desde que não haja impedimento legal: [...] c) Pessoa jurídica nacional ou estrangeira."

Ademais, deve o examinando ser capaz de identificar que o nome empresarial da EIRELI instituída por pessoa jurídica será, necessariamente, da espécie denominação, formado pelo nome de fantasia ou do sócio/instituidor, seguido do objeto e com o aditivo EIRELI ou sua forma abreviada ao final. As regras de formação do nome empresarial da EIRELI deverão observar, *mutatis mutandis*, as regras da firma ou da denominação da sociedade limitada, diante do comando do parágrafo 6º do art. 980-A, que implicará na aplicação dos parágrafos 1º e 2º do art. 1.158 do Código Civil.

É importante que o examinando extraia do enunciado a informação da intenção da pessoa jurídica de **instituir** uma EIRELI e não transformar o registro de sociedade existente em EIRELI. Portanto, não será pontuada a resposta que caracterizar a hipótese de transformação de registro de sociedade em EIRELI (art. 980-A, § 3º), por ser contrária ao enunciado da questão.

A) Sim. O Art. 980-A, *caput*, do Código Civil, não faz distinção entre pessoa natural e pessoa jurídica ao autorizar a constituição da EIRELI, bastando que haja uma única pessoa titular de todo o capital, integralizado, e que não seja inferior a 100 (cem) salários mínimos.

B1) A espécie de nome empresarial da EIRELI será denominação, pois a firma só pode ser composta com o nome de sócio (titular da EIRELI), desde que pessoa física (Art. 980-A, § 6º c/c. Art. 1.158, § 1º, ambos do Código Civil). No caso, o único sócio (titular da EIRELI) é pessoa jurídica, não podendo ser utilizada firma.

B2) A denominação será formada por nome de fantasia ou nome de sócio (titular da EIRELI), devendo designar o objeto da EIRELI e ter o aditivo EIRELI ao final, em conformidade com o Art. 980-A, §§ 1º e 6º e com o Art. 1.158, § 2º, todos do Código Civil.

DISTRIBUIÇÃO DE PONTOS

ITEM	PONTUAÇÃO
A) Sim. A EIRELI pode ser constituída por qualquer pessoa (natural ou jurídica) desde que essa seja titular de todo o capital, integralizado, e de valor não inferior a 100 (cem) salários mínimos (0,30), com base no Art. 980-A, *caput*, do CC (0,10).	0,00/0,30/0,40
B1) A espécie de nome empresarial será denominação, pois o único sócio (titular de EIRELI) é pessoa jurídica **OU** porque não há sócio pessoa natural (0,40), com fundamento no Art. 980-A, § 6º **c/c.** o Art. 1.158, § 1º, ambos do CC (0,10)	0,00/0,40/0,50
B2) A denominação será formada por nome de fantasia ou nome de sócio (titular da EIRELI), devendo designar o objeto da EIRELI e ter o aditivo EIRELI ao final (0,25), em conformidade com o Art. 980-A, §§ 1º e 6º **c/c.** Art. 1.158, § 2º, todos do CC (0,10).	0,00/0,25/0,35

(OAB/Exame Unificado – 2017.3 – 2ª fase) As sociedades empresárias S, U e V decidiram constituir sociedade em conta de participação, sendo a primeira sócia ostensiva e as demais sócias, participantes.

No contrato de constituição da sociedade, ficou estabelecido que:

(I) os sócios participantes poderão votar nas deliberações sociais na proporção do valor do investimento realizado por cada um; e

(II) o nome empresarial será firma composta pela denominação da sociedade U, seguida da indicação do objeto social.

Com base nessas informações, responda aos itens a seguir.

A) É lícito estabelecer no contrato da sociedade em conta de participação que os sócios participantes poderão votar nas deliberações sociais? **(Valor: 0,55)**

B) Está correta a disposição contratual quanto ao nome empresarial? **(Valor: 0,70)**

Obs.: o(a) examinando(a) deve fundamentar as respostas. A mera citação do dispositivo legal não confere pontuação.

RESPOSTAS

A sociedade em conta de participação tem duas categorias de sócios, o ostensivo e os sócios participantes, também conhecidos como ocultos. Neste modelo de sociedade, somente o sócio ostensivo que desenvolverá a atividade econômica, ficando inteiramente responsável pelos atos e demais obrigações, participando os ocultos dos resultados.

A sociedade em conta de participação só existe internamente, entre os sócios, isso pois perante a terceiros apenas o sócio ostensivo é presente na sociedade, cabendo a ele o desenvolvimento da atividade e as obrigações.

Já os sócios participantes- ou ocultos – apenas participam dos resultados sociais conforme definido quando da constituição da sociedade, conforme dispõe o art. 991 do CC.

Contudo, cabe dizer que se os sócios ocultos se mostrarem parte de alguma negociação perante terceiros, responderão solidariamente junto com o sócio ostensivo por ela, conforme dispõe o art. 993, parágrafo único do CC.

As sociedades em conta de participação são bastante informais, para se ter ideia, seu contrato precisa sequer ser escrito. A sociedade em conta de participação não tem personalidade jurídica, mesmo que seu contrato seja escrito e inscrito em algum órgão de registro, conforme prevê o art. 993 do Código Civil.

Dadas as suas peculiaridades, geralmente, a sociedade em conta de participação é constituída para a realização de empreendimentos temporários ou negócios específicos.

Importante dizer que ainda que por não ter personalidade jurídica, ela não possui um patrimônio social, havendo, porém, um patrimônio especial, conforme dispõe o art. 994 do CC:

> *Art. 994. A contribuição do sócio participante constitui, com a do sócio ostensivo, patrimônio especial, objeto da conta de participação relativa aos negócios sociais.*
>
> *§ 1º A especialização patrimonial somente produz efeitos em relação aos sócios.*
>
> *§ 2º A falência do sócio ostensivo acarreta a dissolução da sociedade e a liquidação da respectiva conta, cujo saldo constituirá crédito quirografário.*
>
> *§ 3º Falindo o sócio participante, o contrato social fica sujeito às normas que regulam os efeitos da falência nos contratos bilaterais do falido.*

Por fim, deve ser aplicado subsidiariamente às sociedades em conta de participação os dispositivos em relação a sociedade simples, sempre levando em consideração sua compatibilidade.

A) Tendo em vista a possibilidade da aplicação subsidiaria das disposições da sociedade simples, temos que é lícita tal disposição contratual, podendo os sócios votar nas deliberações sociais para discutir os negócios da sociedade, nos termos do Art. 996, *caput*, c/c o Art. 1.010, *caput*, ambos do Código Civil.

B) Em relação a disposição sobre o nome empresarial, temos que esta não se faz correta, pois, na sociedade em conta de participação a atividade econômica é exercida unicamente pelo sócio ostensivo, em nome próprio e sob sua própria e exclusiva responsabilidade, de acordo com o Art. 991 do Código Civil, razão pela qual não se pode adotar qualquer tipo de nome empresarial, nos termos do Art. 1.162 do Código Civil.

ROBINSON BARREIRINHAS E HENRIQUE SUBI

GABARITO COMENTADO – FGV

A questão tem por objetivo aferir se o examinando conhece a aplicação subsidiária das disposições da sociedade simples à sociedade em conta de participação, nos termos do Art. 996, *caput*, do Código Civil, em especial quanto ao direito de voto. Também se pretende aferir se o examinando reconhece a impossibilidade de a sociedade em conta de participação ter nome empresarial e a justificativa pertinente para tal vedação.

A) Sim. Diante da **aplicação supletiva das disposições da sociedade simples à sociedade em conta de participação, por haver compatibilidade**, é lícita a estipulação contratual, porque os sócios participantes poderão votar nas deliberações sociais para discutir e eventualmente aprovar matérias pertinentes aos negócios da sociedade, nos termos do Art. 996, *caput*, c/c o Art. 1.010, *caput*, ambos do Código Civil.

B) Não. Na sociedade em conta de participação, a atividade constitutiva do objeto social é exercida unicamente pelo sócio ostensivo, em nome próprio e sob sua própria e exclusiva responsabilidade, de acordo com o Art. 991 do Código Civil. Por conseguinte, é vedado à sociedade em conta de participação adotar qualquer nome empresarial (firma ou denominação), nos termos do Art. 1.162 do Código Civil.

DISTRIBUIÇÃO DE PONTOS

ITEM	PONTUAÇÃO
A) Sim. Diante da aplicação supletiva das disposições da sociedade simples à sociedade em conta de participação, por haver compatibilidade, é lícita a estipulação contratual, porque os sócios participantes poderão votar nas deliberações sociais sobre matérias pertinentes aos negócios da sociedade (0,45), nos termos do Art. 996, *caput*, **c/c** o Art. 1.010, *caput*, ambos do Código Civil (0,10).	0,00/0,45/0,55
B1) Não. Na sociedade em conta de participação a atividade constitutiva do objeto social é exercida unicamente pelo sócio ostensivo, em nome próprio e sob sua própria e exclusiva responsabilidade (0,25), de acordo com o Art. 991 do Código Civil (0,10).	0,00/0,25/0,35
B2) Por conseguinte, é vedado à sociedade em conta de participação adotar qualquer nome empresarial (firma ou denominação) (0,25), nos termos do Art. 1.162 do Código Civil (0,10).	0,00/0,25/0,35

(OAB/Exame Unificado – 2016.1 – 2ª fase) José Porfírio é empresário individual enquadrado como microempresário e está tendo êxito com sua empresa.

Renato, irmão de José Porfírio, por causa transitória, não pode exprimir sua vontade e, por essa razão, com base no Art. 1.767, I, do Código Civil, foi submetido preventiva e extraordinariamente à curatela, a qual afeta os atos relacionados aos direitos de natureza patrimonial e negocial.

José Porfírio foi nomeado curador do irmão pelo juiz, que fixou os limites da curatela nos termos do artigo 1.782 do Código Civil.

Desejoso de ajudar seu irmão a superar os problemas que motivaram a instituição da curatela, José Porfírio procura você, na condição de advogado(a), para esclarecer as dúvidas a seguir:

A) De acordo com as disposições do Código Civil, Renato pode iniciar o exercício individual de empresa, em nome próprio, mediante autorização judicial? **(Valor: 0,70)**

PRÁTICA EMPRESARIAL – 4ª EDIÇÃO — 53 — EXERCÍCIOS PRÁTICOS

B) Caso José Porfírio queira admitir seu irmão como sócio, poderá manter a condição de empresário individual? **(Valor: 0,55)**

Obs.: O examinando deve fundamentar suas respostas. A mera citação do dispositivo legal não será pontuada.

RESPOSTAS

O relativamente incapaz não pode iniciar empresa, sendo permitido apenas seu prosseguimento em sociedade empresária já existente antes de sua incapacidade, sendo necessário para tanto, uma autorização judicial.

Ressalta-se que a hipótese acima só é válida para a sociedade empresária, sendo vedado em qualquer circunstância que uma pessoa relativamente incapaz seja empresária. Logo, enquanto durar sua incapacidade, ele não pode ser empresário.

A) Renato não poderia iniciar empresa mesmo que houvesse autorização judicial, pois, para a pessoa natural tornar-se empresária é requisito a plena capacidade civil, conforme dispõe o art. 972 do CC, e Renato é relativamente incapaz sendo os atos relacionados aos direitos de natureza patrimonial e negocial afetados, razão pela qual ele não pode praticá-los sozinho com base no disposto no Art. 4º, III, do Código Civil.

B) Não, uma vez que a principal condição para ser empresário individual é exercer a atividade individualmente. Para que houvesse a admissão de seu irmão, seria necessária a transformação da sociedade individual para sociedade empresária junto as Juntas Comerciais, nos termos do Art. 968, § 3º, do Código Civil.

GABARITO COMENTADO – FGV

A questão está relacionada à capacidade civil para a pessoa natural **iniciar empresa** (e não sua continuidade), bem como a possibilidade de transformação de registro de empresário em sociedade empresária. O examinando deverá estar apto a identificar que o relativamente incapaz pode apenas prosseguir a empresa por ele exercida antes do advento da incapacidade, com autorização judicial, jamais iniciá-la. Também se deseja que o examinando demonstre conhecimento acerca da impossibilidade de o empresário individual se associar a uma pessoa, mantendo sua condição jurídica.

O enunciado deixa evidente que Renato não pode transitoriamente exprimir sua vontade, sendo relativamente incapaz, nos termos do Art. 4º, III, do Código Civil, na redação dada pelo Art. 114 da Lei nº 13.146/2015. Ademais, o juiz fixou os limites da curatela, para determinar que o curatelado não possa, sem curador, emprestar, transigir, dar quitação, alienar, hipotecar, demandar ou ser demandado, e praticar, em geral, os atos que não sejam de mera administração (artigos 1.772 e 1.782 do Código Civil).

Logo, não tem Renato o pleno gozo de sua capacidade civil para iniciar o exercício da empresa (Art. 972 do Código Civil) e, enquanto durar sua incapacidade, ele não pode ser empresário.

De acordo com o item 3.5.11 do Edital, as respostas às questões discursivas serão avaliadas quanto à adequação ao problema apresentado, ao domínio do raciocínio jurídico, à fundamentação e sua consistência, à capacidade de interpretação e exposição e à técnica profissional demonstrada, sendo que a mera transcrição de dispositivos legais, desprovida do raciocínio jurídico, não ensejará pontuação.

A) Não. Renato não pode iniciar empresa, mesmo com autorização judicial. Um dos requisitos para a pessoa natural iniciar o exercício da atividade de empresário é estar em pleno gozo da capacidade civil, com fundamento no Art. 972 do Código Civil, o que não ocorre com Renato por ser relativamente incapaz (Art. 4º, III, do Código Civil), afetando a curatela os atos relacionados aos direitos de natureza patrimonial e negocial.

B) Não. O empresário pessoa natural só pode exercer a empresa individualmente. Caso queira admitir seu irmão como sócio, José Porfírio deverá requerer ao Registro Público de Empresas Mercantis, a cargo das Juntas Comerciais, a transformação de seu registro de empresário para registro de sociedade empresária, com fundamento no Art. 968, § 3º, do Código Civil.

DISTRIBUIÇÃO DE PONTOS

ITEM	PONTUAÇÃO
A1) Não. Renato, por ser relativamente incapaz, tem afetados os atos relacionados aos direitos de natureza patrimonial e negocial e não pode praticá-los sozinho (0,25) com base no disposto no Art. 4º, III, do Código Civil (0,10). *Obs.: A simples menção do dispositivo legal não pontua*	0,00/0,25/0,35
A2) Um dos requisitos para a pessoa natural iniciar o exercício da atividade de empresário é estar em pleno gozo da capacidade civil, o que não se verifica no caso de Renato (0,25), com fundamento no Art. 972 do Código Civil (0,10). *Obs.: A simples menção do dispositivo legal não pontua*	0,00/0,25/0,35
B) Não. O empresário só pode exercer sua empresa individualmente (0,15). Caso queira admitir seu irmão como sócio, José Porfírio deverá requerer ao Registro Público de Empresas Mercantis, a cargo das Juntas Comerciais, a transformação de seu registro de empresário para registro de sociedade empresária (0,30), com fundamento no Art. 968, § 3º, do Código Civil (0,10). *Obs.: A simples menção do dispositivo legal não pontua*	0,00/0,15/0,30/0,45/0,55

(OAB/Exame Unificado – 2016.1 – 2ª fase) Ricardo constituiu uma Empresa Individual de Responsabilidade Limitada (EIRELI) com o capital mínimo legal e procedeu ao arquivamento do ato constitutivo na Junta Comercial.

Nove meses após a constituição, o instituidor decidiu dobrar o valor do capital para atender às exigências de um edital de licitação. Para tanto, fez uma declaração de aumento do capital e deu publicidade no registro de títulos e documentos. O ato constitutivo da EIRELI não foi alterado porque, segundo Ricardo, tal procedimento é obrigatório apenas para contratos plurilaterais e, como a EIRELI não tem contrato e sim ato unilateral de constituição, a forma por ele adotada foi correta.

Ricardo também pretende associar seu irmão Hélio à sua quota única, estabelecendo um condomínio entre eles, já que a quota é indivisa.

Com base no caso apresentado, responda aos itens a seguir.

A) O aumento do capital social da EIRELI pode ser realizado independentemente de alteração do ato de constituição? **(Valor: 0,50)**

B) É possível acatar a solução proposta por Ricardo de associar Hélio à sua quota? **(Valor: 0,75)**

Obs.: o examinando deve fundamentar suas respostas. A simples transcrição de dispositivo legal não confere pontuação.

RESPOSTAS

O Código Civil trouxe em seu art. 980-A, caput, a disposição do que a EIRELI será constituída por uma única pessoa titular da totalidade do capital social, especificando qualquer diferença em relação a pessoas físicas, e as pessoas jurídicas para a constituição de tal modalidade societária. Contudo, é exigido que o capital mínimo da empresa integralizado seja no mínimo 100 vezes o valor do salário mínimo vigente no momento em que a empresa for registrada. Tal como em outros modelos societários, tal integralização pode ser realizada com quaisquer tipos de bens que sejam passíveis de avaliação pecuniária.

A) O aumento de capital social da EIRELI deve ser realizado com a devida alteração do contrato de constituição, mesmo que ele não seja plurilateral, de acordo com o art. 1.081, caput do CC, que deve ser complementarmente adotado na EIRELI, nos termos da disposição contida no Art. 980-A, § 6º, do CC.

B) Aplicam-se à empresa individual de responsabilidade limitada, subsidiariamente, as regras previstas para as sociedades limitadas, desde que não viole as disposições e requisitos desta. Assim, não é possível criar um condomínio sobre a quota indivisa, pois apesar de possível no caso das sociedades limitadas, na EIRELI iria contrariar a unipessoalidade permanente, conforme o Art. 980-A, caput, do CC.

GABARITO COMENTADO – FGV

A questão trata da aplicação das normas da sociedade limitada, NO QUE COUBER, a EIRELI, em especial a necessidade de arquivamento do ato que instituir o aumento do capital e da impossibilidade de condomínio sobre a quota. O examinando deve deixar claro na resposta ao item A da possibilidade de aplicação do art. 1.081 do Código Civil, inserido no capítulo da sociedade limitada, por não haver incompatibilidade com as disposições referentes a EIRELI.

De acordo com o item 3.5.11 do Edital, as respostas às questões discursivas serão avaliadas quanto à adequação ao problema apresentado, ao domínio do raciocínio jurídico, à fundamentação e sua consistência, à capacidade de interpretação e exposição e à técnica profissional demonstrada, sendo que a mera transcrição de dispositivos legais, desprovida do raciocínio jurídico, não ensejará pontuação.

Sobre o aumento do capital da EIRELI com a necessária alteração do ato de constituição, trata-se de aplicação, *mutatis mutandis*, do Art. 1.081, *caput*, do CC, em razão da disposição contida no Art. 980-A, § 6º, do CC. O dispositivo determina que o capital da sociedade limitada pode ser aumentado, após sua integralização, sendo feita a correspondente modificação do contrato social. No caso de EIRELI não se aplica a exigência de integralização em virtude da determinação contida no Art. 980-A, *caput*, do CC; todavia, persiste a exigência da modificação do ato de constituição (que não será o contrato plurilateral e sim um ato unilateral).

Por sua vez, na resposta ao item B, o examinando deverá afirmar que **não pode ser aplicada** a disposição do Código Civil, que autoriza o condomínio de quota (Art. 1.056, § 1º), porque embora seja compatível com a sociedade limitada, é incompatível com a unipessoalidade permanente, característica essencial da EIRELI.

Assim, a proposta de associar o irmão Hélio na quota única da EIRELI não é possível, porque a copropriedade da quota relevaria uma pluralidade, pois seriam duas pessoas participando da EIRELI e exercendo direitos em comum.

A) Não. É necessário que o aumento do capital da EIRELI seja realizado com a correspondente modificação do ato de constituição, ainda que esse não seja um contrato plurilateral, em face da determinação contida no Art. 1.081, *caput*, do CC, aplicável à EIRELI em razão da disposição contida no Art. 980-A, § 6º, do CC.

B) Não. A solução proposta por Ricardo de associar seu irmão Hélio à quota única da EIRELI, criando um condomínio sobre a quota indivisa, **embora tenha previsão para a sociedade limitada** (Art. 1.056, § 1º, do CC) não é possível sua aplicação à EIRELI. Assim, aplicam-se à empresa individual de responsabilidade limitada, **no que couber**, as regras previstas para as sociedades limitadas. A copropriedade da quota viola a unipessoalidade permanente, característica essencial dessa pessoa jurídica (*"será constituída por uma única pessoa"*), como está disposto no Art. 980-A, *caput*, do CC.

DISTRIBUIÇÃO DE PONTOS

ITEM	PONTUAÇÃO
A) Não. É necessário que o aumento do capital da EIRELI seja realizado com a correspondente modificação do ato de constituição, ainda que esse não seja um contrato plurilateral (0,40), em face da determinação contida no Art. 1.081, *caput*, do CC, aplicável a EIRELI em razão da disposição contida no Art. 980-A, § 6º, do CC (0,10). *Obs.: A simples menção do dispositivo legal não pontua*	0,00 / 0,40 / 0,50
B) Não. A solução proposta por Ricardo de associar seu irmão Hélio à quota única da EIRELI, criando um condomínio entre eles, embora tenha previsão para a sociedade limitada não pode ser aplicada à EIRELI (0,30). A copropriedade da quota viola a unipessoalidade permanente, característica essencial dessa pessoa jurídica (*"será constituída por uma única pessoa"*) (0,35), como está disposto no Art. 980-A, *caput*, do CC. (0,10) *Obs.: A simples menção ou transcrição do dispositivo legal não pontua.*	0,00 / 0,30 / 0,35 / 0,40 /0,45 / 0,65 / 0,75

(OAB/Exame Unificado – 2015.1 – 2ª fase) Os administradores das sociedades Bragança Veículos Ltda. e Chaves, Colares & Cia Ltda. acordaram que ambas participarão de operação na qual as sociedades unirão seus patrimônios para formar sociedade nova, que a elas sucederá nos direitos e obrigações em razão da extinção simultânea, sem liquidação, de Bragança Veículos Ltda. E Chaves, Colares & Cia Ltda. O contrato das sociedades tem cláusula de regência supletiva pelas normas das sociedades simples.

Com base nas informações contidas no enunciado, responda aos itens a seguir.

PRÁTICA EMPRESARIAL – 4ª EDIÇÃO   57   EXERCÍCIOS PRÁTICOS

A) Indique o nomen juris da operação, o órgão competente para deliberar sobre ela, o quórum para aprová-la e o procedimento a ser adotado, de acordo com a legislação aplicável às sociedades em questão. **(Valor: 0,85)**

B) Caso os administradores de cada sociedade não elaborem um protocolo com as condições da operação societária, haverá irregularidade na operação? Justifique. **(Valor: 0,40)**

Responda justificadamente, empregando os argumentos jurídicos apropriados e a fundamentação legal pertinente ao caso.

RESPOSTAS

A) Trata-se da operação societária denominada fusão, a ser aprovada pela assembleia ou reunião de sócios de cada uma das sociedades envolvidas. O quórum para aprová-la, em cada sociedade, é de ¾ (três quartos) no mínimo do capital social, com fundamento no Art. 1.119 do Código Civil e no Art. 1.071, VI, c/c o Art. 1.076, I, ambos do Código Civil. O procedimento a ser seguido é o seguinte: na reunião ou assembleia dos sócios de cada sociedade, após a aprovação da operação e do projeto do ato constitutivo da nova sociedade, bem como o plano de distribuição do capital social, serão nomeados os peritos para a avaliação do patrimônio da sociedade. Apresentados os laudos, os administradores de cada sociedade convocarão reunião ou assembleia dos sócios para tomar conhecimento deles, decidindo sobre a constituição definitiva da nova sociedade.

B) Não. Em razão da não participação de sociedade por ações na operação e da regência supletiva nos contratos das duas sociedades pelas normas da sociedade simples, é facultativa a elaboração de protocolo, pois o art. 1.120 do Código Civil não exige tal documento.

GABARITO COMENTADO – FGV

A questão tem por objetivo aferir se o examinando identifica a operação descrita no enunciado como fusão de sociedades e conhece as principais regras do Código Civil sobre o instituto. De plano devem ser afastadas as regras da Lei nº 6.404/76 – Lei de Sociedades por Ações – em razão de serem as sociedades envolvidas do tipo limitada (Bragança Veículos Ltda. e Chaves, Colares & Cia Ltda.) e os contratos terem regência supletiva pelas normas da sociedade simples.

A) Nomen juris da operação: Fusão, porque haverá extinção das sociedades, que se unirão para formar sociedade nova, que a elas sucederá nos direitos e obrigações (Art. 1.119, do Código Civil).

Órgão competente para a deliberação: a operação deverá ser aprovada pela assembleia ou reunião de sócios de cada sociedade envolvida (Art. 1.071, VI, do Código Civil).

Quorum para aprovação: por se tratarem de sociedades limitadas, é de ¾ (três quartos), no mínimo, do capital social (Art. 1.076, I, do Código Civil).

Procedimento: na assembleia ou reunião dos sócios de cada sociedade, após a aprovação da operação, do projeto do ato constitutivo da nova sociedade, bem como o plano de distribuição do capital social, serão nomeados os peritos para a avaliação do patrimônio da sociedade. Apresentados os laudos, os administradores de cada sociedade convocarão reunião ou assembleia dos sócios para tomar conhecimento deles, decidindo sobre a constituição definitiva da nova sociedade.

B) Não haverá irregularidade na operação caso não tenha sido elaborado o protocolo. Em razão da inexistência de sociedade por ações na operação e da cláusula de regência supletiva pelas normas da sociedade simples nos contratos das duas sociedades, é facultativa a elaboração de protocolo firmado pelos administradores, pois o Código Civil não exige tal documento, com fundamento no artigo 1.120 do Código Civil.

DISTRIBUIÇÃO DE PONTOS

ITEM	PONTUAÇÃO
A.1)A operação a ser realizada denomina-se fusão (0,10).	0,00/0,10/0,20/0,30/0,40/0,50
O órgão competente para deliberação é a assembleia ou reunião de sócios (0,10); o *quorum* para aprová-la, em cada sociedade, é de ¾ (três quartos) no mínimo do capital social (0,10), com fundamento no Art. 1.119 do Código Civil (0,10) e no Art. 1.071, VI c/c o Art. 1.076, I, ambos do Código Civil (0,10).	
Obs.: a simples menção ou transcrição do dispositivo legal não confere pontuação	
A.2)O procedimento é o seguinte: na reunião ou assembleia dos sócios de cada sociedade, após a aprovação da operação e do projeto do ato constitutivo da nova sociedade, bem como o plano de distribuição do capital social, serão nomeados os peritos para a avaliação do patrimônio da sociedade (0,15). Apresentados os laudos, os administradores de cada	0,00/0,15/0,20/0,35
sociedade convocarão reunião ou assembleia dos sócios para tomar conhecimento deles, decidindo sobre a constituição definitiva da nova sociedade (0,20).	
B) Não. Em razão da não participação de sociedade por ações na operação e da regência supletiva nos contratos das duas sociedades pelas normas da sociedade simples, é facultativa a elaboração de protocolo (0,30), pois o art. 1.120 do Código Civil não exige tal documento (0,10).	0,00/0,10/0,30/0,40
Obs.: a simples menção ou transcrição do dispositivo legal não confere pontua	

(OAB/Exame Unificado – 2014.3 – 2ª fase) Na área rural do município X, a atividade preponderante exercida pelos habitantes é o cultivo da mandioca. Numa micropropriedade, o casal Paulo Afonso e Glória planta mandioca com a ajuda dos filhos e dos pais. Não há maquinário para a lavoura e a cultura é de subsistência, sendo o excedente, quando existente, vendido para uma indústria de beneficiamento. Os poucos animais que o casal possui servem para o fornecimento de leite e carne e ao arado da terra.

Há, também, na área rural, uma indústria de beneficiamento da mandioca, com mais de cem empregados, máquinas, amplas construções e contínuo treinamento dos colaboradores. A forma jurídica para a exploração da atividade é de sociedade limitada, sendo titular de 3/4 do capital social e da maioria das quotas o Sr. Wenceslau Guimarães.

A partir do texto, responda aos itens a seguir.

A) A atividade realizada pelo casal Paulo Afonso e Glória é considerada uma empresa? **(Valor: 0,50)**

B) O Sr. Wenceslau Guimarães é considerado empresário? **(Valor: 0,75)**

O examinando deve fundamentar suas respostas. A mera citação do dispositivo legal não confere pontuação.

PRÁTICA EMPRESARIAL – 4ª EDIÇÃO 59 EXERCÍCIOS PRÁTICOS

RESPOSTAS

Empresário é quem exerce com habitualidade atividade econômica organizada para a produção, transformação ou a circulação de bens e prestação de serviços visando o lucro, conforme art. 966 do CC.

Desse conceito podemos extrair os seguintes elementos:

Profissionalismo – tal elemento é sujeito a três pressupostos: a habitualidade, pessoalidade e monopólio das informações sigilosas em relação aos bens ou serviços oferecidos pelo empresário;

Atividade econômica organizada qualquer atividade licita e idônea onde há geração de lucro para quem a explora em virtude da organização dos quatro fatores de produção: mão de obra, capital, insumos e tecnologia;

Produção ou circulação de bens ou serviços – fabricação de bens, prestação de serviços e a atividade de circulação de bens ou serviços.

A) Tendo em vista que não há organização voltada para a produção de bens para terceiros na atividade exercida pelo casal Paulo Afonso e Glória, nem profissionalismo não é possível se falar em empresa, uma vez que não estão presentes os elementos elencados no art., 966 caput do CC.

B) Empresário individual é aquele que exerce a empresa em nome próprio e mediante responsabilidade ilimitada. Neste sentido o Sr. Wenceslau Guimarães é sócio da sociedade, não podendo ser este confundido com a própria sociedade empresária.

GABARITO COMENTADO – FGV

A questão tem por pertinência o conceito de empresa e o de empresário no direito brasileiro, à luz do Art. 966, do Código Civil. Espera-se também que o examinando saiba distinguir a sociedade empresária (pessoa jurídica) do sócio, que não se confunde com o empresário, titular da empresa e sujeito de direito, bem como identificar a necessidade do profissionalismo e da organização presentes no conceito legal de empresário.

Cabe esclarecer que a opção pelo registro empresarial, prevista no art. 971 do Código Civil, somente tem lugar quando a pessoa natural exerce empresa rural como principal profissão. Como a atividade desenvolvida por Paulo Afonso e Glória não é empresária, não cabe invocação ou fundamentação da resposta no indigitado dispositivo legal.

A) Pelas informações contidas no enunciado (plantação de mandioca com a ajuda dos filhos e dos pais, sem emprego de maquinário na lavoura e cultivo de subsistência) percebe-se que não há organização voltada para a produção de bens para terceiros na atividade exercida pelo casal Paulo Afonso e Glória, nem profissionalismo (o excedente, quando existente, é comercializado). Portanto, não se verifica a presença de empresa, com base no seu conceito, derivado do de empresário (Art. 966, *caput*, do Código Civil).

B) Wenceslau Guimarães não é empresário, porque empresário individual é aquele que exerce a empresa em nome próprio e mediante responsabilidade ilimitada. O Sr. Wenceslau Guimarães é sócio da sociedade. Não se pode confundir o sócio, ainda que majoritário, com a sociedade empresária, pois é ela quem exerce a empresa como pessoa jurídica de direito privado; trata-se de noções basilares de direito empresarial que o examinando deve ser capaz de compreender e demonstrar seu conhecimento na resposta, fundamentando-a.

Não receberá pontuação, entre outras, respostas afirmando que a atividade desenvolvida por Paulo Afonso e Glória é uma empresa; que eles são empresários rurais ou sem os fundamentos exigidos no gabarito. O mesmo tratamento terá as respostas que afirmarem que Wenceslau Guimarães é empresário, por não demonstrar o conhecimento basilar em direito empresarial sobre a distinção entre o sócio e a sociedade.

DISTRIBUIÇÃO DE PONTOS

ITEM	PONTUAÇÃO
A) Não, porque a atividade desenvolvida não é exercida em caráter profissional e de forma organizada (0,40), como exige o Art. 966, *caput*, do Código Civil para a caracterização de empresário (0,10). *A simples menção ou transcrição do dispositivo legal não pontua.*	0,00/0,40/0,50
B) Não, porque o Sr. Wenceslau Guimarães é sócio da sociedade (0,40), sendo esta quem exerce a empresa em nome próprio. (0,35).	0,00/0,35/0,40/0,75

(OAB/Exame Unificado – 2014.2 – 2ª fase) A assembleia de sócios de Castelo Imobiliária Ltda. aprovou, por *quorum* de 95% do capital, a incorporação de duas sociedades, ambas do tipo simples. João Neiva, titular de 5% do capital social de Castelo Imobiliária Ltda. e dissidente da aprovação da incorporação, procurou seu advogado e prestou-lhe as seguintes informações:

I. a incorporação foi aprovada pela unanimidade dos sócios das sociedades simples envolvidas, que aprovaram as bases da operação e autorizaram os administradores a praticar todos os atos necessários à incorporação;

II. não houve elaboração de protocolo firmado pelos sócios ou administradores das sociedades incorporadas e da incorporadora, nem justificação prévia;

III. há cláusula de regência supletiva no contrato da incorporadora, pelas normas da sociedade simples.

Ao final, o cliente fez as seguintes indagações ao advogado:

A) É possível a incorporação envolver sociedades de tipos diferentes? **(Valor: 0,45)**

B) É obrigatória a elaboração de protocolo e justificação prévia à incorporação? **(Valor: 0,80)**

Obs.: as respostas devem ser justificadas e acompanhadas do dispositivo legal pertinente. A simples menção ou transcrição do dispositivo legal não confere pontuação.

RESPOSTAS

As operações societárias são aquelas nas quais as sociedades se relacionam entre si, transformando-se, fundindo-se, incorporando outras ou transferindo parcela de seu patrimônio a outras. Em todos esses casos haverá mudanças relevantes na estrutura das sociedades que trarão consequências jurídicas.

Dispõe o art. 1.116 do Código Civil:

> *Art. 1.116. Na incorporação, uma ou várias sociedades são absorvidas por outra, que lhes sucede em todos os direitos e obrigações, devendo todas aprová-la, na forma estabelecida para os respectivos tipos.*

Na incorporação, portanto, haverá a extinção das sociedades incorporadas, mas não surgirá uma nova sociedade, conforme dispõe o art. 1.118 do Código Civil:

PRÁTICA EMPRESARIAL – 4ª EDIÇÃO — 61 — EXERCÍCIOS PRÁTICOS

> *Art. 1.118. Aprovados os atos da incorporação, a incorporadora declarará extinta a incorporada, e promoverá a respectiva averbação no registro próprio.*

A) É perfeitamente possível a incorporação ter tipos diferentes de sociedades, uma vez que o art. 1.116 do CC não impõe nenhuma vedação deste tipo em seu texto legal.

B) É facultativa a elaboração de protocolo e justificação pelos sócios ou administradores das sociedades envolvidas, uma vez que tais providências não estão elencadas nos arts. 1.116 a 1.118 do Código Civil.

GABARITO COMENTADO – FGV

O examinando deverá ser capaz de conhecer as disposições do Código Civil sobre a incorporação de sociedade, em especial a possibilidade de a operação ser realizada entre sociedades de tipos diferentes e a facultatividade de elaboração de protocolo e justificação. Outro objetivo a ser atingido com a questão é a identificação de que todas as sociedades envolvidas na operação (uma limitada e duas simples) não são companhias. Com isto o examinando deverá confrontar este dado com a informação contida no enunciado de que o contrato da incorporadora prevê a regência supletiva pelas normas da sociedade simples, o que afasta peremptoriamente a menção a qualquer artigo da Lei n. 6.404/76 ou a transcrição de conteúdo de artigo desse diploma.

A) Sim, não há impedimento que as operações de incorporação possam ser realizadas entre sociedades de tipos diferentes, no caso uma sociedade limitada e duas simples, com base no artigo 1.116 do Código Civil. Tal dispositivo não contém nenhuma exigência quanto a uniformidade das sociedades em relação ao tipo, portanto a operação é válida.

B) Não. Nas fusões e incorporações entre sociedades reguladas pelo Código Civil, é facultativa a elaboração de protocolo e justificação pelos sócios ou administradores das sociedades envolvidas, em razão de inexistência destas providências nos artigos 1.116 a 1.118 do Código Civil, que dispõem sobre a incorporação. Ademais, como a sociedade limitada tem em seu contrato cláusula de regência supletiva pelas normas da sociedade simples, ficam peremptoriamente afastadas as exigências e disposições previstas na Lei das S/A (Lei n. 6.404/76) para o protocolo e justificação prévia.

DISTRIBUIÇÃO DE PONTOS

ITEM	PONTUAÇÃO
A) Sim. Não há impedimento que as operações de incorporação possam ser realizadas entre sociedades de tipos diferentes, no caso uma sociedade limitada e duas simples (0,35), com base no artigo 1.116, do Código Civil (0,10). *A simples menção ou transcrição do dispositivo legal não pontua*	0,00/0,35/0,45
B.1) Não. Nas fusões e incorporações entre sociedades reguladas pelo Código Civil, é facultativa a elaboração de protocolo e justificação pelos sócios ou administradores das sociedades envolvidas (0,30), em razão de inexistência de obrigatoriedade destas providências (0,10) nos artigos do Código Civil que dispõem sobre a incorporação (arts. 1.116 a 1.118) (0,10). *A simples menção ou transcrição dos artigos não pontua.*	0,00/0,30/0,40/0,50
B.2) Como o contrato da sociedade limitada tem regência supletiva pelas normas da sociedade simples, ficam afastadas as exigências da Lei das S/A (Lei n. 6.404/76) sobre o protocolo e a justificação prévia (0,30).	0,00/0,30

ROBINSON BARREIRINHAS E HENRIQUE SUBI

(OAB/Exame Unificado – 2013.3 – 2ª fase) Vida Natural Legumes e Verduras Ltda. é uma sociedade empresária, com sede em Kaloré, cujo objeto é a produção e comercialização de produtos orgânicos e hidropônicos. A sociedade celebrou contrato com duração de 5 (cinco) anos para o fornecimento de hortigranjeiros a uma rede de supermercados, cujos estabelecimentos são de titularidade de uma sociedade anônima fechada. Após o decurso de 30 (trinta) meses, a sociedade, que até então cumprira rigorosamente todas as suas obrigações, tornou-se inadimplente e as entregas passaram a sofrer atrasos e queda sensível na qualidade dos produtos. O inadimplemento é resultado, entre outros fatores, da gestão fraudulenta de um ex-sócio e administrador, ao desviar recursos para o patrimônio de "laranjas", causando enormes prejuízos à sociedade.

A sociedade anônima ajuizou ação para obter a resolução do contrato e o pagamento de perdas e danos pelo inadimplemento e lucros cessantes. O pedido foi julgado procedente e, na sentença, o juiz decretou de ofício a desconsideração da personalidade jurídica para estender a todos os sócios atuais, de modo subsidiário, a obrigação de reparar os danos sofridos pela fornecida. Foi determinado o bloqueio das contas bancárias da sociedade, dos sócios e a indisponibilidade de seus bens.

Com base nas informações acima, responda aos itens a seguir.

A) No caso descrito, pode o juiz decretar de ofício a desconsideração da personalidade jurídica? Fundamente com amparo legal. **(Valor: 0,50)**

B) O descumprimento do contrato de fornecimento dá ensejo à desconsideração, com extensão aos sócios da obrigação assumida pela sociedade? **(Valor: 0,75)**

RESPOSTAS

A personalidade jurídica tem o escopo de distinguir a pessoa dos sócios e a da empresa. Isso pois a obtenção da personalidade jurídica possibilita a ela ser um sujeito de direito a parte da pessoa natural, com patrimônio autônomo e responsabilidade própria.

Contudo, visando resguardar o direito de terceiros acerca de possíveis fraudes que poderiam ser realizadas, criou-se a desconsideração da personalidade jurídica, evitando que a atribuição da personalidade seja desviada para fins ilícitos.

Além da demonstração de que o patrimônio da pessoa jurídica é insuficiente para satisfazer determinadas obrigações, se faz necessária a demonstração de que se utilizou dela para fugir de suas obrigações.

Ademais, determinou o CC que a personalidade jurídica será considerada ineficaz perante o agente que praticou a fraude sempre que houver abuso da personalidade jurídica caracterizado pelo desvio de funcionalidade ou confusão patrimonial, conforme dispõe o art. 50 do CC:

> *Art. 50. Em caso de abuso da personalidade jurídica, caracterizado pelo desvio de finalidade ou pela confusão patrimonial, pode o juiz, a requerimento da parte, ou do Ministério Público quando lhe couber intervir no processo, desconsiderá-la para que os efeitos de certas e determinadas relações de obrigações sejam estendidos aos bens particulares de administradores ou de sócios da pessoa jurídica beneficiados direta ou indiretamente pelo abuso.*
>
> *§ 1º Para os fins do disposto neste artigo, desvio de finalidade é a utilização da pessoa jurídica com o propósito de lesar credores e para a prática de atos ilícitos de qualquer natureza.*

PRÁTICA EMPRESARIAL – 4ª EDIÇÃO

63

EXERCÍCIOS PRÁTICOS

§ 2º Entende-se por confusão patrimonial a ausência de separação de fato entre os patrimônios, caracterizada por:
I – cumprimento repetitivo pela sociedade de obrigações do sócio ou do administrador ou vice-versa;
II – transferência de ativos ou de passivos sem efetivas contraprestações, exceto os de valor proporcionalmente insignificante; e
III – outros atos de descumprimento da autonomia patrimonial.
§ 3º O disposto no caput e nos §§ 1º e 2º deste artigo também se aplica à extensão das obrigações de sócios ou de administradores à pessoa jurídica.
§ 4º A mera existência de grupo econômico sem a presença dos requisitos de que trata o caput deste artigo não autoriza a desconsideração da personalidade da pessoa jurídica.
§ 5º Não constitui desvio de finalidade a mera expansão ou a alteração da finalidade original da atividade econômica específica da pessoa jurídica.

Neste sentido, quando desconsiderada a personalidade jurídica, as pessoas dos sócios e administradores poderão ser responsabilizadas com seus bens pessoais pelas obrigações contraídas pela PJ.

O CPC determinou ainda que a desconsideração da personalidade jurídica exigira a instauração de um incidente a pedido da parte ou do MP, quando a esse couber intervir no processo.

Desta forma, se preenchidos os requisitos, o incidente de desconsideração de personalidade jurídica poderá ser proposto em qualquer fase do processo, seja esta fase a de conhecimento, cumprimento de sentença ou em execução de título extrajudicial.

A) O juiz não pode decretar de ofício a desconsideração da personalidade jurídica, somente podendo fazê-lo se houver requerimento da parte, ou se o Ministério Público se manifestar neste sentido, nos termos do art. 50 do CC. Deste modo, como não houve qualquer requerimento, a desconsideração reputa-se ilegal.

B) A aplicação da decisão foi equivocada, pois não foram preenchidos os requisitos para a desconsideração da personalidade jurídica, uma vez que apenas o descumprimento do contrato de fornecimento, a ensejar a responsabilização exclusiva da sociedade pelo ato do ex-sócio, que era administrador na data. Ademais, o juiz imputou responsabilidade objetiva, solidária e subsidiária aos sócios pelo pagamento da indenização à que a sociedade fora condenada, utilizando critério objetivo para aplicar a desconsideração, que não é admitido pelo art. 50 do CC.

GABARITO COMENTADO – FGV

A questão tem por base o item 2.6 do programa de Direito Empresarial (desconsideração da personalidade jurídica da sociedade empresária). O candidato deve identificar pelos dados contidos no enunciado que se trata de um contrato celebrado entre empresários (fornecedor e fornecido), portanto a relação jurídica é disciplinada pelas normas do Código Civil. Por conseguinte, são descabidas as considerações na resposta sobre Código de Defesa do Consumidor (Art. 28, caput e § 5º), desconsideração objetiva (independentemente da prova do abuso da personalidade jurídica) ou existência de relação de consumo entre o fornecedor e o fornecido.

A eventual aplicação da desconsideração da personalidade jurídica deverá ter por base o art. 50, do Código Civil: *"Art. 50. Em caso de abuso da personalidade jurídica, caracterizado pelo desvio de finalidade, ou pela confusão patrimonial, pode o juiz decidir, a requerimento da parte, ou do Ministério Público quando lhe couber intervir no processo, que os efeitos de certas e determinadas relações de obrigações sejam estendidos aos bens particulares dos administradores ou sócios da pessoa jurídica."*

A) O candidato deverá mencionar que o art. 50 do CC somente autoriza ao juiz decidir pela desconsideração a requerimento da parte ou do Ministério Público, que não interveio no feito. Como não houve pedido de desconsideração pelo autor, a decisão do juiz que decretou, de ofício, a desconsideração é ilegal.

B) Utilizando-se o critério subjetivo para aplicação da desconsideração (abuso da personalidade jurídica praticado pelos sócios), percebe-se que a decisão foi equivocada, pois houve apenas o descumprimento do contrato de fornecimento, a ensejar a responsabilização exclusiva da sociedade pelo ato do ex-sócio, à época administrador. Ademais, o enunciado informa que o ex-sócio e administrador, responsável pelos atos de gestão fraudulenta, não teve suas contas bloqueadas e bens indisponíveis, somente os sócios atuais. Portanto, o juiz imputou responsabilidade objetiva, solidária e subsidiária aos sócios pelo pagamento da indenização a que a sociedade fora condenada, utilizando critério objetivo para aplicar a desconsideração, que não é admitido pelo art. 50 do CC.

DISTRIBUIÇÃO DE PONTOS

ITEM	PONTUAÇÃO
A) Não, porque a desconsideração da personalidade jurídica deve ser decretada a requerimento da parte e não de ofício pelo juiz (0,35), com fundamento no Art. 50 do Código Civil (0,15). *Obs.: a simples menção ao dispositivo legal não atribui pontuação.*	0,00 /0,35 / 0,50
B) Não, porque não se verifica abuso da personalidade jurídica da sociedade praticado pelos sócios atuais, seja em desvio de finalidade, confusão patrimonial ou outro ato congênere, apenas o descumprimento de um contrato. Assim sendo, é descabida a desconsideração (0,60), com fundamento no Art. 50 do Código Civil (0,15).	0,00 /0,60/ 0,75

(OAB/Exame Unificado – 2013.1 – 2ª fase) José da Silva constituiu uma Empresa Individual de Responsabilidade Limitada com a seguinte denominação – Solução Rápida Informática EIRELI. No ato de constituição foi nomeada como única administradora sua irmã, Maria Rosa. A pessoa jurídica celebrou um contrato de prestação de serviços e nesse documento José da Silva assinou como administrador e representante da EIRELI.

Com base na situação hipotética apresentada, responda aos itens a seguir.

A) Foi correto o uso do nome empresarial por José na situação descrita no enunciado? Justifique e dê amparo legal. **(Valor: 0,50)**

B) Na omissão do ato constitutivo, Maria Rosa, na condição de administradora, poderia outorgar procuração em nome da pessoa jurídica a José da Silva? Por quê? Justifique e dê amparo legal. **(Valor: 0,75)**

O examinando deve fundamentar corretamente sua resposta. A simples menção ou transcrição do dispositivo legal não pontua.

RESPOSTAS

O Código Civil trouxe em seu art. 980-A, caput, a disposição do que a EIRELI será constituída por uma única pessoa titular da totalidade do capital social, especificando qualquer diferença em relação a pessoas físicas, e as pessoas jurídicas para a constituição de tal modalidade societária. Contudo, é exigido que o capital mínimo da empresa integralizado seja no mínimo 100 vezes o valor do salário mínimo vigente no momento em que a empresa for registrada. Tal como em outros modelos societários, tal integralização pode ser realizada com quaisquer tipos de bens que sejam passíveis de avaliação pecuniária.

A) José da Silva não pode se utilizar do nome empresarial porque somente Maria Rosa fora designada como administradora, fazendo com que somente ela pudesse usar a denominação, com base no art. 1064 do CC, tendo em vista a aplicação supletiva que se aplica à EIRELI por força do art. 980-A, § 6º, do CC.

B) O máximo que se permite de Maria Rosa tendo em vista seu papel como administradora, é a delegação de certas atividades a mandatários, nos termos do art. 1.018 do Código: "ao administrador é vedado fazer-se substituir no exercício de suas funções, sendo-lhe facultado, nos limites de seus poderes, constituir mandatários da sociedade, especificados no instrumento os atos e operações que poderão praticar". Desta forma, mesmo que não haja no contrato social tal disposição expressa, tendo Maria poderá delegar atividades a José da Silva, desde que haja dentro de seus poderes legais, e especifique quais são estes atos em seu instrumento, de acordo com os arts. 980-A, § 6º e 1.053, caput, do CC.

GABARITO COMENTADO – FGV

A questão tem por finalidade verificar o conhecimento do candidato das normas que regem a administração da empresa individual de responsabilidade limitada, em especial a quem cabe o uso do nome empresarial e a possibilidade de o administrador constituir mandatários da pessoa jurídica. De acordo com o art. 980-A, § 6º do CC, aplicam-se à EIRELI, no que couber, as regras previstas para a sociedade limitada. Portanto, com base no art. 1.064 do CC ("O uso da firma ou denominação social é privativo dos administradores que tenham os necessários poderes"), o uso da denominação é privativo de Maria Rosa, que é a única administradora da pessoa jurídica, sendo incorreto o uso do nome empresarial por José da Silva, ainda que este seja o instituidor da EIRELI.

Maria Rosa poderá outorgar procuração em nome da pessoa jurídica a José da Silva porque, como administradora, pode constituir mandatários da pessoa jurídica nos limites de seus poderes. O fundamento legal encontra-se no art. 1.018 do CC ("Ao administrador é vedado fazer-se substituir no exercício de suas funções, sendo-lhe facultado, nos limites de seus poderes, constituir mandatários da sociedade, especificados no instrumento os atos e operações que poderão praticar"), aplicável a EIRELI por força dos arts. 980-A, § 6º e 1.053, *caput*, do CC).

A) Não foi correto o uso do nome empresarial por José da Silva porque ele não tem poderes de administração. O fato de ter instituído a EIRELI não lhe dá de pleno direito a poderes de administração porque somente Maria Rosa, única administradora, poderia usar a denominação, com fundamento no art. 1.064 do CC, que se aplica à EIRELI por força do art. 980-A, § 6º, do CC. É indispensável a correta e completa menção aos dispositivos legais indicados para a obtenção de pontuação.

ROBINSON BARREIRINHAS E HENRIQUE SUBI

B) Sim, porque Maria Rosa como única administradora pode constituir mandatários da pessoa jurídica nos limites de seus poderes. O fundamento legal encontra-se no art. 1.018 do CC ("Ao administrador é vedado fazer-se substituir no exercício de suas funções, sendo-lhe facultado, nos limites de seus poderes, constituir mandatários da sociedade, especificados no instrumento os atos e operações que poderão praticar"), aplicável à EIRELI por força dos arts. 980-A, § 6º e 1.053, *caput*, do CC. É indispensável a correta e complete menção aos dispositivos legais indicados para a obtenção de pontuação.

DISTRIBUIÇÃO DE PONTOS

ITEM	PONTUAÇÃO
A) Não, porque somente Maria Rosa, como administradora, poderia fazer uso do nome empresarial (0,25), com fundamento nos artigos 980-A, § 6º c/c 1.064, do Código Civil (0,25). *A simples menção do dispositivo legal não pontua.*	0,00/0,25/0,50
B) Sim, porque Maria Rosa, como administradora, pode constituir mandatários da pessoa jurídica nos limites de seus poderes (0,40). O fundamento legal encontra-se no Art. 1.018 do Código Civil, aplicável à EIRELI por força dos artigos 980-A, § 6º e 1.053, caput, do Código Civil (0,35). *A simples menção do dispositivo legal não pontua.*	0,00/0,40/0,75

(OAB/Exame Unificado – 2012.3 – 2ª fase) Maria, cozinheira, tem como fonte de renda a produção e venda de refeições para os moradores de seu bairro.

Para a produção das refeições, Maria precisa comprar grande quantidade de alimentos e, por vezes, para tanto, necessita contrair empréstimos.

Com o dinheiro que economizou ao longo de anos de trabalho, Maria montou uma cozinha industrial em um galpão que comprou em seu nome, avaliada em R$ 80.000,00 (oitenta mil reais). Maria também acabou de adquirir sua casa própria e está preocupada em separar a sua atividade empresarial, exercida no galpão, de seu patrimônio pessoal. Nesse sentido, com base na legislação pertinente, responda, de forma fundamentada, aos itens a seguir.

A) Qual seria o instituto jurídico mais adequado a ser constituído por Maria para o exercício de sua atividade empresarial de modo a garantir a separação patrimonial sem, no entanto, associar-se a ninguém? **(Valor: 0,50)**

B) Como Maria poderia realizar a referida divisão? **(Valor: 0,75)**

RESPOSTAS

A) Tendo em vista os critérios impostos para Maria, temos que a melhor solução seria a constituição de uma Empresa Individual de Responsabilidade Limitada – EIRELI, uma vez que tal modalidade societária permite que haja a separação patrimonial entre a pessoa natural e a pessoa jurídica, não sendo necessária a figura de um sócio. Contudo, para a constituição de tal modalidade é necessário que seja integralizado capital social de no mínimo 100 vezes o valor do salário mínimo, conforme o art. 980-A do CC, o que não seria problema para Maria.

PRÁTICA EMPRESARIAL – 4ª EDIÇÃO 67 EXERCÍCIOS PRÁTICOS

B) Maria poderia integralizar o capital com a sua cozinha industrial, pois esta apresenta um valor acima de 100 (cem) vezes o maior salário-mínimo vigente no País, conforme o Art. 980-A do Código Civil. Ademais, além de preencher o requisito para a constituição da EIRELI, o valor integralizado passaria a fazer parte do patrimônio da pessoa jurídica, sendo utilizado para a exploração da atividade empresária, resguardando seu patrimônio pessoal.

GABARITO COMENTADO – FGV

O examinando deve demonstrar conhecimento a respeito das normas legais sobre a empresa individual de responsabilidade limitada (EIRELI).

A) O instituto jurídico mais adequado a ser constituído por Maria é a Empresa Individual de Responsabilidade Limitada, especialmente porque ela quer garantir a separação patrimonial e não deseja ter nenhum sócio (dados contidos no enunciado). A EIRELI é uma pessoa jurídica de direito privado (Art. 44, VI, do CC), garantindo a separação patrimonial entre a pessoa natural e a pessoa jurídica. Outro dado importante é que Maria possui patrimônio suficiente para cumprir a exigência do capital mínimo de 100 vezes o maior salário mínimo vigente no País, devidamente integralizado, conforme art. 980-A, do CC.

B) Como Maria está preocupada em separar sua casa própria da atividade empresarial que será exercida no galpão onde montou sua cozinha industrial, ela poderia realizar a integralização do capital da EIRELI com a cozinha industrial, avaliada R$ 80.000,00 (oitenta mil reais), portanto em valor superior a 100 (cem) vezes o maior salário mínimo vigente no País. Desta forma, a cozinha industrial passaria a compor o patrimônio da pessoa jurídica e serviria à sua atividade empresária, resguardando a casa no patrimônio pessoal da instituidora.

DISTRIBUIÇÃO DE PONTOS

ITEM	PONTUAÇÃO
A) Maria deveria constituir a empresa individual de responsabilidade limitada (0,25), uma vez que não deseja se associar a ninguém e tem em seu patrimônio pessoal um bem avaliado em valor superior a cem vezes o maior salário mínimo vigente no país, conforme exigência contida no Art. 980-A do CC (0,25). *Obs.: A mera citação do artigo não pontua.*	0,00/0,25/0,50
B) Maria poderia integralizar o capital com a cozinha industrial (0,25), avaliada em valor acima de 100 (cem) vezes o maior salário-mínimo vigente no País (0,25), conforme o Art. 980-A do Código Civil (0,25), de modo que esta passaria a compor o patrimônio da pessoa jurídica e serviria a sua atividade empresária, resguardando a casa em seu patrimônio pessoal. *Obs.: A mera citação do artigo não pontua.*	0,00/0,25/0,50/0,75

1.4. NOME EMPRESARIAL

(Reformulada) (OAB/Exame Unificado – 2014.1 – 2ª fase) Banzaê Ltda. EPP é uma sociedade empresária do tipo limitada, cujo objeto é a extração e beneficiamento de dendê para produção de azeite. Antônio Gonçalves, único administrador da sociedade, utiliza o nome empresarial "Banzaê Ltda. EPP. O sócio Lauro de Freitas pretende, com fundamento no Código Civil, responsabilizar ilimitadamente o administrador pelo uso da denominação em desacordo com o princípio da veracidade, que, a seu ver, obriga a presença do objeto no nome empresarial da sociedade.

Sendo certo que a sociedade em todos os seus atos que pratica não indica seu objeto, pergunta-se: A denominação social está sendo empregada corretamente por Antônio Gonçalves? **(Valor: 1,25)**

O examinando deve fundamentar corretamente sua resposta. A simples menção ou transcrição do dispositivo legal não pontua.

RESPOSTAS

Todo comércio, seja ele constituído por empresário individual, seja por uma sociedade empresária, seja uma empresa individual de responsabilidade limitada, possui um nome empresarial que o identifica e o diferencia dos demais.

O Código Civil considera nome empresarial a firma ou a denominação adotada para exercício de empresa, conforme os arts. 1.155 a 1.168 do CC. Para os efeitos da proteção da lei, equipara-se ao nome empresarial a denominação das sociedades simples, associações e fundações.

O nome empresarial, identificador do empresário, também possui proteção jurídica.

De acordo com a legislação, duas são as espécies de nomes empresariais previstos: a firma e a denominação. As diferenças entre elas estão na estrutura e na função de cada uma. Quanto à estrutura, a firma apresenta o nome civil do empresário individual ou dos sócios da sociedade empresarial, que poderá ser completo ou abreviado o nome e se quiser, incluir o gênero da atividade (art. 1.156).

A denominação é o nome empresarial composto por palavra ou termo que pode coincidir com o nome civil dos seus sócios, mas deve designar o objeto da sociedade., observado ainda que pode adotar qualquer outra expressão linguística.

A adoção de firma ou denominação dependerá do tipo social adotado: a) adotam firma: o empresário individual, a sociedade em nome coletivo e a sociedade em comandita simples; b) denominação: a sociedade anônima (integrada pelas expressões "sociedade anônima" ou -companhia", por extenso ou abreviadamente, art. 1.160) e as cooperativas (integradas pelo vocábulo -cooperativa", art. 1.159): e c) adotam firma ou denominação: a empresa individual de responsabilidade limitada (acompanhado pela expressão "EIRELI" após a firma ou denominação), a sociedade limitada (sempre acompanhado da expressão "limitada" ou "Ltda.", sob pena de responsabilização ilimitada dos administradores — art. 1.158) e a sociedade em comandita por ações (se adotar firma, somente o nome dos sócios diretores ou administradores pode ser adotado; se denominação, deve fazer referência ao objeto social).

Desde a Lei Complementar n° 155, de 2016, os empresários estão proibidos de utilizar a denominação Microempresa e Empresa de Pequeno Porte, assim como suas abreviações (ME

PRÁTICA EMPRESARIAL – 4ª EDIÇÃO 69 EXERCÍCIOS PRÁTICOS

e EPP), no nome empresarial que consta do CNPJ, devido à revogação do art. 72 da Lei Complementar n°123. Vale destacar que, para efeito de enquadramento e de tributação, as empresas continuarão a ser tratadas como Microempresas e Empresas de Pequeno Porte. Essa designação apenas não poderá mais constar do nome empresarial. É facultativa a inclusão do objeto da sociedade, conforme estabelece o Inciso III do art. 35 da Lei 8.934; portanto, o administrador Antônio Gonçalves está usando inadequadamente a denominação social.

Por conseguinte, o sócio Lauro de Freitas não pode responsabilizar ilimitadamente o administrador pelo uso da denominação sem a indicação do objeto.

GABARITO COMENTADO – FGV

A questão tem por objetivo aferir o conhecimento do candidato sobre as peculiaridades do nome empresarial das empresas de pequeno porte, em conformidade com a Lei Complementar n. 123/2006. As sociedades, simples ou empresárias, enquadradas como empresas de pequeno porte, são obrigadas a acrescentar na sua designação a expressão "Empresa de Pequeno Porte" ou "EPP", segundo o artigo 72, da Lei Complementar n. 123/2006, mas é facultativa a inclusão do objeto da sociedade. Somente as sociedades enquadradas como empresas de pequeno porte podem usar o aditivo "EPP".

Da simples leitura do enunciado percebe-se que Banzaê Ltda. EPP é uma sociedade do tipo limitada e está enquadrada como empresa de pequeno porte. O primeiro objetivo da questão a ser atingido pelo examinando é, precisamente, identificar pela denominação que se trata de uma empresa de pequeno porte. Com isto, haverá atribuição de pontuação parcial, conforme espelho de correção, **caso haja coerência com os dados do enunciado**. Dessa forma, deve ser afirmado que Antônio Gonçalves está empregando adequadamente o nome empresarial. A simples afirmativa de que a sociedade é uma empresa de pequeno porte para, em seguida, considerar que o administrador não está empregando corretamente o nome empresarial é incompatível com o enunciado e revela não atendimento ao conteúdo avaliado nos termos do item 3.5.5 do Edital do XIII Exame.

Além de afirmar que a sociedade é uma empresa de pequeno porte, para obter pontuação integral, o examinando deve atingir outros dois objetivos: (i) reconhecer a facultatividade da indicação do objeto social nas denominações de empresas de pequeno porte (EPP) e (ii) conhecer a legislação aplicável (Lei Complementar n. 123/2006 **e** o dispositivo pertinente (artigo 72). A omissão de alguma destas informações acarretará na atribuição de pontuação parcial, nos termos do espelho de correção e do item 3.5.8 do Edital do XIII Exame.

Portanto, o administrador Antônio Gonçalves está usando corretamente a denominação social. Caso a sociedade não **fosse enquadrada como empresa de pequeno porte**, seria necessária a inclusão do objeto social na denominação, em conformidade com o artigo 1.158, §2°, do Código Civil, porém não é o caso. Por conseguinte, o sócio Lauro de Freitas não pode responsabilizar ilimitadamente o administrador pelo uso da denominação sem a indicação do objeto.

Observação: Desde a Lei Complementar n° 155, de 2016, os empresários estão proibidos de utilizar a denominação Microempresa e Empresa de Pequeno Porte, assim como suas abreviações (ME e EPP), no nome empresarial que consta do CNPJ, devido à revogação do art. 72 da Lei Complementar n°123

DISTRIBUIÇÃO DE PONTOS

ITEM	PONTUAÇÃO
A denominação da sociedade está sendo empregada **IN**corretamente pelo administrador, pois as empresas de pequeno porte não mais acrescentarão à sua denominação a expressão "*Empresa de Pequeno Porte*", ou sua respectiva abreviação, "EPP" (0,50), pela revogação do artigo 72 da Lei Complementar n. 123/2006, (0,20) sendo facultativa a inclusão do objeto da sociedade (0,55),	0,00/0,50/0,55/1,05/1,25

1.5. ESTABELECIMENTO

(**OAB/Exame Unificado – 2017.3 – 2ª fase**) No contrato de trespasse do estabelecimento empresarial celebrado pela sociedade Passa Tempo Materiais Esportivos Ltda. com o empresário individual Mário Couto, constou, em anexo, termo de cessão de créditos referentes ao estabelecimento, que atinge dezoito devedores da sociedade trespassante.

Sobre a hipótese, responda aos itens a seguir.

A) Qual a providência a ser tomada para que a cessão dos créditos produza efeito em relação aos respectivos devedores? (**Valor: 0,65**)

B) Se algum dos devedores da sociedade Passa Tempo Materiais Esportivos Ltda. pagar a esta, e não ao cessionário, tal pagamento será válido? (**Valor: 0,60**)

Obs.: o(a) examinando(a) deve fundamentar suas respostas. A mera citação ou transcrição do dispositivo legal não confere pontuação.

RESPOSTAS

O contrato de trespasse consiste na transferência da universalidade de bens do estabelecimento mediante o pagamento de determinado preço. A partir da transferência o adquirente passará a ser proprietário de todos os bens e continuará a desenvolver a atividade empresarial exercida anteriormente pelo vendedor.

Para que isso ocorra, o adquirente se sub-rogara em todas as posições contratuais do vendedor, ou seja, irá adquirir todos os direitos e deveres dele, desde que não tenham caráter pessoal.

Importante dizer que terceiros contratantes poderão rescindir o contrato em 90 dias da averbação da transferência, se ocorrer justa causa.

Além disso, conforme dispõe o art. 1.145 do CC, se *ao alienante não restarem bens suficientes para solver o seu passivo, a eficácia da alienação do estabelecimento depende do pagamento de todos os credores, ou do consentimento destes, de modo expresso ou tácito, em trinta dias a partir de sua notificação.*

O alienante será responsável pelo prazo de um ano, solidariamente com o adquirente, pelos débitos existentes antes do trespasse. Referido prazo se inicia quanto aos débitos já vencidos, da data da averbação do contrato de trespasse e, quanto aos vincendos, de seu vencimento, conforme o art. 1.146 do CC que assim dispõe:

Art. 1.146. O adquirente do estabelecimento responde pelo pagamento dos débitos anteriores à transferência, desde que regularmente contabilizados, continuando o

PRÁTICA EMPRESARIAL – 4ª EDIÇÃO

devedor primitivo solidariamente obrigado pelo prazo de um ano, a partir, quanto aos créditos vencidos, da publicação, e, quanto aos outros, da data do vencimento.

A responsabilidade do adquirente, contudo, ocorre apenas pelos débitos regularmente contabilizados. Pelas obrigações não contabilizadas, responde apenas o alienante.

Ademais, a venda do estabelecimento empresarial comporta cláusula legal de não concorrência, exceto se o contrato prever expressamente de forma contrária. O prazo de não concorrência é de 5 anos (art. 1.147 do CC/02), sendo que sua desobediência gera concorrência desleal.

A) Para que a cessão produza efeitos em relação a terceiros, o contrato de trespasse deverá ser averbado à margem da inscrição da sociedade empresária, no Registro Público de Empresas Mercantis, e publicado na imprensa oficial, conforme o art. 1.144 do CC.

B) De acordo com o art. 1.149 do CC, tal pagamento será válido desde que realizado pelo devedor dotado de boa-fé. Desta forma, mesmo que o pagamento seja feito ao cedente, ou seja, a empresa Passa Tempo Materiais Esportivos LTDA, ele ainda valerá se for feito de boa-fé.

GABARITO COMENTADO – FGV

A questão tem por objetivo aferir o conhecimento do examinando sobre a necessidade de publicização do contrato de trespasse na forma prevista no Art. 1.144 do Código Civil, ou seja, **averbação** à margem da inscrição da sociedade empresária no Registro Público de Empresas Mercantis **e publicação** no órgão oficial para que produza efeito em relação a terceiros. Assim, a eficácia de cessão de créditos referentes ao estabelecimento depende de tais providências, mas se o devedor pagar ao cedente ao invés do cessionário, mesmo após a publicização do trespasse, ficará exonerado se estiver de boa-fé, como previsto no Art. 1.149 do Código Civil.

A) A providência a ser tomada para que a cessão produza efeito em relação aos devedores é a **averbação** à margem da inscrição da sociedade empresária no Registro Público de Empresas Mercantis **E a publicação** do contrato de trespasse na imprensa oficial, com base no artigo 1.144 do Código Civil.

B) Sim. Se algum dos devedores estiver de boa-fé ao pagar ao cedente (Passa Tempo Materiais Esportivos Ltda.) e não ao cessionário, tal pagamento será válido, com base no Art. 1.149 do Código Civil.

DISTRIBUIÇÃO DE PONTOS

ITEM	PONTUAÇÃO
A) A providência a ser tomada para que a cessão produza efeito em relação aos devedores é **averbação** à margem da inscrição da sociedade empresária no Registro Público de Empresas Mercantis **E a publicação** do contrato de trespasse na imprensa oficial (0,55), com base no artigo 1.144 do Código Civil (0,10).	0,00/0,55/0,65
Obs.: a referência isolada à averbação ou publicação não pontua. É necessário mencionar ambas as providências para pontuação.	
B) Sim. Se algum dos devedores estiver de **boa-fé** ao pagar ao cedente (Passa Tempo Materiais Esportivos Ltda.) e não ao cessionário, tal pagamento será válido (0,50), com base no Art. 1.149 do Código Civil (0,10).	0,00/0,50/0,60

ROBINSON BARREIRINHAS E HENRIQUE SUBI

(OAB/Exame Unificado – 2017.1 – 2ª fase) Cotegipe, Ribeiro e Camargo, brasileiros, pretendem constituir uma sociedade empresária para atuar na exportação de arroz. Cotegipe, domiciliado em Piratini/RS, será o sócio majoritário, com 75% (setenta e cinco por cento) do capital.

Os futuros sócios informam a você que a sociedade será constituída em Santa Vitória do Palmar/RS, local da sede contratual, e terá quatro filiais, todas no mesmo estado. A administração da sociedade funcionará em Minas, cidade da República Oriental do Uruguai, domicílio dos sócios Ribeiro e Camargo, mas as deliberações sociais ocorrerão em Santa Vitória do Palmar/RS.

Considerados esses dados, responda aos questionamentos a seguir.

A) A sociedade descrita no enunciado poderá ser considerada uma sociedade brasileira? **(Valor: 0,80)**

B) Diante do fato de o domicílio do sócio majoritário, bem como o lugar da constituição e as filiais serem no Brasil, a sociedade precisa de autorização do Poder Executivo para funcionar? **(Valor: 0,45)**

Obs.: o examinando deve fundamentar suas respostas. A mera citação do dispositivo legal não confere pontuação.

RESPOSTAS

De acordo com o art. 1.126 do Código Civil, "é nacional a sociedade organizada de conformidade com a lei brasileira e que tenha no País a sede de sua administração". Se essa sociedade resolver mudar a sua nacionalidade, será necessário o consentimento unânime dos seus sócios (art. 1.127 do Código Civil).

Sendo assim, pouco importam a nacionalidade dos sócios, o local de residência deles ou a origem do capital empregado para aferição da nacionalidade da sociedade que eles constituíram. Se essa sociedade foi constituída no Brasil, segundo as leis brasileiras e possui sede no país, trata-se de uma sociedade nacional.

Seguindo a mesma lógica, se dois brasileiros constituírem uma sociedade no exterior, pelas leis desse país, e tiverem sede nele, essa será uma sociedade estrangeira.

Se a sociedade não preenche os requisitos mencionados no art. 1.126 do Código Civil – sede no Brasil e organização de conformidade com as leis brasileiras – será considerada uma sociedade estrangeira, necessitando de autorização governamental para funcionar no país.

A) A sociedade não pode ser considerada brasileira, uma vez que a administração e o funcionamento se darão em território uruguaio, não preenchendo os requisitos, portanto, elencados no art. 1.126 do CC.

B) Sim, porque a sociedade é estrangeira, e precisa de autorização prévia do Poder Executivo para funcionar no País, nos termos do Art. 1.134 do CC, não fazendo diferença o fato de o sócio majoritário ser brasileiro, tampouco que sua constituição e filiais fiquem no país.

GABARITO COMENTADO – FGV

A questão tem por objetivo constatar se o examinando identifica o critério utilizado pelo direito pátrio no Código Civil para conferir nacionalidade brasileira às sociedades (critérios da Sede E Administração no Brasil) e que as sociedades estrangeiras precisam de autorização para funcionar, concedida previamente pelo Poder Executivo.

PRÁTICA EMPRESARIAL – 4ª EDIÇÃO 73 EXERCÍCIOS PRÁTICOS

A) Não, a sociedade não pode ser considerada brasileira. Somente será considerada nacional, a sociedade que tenha no país a sede de sua administração. É preciso justificar a primeira parte da resposta, indicando que, como a administração da sociedade funcionará em território uruguaio (ou cidade uruguaia), a sociedade não reúne os requisitos para ter nacionalidade brasileira, sendo uma sociedade estrangeira, com fundamento no Art. 1.126 do CC.

B) Sim, porque a sociedade estrangeira, qualquer que seja o seu objeto, precisa de autorização prévia do Poder Executivo para funcionar no País, nos termos do Art. 1.134 do CC. O fato o domicílio do sócio majoritário, bem como o lugar da constituição e as filiais serem no Brasil não desobriga a sociedade de obter autorização prévia, porque como a administração está no exterior, ela não é uma sociedade brasileira.

DISTRIBUIÇÃO DE PONTOS

ITEM	PONTUAÇÃO
A1) Não. Somente será considerada nacional a sociedade que tenha no País a sede de sua administração (0,25), com fundamento no Art. 1.126 do CC (0,10).	0,00/0,25/0,35
A2) Como a administração da sociedade funcionará em território (ou cidade) uruguaio (a), ela não reúne os requisitos para ser uma sociedade brasileira (0,45).	0,00/0,45
B) Sim, porque a sociedade estrangeira, qualquer que seja o seu objeto, precisa de autorização prévia do Poder Executivo para funcionar no País (0,35), nos termos do Art. 1.134 do Código Civil. (0,10).	0,00/0,35/0,45

(OAB/Exame Unificado – 2013.2 – 2ª fase) Damião, administrador da sociedade Gado Bravo Pecuária Ltda., consultou o advogado da sociedade sobre aspectos jurídicos referentes ao trespasse de um dos estabelecimentos, em especial os seguintes itens:

A) O eventual adquirente é obrigado a assumir as obrigações decorrentes de contratos celebrados pela sociedade para a exploração da empresa, como, por exemplo, prestação de serviços médicos-veterinários para o rebanho? Justifique. **(Valor: 0,40)**

B) O aviamento pode ser incluído no valor do trespasse do estabelecimento? Justifique. **(Valor: 0,85)**

O examinando deve fundamentar corretamente sua resposta. A simples menção ou transcrição do dispositivo legal não pontua.

RESPOSTAS

O contrato de trespasse consiste na transferência da universalidade de bens do estabelecimento mediante o pagamento de determinado preço. A partir da transferência o adquirente passará a ser proprietário de todos os bens e continuará a desenvolver a atividade empresarial exercida anteriormente pelo vendedor.

Para que isso ocorra, o adquirente se sub-rogara em todas as posições contratuais do vendedor, ou seja, irá adquirir todos os direitos e deveres dele, desde que não tenham caráter pessoal.

Importante dizer que terceiros contratantes poderão rescindir o contrato em 90 dias da averbação da transferência, se ocorrer justa causa.

Além disso, conforme dispõe o art. 1.145 do CC, se *ao alienante não restarem bens suficientes para solver o seu passivo, a eficácia da alienação do estabelecimento depende do pagamento de todos os credores, ou do consentimento destes, de modo expresso ou tácito, em trinta dias a partir de sua notificação.*

O alienante será responsável pelo prazo de um ano, solidariamente com o adquirente, pelos débitos existentes antes do trespasse. Referido prazo se inicia quanto aos débitos já vencidos, da data da averbação do contrato de trespasse e, quanto aos vincendos, de seu vencimento, conforme o art. 1.146 do CC que assim dispõe:

> *Art. 1.146. O adquirente do estabelecimento responde pelo pagamento dos débitos anteriores à transferência, desde que regularmente contabilizados, continuando o devedor primitivo solidariamente obrigado pelo prazo de um ano, a partir, quanto aos créditos vencidos, da publicação, e, quanto aos outros, da data do vencimento.*

A responsabilidade do adquirente, contudo, ocorre apenas pelos débitos regularmente contabilizados. Pelas obrigações não contabilizadas, responde apenas o alienante.

Ademais, a venda do estabelecimento empresarial comporta cláusula legal de não concorrência, exceto se o contrato prever expressamente de forma contrária. O prazo de não concorrência é de 5 anos (art. 1.147 do CC/02), sendo que sua desobediência gera concorrência desleal.

A) No contrato de trespasse o adquirente se sub-rogara em todas as posições contratuais do vendedor, ou seja, irá adquirir todos os direitos e deveres dele, desde que não tenham caráter pessoal, somente sendo afastada tal disposição se houver cláusula específica que diga o contrário, nos termos do art. 1.1148 do CC.

B) Tendo em vista que o aviamento é o valor de todos os bens do estabelecimento comercial (bens corpóreos e incorpóreos) somados ao próprio estabelecimento comercial, temos que ele pode sim ser incluído no valor do trespasse, uma vez que conforme o art. 1.187, inciso III do CC ao listar os valores do ativo, inclui a quantia efetivamente paga a título de aviamento de estabelecimento adquirido pelo empresário ou sociedade.

GABARITO COMENTADO – FGV

O examinando deve ser capaz de conhecer um dos efeitos do trespasse do estabelecimento empresarial – a sub-rogação do adquirente nos contratos celebrados para sua exploração, salvo disposição em sentido contrário – e que é possível a inclusão do aviamento no preço a ser pago pelo trespasse pelo adquirente.

A) O trespasse do estabelecimento importa a sub-rogação do adquirente nos contratos celebrados para sua exploração, se não tiverem caráter pessoal. Trata-se de norma que pode ser afastada por disposição contratual. Portanto, na **ausência de cláusula em sentido contrário**, o adquirente responderá pelas obrigações decorrentes de contratos celebrados pela sociedade para a exploração da empresa, com fundamento no art. 1.148, do CC.

B) Sim, como o aviamento constitui um sobrevalor ou mais valia, fruto da atuação do empresário na organização dos elementos da empresa, dentre eles o estabelecimento, este bem imaterial pode ser perfeitamente incluído no valor do trespasse. O Código Civil autoriza esta prática no parágrafo único do art. 1.187, onde ao listar os valores do ativo, inclui a quantia efetivamente paga a título de aviamento de estabelecimento adquirido pelo empresário ou sociedade (inciso III).

PRÁTICA EMPRESARIAL – 4ª EDIÇÃO 75 EXERCÍCIOS PRÁTICOS

1.6. TÍTULOS DE CRÉDITO

(OAB/Exame Unificado – 2020.1 – 2ª fase) Miranda, em 28 de fevereiro de 2018, subscreveu nota promissória à vista, no valor R$ 35.000,00, contendo cláusula "sem despesas" em favor de Ladário. Antes da apresentação a pagamento, o título foi avalizado em branco por Glória e endossado a Ribas. A apresentação a pagamento do título ao subscritor foi realizada no mesmo dia de sua emissão, não tendo sido adimplida a obrigação.

Proposta ação cambial pelo portador em face de Ladário no dia 1º de abril de 2019, este invocou carência do direito de ação do autor pela ausência do protesto por falta de pagamento e a ocorrência da prescrição.

Considerados os dados informados, responda aos itens a seguir.

A) Quem são os obrigados cambiários na nota promissória descrita no enunciado? Há solidariedade entre eles? **(Valor: 0,50)**

B) Procedem as alegações invocadas por Ladário na ação cambial? **(Valor: 0,75)**

Obs.: o(a) examinando(a) deve fundamentar suas respostas. A mera citação do dispositivo legal não confere pontuação.

RESPOSTAS

A) Os obrigados cambiários são o subscritor da nota promissória Miranda, sua avalista Glória (aval em branco é dado em favor do subscritor com base no Art. 77, última alínea, do Decreto nº 57.663/66 – LUG) e o endossante Ladário, que respondem solidariamente pelo pagamento perante o endossatário Ribas, com fundamento no Art. 77 c/c. o Art. 47 do Decreto nº 57.663/66 – LUG.

B) Em relação à ocorrência da prescrição, o argumento do réu procede, pois o prazo de 1 ano é contado do dia da apresentação a pagamento que é o do vencimento no título à vista (28/02/2018), com fundamento no Art. 77 c/c. o Art. 70, 2ª alínea, do Decreto nº 57.663/66 – LUG. Quanto à falta de protesto por falta de pagamento, o argumento é improcedente, pois a inserção da cláusula sem despesas dispensa o portador de promovê-lo para poder exercer os seus direitos de ação em face de quaisquer dos signatários, de acordo com o Art. 77 c/c. o Art. 46 do Decreto nº 57.663/66 – LUG.

GABARITO COMENTADO – FGV

A questão tem por objetivo aferir os conhecimentos do examinando quanto a responsabilidade solidária do emitente, seu avalista e endossante da nota promissória perante o portador. Ademais, também pretende-se aferir se o examinando conhece o efeito da cláusula "sem despesas" quanto à dispensa de protesto e fixação do termo inicial do prazo anual da prescrição da ação cambial em face dos coobrigados.

(OAB/Exame Unificado – 2019.3 – 2ª fase) Luiz Alves é representante comercial autônomo inscrito no Conselho Regional dos Representantes Comerciais. No contrato de representação comercial, celebrado em 2015 com Tratores Irani Ltda., foi estabelecida cláusula de exclusividade em favor do representante pelos negócios por ele mediados na microrregião de Blumenau. No ano seguinte, diante do inadimplemento no pagamento de comissões, Luiz Alves ajuizou ação de execução por título extrajudicial (duplicata à vista de prestação de serviços) em face do representado no juízo do seu domicílio, Rodeio/SC.

A duplicata de prestação de serviços, sacada pelo representante em face do representado, foi protestada por falta de pagamento e está acompanhada do demonstrativo dos pagamentos com as respectivas notas fiscais.

O executado apresentou embargos alegando a nulidade da execução por falta de executividade do título apresentado. Por se tratar de contrato de representação comercial, alega o sacado que o representante não pode se utilizar de título de crédito, como a duplicata, para a cobrança de suas comissões.

Sobre a hipótese apresentada, responda aos itens a seguir.

A) A alegação do embargante é procedente quanto à nulidade da execução? **(Valor: 0,50)**

B) O inadimplemento no pagamento das comissões, na época devida, pelo representado, autoriza o pagamento de indenização ao representante? **(Valor: 0,75)**

Obs.: o(a) examinando(a) deve fundamentar suas respostas. A mera citação do dispositivo legal não confere pontuação.

RESPOSTAS

A) A alegação do embargante não é procedente. Isso, pois de acordo com o art. 32 §3 da Lei 4.886/65 o representante comercial pode emitir títulos de crédito para a cobrança dos valores referentes às comissões, sendo, portanto, a duplicata meio idôneo para pagamento. Além disso, cumpre dizer que conforme dispõe o art. 784, I do CPC a duplicata se caracteriza como título executivo extrajudicial, razão pela qual a execução é perfeitamente legal.

B) Sim, uma vez que o art. 36 da Lei 4.886/65 elenca os motivos justos para que o representante rescinda o contrato, sendo um deles o não pagamento da sua retribuição em época devida (art. 36, alínea d, Lei 4.886/65). Tal rescisão acarreta no pagamento de indenização cujo montante não poderá ser inferior a 1/12 (um doze avos) do total da retribuição auferida durante o tempo em que exerceu a representação, de acordo com o art. 27, alínea j da Lei 4.886/65, que dispõe acerca das especificidades do contrato.

GABARITO COMENTADO – FGV

A questão tem por objetivo avaliar os conhecimentos do examinando sobre o contrato de representação comercial autônoma, disciplinado pela Lei nº 4.886/65, em especial a possibilidade de cobrança das comissões devidas pelo representado por meio do saque de títulos de crédito, e a possibilidade de rescisão do contrato por justa causa pelo representante. Neste caso, o representante terá direito à percepção de uma indenização, calculada com base no total da retribuição auferida durante o tempo da representação, sendo uma cláusula obrigatória no contrato.

A) Não. É facultado ao representante comercial emitir títulos de crédito para cobrança de comissões, sendo possível o saque de duplicatas de prestação de serviço, com base no Art. 32, § 3º, da Lei nº 4.886/65. A duplicata é título executivo extrajudicial e pode embasar a execução, com base no Art. 784, inciso I, do CPC.

PRÁTICA EMPRESARIAL – 4ª EDIÇÃO

B) Sim. O inadimplemento no pagamento das comissões na época devida é um motivo justo para rescisão do contrato de representação comercial, pelo representante, com base no Art. 36, alínea d, da Lei nº 4.886/65. Neste caso, o representante fará jus a uma indenização devida pela rescisão do contrato, cujo montante não poderá ser inferior a 1/12 (um doze avos) do total da retribuição auferida durante o tempo em que exerceu a representação, nos termos do Art. 27, alínea *j*, da Lei nº 4.886/65.

DISTRIBUIÇÃO DE PONTOS

ITEM	PONTUAÇÃO
A1) Não. É facultado ao representante comercial emitir títulos de crédito para cobrança de comissões, sendo possível o saque de duplicatas de prestação de serviço (0,15), com base no Art. 32, § 3º, da Lei nº 4.886/65 (0,10).	0,00/0,15/0,25
A2) A duplicata é título executivo extrajudicial e pode embasar a execução (0,15) com base no Art. 784, inciso I, do CPC (0,10).	0,00/0,15/0,25
B1) Sim. O inadimplemento no pagamento das comissões na época devida é um motivo justo para rescisão do contrato de representação comercial, pelo representante (0,25), com base no Art. 36, alínea *d*, da Lei nº 4.886/65 (0,10).	0,00/0,25/0,35
B2) Neste caso, o representante fará jus à indenização pela rescisão do contrato, cujo montante não poderá ser inferior a 1/12 do total da retribuição auferida durante o tempo em que exerceu a representação (0,30), nos termos do Art. 27, alínea *j*, da Lei nº 4.886/65 (0,10).	0,00/0,30/0,40

(OAB/Exame Unificado – 2019.3 – 2ª fase) A Diretoria de Soure Transportes S/A, companhia fechada e sem Conselho de Administração, deliberou, por unanimidade, aprovar a emissão de debêntures não conversíveis em ações e com garantia flutuante, resgatáveis no prazo de até 5 (cinco) anos, permitida amortização a partir do 2º ano da data do lançamento.

O acionista minoritário Magalhães Belém consulta você para esclarecer os pontos a seguir.

A) A Diretoria tem competência para deliberar sobre a emissão das debêntures? **(Valor: 0,60)**

B) A debênture com garantia flutuante confere direito real de garantia ao debenturista, impedindo a negociação ou o gravame dos bens da companhia? **(Valor: 0,65)**

Obs.: o(a) examinando(a) deve fundamentar suas respostas. A mera citação do dispositivo legal não confere pontuação.

RESPOSTAS

A debênture é uma espécie de valor mobiliário emitido pelas sociedades anônimas que confere ao seu titular direito de crédito contra a companhia, conforme dispuser a sua escritura de emissão ou o seu certificado.

A doutrina tradicional costuma afirmar que as debêntures representam, um 'contrato de mútuo/empréstimo' que a companhia faz com os investidores adquirentes'. Nesta linha de raciocínio, aquele que subscreve a debênture está "emprestando" à sociedade anônima o valor investido na sua subscrição, e esta, a partir do momento em que emite a debênture para o investidor que a subscreveu, assume o dever de pagar posteriormente a este o valor respectivo, na forma prescrita no seu certificado ou na escritura de emissão, conforme o caso.

Em princípio, cabe privativamente à assembleia geral deliberar sobre a emissão de debêntures, conforme disposto no art. 59 da Lei 6.404/76.

> *Art. 59. A deliberação sobre emissão de debêntures é da competência privativa da assembleia-geral, que deverá fixar, observado o que a respeito dispuser o estatuto:*
>
> *I – o valor da emissão ou os critérios de determinação do seu limite, e a sua divisão em séries, se for o caso;*
>
> *II – o número e o valor nominal das debêntures;*
>
> *III – as garantias reais ou a garantia flutuante, se houver;*
>
> *IV – as condições da correção monetária, se houver;*
>
> *V – a conversibilidade ou não em ações e as condições a serem observadas na conversão;*
>
> *VI – a época e as condições de vencimento, amortização ou resgate;*
>
> *VII – a época e as condições do pagamento dos juros, da participação nos lucros e do prêmio de reembolso, se houver;*
>
> *VIII – o modo de subscrição ou colocação, e o tipo das debêntures.*

Há, todavia, a possibilidade de a emissão de debêntures ser deliberada pelo Conselho de Administração, conforme previsão do § 1.º do art. 59:

> *Art. 59 (...)*
>
> *§1° Na companhia aberta, o conselho de administração pode deliberar sobre a emissão de debêntures não conversíveis em ações, salvo disposição estatutária em contrário.*

E ainda, conforme o art. 58 da Lei 6.404/76:

> *Art. 58. A debênture poderá, conforme dispuser a escritura de emissão, ter garantia real ou garantia flutuante, não gozar de preferência ou ser subordinada aos demais credores da companhia.*
>
> *§ 1° A garantia flutuante assegura à debênture privilégio geral sobre o ativo da companhia, mas não impede a negociação dos bens que compõem esse ativo.*

Assim, o titular de uma debênture com garantia flutuante, caso a S.A emissora torne-se insolvente e tenha a sua falência decretada, ficará em quinto lugar na ordem dos credores.

A) Tendo em vista tratar-se de companhia fechada, quem tem competência para deliberar sobre a emissão de debentures é a Assembleia Geral, conforme dispõe o art. 59 caput da Lei 6.404/76. Desse modo, sendo tal competência privativa da Assembleia, a Diretoria não pode fazer tais deliberações.

B) A debênture com garantia flutuante não confere direito real a quem a possui, uma vez que ela só assegura certo "privilégio geral" em relação ao crédito sobre o ativo da companhia, e não impede a negociação dos bens desse ativo, conforme dispõe o art. 58§1° da Lei 6.404/76.

GABARITO COMENTADO – FGV

A questão tem por objetivo verificar o conhecimento pelo examinando da legislação que disciplina as debêntures – Lei nº 6.404/76 – e alguns aspectos relativos a esse valor mobiliário, como a competência para emissão nas companhias fechadas e as características da debênture com garantia flutuante, que não confere direito real de garantia ao debenturista e sim privilégio geral sobre o ativo da companhia.

A) Não. Por se tratar de companhia fechada, a competência para deliberar sobre emissão de debêntures é sempre privativa da assembleia-geral. Assim, com fundamento no Art. 59, *caput*, da Lei n° 6.404/76 **ou** do Art. 122, inciso IV, da Lei n° 6.404/76, não cabe à Diretoria deliberar sobre tal matéria.

B) Não. A debênture com garantia flutuante não confere direito real de garantia ao debenturista. Tal espécie de debênture assegura ao debenturista crédito com privilégio geral sobre o ativo da companhia e não impede a negociação dos bens que compõem esse ativo, nos termos do Art. 58, § 1°, da Lei n° 6.404/76.

DISTRIBUIÇÃO DE PONTOS

ITEM	PONTUAÇÃO
A) Não. Na companhia fechada, a competência para deliberar sobre a emissão de debêntures é privativa da assembleia-geral (0,50) nos termos do Art. 59, *caput,* da Lei n° 6.404/76 **ou** do Art. 122, inciso IV, da Lei n° 6.404/76 (0,10).	0,00/0,50/0,60
B) Não. A debênture com garantia flutuante assegura ao debenturista crédito com privilégio geral sobre o ativo da companhia e não impede a negociação dos bens que compõem esse ativo (0,55), nos termos do Art. 58, § 1°, da Lei n° 6.404/76 (0,10).	0,00/0,55/0,65

(OAB/Exame Unificado – 2019.2 – 2ª fase) Matheus Leme adquiriu, em 11/09/2018, produtos veterinários da Distribuidora de Medicamentos Olímpia S/A, emitindo cheque no valor de R$ 18.000,00 (dezoito mil reais) e acordando com o vendedor que a apresentação do cheque ao sacado se faria a partir de 22/12/2018. Houve extração de fatura de compra e venda pelo vendedor, mas não houve saque da correspondente duplicata.

Sobre o caso narrado, responda aos itens a seguir.

A) Há nulidade da emissão de cheque por Matheus Leme em razão da ausência de saque de duplicata pelo vendedor? **(Valor: 0,70)**

B) Em relação à apresentação ao sacado, qual o efeito da inserção de data futura em relação à de emissão do cheque? **(Valor: 0,55)**

Obs.: o(a) examinando(a) deve fundamentar suas respostas. A mera citação do dispositivo legal não confere pontuação.

RESPOSTAS

Cheque é ordem de pagamento à vista, emitida contra um banco ou instituição financeira assemelhada, para que pague ao portador quantia determinada, proveniente de fundos disponíveis através de depósitos realizados pelo emitente/sacador.

Requisitos:

O cheque é título de crédito regulamentado pela Lei 7.357/85 (Lei do Cheque), que no seu artigo 1° prevê os requisitos formais que ele deve necessariamente conter:

• denominação -cheque- expressa no contexto do título;

• ordem incondicional de pagar determinada quantia;

• nome do sacado a quem a ordem é dirigida;

- lugar de pagamento;
- data e lugar de emissão;
- assinatura do sacador.

Aceite, endosso e aval:

Conforme dispõe o art. 6° da Lei do Cheque, o cheque não admite aceite, vez que o banco/sacado não é devedor da relação jurídica.

No que tange ao endosso, o cheque admite este instituto, podendo o sacador, todavia, inserir cláusula "não à ordem", impedindo sua circulação por endosso.

Por fim, no que diz respeito ao aval, o cheque pode ser garantido, no todo ou em parte, por aval prestado por terceiro.

Modalidades de cheque:

1°) Cheque visado: é aquele no qual o sacado, a pedido do sacador ou do portador, lança e assina no verso do título, visto certificando a existência de fundos para garantir o título.

2°) Cheque administrativo: é aquele emitido pelo próprio banco. Nesses casos a garantia de fundos é maior, tendo em vista ser o sacado o próprio banco. Esse tipo de cheque só pode ser emitido de forma nominativa.

3°) Cheque cruzado: é aquele que possui dois traços transversais e paralelos no anverso do título. O cheque cruzado somente pode ser pago através de uma instituição financeira/banco através de depósito na conta do beneficiário. O cheque cruzado pode ser geral ou especial. Será geral quando a aposição dos dois traços paralelos não tiver nenhuma indicação entre eles. Será especial quando entre os dois traços encontrar especificado o nome de um determinado banco, no qual o cheque deverá ser, necessariamente, depositado.

4°) Cheque garantido: é aquele que garante ao beneficiário o pagamento da quantia expressa no título mesmo que o emitente não tenha crédito em conta corrente para garantir a sua liquidação. Nesses casos, o emitente deve, necessariamente, ter contratado a abertura de crédito em conta corrente com o banco.

Prazo de apresentação do cheque:

O cheque deve ser apresentado para pagamento a contar do dia da emissão em:
- 30 (trinta) dias se emitido na mesma praça;
- 60 (sessenta) dias se emitido em praça diversa.

O portador que não apresentar o cheque no tempo hábil perde o direito de cobrar o crédito nele constante dos endossantes e seus avalistas.

Sustação do cheque:

A lei permite que o emitente suste o pagamento do título em duas situações: revogação ou oposição.

A revogação ocorrerá quando o titular solicitar ao banco a sustação do cheque por razões justificáveis. Nesse caso, os efeitos só aparecerão após transcorrido o prazo de apresentação do título.

A oposição ocorrerá quando o titular solicitar ao banco a sustação do título com base em razões relevantes de direito, tais como perda ou furto. Nesse caso, o efeito surtirá imediatamente após a solicitação.

Cheques pós-datados:

O ordenamento jurídico brasileiro não prevê a existência de cheques pós-datados, sendo a Lei do Cheque expressa quanto o pagamento à vista do referido título. No entanto, não obstante a possibilidade da desconsideração do pós-datamento pelo beneficiário e pelo banco/sacado, o titular que apresentar o cheque fora da data avençada com o emissor poderá responder por danos materiais e morais perante a justiça, tendo em vista a existência de um contrato celebrado entre as partes (emissor/beneficiário).

Cheque sem fundos:

Cheque é uma ordem de pagamento que deve ser levada ao banco para sua liquidação. Quando o emissor emite um cheque, parte-se do pressuposto que o mesmo possui depósito em dinheiro no banco sacado para liquidação daquele título. Ao ser apresentado para pagamento, o banco pode se recusar a fazê-lo tendo em vista a falta de fundos suficientes para tal operação. Nesse caso, o beneficiário do crédito poderá cobrá-lo dos coobrigados, sem necessitar do protesto do título, desde que tenha o apresentado dentro do prazo legal.

Prescrição das ações cambiais:

O portador de um cheque deverá ajuizar a competente ação de execução de título extrajudicial no prazo máximo de seis meses, contados da expiração do prazo de apresentação. Tendo em vista a existência do cheque pós-datado, grande parte dos doutrinadores, tem considerado que o prazo prescricional, nesses casos, inicia-se a partir da apresentação do cheque ao sacado.

Já o direito de ação de regresso de um obrigado ao pagamento em face do outro, também prescreve em seis meses contados do dia em que foi acionado ou do dia que efetuou o pagamento.

A) Não. O saque da duplicata da fatura pelo vendedor é facultativo, e a proibição de utilização de outro título de crédito ligado isso é dirigida ao vendedor e não ao comprador, razão pela qual a emissão do cheque é válida, de acordo com o Art. 2º, *caput*, da Lei nº 5.474/68.

B) Tendo em vista o fato de o cheque um título à vista, o sacado deverá efetuar seu pagamento na data de apresentação, ainda que essa seja anterior à data indicada no título de acordo com o Art. 32, parágrafo único, da Lei nº 7.357/85.

GABARITO COMENTADO – FGV

A questão tem por objetivo aferir os conhecimentos do examinando sobre as condições para o saque de duplicata e o pagamento de cheque pós-datado, ou seja, para ser apresentado em data futura. O examinando deve ser capaz de identificar que a emissão da fatura e o eventual saque de duplicata cabe ao vendedor e que o cheque pós-datado foi emitido pelo comprador em pagamento da aquisição dos produtos veterinários.

Com estes conhecimentos prévios, o examinando deverá informar que não é obrigatório o saque de duplicata, mesmo tendo sido emitida a fatura. Ademais, a obrigatoriedade do saque de duplicata contida no Art. 2º, *caput*, da Lei nº 5.474/68 se dirige ao vendedor e não ao comprador.

Em relação ao cheque pós-datado, não houve nenhuma irregularidade, porque o cheque é pagável à data de sua apresentação ao sacado, que pode ser posterior à de emissão. Caso o cheque pós-datado seja apresentado antes da data indicada como de emissão, o sacado deverá efetuar o pagamento no dia de sua apresentação, de acordo com o Art. 32, parágrafo único, da Lei nº 7.357/85.

A) Não. O saque da duplicata da fatura pelo vendedor é facultativo e a proibição de utilização de outro título de crédito vinculado à compra e venda é dirigida ao vendedor e não ao comprador; portanto, a emissão do cheque é válida, de acordo com o Art. 2°, *caput*, da Lei n° 5.474/68.

B) Por ser o cheque um título à vista (OU uma ordem de pagamento em dinheiro à vista), o sacado deverá efetuar seu pagamento na data de apresentação, ainda que essa seja anterior à data indicada no título como de emissão, de acordo com o Art. 32, parágrafo único, da Lei n° 7.357/85.

DISTRIBUIÇÃO DE PONTOS

ITEM	PONTUAÇÃO
A) Não. O saque da duplicata da fatura pelo vendedor é facultativo (0,20) e a proibição de utilização de outro título de crédito vinculado à compra e venda é dirigida ao vendedor e não ao comprador; portanto, a emissão do cheque é válida (0,40), de acordo com o Art. 2°, *caput*, da Lei n° 5.474/68 (0,10).	0,00/0,20/0,30/0,40/0,50/0,60/0,70
B) Por ser o cheque um título à vista (**OU** uma ordem de pagamento em dinheiro à vista), o sacado deverá efetuar seu pagamento na data de apresentação, ainda que essa seja anterior à data indicada no título como de emissão (0,45), de acordo com o Art. 32, parágrafo único, da Lei n° 7.357/85 (0,10).	0,00/0,45/0,55

(OAB/Exame Unificado – 2019.2 – 2ª fase) A Transportadora Jaramataia Ltda. sacou duplicata de prestação de serviço lastreada em fatura de prestação de serviços de transporte de carga em favor de Dois Riachos Panificação Ltda. (sacada). A duplicata, pagável em Penedo/AL, foi aceita, mas, até a data do vencimento, 22 de agosto de 2016, não houve pagamento.

Consideradas essas informações, responda aos itens a seguir.

A) A sacadora poderá promover a execução da duplicata desprovida de certidão de protesto por falta de pagamento e de qualquer documento que comprove a efetiva prestação dos serviços e o vínculo contratual que a autorizou? **(Valor: 0,50)**

B) A sacadora, no dia 20 de setembro de 2019, informa não ter ainda promovido a cobrança judicial da duplicata. Qual medida judicial você proporia para a realização do crédito? **(Valor: 0,75)**

Obs.: o(a) examinando(a) deve fundamentar as respostas. A mera citação do dispositivo legal não confere pontuação.

RESPOSTAS

A duplicata é uma espécie de título de crédito originária do Brasil, que consiste num documento emitido para documentar as operações mercantis.

Nos termos do artigo 1° da Lei da Duplicata (Lei 5.474/68) em todo contrato de compra e venda mercantil, com prazo de pagamento superior a trinta dias, a extração da fatura é obrigatória. Quando da emissão da fatura, seu emitente tem a faculdade de extrair dele duplicata, título de crédito necessário para documentar o saque do vendedor pela importância faturada ao comprador.

A duplicata corresponde a uma única fatura. No caso de venda para pagamento parcelado tem-se duas possibilidades: emissão de uma única duplicata discriminando todas as parcelas e seus respectivos vencimentos ou emissão de uma série de duplicatas, uma para cada prestação.

São requisitos da duplicata:

1°) denominação "duplicata"

2°) data de emissão e o número de ordem

3°) número da fatura

4°) data certa do vencimento ou a declaração de ser à vista

5°) nome e o domicilio do vendedor e do comprador

6°) importância a pagar

7°) local para pagamento

8°) cláusula à ordem

9°) declaração do reconhecimento de sua exatidão e da obrigação de pagá-la, dada pelo aceite

10°) assinatura do emitente.

A duplicata deve ser apresentada ao sacado para que o mesmo, através do aceite, reconheça a exatidão da obrigação nela contida. Ao contrário do que ocorre com letra de câmbio, o aceite na duplicata é obrigatório, cabendo ao sacado manifestar o motivo do aceite ou de sua recusa.

Se entregue pelo próprio sacado, o prazo será de trinta dias a partir da sua emissão. Se entregue por intermediários, o prazo será de 10 dias, contados da data do seu recebimento na praça de pagamento. Uma vez apresentada, a duplicata, quando não for à vista, deverá ser devolvida pelo comprador/sacado em dez dias.

O aceite pode ser de duas espécies:

1°) ordinário: aquele no qual o sacado assina no anverso do título;

2°) presumido: aquele decorrente do recebimento das mercadorias pelo comprador.

A duplicata é protestável por falta de aceite, pagamento e, ainda, por falta de devolução. Caso a duplicata não seja devolvida no prazo legal (dez dias), o sacador deverá realizar o protesto por indicação.

Realizado o protesto, a execução do crédito será feita mediante a apresentação do instrumento de protesto acompanhado da comprovação de entrega das mercadorias.

A triplicata não é um novo título, mas uma segunda via da duplicata, que terá os mesmo efeitos e requisitos desta. Será emitida no caso de extravio, roubo, furto ou ausência de devolução da duplicata pelo devedor.

A duplicata, assim como os demais títulos, é passível de endosso e aval.

As empresas prestadoras de serviços poderão emitir fatura e duplicata, devendo a primeira discriminar a natureza do serviço prestado e a soma a ser paga pelos serviços prestados. Ademais todos os institutos inerentes às relações mercantis são aplicáveis à prestação de serviços.

A) Sendo a duplicata aceita, não há necessidade de protesto ou comprovação documental para a propositura da ação de execução de título extrajudicial mediante ação de execução, de duplicata aceita, conforme Art. 20, § 3°, c/c. o Art. 15, inciso I, ambos da Lei n° 5.474/68.

B) Poderá ser proposta ação monitória, em razão de já ter ocorrido a prescrição da pretensão executiva da duplicata em 22 de agosto de 2019 (3 anos da data do vencimento). A duplicata, nessa condição, configura prova escrita sem eficácia de título executivo, representativa de ordem de pagamento de quantia em dinheiro. Fundamentos legais: Art. 18, inciso I, da Lei n° 5.474/68 e Art. 700, inciso I, do CPC.

ROBINSON BARREIRINHAS E HENRIQUE SUBI

GABARITO COMENTADO – FGV

A questão tem por objetivo aferir os conhecimentos do examinando sobre a cobrança judicial, mediante ação de execução, de duplicata aceita. A propositura de tal ação em face do aceitante dispensa o protesto e a comprovação documental da prestação de serviço. Ademais, espera-se que o examinando afirme em sua resposta que há possibilidade de cobrança da duplicata após a ocorrência da prescrição da pretensão à execução.

A) Sim. A duplicata de prestação de serviços aceita pode ser cobrada por meio de ação de execução de título extrajudicial, sem necessidade de protesto ou de comprovante da prestação de serviço, como autoriza o Art. 20, § 3º, c/c. o Art. 15, inciso I, ambos da Lei nº 5.474/68.

B) Poderá ser proposta ação monitória, em razão de já ter ocorrido a prescrição da pretensão executiva da duplicata em 22 de agosto de 2019 (3 anos da data do vencimento). A duplicata, nessa condição, configura prova escrita sem eficácia de título executivo, representativa de ordem de pagamento de quantia em dinheiro. Fundamentos legais: Art. 18, inciso I, da Lei nº 5.474/68 e Art. 700, inciso I, do CPC.

OU

B) Poderá ser proposta ação de cobrança pelo procedimento comum, em razão de já ter ocorrido a prescrição da pretensão executiva da duplicata em 22 de agosto de 2019 (3 anos da data do vencimento), bem como houve aceite da duplicata pelo sacado e diante da aplicação subsidiária da legislação sobre pagamento das letras de câmbio às duplicatas, com fundamento no Art. 25 da Lei nº 5.474/68 c/c. Art. 48 do Decreto nº 2.044/1.908.

DISTRIBUIÇÃO DE PONTOS

ITEM	PONTUAÇÃO
A) Sim. A duplicata de prestação de serviços aceita pode ser cobrada por meio de ação de execução de título extrajudicial, sem necessidade de protesto ou de comprovante da prestação de serviço (0,40), como autoriza o Art. 20, § 3º, c/c. o Art. 15, inciso I, ambos da Lei nº 5.474/68 (0,10)	0,00/0,40/0,50
B) Poderá ser proposta ação monitória, em razão de já ter ocorrido a prescrição da pretensão executiva da duplicata em 22 de agosto de 2019 (3 anos da data do vencimento) (0,35). A duplicata, nessa condição, configura prova escrita sem eficácia de título executivo (0,30). Fundamentos legais: Art. 18, inciso I, da Lei nº 5.474/68 e Art. 700, inciso I, do CPC (0,10) **OU** B) Poderá ser proposta ação de cobrança pelo procedimento comum, em razão de já ter ocorrido a prescrição da pretensão executiva da duplicata em 22 de agosto de 2019 (3 anos da data do vencimento) (0,35), bem como houve aceite da duplicata pelo sacado e diante da aplicação subsidiária da legislação sobre pagamento das letras de câmbio às duplicatas (0,30), com fundamento no Art. 25 da Lei nº 5.474/68 c/c. Art. 48 do Decreto nº 2.044/1.908 (0,10)	0,00/0,35/0,45/0,65/0,75

(OAB/Exame Unificado – 2018.2 – 2ª fase) Pedro emitiu quatro cheques em 27 de março de 2018, mas esqueceu de depositar um deles. Tendo um débito a honrar com Kennedy e sendo Pedro beneficiário desse quarto cheque, ele o endossou em preto, datando no verso "dia 19 de maio de 2018". Sabe-se que o quarto cheque foi emitido em Tibagi/PR para ser pago nessa praça, e que sua apresentação ao sacado ocorreu em 23 de maio de 2018, sendo devolvido por insuficiência de fundos. Sobre a hipótese, responda aos itens a seguir.

A) Considerando-se as datas de emissão e endosso do 4º cheque, qual o efeito do endosso? **(Valor: 0,50)**

B) O portador poderá promover ação de execução em face de Pedro, no dia 11 de outubro de 2018, diante do não pagamento do cheque pelo sacado? **(Valor: 0,75)**

Obs.: o(a) examinando(a) deve fundamentar as respostas. A mera citação do dispositivo legal não confere pontuação.

RESPOSTAS

O prazo de apresentação do cheque é aquele em que se refere ao prazo que o emitente deverá levar o cheque para pagamento junto à instituição financeira sacada, de acordo com o art. 33 da Lei 7.357/85.

Tal prazo assemelha-se com o prazo de protesto nos demais títulos de crédito, uma vez que se destina a assegurar o direito de execução contra os codevedores do título, art. 47, inciso II, da Lei 7.357/85.

Se o cheque for "da mesma praça", o prazo de apresentação é de 30 dias. Se, todavia, for "de praças diferentes", o prazo de apresentação será de 60 dias. Em ambos os casos, o prazo é contado da data de emissão do cheque.

Se o portador do cheque perde o prazo de apresentação, consequentemente perde o direito de executar os codevedores.

Neste sentido:

"Caso "B" endosse um cheque recebido de "A" a "C", será considerado codevedor perante "C". Este, por sua vez, poderá descontar o cheque a qualquer momento, dentro do prazo de prescrição.

Caso não observe o prazo de apresentação, e sendo devolvido o cheque por insuficiência de fundos, perderá "C" o direito de executar "B", mas permanecerá o direito de executar o emitente, apenas. Havendo saldo, o cheque será descontado normalmente.

(CRUZ, André Santa. **Direito empresarial** – 8. ed. rev., atual. e ampl. – Rio de Janeiro: Forense; p. 598. São Paulo: MÉTODO,2018).

Nesse sentido, dispõe o Enunciado 600 da Súmula de jurisprudência dominante do STF:

Súmula 600: Cabe ação executiva contra o emitente do cheque e seus avalistas, ainda que não apresentado o cheque ao sacado no prazo legal, desde que não prescrita a ação cambiária"

Excepcionalmente, a perda do prazo de apresentação gera, a perda do direito de executar o próprio emitente, e não apenas o codevedor. Trata-se da hipótese em que o emitente prova

ROBINSON BARREIRINHAS E HENRIQUE SUBI

que tinha fundos suficientes durante o prazo de apresentação, mas deixou de tê-los por motivos alheios à sua vontade (art. 47, § 3.º, da Lei 7.357/85).

O transcurso do prazo de apresentação não impede que o cheque seja levado ao banco para ser descontado, uma vez que somente depois de transcorrido o prazo prescricional é que a instituição financeira não poderá mais receber nem processar o título, conforme disposto no art. 35, parágrafo único da Lei parágrafo único, da Lei 7.357/85

A) O endosso é considerado póstumo, pois de acordo com o Art. 27 da Lei 7.357/85 "O endosso posterior ao protesto, ou declaração equivalente, ou à expiração do prazo de apresentação produz apenas os efeitos de cessão. Salvo prova em contrário, o endosso sem data presume-se anterior ao protesto, ou declaração equivalente, ou à expiração do prazo de apresentação." Desta forma, por ter sido realizado após o prazo de apresentação, ele terá o efeito de cessão de crédito.

B) Mesmo que Pedro tenha endossado o cheque após o prazo de apresentação e o endosso tenha efeito de cessão de crédito, ele é emitente e responsável pelo pagamento perante o portador, ainda que o cheque tenha sido apresentado após o prazo legal, de acordo com o Art. 15 da Lei nº 7.357/85. Deste modo, poderá ser promovida a ação de execução em 11 de outubro de 2018 em face de Pedro, ainda que o cheque tenha sido apresentado após o prazo legal, com fundamento no Art. 47, inciso I, da Lei nº 7.357/85 / Súmula 600 do STF.

GABARITO COMENTADO – FGV

A questão tem por objetivo aferir o conhecimento do examinando sobre o efeito do endosso póstumo do cheque, ou seja, após o encerramento do prazo de apresentação, e a responsabilidade do emitente perante o portador, ainda que o cheque tenha sido apresentado após o decurso do referido prazo.

Como o cheque foi emitido em Tibagi/PR para ser pago na mesma praça, o prazo de apresentação é de 30 (trinta) dias. Assim, o cheque deveria ter sido apresentado ao sacado até 26 de abril de 2018. Após o decurso do prazo de apresentação, o cheque foi endossado – no dia 19 de maio de 2018.

Verifica-se que o endosso do cheque após o prazo de apresentação tem efeito de cessão de crédito, de acordo com o Art. 27 da Lei nº 7.357/85. No caso de cessão de crédito, o cedente não responde pela solvência do devedor, salvo cláusula em contrário (Art. 296 do Código Civil). Entretanto, é preciso que o examinando observe que o endossante do cheque é também seu emitente, de modo que este garante o pagamento. O portador do cheque pode ainda promover a execução em face dele no dia 11 de outubro de 2018, mesmo decorrido o prazo de apresentação de 30 dias na data da apresentação. Ainda não se verificou o decurso do prazo de 6 meses após o término do prazo de apresentação para a prescrição da pretensão executória (Art. 59 da Lei nº 7.357/85).

A) O endosso do cheque é considerado póstumo, por ter sido realizado após o decurso do prazo de apresentação, tendo efeito de cessão de crédito, de acordo com o Art. 27 da Lei nº 7.357/85.

B) Sim. Mesmo que Pedro tenha endossado o cheque após o prazo de apresentação e o endosso tenha efeito de cessão de crédito, ele é emitente e responsável pelo pagamento

PRÁTICA EMPRESARIAL – 4ª EDIÇÃO 87 EXERCÍCIOS PRÁTICOS

perante o portador, podendo ser promovida a execução em 11 de outubro de 2018, ainda que o cheque tenha sido apresentado após o prazo legal, de acordo com o Art. 15 da Lei nº 7.357/85. Pode ser promovida a execução pelo portador em face de Pedro, ainda que o cheque tenha sido apresentado após o prazo legal, com fundamento no Art. 47, inciso I, da Lei nº 7.357/85 **OU** na Súmula 600 do STF.

DISTRIBUIÇÃO DE PONTOS

ITEM	PONTUAÇÃO
A) No caso, o endosso do cheque tem efeito de cessão de crédito, porque realizado após o decurso do prazo de apresentação (póstumo) (0,40), de acordo com o Art. 27 da Lei nº 7.357/85 (0,10).	0,00/0,40/0,50
B1) Sim. Mesmo que Pedro tenha endossado o cheque após o prazo de apresentação e o endosso tenha efeito de cessão de crédito, ele é emitente e responsável pelo pagamento (0,20), de acordo com o Art. 15 da Lei nº 7.357/85. (0,10).	0,00/0,20/0,30
B2) Pode ser promovida a execução pelo portador em face do emitente Pedro, ainda que o cheque tenha sido apresentado após o prazo legal (0,35), com fundamento no Art. 47, inciso I, da Lei nº 7.357/85 **OU** na Súmula 600 do STF (0,10).	0,00/0,35/0,45

(OAB/Exame Unificado – 2018.1 – 2ª fase) Antônio Carneiro sacou, em 02/12/2012, duplicata de prestação de serviço em face de Palmácia Cosméticos Ltda., no valor de R$ 3.500,00 (três mil e quinhentos reais), com vencimento em 02/02/2013 e pagamento no domicílio do sacado, cidade de Barro. A duplicata não foi aceita, nem o pagamento foi efetuado no vencimento. Em 07/05/2017, o título foi levado a protesto e o sacado, intimado de sua apresentação no dia seguinte. Em 09/05/2017, o sacado apresentou ao tabelião suas razões para impedir o protesto, limitando-se a invocar a prescrição da pretensão à execução da duplicata, tendo em vista as datas de vencimento e de apresentação a protesto. O protesto foi lavrado em 10/05/2017, e Palmácia Cosméticos Ltda., por meio de seu advogado, ajuizou ação de cancelamento do protesto sem prestar caução no valor do título. Com base nas informações acima, responda aos itens a seguir.

A) Deveria o tabelião ter acatado o argumento do sacado e não lavrar o protesto? **(Valor: 0,55)**

B) Com fundamento na prescrição da pretensão executória, é cabível o cancelamento do protesto? **(Valor: 0,70)**

Obs.: o(a) examinando(a) deve fundamentar as respostas. A mera citação do dispositivo legal não confere pontuação.

RESPOSTAS

A duplicata é protestável por falta de aceite, pagamento e, ainda, por falta de devolução. Caso a duplicata não seja devolvida no prazo legal (dez dias), o sacador deverá realizar o protesto por indicação.

Realizado o protesto, a execução do crédito será feita mediante a apresentação do instrumento de protesto acompanhado da comprovação de entrega das mercadorias.

A) Não. O tabelião não deveria ter acatado o argumento da prescrição, uma vez que ele não tem competência para conhecer e declarar a prescrição da ação executiva. Ademais, tal

ROBINSON BARREIRINHAS E HENRIQUE SUBI

alegação do sacado, mesmo que comprovada não impede a lavratura do protesto, nos termos do Art. 9°, caput, da Lei n° 9.492/97.

B) Não. Mesmo que já tenha ocorrido a prescrição, pois entre o vencimento (02/02/2013) e a apresentação da duplicata a protesto (07/05/2017) decorreram mais de 3 anos, o protesto não deve ser cancelado porque o débito persiste, ainda que não possa ser cobrado por meio de ação executiva, com base no Art. 18, inciso I, da Lei n° 5.474/68.

GABARITO COMENTADO – FGV

A) Não. O tabelião não deveria ter acatado o argumento da prescrição para não lavrar o protesto, pois ele não tem competência para conhecer e declarar a prescrição da ação executiva. Tal alegação do sacado, ainda que comprovada, não impede a lavratura do protesto, com base no Art. 9°, caput, da Lei n° 9.492/97 ("Todos os títulos e documentos de dívida protocolizados serão examinados em seus caracteres formais e terão curso se não apresentarem vícios, não cabendo ao Tabelião de Protesto investigar a ocorrência de prescrição ou caducidade").

B) Não. Mesmo que já tenha ocorrido a prescrição, pois entre o vencimento (02/02/2013) e a apresentação da duplicata a protesto (07/05/2017) decorreram mais de 3 anos, o protesto não deve ser cancelado porque o débito persiste, ainda que não possa ser cobrado por meio de ação executiva, com base no Art. 18, inciso I, da Lei n° 5.474/68.

DISTRIBUIÇÃO DE PONTOS

ITEM	PONTUAÇÃO
A) Não, porque o tabelião é incompetente para conhecer e declarar a prescrição da pretensão à execução do título (0,45), com base no Art. 9°, *caput*, da Lei n° 9.492/97 (0,10).	0,00/0,45/0,55
B) Não. Mesmo que já tenha ocorrido a prescrição da ação executiva, o protesto não deve ser cancelado porque o débito persiste (0,60) com base no Art. 18, inciso I, da Lei n° 5.474/68 (0,10).	0,00/0,60/0,70

(OAB/Exame Unificado – 2017.2 – 2ª fase) Olímpio teve seu nome negativado pela emissão de cheque sem suficiente provisão de fundos, apresentado pelo portador ao sacado por duas vezes e em ambas devolvido.

O nome do devedor foi inscrito no Cadastro de Emitentes de Cheques sem Fundos (CCF), sem que tenha havido notificação prévia do devedor, acerca de sua inscrição no aludido cadastro, por parte do Banco do Brasil S/A, gestor do CCF.

Sentindo-se prejudicado pelos danos morais e materiais advindos da inscrição no CCF, Olímpio consulta seu advogado para que ele esclareça as questões a seguir.

A) Houve conduta ilícita por parte do Banco do Brasil S/A? **(Valor: 0,65)**

B) A devolução do cheque por duas vezes impede o credor de realizar a sua cobrança judicial? **(Valor: 0,60)**

Obs.: o(a) examinando(a) deve fundamentar suas respostas. A mera citação ou transcrição do dispositivo legal não confere pontuação.

RESPOSTAS

Súmula 572 *– O Banco do Brasil, na condição de gestor do Cadastro de Emitentes de Cheques sem Fundos (CCF), não tem a responsabilidade de notificar previamente o devedor acerca da sua inscrição no aludido cadastro, tampouco legitimidade passiva para as ações de reparação de danos fundadas na ausência de prévia comunicação. (Súmula 572, SEGUNDA SEÇÃO, julgado em 11/05/2016, DJe 16/05/2016)*

A) Não houve conduta ilícita por parte do Banco do Brasil, uma vez que já resta pacificado na Jurisprudência por meio da súmula 572 do STJ que ele não possui a responsabilidade de notificar o devedor. Ademais, cumpre dizer que o devedor já foi notificado quando da devolução dos cheques.

B) Não. A devolução do cheque por duas vezes – motivo 11 e depois motivo 12 – com a posterior inscrição do nome do devedor no cadastro de CCF não impede a cobrança judicial, sendo possível ao credor o ajuizamento da ação de execução em face do emitente, de acordo com o Art. 15 da Lei nº 7.357/85.

GABARITO COMENTADO – FGV

A questão tem por objetivo verificar se o examinando conhece (i) a jurisprudência sumulada do STJ sobre a ausência do dever do Banco do Brasil S/A de notificar o devedor cujo nome foi inscrito no Cadastro de Emitentes de Cheques sem Fundos (CCF) e (ii) que o emitente do cheque garante seu pagamento, independentemente de ter sido devolvido por duas vezes pelo sacado.

Item 3.5.12 do Edital: As questões da prova prático-profissional poderão ser formuladas de modo que, necessariamente, a resposta reflita a jurisprudência pacificada dos Tribunais Superiores.

Segundo a Súmula 572 do STJ, o Banco do Brasil, na condição de gestor do Cadastro de Emitentes de Cheques sem Fundos (CCF), não tem a responsabilidade de notificar previamente o devedor acerca da sua inscrição no aludido cadastro.

A) Não houve conduta ilícita por parte do Banco do Brasil S/A, porque a instituição não tem a responsabilidade de notificar previamente o devedor acerca da sua inscrição no Cadastro de Emitentes de Cheques sem Fundos, de acordo com o entendimento pacificado no STJ, contido na Súmula 572.

B) Não. A devolução do cheque por duas vezes não impede sua cobrança judicial, pois é possível ao credor promover a execução (ou ajuizar ação de execução) em face do emitente, já que esse é responsável pelo pagamento perante o portador, de acordo com o Art. 15 da Lei nº 7.357/85 OU Art. 47, I, da Lei nº 7.357/85.

Em relação ao artigo 47, o fundamento legal encontra-se exclusivamente no inciso I (execução em face do emitente), pois o enunciado não mencionada coobrigados no cheque.

DISTRIBUIÇÃO DE PONTOS

ITEM	PONTUAÇÃO
A) Não houve conduta ilícita por parte do Banco do Brasil S/A, porque a instituição não tem responsabilidade de notificar previamente o devedor acerca da sua inscrição no Cadastro de Emitentes de Cheques sem Fundos (0,55), de acordo com o entendimento da Súmula 572 do STJ (0,10).	0,00/0,55/0,65
B) Não. É possível ao credor promover a execução (ou ajuizar ação de execução) em face do emitente, já que esse é responsável pelo pagamento perante o portador (0,50), com base no Art. 15 **OU** Art. 47, I, da Lei nº 7.357/85 (0,10). Obs: o fundamento legal, quanto ao art. 47, encontra-se exclusivamente no inciso I.	0,00/0,50/0,60

(OAB/Exame Unificado – 2017.1 – 2ª fase) Uma nota promissória à ordem foi subscrita por A sem indicação da data de emissão e da época do pagamento. O beneficiário B transferiu o título para C mediante assinatura no verso e em branco, sem inserir os dados omitidos pelo subscritor. Com base na hipótese apresentada, responda aos questionamentos a seguir.

A) Ao ser emitida, essa nota promissória reunia os requisitos formais para ser considerada um título de crédito? **(Valor: 0,80)**

B) Impede o preenchimento do título o fato de C tê-lo recebido de B sem que os dados omitidos pelo subscritor tenham sido inseridos? **(Valor: 0,45)**

Obs.: o(a) examinando(a) deve fundamentar suas respostas. A mera citação ou transcrição do dispositivo legal não confere pontuação.

RESPOSTAS

A nota promissória se estrutura como uma promessa de pagamento, razão pela qual sua emissão dá origem a duas situações jurídicas distintas: a do sacador ou promitente, que emite a nota e promete pagar determinada quantia a alguém; e a do tomador, em favor de quem a nota é emitida e que receberá a importância prometida.

A nota promissória deve atender aos requisitos essenciais previstos no art. 75 da lei Uniforme (Decreto 57.663/66). São eles:

> *Art. 75. A nota promissória contém:*
> *1. denominação "nota promissória" inserta no próprio texto do título e expressa na língua empregada para a redação desse título;*
> *2. a promessa pura e simples de pagar uma quantia determinada;*
> *3. a época do pagamento;*
> *4. a indicação do lugar em que se efetuar o pagamento;*
> *5. o nome da pessoa a quem ou à ordem de quem deve ser paga;*
> *6. a indicação da data em que e do lugar onde a nota promissória é passada;*
> *7. a assinatura de quem passa a nota promissória (subscritor).*

Neste sentido, cumpre dizer que a nota promissória deverá seguir os requisitos do art. 75 para produzir efeitos, salvo nos casos contidos no art. 76:

Art. 76. O título em que faltar algum dos requisitos indicados no artigo anterior não produzirá efeito como nota promissória, salvo nos casos determinados das alíneas seguintes.

A nota promissória em que se não indique a época do pagamento será considerada à vista.

Na falta de indicação especial, o lugar onde o título foi passado considera-se como sendo o lugar do pagamento e, ao mesmo tempo, o lugar do domicílio do subscritor da nota promissória.

A nota promissória que não contenha indicação do lugar onde foi passada considera-se como tendo-o sido no lugar designado ao lado do nome do subscritor.

Ademais, cumpre dizer que estabeleceu o STF por meio da Súmula 387:

A cambial emitida ou aceita com omissões, ou em branco, pode ser completada pelo credor de boa-fé antes da cobrança ou do protesto.

A) Tendo em vista o elencado nos arts 75 e 76 da LUG – Decreto 57.663/66 – temos que a nota promissória não cumpre os requisitos para ser considerada válida. Isso, pois, ela não possui a data de emissão, requisito essencial para sua validade, e que não pode ser suprido como o da data de vencimento.

B) De acordo com o art. 10 da LUG, aplicável em razão do disposto no art. 77, temos que o título incompleto no momento da emissão pode ser preenchido posteriormente pelo portador, desde que esse haja de boa-fé, e o faça até a cobrança ou o protesto. Tal entendimento se encontra sedimentado também na súmula 387 do STF.

GABARITO COMENTADO – FGV

A questão tem por finalidade aplicar em situação hipotética o princípio do formalismo dos títulos de crédito, no caso a nota promissória. Existem requisitos formais na nota promissória que podem ou não ser supridos, respectivamente denominados requisitos não essenciais e essenciais, de acordo com os Artigos 75 e 76 do Decreto nº 57.663/66 – LUG. Ademais, o examinando deve ser capaz de reconhecer que, no direito vigente, os requisitos essenciais e não essenciais da nota promissória **não se encontram** no Decreto nº 2.044/1908.

A data de emissão é um requisito essencial, não suprível, e a época do pagamento é um requisito suprível. Mesmo que o título tenha sido emitido com ausência de requisito essencial, o portador de boa-fé pode preenchê-lo antes da cobrança ou da apresentação a protesto.

A) Não. Embora a época do vencimento possa ser suprida pela constatação que se trata de título à vista, a data de emissão é um requisito essencial, e, não será considerada nota promissória o título em que faltar algum requisito essencial, de acordo com os Artigos 75 e 76 da LUG.

B) Não. É possível que o título incompleto no momento de sua emissão seja preenchido posteriormente pelo portador de boa-fé, mas esse deve fazê-lo até a cobrança ou o protesto. Fundamentos: Art. 77 c/c Art. 10 da LUG e Súmula 387 do STF.

DISTRIBUIÇÃO DE PONTOS

ITEM	PONTUAÇÃO
A1) Não. Embora a omissão da data de vencimento não prejudique a validade da nota promissória por ser o título considerado à vista (0,30), com base no Art. 76, 2ª alínea, da LUG (0,10).	0,00 / 0,30 / 0,40
A2) a data de emissão é um requisito essencial, não sendo considerado o título como nota promissória diante de sua omissão (0,30), de acordo com os artigos 75, n. 6, e 76, 1ª alínea, da LUG (0,10)	0,00 / 0,30 / 0,40
B) Não. É possível que o título incompleto no momento de sua emissão seja preenchido de boa-fé posteriormente, mas o portador deve fazê-lo até a cobrança ou o protesto (0,25), conforme Art. 77 c/c Art. 10 da LUG (0,10) e Súmula 387 do STF (0,10).	0,00 / 0,25 / 0,35 / 0,45

(OAB/Exame Unificado – 2016.1 – 2ª fase) Polis Equipamentos para Veículos Ltda. celebrou contrato com a instituição financeira Gama em razão de operação de crédito rotativo em favor da primeira. Em decorrência da operação de crédito, foi emitida pela devedora, em três vias, Cédula de Crédito Bancário (CCB), com garantia fidejussória cedularmente constituída.

Com base nessas informações e na legislação especial, responda aos itens a seguir.

A) Como se dará a negociação da CCB? **(Valor: 0,70)**

B) É possível a transferência da CCB por endosso-mandato, considerando-se ser essa uma modalidade de endosso impróprio? **(Valor: 0,55)**

Obs.: o examinando deve fundamentar suas respostas. A simples menção ou transcrição de dispositivo legal não confere pontuação.

RESPOSTAS

A) A Cédula de Crédito Bancário poderá conter cláusula à ordem, com fundamento no Art. 29, inciso IV, da Lei nº 10.931/04, sendo que somente a via do credor é negociável, caso em que será transferível mediante endosso em preto, nos termos do art. 29, §§1º e 3º, da Lei nº 10.931/04.

B) Deve ser aplicado às Cédulas de Crédito Bancário, supletivamente a legislação cambial. Dito isso, na legislação cambial há previsão expressa da transferência do título por endosso com cláusula "em cobrança", "por procuração" ou qualquer menção indicativa de um mandato ao endossatário, conforme dispõe o art. 44 da Lei nº 10.931/04 c/c Art. 18 do Decreto nº 57.663/66 c/c Art. 917 do Código Civil.

GABARITO COMENTADO – FGV

A questão trata da transferência da Cédula de Crédito Bancário (CCB) e tem por objetivo verificar os conhecimentos do examinando sobre as regras da Lei nº 10.931/2004 sobre a circulação da CCB, inclusive a possibilidade de endosso-mandato por aplicação das normas da legislação cambial. Preliminarmente, o examinando deverá detectar a possibilidade de endosso da CCB, pois ela pode conter em seu corpo a cláusula à ordem, autorizando tal forma de trans-

PRÁTICA EMPRESARIAL – 4ª EDIÇÃO   93   EXERCÍCIOS PRÁTICOS

ferência/negociação, indicando o dispositivo pertinente. Ademais, devem ser explicitadas as peculiaridades para o endosso da CCB, quais sejam: somente a via do credor é negociável e o endosso deve ser completo, em preto (com indicação expressa do nome do endossatário).

Em atendimento ao comando da questão também se espera que o examinando seja capaz de identificar que o endosso-mandato **não é** um endosso próprio, translativo da propriedade do título. Portanto, não pode ser pontuada resposta que é elaborada com base no art. 29, § 1º, da Lei n. 10.931/2004 e seu conteúdo como fundamento para a aplicação subsidiária da legislação cambial ao <u>endosso em preto</u> da CCB. A própria redação do parágrafo 1º do art. 29 deixa claro que o "endossatário, mesmo não sendo instituição financeira ou entidade a ela equiparada, poderá exercer todos os direitos por ela conferidos, inclusive cobrar os juros e demais encargos na forma pactuada na Cédula". Portanto, se a pergunta (comando da questão) se refere ao endosso-mandato, o dispositivo (art. 29, § 1º, da Lei n. 10.931/2004), caso citado, revela que o examinando reconhece o endosso-mandato como endosso próprio, contrariando expressamente o comando da questão e o conteúdo avaliado (itens 3.5.5 e 3.5.11 do Edital). A fundamentação e raciocínio corretos encontram-se, exclusivamente, no Art. 44 da Lei nº 10.931/2004.

A) Em relação à negociação, a Cédula de Crédito Bancário poderá conter cláusula à ordem, mas somente a via do credor é negociável, caso em que será transferível mediante endosso em preto, com fundamento, respectivamente, no Art. 29, inciso IV, parágrafos 1º e 3º, da Lei nº 10.931/2004.

B) Sim. Aplica-se às Cédulas de Crédito Bancário, no que couber, a legislação cambial, com fundamento no Art. 44 da Lei nº 10.931/2004. O endosso-mandato está previsto na legislação cambial (Art. 18 da LUG – Decreto nº 57.663/66 OU Art. 917 do Código Civil) e sua utilização é compatível com a CCB. Portanto, há possibilidade de transferência do título por endosso com cláusula *"em cobrança"*, *"por procuração"* ou qualquer menção indicativa de um mandato ao endossatário. A menção à possibilidade de endosso-mandato da CCB é decorrência da previsão EXPRESSA da aplicação da legislação cambial a esse título, portanto a pontuação atribuída é vinculada e não autônoma.

DISTRIBUIÇÃO DE PONTOS

ITEM	PONTUAÇÃO
A1) Em relação à negociação, a Cédula de Crédito Bancário poderá conter cláusula à ordem (0,15), com fundamento no Art. 29, inciso IV, da Lei nº 10.931/04 (0,10)	0,00 / 0,15 / 0,25
Obs.: A simples menção ou transcrição do dispositivo legal não pontua.	
A2) Somente a via do credor é negociável (0,15), caso em que será transferível mediante endosso em preto (0,20), nos termos do art. 29, §§1º e 3º, da Lei nº 10.931/04 (0,10).	0,00 / 0,15 / 0,20/ 0,25 /0,30/0,35 /0,45
Obs.: A pontuação referente ao dispositivo legal não é autônoma e somente será conferida se forem mencionados cumulativamente os parágrafos 1º e 3º do art. 29 da Lei n. 10.931/04.	

	0,00 / 0,15 / 0,45 / 0,55
B) Sim. Aplica-se às Cédulas de Crédito Bancário, no que couber, a legislação cambial (0,15). Na legislação cambial há previsão expressa da transferência do título por endosso com cláusula *"em cobrança"*, *"por procuração"* ou qualquer menção indicativa de um mandato ao endossatário (0,30). Fundamento legal: Art. 44 da Lei n° 10.931/04 c/c Art. 18 da LUG (Decreto n° 57.663/66) OU Art. 44 da Lei n° 10.931/2004 c/c Art. 917 do Código Civil (0,10)	
Obs1: A menção à possibilidade de endosso-mandato da CCB é decorrência da previsão EXPRESSA da aplicação da legislação cambial a esse título, portanto a atribuição da pontuação de 0,30 é vinculada e não autônoma.	
Obs2: A pontuação referente aos dispositivos legais não é autônoma e somente será conferida se forem mencionados cumulativamente o Art. 44 da Lei n. 10.931/04 e o Art. 18 da LUG OU o primeiro dispositivo combinado com o Art. 917 do Código Civil.	

(OAB/Exame Unificado – 2015.3 – 2ª fase) Carolina emitiu três cheques nominais, em favor de Móveis Nova Iorque Ltda. Os títulos foram endossados pelo tomador em favor de Bacuri Fomento Mercantil Ltda. Vinte dias após a emissão dos títulos, a faturizadora apresentou os cheques ao sacado e este informou que havia ordem de sustação promovida pela emitente dentro do prazo de apresentação, fato este que impossibilitava o pagamento.

Tentando uma cobrança amigável da devedora, o advogado da faturizadora procurou-a para receber o pagamento ou obter o cancelamento da ordem de sustação. Carolina se recusou a efetuar o pagamento ou cancelar a sustação, argumentando que os cheques foram emitidos em razão da aquisição de móveis, mas como não ficou satisfeita com a qualidade do produto, resolveu sustar o pagamento, sendo tal justificativa eficaz tanto para o endossante quanto para o endossatário.

O advogado da faturizadora, insatisfeito com os argumentos da emitente do cheque, prepara petição inicial de ação executiva por título extrajudicial e, nas razões jurídicas da peça, tecerá argumentos para sustentar a legalidade da pretensão de seu cliente com base na teoria e legislação sobre títulos de crédito.

Com base na hipótese apresentada, responda aos itens a seguir.

A) Considerando os princípios da cartularidade, literalidade, autonomia e abstração, presentes nos títulos de crédito, qual deles pode ser utilizado pelo advogado para refutar o argumento apresentado por Carolina para o não pagamento dos cheques? Justifique. **(Valor: 0,60)**

B) Caso os cheques tivessem sido emitidos por Carolina com cláusula "não à ordem" e transferidos à faturizadora pela forma aplicável aos títulos não à ordem, caberia a mesma resposta apresentada no item A? Justifique. **(Valor: 0,65)**

Obs.: o examinando deve fundamentar suas respostas. A mera citação do dispositivo legal não confere pontuação.

RESPOSTAS

A) Trata-se do princípio da abstração, que determina a desvinculação do título de crédito da obrigação que lhe deu origem. Assim, eventuais exceções pessoais que o devedor tinha contra o endossante não são oponíveis ao endossatário, nos termos do art. 27 da Lei n° 7.357/1985.

B) Não, porquanto os títulos de créditos emitidos com a cláusula "não à ordem" não são transmissíveis por endosso, mas somente por meio de cessão civil de crédito. Uma das principais diferenças entre os dois institutos reside no fato do crédito cedido por contrato, e não por ato cambial, manter seu vínculo com a obrigação original, o que autoriza a invocação de exceções pessoais para justificar a ausência de pagamento, conforme previsto no art. 17, §1º, da Lei nº 7.357/1985 e art. 294 do Código Civil.

GABARITO COMENTADO – FGV

A questão refere-se aos títulos de crédito (cheque) e objetiva aferir o conhecimento do examinando sobre dois aspectos primordiais do direito cambiário: i) aplicação prática da característica (ou atributo) da abstração nos títulos à ordem quando da circulação por endosso; ii) distinção quanto aos efeitos do endosso no título à ordem (não cabimento de exceções pessoais) e no título não à ordem, cujo efeito da transmissão é o de cessão de crédito (cabimento de exceções pessoais); iii) conhecimento da Lei n. 7.357/85 e sua aplicação ao caso proposto, ao invés do Decreto n. 57.595/66 ou o Código Civil, que não serão pontuados como amparo legal.

O examinando deverá observar o item 3.5.6 do Edital, segundo o qual "Na redação das respostas às questões discursivas, o examinando deverá indicar, obrigatoriamente, a qual item do enunciado se refere cada parte de sua resposta ("A)", "B)", "C)" etc.), sob pena de receber nota zero."

É importante sublinhar que o comando da questão apresenta 4 características dos títulos de crédito aplicáveis ao cheque (título utilizado para o pagamento), solicitando que se informe **qual delas** o advogado poderia utilizar para a defesa.

Nota-se também que o enunciado traz importantes informações no sentido de direcionar a resposta a uma única conclusão: os cheques foram emitidos em razão da aquisição de móveis (causa originária de emissão do cheque ou *causa debendi*), mas foram transferidos por causa diversa (contrato de faturização). A emitente do cheque Carolina sustenta que a causa de emissão acompanha o título nas suas transmissões, de modo que teria as mesmas exceções tanto perante o faturizador quanto ao faturizado ("resolveu sustar o pagamento, sendo tal justificativa eficaz tanto para o endossante quanto para o endossatário"). Portanto, para a emitente devedora o cheque não se abstrai da causa originária ao ser endossado. Com isso, a característica que está em relevo é a ABSTRAÇÃO.

As demais características apontadas no enunciado não são compatíveis com o conteúdo avaliado nem se relacionam com a exceção ao pagamento invocada pela emitente, a saber:

Cartularidade: não se questiona no enunciado a incorporação do crédito ao título ou a necessidade de sua apresentação para o exercício dos direitos nele contidos.

Literalidade: não está em questão o conteúdo das declarações cambiais, a forma pela qual elas foram inseridas ou assumidas ou requisitos essenciais do cheque.

Autonomia: o enunciado não se prende à capacidade do emitente ou vícios na manifestação de vontade que pudessem indicar que uma obrigação seria independente da outra. Ademais, a característica da autonomia não se confunde com a abstração, pois essa se relaciona com a circulação dos títulos à ordem enquanto a primeira com as obrigações firmadas no título de crédito, inclusive não à ordem.

Para refutar o argumento apresentado por Carolina para não efetuar o pagamento ou cancelar a sustação dos cheques, **o advogado deverá invocar a característica da abstração dos títulos de crédito à ordem em relação ao negócio ou causa anterior à atual transferência.** Com isto, **a insatisfação de Carolina com a qualidade do produto é uma exceção pessoal oponível apenas ao vendedor, que não pode ser alegada perante o faturizador**, diante da abstração dos cheques em relação à causa de sua emissão no momento do endosso, com base no Art. 25 da Lei nº 7.357/85. A simples menção ou transcrição do artigo não pontua.

A) Na transferência dos cheques por endosso, **opera-se a abstração quanto à causa de emissão ou àquela que determinou a transferência anterior**. Passando o título ao endossatário, os vícios ou questões relativas aos negócios entre as partes anteriores, inclusive o emitente, não podem ser opostos ao portador atual do título, exceto se estiver de má fé ou se tratar de vício de forma. **Estas considerações sobre a teoria dos títulos de crédito devem ser aplicadas no caso proposto, em especial contra a argumentação de Carolina, emitente do cheque, para embasar o direito da faturizadora ao pagamento, na condição de endossatária.**

B) **Não caberia a mesma resposta que no item A**. O examinando deverá identificar na legislação sobre o cheque (Lei nº 7.357/85) que a cláusula não à ordem importa na transmissão do cheque obrigatoriamente pela forma e efeito de cessão de crédito. Ademais, **é preciso demonstrar que o examinando conhece a distinção entre endosso e cessão de crédito em seus efeitos quanto ao cabimento de exceções pessoais pelo devedor**. Na cessão de crédito, regulada pelo Código Civil, são cabíveis exceções pessoais tanto em relação ao cedente quanto ao cessionário. Destarte, **o argumento levantado por Carolina (não ficou satisfeita com a qualidade do produto) seria analisado de modo diverso caso a transferência dos cheques tivesse sido feita por cessão de crédito.**

O cheque nominal "não à ordem" só é transferido pela forma e efeitos de cessão de crédito, com base no Art. 17, § 1º, da Lei nº 7.357/85. Portanto, Carolina poderia opor ao cessionário (faturizador) as exceções que, no momento em que veio a ter conhecimento da cessão, tinha contra o cedente, Móveis Nova Iorque Ltda., amparada pelo Art. 294 do Código Civil.

DISTRIBUIÇÃO DE PONTOS

ITEM	PONTUAÇÃO
A1) O advogado deverá invocar a característica da abstração dos títulos de crédito à ordem em relação ao negócio ou causa anterior à atual transferência (0,30).	0,00 / 0,30
A2) A insatisfação de Carolina com a qualidade do produto é uma exceção pessoal oponível apenas ao vendedor (0,20), com base no Art. 25 da Lei nº 7.357/85 (0,10). *OBS.: A simples menção ou transcrição do dispositivo legal não pontua.*	0,00 / 0,20 / 0,30
B1) Não. O cheque nominal *"não à ordem"* só é transferido pela forma e efeitos de cessão de crédito (0,20), com base no Art. 17, § 1º, da Lei nº 7.357/85 (0,10). *OBS.: A simples menção ou transcrição do dispositivo legal não pontua*	0,00 / 0,20 / 0,30
B2) Carolina pode opor ao cessionário (faturizador) as exceções que, no momento em que veio a ter conhecimento da cessão, tinha contra o cedente, Móveis Nova Iorque Ltda. (0,25), amparada pelo Art. 294 do Código Civil (0,10). *OBS.: A simples menção ou transcrição do dispositivo legal não pontua*	0,00 / 0,25 / 0,35

(OAB/Exame Unificado – 2015.2 – 2ª fase) Joaquim emitiu cheque cruzado em favor de Teotônio, no dia 15/01/2015. Na cártula, foi consignada a data de 25/05/2015 como de emissão. O beneficiário apresentou o cheque para compensação no dia 26/03/2015 e o banco sacado realizou o pagamento no mesmo dia. Joaquim consulta sua advogada para promover eventual ação de responsabilidade civil pelo pagamento antecipado do cheque, inclusive com fundos que não dispunha em conta corrente e que foram provenientes de contrato de abertura de crédito, dentro do limite concedido. O cliente deseja saber se

A) o sacado poderia ter realizado o pagamento antes da data de emissão indicada na cártula? **(Valor: 0,40)**

B) por ser o cheque cruzado, não deveria ter sido apresentado fisicamente ao emitente, ao invés de ter sido compensado pelo sacado? **(Valor: 0,40)**

C) o banco poderia ter utilizado a soma proveniente do contrato de abertura de crédito para realizar o pagamento do cheque? **(Valor: 0,45)**

Obs.: o examinando deve fundamentar suas respostas. A mera citação do dispositivo legal não será pontuada.

RESPOSTAS

Cheque é ordem de pagamento à vista, emitida contra um banco ou instituição financeira assemelhada, para que pague ao portador quantia determinada, proveniente de fundos disponíveis através de depósitos realizados pelo emitente/sacador.

Requisitos:

O cheque é título de crédito regulamentado pela Lei 7.357/85 (Lei do Cheque), que no seu artigo 1° prevê os requisitos formais que ele deve necessariamente conter:

• denominação -cheque- expressa no contexto do título;

• ordem incondicional de pagar determinada quantia;

• nome do sacado a quem a ordem é dirigida;

• lugar de pagamento;

• data e lugar de emissão;

• assinatura do sacador.

Aceite, endosso e aval:

Conforme dispõe o art. 6° da Lei do Cheque, o cheque não admite aceite, vez que o banco/sacado não é devedor da relação jurídica.

No que tange ao endosso, o cheque admite este instituto, podendo o sacador, todavia, inserir cláusula "não à ordem", impedindo sua circulação por endosso.

Por fim, no que diz respeito ao aval, o cheque pode ser garantido, no todo ou em parte, por aval prestado por terceiro.

Modalidades de cheque:

1°) Cheque visado: é aquele no qual o sacado, a pedido do sacador ou do portador, lança e assina no verso do título, visto certificando a existência de fundos para garantir o título.

2°) Cheque administrativo: é aquele emitido pelo próprio banco. Nesses casos a garantia de fundos é maior, tendo em vista ser o sacado o próprio banco. Esse tipo de cheque só pode ser emitido de forma nominativa.

3°) Cheque cruzado: é aquele que possui dois traços transversais e paralelos no anverso do título. O cheque cruzado somente pode ser pago através de uma instituição financeira/banco através de depósito na conta do beneficiário. O cheque cruzado pode ser geral ou especial. Será geral quando a aposição dos dois traços paralelos não tiver nenhuma indicação entre eles. Será especial quando entre os dois traços encontrar especificado o nome de um determinado banco, no qual o cheque deverá ser, necessariamente, depositado.

4°) Cheque garantido: é aquele que garante ao beneficiário o pagamento da quantia expressa no título mesmo que o emitente não tenha crédito em conta corrente para garantir a sua liquidação. Nesses casos, o emitente deve, necessariamente, ter contratado a abertura de crédito em conta corrente com o banco.

Prazo de apresentação do cheque:

O cheque deve ser apresentado para pagamento a contar do dia da emissão em:

- 30 (trinta) dias se emitido na mesma praça;
- 60 (sessenta) dias se emitido em praça diversa.

O portador que não apresentar o cheque no tempo hábil perde o direito de cobrar o crédito nele constante dos endossantes e seus avalistas.

Sustação do cheque:

A lei permite que o emitente suste o pagamento do título em duas situações: revogação ou oposição.

A revogação ocorrerá quando o titular solicitar ao banco a sustação do cheque por razões justificáveis. Nesse caso, os efeitos só aparecerão após transcorrido o prazo de apresentação do título.

A oposição ocorrerá quando o titular solicitar ao banco a sustação do título com base em razões relevantes de direito, tais como perda ou furto. Nesse caso, o efeito surtirá imediatamente após a solicitação.

Cheques pós-datados:

O ordenamento jurídico brasileiro não prevê a existência de cheques pós-datados, sendo a Lei do Cheque expressa quanto o pagamento à vista do referido título. No entanto, não obstante a possibilidade da desconsideração do pós-datamento pelo beneficiário e pelo banco/sacado, o titular que apresentar o cheque fora da data avençada com o emissor poderá responder por danos materiais e morais perante a justiça, tendo em vista a existência de um contrato celebrado entre as partes (emissor/beneficiário).

Cheque sem fundos:

Cheque é uma ordem de pagamento que deve ser levada ao banco para sua liquidação. Quando o emissor emite um cheque, parte-se do pressuposto que o mesmo possui depósito em dinheiro no banco sacado para liquidação daquele título. Ao ser apresentado para pagamento, o banco pode se recusar a fazê-lo tendo em vista a falta de fundos suficientes para tal operação. Nesse caso, o beneficiário do crédito poderá cobrá-lo dos coobrigados, sem necessitar do protesto do título, desde que tenha o apresentado dentro do prazo legal.

PRÁTICA EMPRESARIAL – 4ª EDIÇÃO

Prescrição das ações cambiais:

O portador de um cheque deverá ajuizar a competente ação de execução de título extrajudicial no prazo máximo de seis meses, contados da expiração do prazo de apresentação. Tendo em vista a existência do cheque pós-datado, grande parte dos doutrinadores, tem considerado que o prazo prescricional, nesses casos, inicia-se a partir da apresentação do cheque ao sacado.

Já o direito de ação de regresso de um obrigado ao pagamento em face do outro, também prescreve em seis meses contados do dia em que foi acionado ou do dia que efetuou o pagamento.

A) Sim. Segundo a legislação art. 32 da Lei 7.357/85, o cheque será sempre uma ordem de pagamento à vista, devendo ser considerada não estrita qualquer menção em sentido contrário eventualmente indicada na cártula. Sendo assim, se o cheque for apresentado ao sacado antes da data indicada como de emissão, havendo saldo, ele pode ser descontado ou devolvido, conforme o emitente possua ou não fundos suficientes para o seu pagamento. Deste modo, o pagamento na data da apresentação (26/03/2015) se faz plenamente cabível.

B) Não. De acordo com o art. 45 caput da Lei 7.357/85, o cheque cruzado somente pode ser pago mediante crédito em conta, não sendo possível o pagamento pela apresentação física ao emitente. Deste modo, temos que se fez correta a apresentação do cheque à compensação.

C) Sim, uma vez que o valor proveniente do contrato de abertura de crédito celebrado entre o sacado e Joaquim é considerado como "fundos disponíveis" em poder do sacado, sendo possível o pagamento do cheque, nos termos do art. 4º, § 2º, alínea c, da Lei n. 7.357/85.

GABARITO COMENTADO – FGV

A questão tem por objetivo verificar o conhecimento do examinando de alguns aspectos referentes ao pagamento do cheque. Primeiramente, o examinando deverá ser capaz de compreender que o cheque é uma ordem de pagamento em dinheiro exclusivamente à vista. Portanto, o cheque "pós-datado" apresentado antes da data nele indicada como de emissão não obriga o banco a devolvê-lo, salvo motivadamente. O cheque, quando cruzado, implica numa restrição à apresentação, pois **deverá** o sacado realizar o pagamento mediante crédito em conta e não em espécie. Além da soma em dinheiro que o sacador mantém em poder do sacado, a soma proveniente de contrato de abertura de crédito firmado entre o sacador e o sacado é considerada "fundos disponíveis" para efeito de pagamento.

Preliminarmente, para fins de atribuição de pontuação, o texto produzido pelo examinando em sua folha de respostas foi avaliado quanto à adequação ao problema apresentado, ao domínio do raciocínio jurídico, à fundamentação e sua consistência, à capacidade de interpretação e exposição e à técnica profissional demonstrada, sendo que a mera transcrição de dispositivos legais, desprovida do raciocínio jurídico e contextualização aos dados do enunciado, não enseja pontuação (item 3.5.11 do Edital do XVII Exame).

A) Sim. O sacado poderia ter realizado o pagamento do cheque antes da data de emissão indicada na cártula, porque o cheque é sempre pagável à vista, considerando-se como não escrita qualquer menção em sentido contrário, no caso a inserção de data futura ("pós-datado"). Se o cheque for apresentado ao sacado antes da data indicada como de emissão (25/05/2015), este deverá efetuar o pagamento na data de sua apresentação (26/03/2015), com fundamento no Art. 32, parágrafo único, da Lei n. 7.357/85.

ROBINSON BARREIRINHAS E HENRIQUE SUBI

B) Não. Justamente por ser o cheque cruzado, não pode ser apresentado fisicamente ao sacado. O cheque cruzado somente pode ser pago pelo sacado mediante crédito em conta, portanto foi correta sua apresentação à compensação, com fundamento no Art. 45, *caput*, da Lei da Lei n. 7.357/85.

O examinando deverá afirmar que o sacado não pode (ou deve) pagar o cheque mediante crédito em conta porque é proibido o pagamento em espécie. A resposta em sentido contrário não será pontuada.

C) Sim. O banco poderia ter utilizado a soma proveniente do contrato de abertura de crédito que celebrou com Joaquim para realizar o pagamento do cheque. A soma proveniente do contrato de abertura de crédito celebrado entre o sacado e Joaquim é considerada "fundos disponíveis" em poder do sacado, possibilitando o pagamento do cheque, com fundamento no Art. 4º, § 2º, alínea c, da Lei n. 7.357/85.

DISTRIBUIÇÃO DE PONTOS

ITEM	PONTUAÇÃO
A) Sim. O sacado poderia ter realizado o pagamento do cheque antes da data de emissão indicada na cártula, porque o cheque é sempre pagável à vista, considerando-se qualquer menção em sentido contrário – no caso a inserção de data futura – como não escrita (0,15). Se o cheque for apresentado ao sacado antes da data indicada como de emissão (25/05/2015), este deverá efetuar o pagamento na data de sua apresentação (26/03/2015) (0,15), com fundamento no art. 32, parágrafo único, da Lei n. 7.357/85 (0,10). *A simples menção ou transcrição do dispositivo legal não pontua.*	0,00/0,15/0,25/0,30/0,40
B) Não. Justamente por ser o cheque cruzado, não pode ser apresentado fisicamente ao sacado. O cheque cruzado somente pode ser pago pelo sacado mediante crédito em conta, portanto foi correta sua apresentação à compensação (0,30), com fundamento no art. 45, *caput*, da Lei da Lei n. 7.357/85 (0,10). *A simples menção ou transcrição do dispositivo legal não pontua.*	0,00/0,30/0,40
C) Sim. O banco poderia ter utilizado a soma proveniente do contrato de abertura de crédito para realizar o pagamento do cheque. A soma proveniente do contrato de abertura de crédito celebrado entre o sacado e Joaquim é considerada "fundos disponíveis" em poder do sacado, possibilitando o pagamento do cheque (0,35), com fundamento no art. 4º, § 2º, alínea c, da Lei n. 7.357/85 (0,10). *A simples menção ou transcrição do dispositivo legal não pontua.* *A correta fundamentação legal encontra-se, exclusivamente, na alínea "c", do parágrafo 2º do art. 4º.*	0,00/0,35/0,45

(OAB/Exame Unificado – 2015.1 – 2ª fase) Alan saca uma letra de câmbio contra Bernardo, tendo como beneficiário Carlos. Antes do vencimento e da apresentação para aceite, Carlos endossa em preto a letra para Eduardo, que, na mesma data, a endossa em preto para Fabiana. De posse do título, Fabiana verifica que na face anterior da letra há a assinatura de Gabriel, sem que seja discriminada a sua responsabilidade cambiária.

PRÁTICA EMPRESARIAL – 4ª EDIÇÃO 101 EXERCÍCIOS PRÁTICOS

Com base nessa questão, responda aos itens a seguir.

A) Gabriel poderá ser considerado devedor cambiário? **(Valor: 0,55)**

B) Caso Fabiana venha a cobrar o título de Gabriel e ele lhe pague, poderia este demandar Eduardo em ação cambial regressiva? **(Valor: 0,70)**

Responda justificadamente, empregando os argumentos jurídicos apropriados e a fundamentação legal pertinente ao caso.

RESPOSTAS

Letra de câmbio é um título de crédito pelo qual determinada pessoa emite uma ordem de pagamento a outra para pagar certa quantia a um terceiro.

Na letra de câmbio verifica-se a existência de três pessoas:

• o sacador ou emissor: pessoa que dá ordem de pagamento, emitindo a letra de câmbio;

• o sacado ou aceitante: pessoa para quem a ordem é dirigida;

• o tomador ou beneficiário (credor): pessoa a quem a letra deve ser paga.

Requisitos:

A letra de câmbio apenas produzirá seus efeitos se preenchidos os requisitos legais previstos no art. 1° da Lei Uniforme, a saber:

• denominação letra de câmbio- inserida no próprio texto do título;

• ordem de pagar determinada quantia;

• nome da pessoa que deve pagar (sacado);

• época do pagamento;

• nome da pessoa a quem ou à ordem de quem dever ser paga (tomador);

• indicação da data e do lugar em que a letra é passada;

• assinatura de quem passa a letra (sacador).

Aval é o ato cambiário pelo qual um terceiro se responsabiliza pelo pagamento da obrigação constante do título, conforme dispõe o Art. 30 da Lei Uniforme.

Geralmente o local apropriado para a realização do aval é o anverso do título, caso em que basta a simples assinatura do avalista. Nada impede, todavia, que o aval seja feito no verso da cártula, bastando para tanto, além da assinatura, a expressa menção de que se trata de aval.

Há diferença nos tipos de aval. O aval em branco é aquele que não identifica o avalizado, sendo presumido que foi dado em favor do sacador. Já no aval em preto o avalizado é expressamente indicado.

Em relação aos avais simultâneos (ou coavais), estes ocorrem quando duas ou mais pessoas avalizam um título conjuntamente, garantindo a mesma obrigação cambial. Os avalistas são considerados uma só pessoa, ou seja, responsabilidade solidária. Assim, eles compartilham a responsabilidade pela dívida, razão pela qual se um deles a paga integralmente, terá este direito de regresso contra o devedor principal relativo ao total da dívida, mas terá direito de regresso contra o outro avalista apenas em relação à sua parte, conforme dispõe a Súmula 189 do STF:

Avais em branco e superpostos consideram-se simultâneos e não sucessivos.

ROBINSON BARREIRINHAS E HENRIQUE SUBI

Avais sucessivos ocorrem quando alguém avaliza um outro avalista. Nesse caso, todos os eventuais avalistas dos avalistas terão a mesma responsabilidade do avalizado, ou seja, aquele que pagar a dívida terá direito de regresso em relação ao total da dívida, e não apenas em relação a uma parte dela.

STJ – Súmula nº 26 – Avalista de título de crédito vinculado a Contrato de Mútuo. O avalista do título de credito vinculado a contrato de mútuo também responde pelas obrigações pactuadas, quando no contrato figurar como devedor solidário.

A) Sim, Gabriel é considerado avalista do sacador, por ter lançado sua assinatura na face anterior do título sem indicação do avalizado, ou ainda por ter lançado aval em branco no título e porque o avalista é responsável da mesma maneira que o avalizado nos termos do Art. 31, alínea 3ª, da LUG e Art. 32, 1ª alínea da LUG.

B) Não, porque Eduardo, como endossante, é coobrigado posterior ao avalista do sacador Gabriel, ficando desonerado com o pagamento feito por este a Fabiana, nos termos do Art. 24, *caput*, do Decreto nº 2.044/1908.

GABARITO COMENTADO – FGV

O examinando deverá demonstrar conhecimento sobre o instituto do aval, especialmente acerca da possibilidade de concessão de aval em branco, pela simples assinatura do avalista aposta na face anterior do título. Também se pretende aferir se o examinando conhece a regra legal do efeito do pagamento realizado por coobrigado na letra de câmbio em relação a outro coobrigado posterior.

A) Sim. O aval em branco dado por Gabriel na letra de câmbio é considerado outorgado ao sacador (Art. 31, última alínea, da LUG – Decreto n. 57.663/66). Gabriel poderá ser considerado obrigado cambiário porque o avalista é responsável da mesma maneira que a pessoa por ele avalizada (Art. 32, 1ª alínea da LUG).

B) Não, porque Eduardo é o segundo endossante, portanto coobrigado posterior a Gabriel, o avalista do sacador. O pagamento feito pelo avalista do sacador desonera os coobrigados posteriores, dentre eles os endossantes Carlos e Eduardo, com base no Art. 24, caput, do Decreto nº 2.044/1908.

DISTRIBUIÇÃO DE PONTOS

ITEM	PONTUAÇÃO
A1) Sim, Gabriel é considerado avalista do sacador, por ter lançado sua assinatura na face anterior do título sem indicação do avalizado **OU** por ter lançado aval em branco no título (0,15) e porque o avalista é responsável da mesma maneira que o avalizado (0,20)	0,00/0,15/0,20/0,35
A2) Nos termos do Art. 31, alínea 3ª, da LUG (0,10) e Art. 32, 1ª alínea da LUG (0,10). *Obs.: a simples citação do artigo ou do dispositivo legal não será pontuada.*	0,00/0,10/0,20
B) Não, porque Eduardo, como endossante, é coobrigado posterior ao avalista do sacador Gabriel, ficando desonerado com o pagamento feito por este a Fabiana (0,60), nos termos do Art. 24, *caput*, do Decreto nº 2.044/1908 (0,10). *Obs.: a simples citação do artigo ou do dispositivo legal não será pontuada.*	0,00/0,60/0,70

PRÁTICA EMPRESARIAL – 4ª EDIÇÃO   103   EXERCÍCIOS PRÁTICOS

(OAB/Exame Unificado – 2014.2 – 2ª fase) Uma letra de câmbio foi sacada por Celso Ramos com cláusula *"sem despesas"* e vencimento no dia 11 de setembro de 2013. O tomador, Antônio Olinto, transferiu a cambial por endosso para Pedro Afonso no dia 3 de setembro de 2013. O título recebeu três avais, todos antes do vencimento, sendo dois em branco e superpostos, e um aval em preto em favor de Antônio Olinto. A letra de câmbio foi aceita e o endossatário apresentou o título para pagamento ao aceitante no dia 12 de setembro de 2013. Diante da recusa, o portador, no mesmo dia, apresentou o título a protesto por falta de pagamento, que foi lavrado no dia 18 de setembro.

Com base nas informações contidas no texto e na legislação cambial, responda aos seguintes itens.

A) Quem é o avalizado nos avais em branco prestados na letra de câmbio? São avais simultâneos ou sucessivos? Justifique. **(Valor: 0,50)**

B) Nas condições descritas no enunciado, indique e justifique quem poderá ser demandado em eventual ação cambial proposta pelo endossatário? **(Valor: 0,75)**

Obs.: *o examinando deve fundamentar corretamente sua resposta. A simples menção ou transcrição do dispositivo legal não pontua.*

RESPOSTAS

Aval é o ato cambiário pelo qual um terceiro se responsabiliza pelo pagamento da obrigação constante do título, conforme dispõe o Art. 30 da Lei Uniforme.

Geralmente o local apropriado para a realização do aval é o anverso do título, caso em que basta a simples assinatura do avalista. Nada impede, todavia, que o aval seja feito no verso da cártula, bastando para tanto, além da assinatura, a expressa menção de que se trata de aval.

Há diferença nos tipos de aval. O aval em branco é aquele que não identifica o avalizado, sendo presumido que foi dado em favor do sacador. Já no aval em preto o avalizado é expressamente indicado.

Em relação aos avais simultâneos (ou coavais), estes ocorrem quando duas ou mais pessoas avalizam um título conjuntamente, garantindo a mesma obrigação cambial. Os avalistas são considerados uma só pessoa, ou seja, responsabilidade solidária. Assim, eles compartilham a responsabilidade pela dívida, razão pela qual se um deles a paga integralmente, terá este direito de regresso contra o devedor principal relativo ao total da dívida, mas terá direito de regresso contra o outro avalista apenas em relação à sua parte, conforme dispõe a Súmula 189 do STF: *Avais em branco e superpostos consideram-se simultâneos e não sucessivos.*

Avais sucessivos ocorrem quando alguém avaliza um outro avalista. Nesse caso, todos os eventuais avalistas dos avalistas terão a mesma responsabilidade do avalizado, ou seja, aquele que pagar a dívida terá direito de regresso em relação ao total da dívida, e não apenas em relação a uma parte dela.

STJ – Súmula nº 26 – Avalista de título de crédito vinculado a Contrato de Mútuo. O avalista do título de credito vinculado a contrato de mútuo também responde pelas obrigações pactuadas, quando no contrato figurar como devedor solidário.

A) Nos avais em branco, o avalizado é o sacador, de acordo com o art. 31, última alínea da LUG – Decreto 57.633/66, que dispõe " Na falta de indicação, entender-se-á pelo sacador.". Desse modo, o avalizado é Celso Ramos. Tendo em vista que os avais são em branco e superpostos, eles são simultâneos. Ou seja, cada coavalista é responsável por uma parte da dívida, e respondem solidariamente perante o portador, que é Pedro Afonso.

ROBINSON BARREIRINHAS E HENRIQUE SUBI

B) Tendo em vista que o título foi apresentado após o prazo legal previsto no art. 20 do Decreto 2.044/1908, o endossatário somente poderá demandar o aceitante, pois houve a perda do direito de ação de regresso contra o sacador, endossadores e avalistas, conforme art. 53 da LUG.

GABARITO COMENTADO – FGV

A questão tem por objetivo verificar o conhecimento do examinando sobre a legislação cambial, em especial o prazo para apresentação a pagamento da letra de câmbio e as consequências da apresentação intempestiva. Ademais, o candidato deverá ser capaz de identificar quem é o beneficiário do aval em branco (sacador) e que esses avais superpostos não formam uma cadeia ou sequência, e por isso não são sucessivos e sim simultâneos, consoante o entendimento do STF na Súmula 189.

A) O avalizado nos avais em branco prestados na letra de câmbio é o sacador, Celso Ramos. De acordo com o Art. 31, última alínea, do Decreto n. 57.663/66 (LUG), na falta de indicação do avalizado, entender-se-á ser pelo sacador. Os avais em branco e superpostos são considerados simultâneos (Súmula 189 do STF), ou seja, cada coavalista é responsável por uma quota-parte da dívida e todos respondem pela integralidade perante o portador Pedro Afonso.

B) O endossatário poderá demandar apenas o aceitante em eventual ação cambial, porque o título foi apresentado a pagamento no dia 12 de setembro, ou seja, após o prazo legal previsto no Art. 20 do Decreto n. 2.044/1908 (dia do vencimento, 11 de setembro de 2013). Assim, houve perda do direito de ação em face dos coobrigados Celso Ramos – sacador, Antônio Olinto – endossante e de todos os avalistas, com fundamento no Art. 53 da LUG. Ressalte-se que a aplicação do Art. 20 do Decreto n. 2.044/1908 se dá em razão da reserva ao Art. 5º do Anexo II da LUG, Portanto, o prazo para apresentação a pagamento da letra de câmbio sacada "sem despesas" é regulado pelo Decreto n. 2.044/1908 e não pelo Art.38 da LUG.

DISTRIBUIÇÃO DE PONTOS

ITEM	PONTUAÇÃO
A) Na falta de indicação do avalizado, presume-se dado o aval em favor do sacador, nos termos do Art. 31, última alínea da LUG (0,20). Os avais em branco e superpostos são considerados simultâneos, consoante a Súmula 189 do STF (0,10), respondendo os coavalistas entre si pela quota-parte da dívida e integralmente perante o portador (0,20).	0,00/0,10/0,20/0,30/0,40/0,50
B.1) O endossatário poderá demandar apenas o aceitante porque o título foi apresentado a pagamento após o prazo legal, ou seja, o dia do vencimento – 11/9/2013 (0,30), com fundamento no Art. 20, do Decreto n. 2.044/1908 (0,10).	0,00/0,30/0,40
B.2) Assim, houve perda do direito de ação em face dos coobrigados Celso Ramos – sacador, Antônio Olinto – endossante e de todos os avalistas (0,25), com fundamento no Art. 53, da LUG (0,10).	0,00/0,25/0,35

PRÁTICA EMPRESARIAL – 4ª EDIÇÃO   105   EXERCÍCIOS PRÁTICOS

(OAB/Exame Unificado – 2013.3 – 2ª fase) Iracema foi intimada pelo tabelião de protesto de títulos para pagar nota promissória no valor de R$ 5.000,00 (cinco mil reais) por ela emitida em favor de Cantá & Cia. Ltda. A devedora, em sua resposta, comprova que o vencimento ocorreu no dia 11 de setembro de 2009, conforme indicado na cártula que foi apresentada a protesto no dia 30 de setembro de 2012 e a protocolização efetivada no dia seguinte. Iracema requer ao tabelião que o protesto não seja lavrado e registrado pela impossibilidade de cobrança da nota promissória, diante do lapso temporal entre o vencimento e a apresentação a protesto. Ademais, verifica-se a ausência de menção ao lugar de pagamento, requisito essencial à validade do título, segundo a devedora.

Com base nas informações contidas no texto, legislação cambial e sobre protesto de títulos, responda aos itens a seguir.

A) A ausência de menção ao lugar de pagamento invalida a nota promissória? Justifique com amparo legal. **(Valor:0,50)**

B) Nas condições descritas no enunciado, é lícito ao tabelião acatar os argumentos de Iracema e suspender a lavratura e registro do protesto? **(Valor: 0,75)**

Obs.: o examinando deve fundamentar corretamente sua resposta. A simples menção ou transcrição do dispositivo legal não pontua.

RESPOSTAS

O art. 75 do Decreto nº 57.663/66 – LUG, impõe os seguintes requisitos essenciais à Nota Promissória:

1. denominação "nota promissória" inserta no próprio texto do título e expressa na língua empregada para a redação desse título;

2. a promessa pura e simples de pagar uma quantia determinada;

3. a época do pagamento;

4. a indicação do lugar em que se efetuar o pagamento;

5. o nome da pessoa a quem ou à ordem de quem deve ser paga;

6. a indicação da data em que e do lugar onde a nota promissória é passada;

7. a assinatura de quem passa a nota promissória (subscritor).

O art. 76 da mesma Lei é claro ao impor que a falta de qualquer dos requisitos essenciais da nota promissória leva à consequência de falta de efeitos salvo alguns casos, constantes do próprio art. 76, abaixo indicados:

- Se não constar a época do pagamento, o título será considerado "à vista";

– Caso não seja indicado o local do pagamento, o lugar onde o título foi emitido considera-se como sendo o lugar do pagamento e, ao mesmo tempo, o lugar de domicílio do emitente da nota;

– Caso a nota promissória não conste da indicação do lugar onde foi emitida, considera-se como tendo-o sido no lugar designado ao lado do nome do subscritor.

Em relação ao Tabelião de protesto é importante observar o art. 9º da Lei 9.492/1997:

> *Art. 9º Todos os títulos e documentos de dívida protocolizados serão examinados em seus caracteres formais e terão curso se não apresentarem vícios, não cabendo ao Tabelião de Protesto investigar a ocorrência de prescrição ou caducidade.*

A) Não, uma vez que a falta de indicação do lugar onde o título foi passado é um requisito não essencial, pois pode ser suprido. Assim, não havendo a indicação especial na nota promissória, o lugar do pagamento passa a ser considerado o local de emissão do título, bem como o domicílio do subscritor ou emitente, conforme dispõe o Art. 76 do Decreto n. 57.663/66 ou Art. 889, § 2º c/c Art. 903 do CC.

B) Não é lícito o tabelião acatar os argumentos de Iracema, pois, ainda que houvesse a prescrição, não cabe ao Tabelião apurá-la, só sendo de sua competência revisar os requisitos formais essenciais da nota promissória, conforme dispõe o art. 9º, da Lei 9.492/1997.

GABARITO COMENTADO – FGV

O examinando deve ser capaz de reconhecer os requisitos essenciais e não essenciais da nota promissória, em especial o lugar de pagamento, bem como o prazo prescricional da pretensão à execução desse título. Atingido o prazo prescricional referente à ação cambial (executiva), permanecem à disposição do credor outros meios de cobrança, como, por exemplo, a ação monitória. Portanto, a alegação de Iracema de que o protesto não pode ser lavrado por este motivo é improcedente. Ademais, o art. 9º da Lei 9.492/1997 dispõe que *"Todos os títulos e documentos de dívida protocolizados serão examinados em seus caracteres formais e terão curso se não apresentarem vícios, não cabendo ao Tabelião de Protesto investigar a ocorrência de prescrição ou caducidade."* Por conseguinte, não cabe ao tabelião suspender o curso do procedimento de protesto pela alegação, ainda que comprovada, de prescrição.

A) Não. De acordo com o art. 76, 3º da Lei Uniforme de Genebra (Decreto 57.663/1966), na falta de indicação especial, o lugar onde o título foi passado considera-se como sendo o lugar do pagamento e, ao mesmo tempo, o lugar do domicílio do subscritor. Portanto, a nota promissória é válida a despeito da omissão ao lugar de pagamento.

Alternativamente, o examinando poderá desenvolver o raciocínio que os títulos de crédito são regidos pelas disposições do Código Civil, salvo disposição diversa contida em lei especial (art. 903 do CC). Portanto, como o art. 889, § 2º do CC considera como local do pagamento o domicílio do emitente, quando não indicado no título, contendo a mesma determinação do art. 76 da LUG, é possível acatar tal conclusão desde que fundamentada, cumulativamente, nos arts. 889, § 2º e 903 do CC.

B) Não. Ainda que verificada a prescrição da ação cambial, tal fato não obstaculiza a cobrança da dívida por outros meios ou o protesto, não cabendo ao tabelião de protesto investigar a ocorrência de prescrição ou caducidade, nos termos do art. 9º, da Lei 9.492/1997.

DISTRIBUIÇÃO DE PONTOS

ITEM	PONTUAÇÃO
A) Não. Na falta de indicação especial na nota promissória, o lugar onde o título foi passado considera-se como sendo o lugar do pagamento e, ao mesmo tempo, o lugar do domicílio do subscritor ou emitente. Portanto, o título é válido a despeito da omissão ao lugar de pagamento (0,35), de acordo com o Art. 76 do Decreto n. 57.663/66 ou Art. 889, § 2º c/c Art. 903 do CC (0,15).	0,00/0,35/0,50
Obs.: a simples menção ou transcrição do dispositivo legal não atribui pontuação.	

PRÁTICA EMPRESARIAL – 4ª EDIÇÃO   107   EXERCÍCIOS PRÁTICOS

B) Não, porque os títulos e documentos de dívida protocolizados serão examinados pelo tabelião apenas em seus caracteres formais e terão curso se não apresentarem vícios, não lhe cabendo investigar a ocorrência de prescrição ou caducidade (0,55), nos termos do art. 9º, da Lei n. 9.492/1997 (0,20). *Obs.: a simples menção do dispositivo legal não atribui pontuação.*	0,00/0,55/0,75

(OAB/Exame Unificado – 2013.2 – 2ª fase) Antônio é portador legítimo de uma letra de câmbio aceita, cujo saque se deu no dia 10.01.2012, com vencimento à vista no valor de R$ 10.000,00 (dez mil reais), nela constando o aval de Bruno no montante de R$ 5.000,00 (cinco mil reais).

Em função disto, Antônio pretende endossar a Carla apenas a quantia de R$ 5.000,00 (cinco mil reais).

Na qualidade de advogado(a) de Carla, responda aos seguintes itens, indicando os fundamentos e dispositivos legais pertinentes.

A) É válido o aval realizado por Bruno? **(Valor: 0,65)**

B) O endosso pretendido por Antônio é válido? **(Valor: 0,60)**

A simples menção ou transcrição do dispositivo legal apontado na distribuição de pontos não pontua.

RESPOSTAS

Letra de câmbio é um título de crédito pelo qual determinada pessoa emite uma ordem de pagamento a outra para pagar certa quantia a um terceiro.

Na letra de câmbio verifica-se a existência de três pessoas:

• o sacador ou emissor: pessoa que dá ordem de pagamento, emitindo a letra de câmbio;

• o sacado ou aceitante: pessoa para quem a ordem é dirigida;

• o tomador ou beneficiário (credor): pessoa a quem a letra deve ser paga.

Requisitos:

A letra de câmbio apenas produzirá seus efeitos se preenchidos os requisitos legais previstos no art. 1º da Lei Uniforme, a saber:

• denominação letra de câmbio- inserida no próprio texto do título;

• ordem de pagar determinada quantia;

• nome da pessoa que deve pagar (sacado);

• época do pagamento; • nome da pessoa a quem ou à ordem de quem dever ser paga (tomador);

• indicação da data e do lugar em que a letra é passada;

• assinatura de quem passa a letra (sacador).

Letra de câmbio incompleta ou em branco.

A letra de câmbio é considerada incompleta ou em branco sempre que não preencher todos os requisitos necessários. Nesses casos, conforme já tem se firmado a jurisprudência, poderá o portador (sacado) completar o título, presumindo-se estar praticando tal ato como procurador do emissor (sacador), desde que o faça de boa-fé.

Protesto:

De acordo com a artigo 1° da Lei 9.492/97, protesto é o ato formal e solene pelo qual se prova a inadimplência e o descumprimento de obrigações originadas em títulos e outros documentos de dívida.

Dispensa do protesto:

O artigo 46 da Lei Uniforme prevê a hipótese na qual torna-se dispensável. qual seja, quando o sacador, endossante ou avalista inserir na letra de câmbio a cláusula "sem despesas-, "sem protesto". Nesse caso, tal cláusula produzirá os efeitos perante todos os que figurarem na letra, podendo o portador exercer seu direito de ação, independentemente de protesto.

Prazos para protesto:

Os titulares dos direitos previstos nas letras de câmbio deverão levá-las a protesto num determinado prazo, sob pena de perder o direito de cobrança em face dos coobrigados. Tais prazos variam de acordo com a obrigação assumida pelo devedor:

1°) protesto por falta de aceite: a letra deve ser levada a protesto findo o prazo de apresentação para aceite ou no dia seguinte se o sacado a recebeu para aceite.

2°) protesto por falta de pagamento: a letra deve ser levada a protesto no prazo de dois dias úteis após seus vencimentos.

Vencimento:

O vencimento é o momento em que o título poderá ser efetivamente apresentado pelo seu portador ao sacado e coobrigados. O vencimento não é requisito obrigatório da maioria dos títulos de crédito sendo certo que aquele que não o contiver será considerado vencível à vista.

Modalidades de vencimento:

• à vista: é aquele que ocorre no momento da sua apresentação ao sacado, sendo dispensável o aceite;

• a certo termo da data: o vencimento é estipulado em dia, semanas ou meses contados da data do saque, ou seja, da emissão da letra de câmbio. A contagem exclui o dia de início e inclui o dia do vencimento;

• a certo termo da vista: o vencimento do título se conta a partir do aceite do sacado e, na falta deste, a partir do protesto; • a dia certo: é aquele que ocorre na precisa data indicada na letra de câmbio. Nesse caso, as partes estipulam um dia certo para seu vencimento.

Ressalta-se que a recusa do aceite ou a falência do sacado acarretará o vencimento antecipado da letra de câmbio e. respectivamente, da obrigação nela contida.

Endosso:

Endosso é o ato através do qual ocorre a transferência do direito mencionado no título a uma terceira pessoa. Através do endosso o endossante se responsabiliza solidariamente pelo pagamento da cártula art. 15 da LU.

Destaca-se que o art. 914 do CC que prevê a falta de responsabilidade do endossante pelo pagamento do título, não se aplica à letra de câmbio, já que esta possui legislação especial em vigor — Lei Uniforme.

PRÁTICA EMPRESARIAL – 4ª EDIÇÃO 109 EXERCÍCIOS PRÁTICOS

O endosso é ato puro e simples bastando simples assinatura do próprio punho do endossante no verso da letra. A folha na qual consta o rol de endossos deve estar anexa ao título. Ademais é vedado o endosso parcial, não se admitindo fracionamento. O endossante poderá exonerar-se da responsabilidade de pagamento do título, inserindo no mesmo a cláusula "sem garantia", o que ensejará apenas a transferência do título, mas não da responsabilidade pela obrigação. Assim, caso ocorra novo endosso após a inserção da cláusula "sem garantia", o endossante que havia proibido tal ocorrência se desvincula da qualidade de garantia.

Tipos de endosso:

• endosso em branco: é aquele dado com a simples assinatura do endossante no verso do título sem que haja indicação da pessoa a quem o título foi transferido. A Lei 8.021/90. art. 2°, II veda o endosso em branco;

• endosso em preto: é aquele dado com a designação do endossatário e assinatura do endossante;

• endosso-mandato: é aquele através do qual o endossante constitui o endossatário como seu procurador com poderes exclusivos para a prática de atos necessários ao efetivo recebimento do crédito previsto no título.

• endosso-caução: é aquele através do qual o endossante transfere ao endossatário o título apenas para lhe garantir o cumprimento de outra obrigação.

Aceite:

Aceite é o ato por meio do qual o sacado se compromete a realizar o pagamento da quantia indicada na letra de câmbio, dentro do prazo especificado (art.28 da Lei 57.663/66).

A obrigação do sacado passa a existir apenas no momento em que assina o título, haja vista que o simples saque (emissão) da letra de câmbio, sem o aceite, em nada o vincula.

Ressalta-se que o aceite deve ser efetuado no próprio título não tendo validade jurídica o aceite dado em outro documento, mesmo que apartado.

O aceite pode ser parcial, ou seja, o sacado pode considerar que apenas parte do montante expresso na letra de câmbio é devido por ele. Nesses casos, o sacado fornece aceite parcial e o restante do valor do título tem seu vencimento antecipado em relação ao sacador.

Uma vez que o aceite é ato facultativo, no caso de recusa pelo sacado, a letra vencerá, antecipadamente, sendo permitido ao tomador cobrar o título, imediatamente do sacador.

Todavia, se o portador preferir poderá levar o título a protesto até o primeiro dia útil seguinte à recusa ou aceite parcial, garantindo o direito de exigir o valor da dívida dos coobrigados (endossantes e avalistas).

Letra não-aceitável:

A recusa total ou parcial da letra de câmbio gera o vencimento antecipado do valor nela contido. Desta feita, visando evitar o vencimento antecipado, a lei permite o sacador inserir cláusula não aceitável proibindo a apresentação da letra para aceite, antes do vencimento (art. 22 da LU).

A) Embora o art. 897 parágrafo único do CC vede o aval parcial nos títulos de crédito, deve ser observado que a Letra de Câmbio possui legislação especial, e, portanto, ela deve ser aplicada em detrimento do CC. Assim, é possível o aval parcial na letra de câmbio, conforme dispõe o art. 30 do Decreto n° 57.663/66 – LUG.

B) O endosso pretendido por Antônio é inválido, uma vez que o Art. 12 do Decreto n° 57.663/66 – LUG prevê expressamente a nulidade do endosso parcial.

ROBINSON BARREIRINHAS E HENRIQUE SUBI

GABARITO COMENTADO – FGV

A) O examinando deverá demonstrar conhecimento sobre a possibilidade de concessão de aval parcial (art. 30 da LUG).

B) O examinando deverá demonstrar conhecimento sobre a impossibilidade de endosso parcial (art. 12 da LUG).

DISTRIBUIÇÃO DE PONTOS

Esta prova não especificou como seriam distribuídos os pontos.

(OAB/Exame Unificado – 2013.1 – 2ª fase) Uma letra de câmbio foi sacada tendo como beneficiário Carlos e foi aceita. Posteriormente, Carlos endossou a letra em preto para Débora, que, por sua vez, a endossou em branco para Fábio. Após seu recebimento, Fábio cedeu, mediante tradição, sua letra para Guilherme. Na data do vencimento, a letra não é paga e Guilherme exige o pagamento de Carlos, que se recusa a realizá-lo sob a alegação de que endossou a letra de câmbio para Débora e não para Guilherme e de que Débora é sua devedora, de modo que as dívidas se compensam.

Com base situação hipotética, responda aos itens a seguir, indicando os fundamentos e dispositivos legais pertinentes.

A) Guilherme poderá ser considerado portador legítimo da letra de câmbio? Contra quem Guilherme terá direito de ação cambiária? **(Valor: 0,65)**

B) A alegação de Carlos é correta? **(Valor: 0,60)**

A simples menção ou transcrição do dispositivo legal não pontua.

RESPOSTAS

Tipos de endosso:

• endosso em branco: é aquele dado com a simples assinatura do endossante no verso do título sem que haja indicação da pessoa a quem o título foi transferido. A Lei 8.021/90. art. 2°, II veda o endosso em branco;

• endosso em preto: é aquele dado com a designação do endossatário e assinatura do endossante;

• endosso-mandato: é aquele através do qual o endossante constitui o endossatário como seu procurador com poderes exclusivos para a prática de atos necessários ao efetivo recebimento do crédito previsto no título.

• endosso-caução: é aquele através do qual o endossante transfere ao endossatário o título apenas para lhe garantir o cumprimento de outra obrigação.

A) Sim, Guilherme é considerado portador legítimo da letra de câmbio e justifica seu direito por uma série ininterrupta de endossos, mesmo que o último seja em branco nos termos do Art. 16 da LUG. Guilherme poderá promover a ação cambial em face do sacador, do aceitante, de Carlos e de Débora com fundamento no Art. 47 do Decreto n° 57.663/66 – LUG.

B) A alegação de Carlos não está correta, porque é fundada em exceção pessoal oponível a Débora, mas não em face do portador/endossatário Guilherme, com fundamento no Art. 17 do Decreto n° 57.663/66 – LUG.

PRÁTICA EMPRESARIAL – 4ª EDIÇÃO   111   EXERCÍCIOS PRÁTICOS

GABARITO COMENTADO – FGV

A) O examinando deverá demonstrar conhecimento sobre a definição de portador legítimo da letra de câmbio objeto de endossos sucessivos (art. 16 da LUG), assim como as possibilidades que dispõe o endossatário em branco em relação à transferência do título sobre (art. 14 da LUG). Exige-se também conhecimento sobre a responsabilidade solidária do aceitante e dos endossantes, tanto em branco quanto em preto, perante o portador da letra de câmbio (art. 47 da LUG). Assim, Guilherme é considerado portador legítimo do título e justifica seu direito pela série de endossos regular, ainda que um deles seja em branco (princípio da literalidade). Guilherme poderá promover ação cambial em face do sacador, do aceitante, de Carlos (endossante) e de Débora (endossante).

Fábio não é legitimado passivo na ação cambial porque não endossou o título, apenas realizou a tradição do mesmo a Guilherme, autorizado pelo art. 14, 3°, da LUG. Por conseguinte, pelo princípio da literalidade, não se obriga como devedor cambiário.

B) O examinando deverá identificar que, pelo princípio da inoponibilidade das exceções pessoais, eventuais exceções fundadas sobre relações pessoais do devedor em face de portadores anteriores ao atual não podem ser opostas a esse. Portanto, a alegação de Carlos sobre a compensação de dívidas não é procedente, porque é fundada em exceção pessoal oponível a Débora, mas não em face do portador/endossatário Guilherme, com fundamento no art. 17 da LUG, nos termos do art. 17 da LUG*.

* LUG: Lei Uniforme de Genebra – Decreto 57.663/1966.

DISTRIBUIÇÃO DE PONTOS

ITEM	PONTUAÇÃO
A1) Sim, porque Guilherme é considerado portador legítimo da letra de câmbio e justifica seu direito por uma série ininterrupta de endossos, mesmo que o último seja em branco (0,20), nos termos do Art. 16 da LUG (0,10).	0,00/0,20/0,30
OBS: A simples menção ou transcrição do dispositivo legal não pontua.	
A2) Guilherme poderá promover a ação cambial em face do sacador, do aceitante, de Carlos e de Débora (0,25), com fundamento no Art. 47 da LUG (0,10).	0,00/0,25/0,35
OBS: A simples menção ou transcrição do dispositivo legal não pontua.	
B) A alegação de Carlos não está correta, porque é fundada em exceção pessoal oponível a Débora, mas não em face do portador/endossatário Guilherme (0,40), com fundamento no Art. 17 da LUG (0,20).	0,00/0,40/0,60
OBS: A simples menção ou transcrição do dispositivo legal não pontua.	

(OAB/Exame Unificado – 2012.3 – 2ª fase) João da Silva sacou um cheque no valor de R$ 60.000,00 (sessenta mil reais), em 26 de março de 2012, para pagar a última parcela de um empréstimo feito por seu primo Benedito Souza, beneficiário da cártula. A praça de emissão é a cidade "X", Estado de Santa Catarina, e a praça de pagamento a cidade "Y", Estado do Rio Grande do Sul.

O beneficiário endossou o cheque para Dilermando de Aguiar, no dia 15 de agosto de 2012, tendo lançado no endosso, além de sua assinatura, a data e a menção de que se tratava de pagamento *"pro solvendo"*, isto é, sem efeito novativo do negócio que motivou a transferência.

No dia 25 de agosto de 2012 o cheque foi apresentado ao sacado, mas o pagamento não foi feito em razão do encerramento da conta do sacador em 20 de agosto de 2012.

Considerando os fatos e as informações acima, responda aos seguintes itens.

A) O endossatário pode promover a execução do cheque em face de João da Silva e de Benedito Souza? Justifique com amparo legal. **(Valor: 0,65)**

B) Diante da prova do não pagamento do cheque é possível ao endossatário promover ação fundada no negócio que motivou a transferência do cheque por Benedito Souza? Justifique com amparo legal. **(Valor: 0,60)**

RESPOSTAS

Cheque é ordem de pagamento à vista, emitida contra um banco ou instituição financeira assemelhada, para que pague ao portador quantia determinada, proveniente de fundos disponíveis através de depósitos realizados pelo emitente/sacador.

Requisitos:

O cheque é título de crédito regulamentado pela Lei 7.357/85 (Lei do Cheque), que no seu artigo 1º prevê os requisitos formais que ele deve necessariamente conter:

• denominação -cheque- expressa no contexto do título;

• ordem incondicional de pagar determinada quantia;

• nome do sacado a quem a ordem é dirigida;

• lugar de pagamento;

• data e lugar de emissão;

• assinatura do sacador.

Aceite, endosso e aval:

Conforme dispõe o art. 6º da Lei do Cheque, o cheque não admite aceite, vez que o banco/sacado não é devedor da relação jurídica.

No que tange ao endosso, o cheque admite este instituto, podendo o sacador, todavia, inserir cláusula "não à ordem", impedindo sua circulação por endosso.

Por fim, no que diz respeito ao aval, o cheque pode ser garantido, no todo ou em parte, por aval prestado por terceiro.

Modalidades de cheque:

1º) Cheque visado: é aquele no qual o sacado, a pedido do sacador ou do portador, lança e assina no verso do título, visto certificando a existência de fundos para garantir o título.

2º) Cheque administrativo: é aquele emitido pelo próprio banco. Nesses casos a garantia de fundos é maior, tendo em vista ser o sacado o próprio banco. Esse tipo de cheque só pode ser emitido de forma nominativa.

3º) Cheque cruzado: é aquele que possui dois traços transversais e paralelos no anverso do título. O cheque cruzado somente pode ser pago através de uma instituição financeira/banco através de depósito na conta do beneficiário. O cheque cruzado pode ser geral ou especial. Será geral quando a aposição dos dois traços paralelos não tiver nenhuma indicação entre eles.

Será especial quando entre os dois traços encontrar especificado o nome de um determinado banco, no qual o cheque deverá ser, necessariamente, depositado.

4°) Cheque garantido: é aquele que garante ao beneficiário o pagamento da quantia expressa no título mesmo que o emitente não tenha crédito em conta corrente para garantir a sua liquidação. Nesses casos, o emitente deve, necessariamente, ter contratado a abertura de crédito em conta corrente com o banco.

Prazo de apresentação do cheque:

O cheque deve ser apresentado para pagamento a contar do dia da emissão em:

• 30 (trinta) dias se emitido na mesma praça;

• 60 (sessenta) dias se emitido em praça diversa.

O portador que não apresentar o cheque no tempo hábil perde o direito de cobrar o crédito nele constante dos endossantes e seus avalistas.

Sustação do cheque:

A lei permite que o emitente suste o pagamento do título em duas situações: revogação ou oposição.

A revogação ocorrerá quando o titular solicitar ao banco a sustação do cheque por razões justificáveis. Nesse caso, os efeitos só aparecerão após transcorrido o prazo de apresentação do título.

A oposição ocorrerá quando o titular solicitar ao banco a sustação do título com base em razões relevantes de direito, tais como perda ou furto. Nesse caso, o efeito surtirá imediatamente após a solicitação.

Cheques pós-datados:

O ordenamento jurídico brasileiro não prevê a existência de cheques pós-datados, sendo a Lei do Cheque expressa quanto o pagamento à vista do referido título. No entanto, não obstante a possibilidade da desconsideração do pós-datamento pelo beneficiário e pelo banco/sacado, o titular que apresentar o cheque fora da data avençada com o emissor poderá responder por danos materiais e morais perante a justiça, tendo em vista a existência de um contrato celebrado entre as partes (emissor/beneficiário).

Cheque sem fundos:

Cheque é uma ordem de pagamento que deve ser levada ao banco para sua liquidação. Quando o emissor emite um cheque, parte-se do pressuposto que o mesmo possui depósito em dinheiro no banco sacado para liquidação daquele título. Ao ser apresentado para pagamento, o banco pode se recusar a fazê-lo tendo em vista a falta de fundos suficientes para tal operação. Nesse caso, o beneficiário do crédito poderá cobrá-lo dos coobrigados, sem necessitar do protesto do título, desde que tenha o apresentado dentro do prazo legal.

Prescrição das ações cambiais:

O portador de um cheque deverá ajuizar a competente ação de execução de título extrajudicial no prazo máximo de seis meses, contados da expiração do prazo de apresentação. Tendo em vista a existência do cheque pós-datado, grande parte dos doutrinadores, tem considerado que o prazo prescricional, nesses casos, inicia-se a partir da apresentação do cheque ao sacado.

Já o direito de ação de regresso de um obrigado ao pagamento em face do outro, também prescreve em seis meses contados do dia em que foi acionado ou do dia que efetuou o pagamento.

A) O endossatário pode promover a execução em face do sacador, com fundamento no Art. 47, I, da Lei n. 7.357/85 e/ou Súmula n. 600, do STF, mesmo fora do prazo. Contudo, o endossatário não poderá promover a execução em face de Benedito Souza, pois o endosso ocorreu após o prazo de apresentação, tendo efeito de cessão de crédito, com fundamento no Art. 27 da Lei n. 7.357/85

B) Nos termos do art. 62 da Lei 7.357/85, temos que é possível que o endossatário realize a propositura da ação desde que fundada no negócio que motivou a transferência do cheque, vez que o endosso foi em caráter *"pro solvendo"*, sem efeito novativo nos termos do Art. 62 da Lei n. 7.357/85.

GABARITO COMENTADO – FGV

A questão tem por finalidade verificar o conhecimento do candidato dos prazos referentes à apresentação do cheque para pagamento, em especial quando for sacado para pagamento entre praças distintas, como apontado no enunciado. Portanto, verifica-se o decurso de mais de 60 (sessenta) dias entre a emissão (26.03.2012) e a apresentação (25.08.2012), porém isto não atinge a responsabilidade do sacador pelo pagamento, eis que ainda não foi atingido o prazo prescricional (art. 59 da Lei do Cheque). Outro objetivo é aferir se o candidato identifica no enunciado a possibilidade de o endossatário exigir o pagamento de Benedito Souza, ainda que seu endosso tenha efeito de cessão de crédito (art. 27 da Lei 7.357/1985), haja vista não ter ocorrido novação da obrigação que motivou a transferência, nos termos do art. 62, da Lei 7.357/1985.

A) O endossatário pode promover a execução do cheque em face do sacador João da Silva, com fundamento no art. 47, I, da Lei 7.357/1985 e/ou Súmula nº 600 do STF (*"Cabe ação executiva contra o emitente e seus avalistas, ainda que não apresentado o cheque ao sacado no prazo legal, desde que não prescrita a ação cambiária"*).

O endossatário não pode promover a execução em face de Benedito Souza uma vez que o endosso para Dilermando de Aguiar ocorreu após o prazo de apresentação e, como tal, tem efeito de cessão de crédito, com fundamento no art. 27, da Lei 7.357/1985 (*"O endosso posterior [...] à expiração do prazo de apresentação produz apenas os efeitos de cessão"*).

Alternativamente poderá o candidato fundamentar a ilegitimidade passiva de Benedito Souza no art. 47, II, da Lei 7.357/1985, a *contrario sensu*. Como o cheque não foi apresentado a pagamento no prazo legal (60 dias, art. 33 da Lei 7.375/1985), o portador não poderá promover a execução em face do endossante.

B) Sim, é possível ao endossatário promover ação fundada no negócio que motivou a transferência do cheque por Benedito Souza (ação causal, extracambial), uma vez que o endosso foi em caráter "pro solvendo", ou seja, sem efeito novativo do negócio que motivou a transferência. Nos termos do art. 62 da Lei 7.357/1985, "Salvo prova de novação, a emissão ou a transferência do cheque não exclui a ação fundada na relação causal, feita a prova do não pagamento".

PRÁTICA EMPRESARIAL – 4ª EDIÇÃO   115   EXERCÍCIOS PRÁTICOS

DISTRIBUIÇÃO DE PONTOS

ITEM	PONTUAÇÃO
A1) Ainda que apresentado fora do prazo, o endossatário pode promover a execução em face do sacador (0,15), com fundamento no Art. 47, I, da Lei n. 7.357/85 e/ou Súmula n. 600, do STF (0,10). *Obs.: A simples menção ou transcrição do dispositivo legal não pontua.*	0,00/0,15/0,25
A2) O endossatário não pode promover a execução em face de Benedito Souza, pois o endosso ocorreu após o prazo de apresentação, tendo efeito de cessão de crédito (0,25), com fundamento no Art. 27 da Lei n. 7.357/85 (0,15). __OU__ O endossatário não pode promover a execução em face de Benedito Souza, uma vez que o cheque não foi apresentado a pagamento no prazo legal (0,25), com fundamento no Art. 47, II da Lei n. 7.357/85 (0,15). *Obs.: A simples menção ou transcrição do dispositivo legal não pontua*	0,00/0,25/0,40
B) É possível ao endossatário promover ação fundada no negócio que motivou a transferência do cheque (ação causal, extracambial), uma vez que o endosso foi em caráter *"pro solvendo"*, sem efeito novativo (0,35) nos termos do Art. 62 da Lei n. 7.357/85 (0,25). *Obs.: A simples menção ou transcrição do dispositivo legal não pontua*	0,00/0,35/0,60

(OAB/Exame Unificado – 2012.2 Exame – 2ª fase) Pedro emite nota promissória para o beneficiário João, com o aval de Bianca. Antes do vencimento, João endossa a respectiva nota promissória para Caio. Na data de vencimento, Caio cobra o título de Pedro, mas esse não realiza o pagamento, sob a alegação de que sua assinatura foi falsificada.

Após realizar o protesto da nota promissória, Caio procura um advogado com as seguintes indagações.

A) Tendo em vista que a obrigação de Pedro é nula, o aval dado por Bianca é válido? **(Valor: 0,65)**

B) Contra qual(is) devedor(es) cambiário(s) Caio poderia cobrar sua nota promissória? **(Valor: 0,60)**

Responda indicando as justificativas e os dispositivos legais pertinentes. A simples menção ou transcrição do dispositivo legal não pontua.

RESPOSTAS

O título de crédito por ser conceituado como um documento abstrato e autônomo através do qual se representa um crédito líquido e certo, que será cobrado nas condições estipuladas no documento.

A principal legislação dos Títulos de Crédito continua sendo a Lei Uniforme de Genebra, Decreto 57.663/66, apesar de o Código Civil ter trazido uma Teoria Geral para os títulos.

Questão Importante é quando estas duas leis tratam de forma antagônica o mesmo assunto. Pelo princípio da especialidade das leis, a lei especial valerá sobre a lei geral, ou seja, a Lei Uniforme irá prevalecer sobre o código Civil.

Dois são os casos mais importantes em que este conflito acontece. No caso da responsabilidade do endossante que a Código diz que depende de clausula expressa (art. 914), já a LUG diz que o simples fato de endossar torna o endossante corresponsável pelo pagamento (art. 15). A outra situação é na possibilidade do aval parcial. O Código Civil proíbe, enquanto a LUG permite.

Para ambos os casos deverá se observar que para os titulas típicos (letra de câmbio, nota promissória duplicata e cheque) prevalecerá a LUG e para os títulos atípicos o Código Civil.

Endosso:

Pode-se conceituar o endosso como sendo um ato unilateral, solidário e autônomo pelo qual se transfere um, alguns ou todos os direitos emergentes de um título. O endosso é prestado pela simples assinatura do endossante. Isto porque, o título de crédito é feito para circular, por isto tal circulação deve ocorrer de forma mais fácil possível. Por se tratarem os títulos de créditos de bens móveis, é preciso que ocorra a tradição para que se complete a transferência do crédito.

Pode-se observar que a lei não exigiu qualificação de quem realiza o endosso e nem que seja colocada data em que se realizou o endosso. Nada impede que tais informações sejam colocadas, pois podem até facilitar a busca de pagamento do título em caso de inadimplemento.

Tanto o Código Civil quanto a LUG proíbem que o endosso seja parcial ou condicionado. Quem endossa, que é o beneficiário que está passando os direitos, fica sendo chamado de endossante e quem recebe o título por endosso fica conhecido como endossatário.

Aval:

Versa o art. 30 da LUG, *"o pagamento de título de crédito, que contenha obrigação de pagar soma determinada, pode ser garantido por aval"*. Com isso estabelece-se que aval é a garantia cambial, pela qual terceiro (avalista) firma para com o avalizado, se responsabilizando pelo cumprimento do pagamento do título se este último não o fizer.

Poderá o aval se apresentar:

• em preto: indica o avalizado nominalmente:

• em branco: não indica expressamente o avalizado, considerando, por conseguinte, o sacador como o mesmo.

É permitido ainda o aval parcial ou limitado, segundo o art. 30 da Lei Uniforme.

O aval difere da fiança pelo fato desta última se caracterizar em contratos cíveis e não sob títulos de crédito, como a primeira. Fiança é um contrato acessório pelo qual a pessoa garante ao credor satisfazer a obrigação assumida pelo devedor caso este não a cumpra, ao passo que a obrigação do avalista é autônoma, independente da do avalizado. A fiança produz mais efeitos que o aval, uma vez que a posição do fiador adquire características de principal.

Por fim, cumpre ressaltar que a lei concede ao fiador o benefício de ordem, benefício este inexistente para o avalista.

Aceite:

O aceite terá efeitos distintos se estivermos diante de uma letra de câmbio ou de uma duplicata. No primeiro caso, a pessoa que recebe o título para aceite não tem nenhuma obrigação de fazê-lo e não se vinculará se recusar a aceitar. Já na duplicata, há uma causa de origem que obriga a dar o aceite e mesmo que ele for recusado, com o devido protesto, a duplicata poderá ser executada. A pessoa que se recusou a dar o aceite continuará vinculada.

PRÁTICA EMPRESARIAL – 4ª EDIÇÃO   117   EXERCÍCIOS PRÁTICOS

A) O aval dado por Bianca é valido, uma vez que a obrigação do avalista se mantém mesmo no caso de a obrigação garantida ser nula, seja por qualquer razão que não o vício de forma, nos termos do art. 32 e art. 7º do Decreto nº 57.663/66.

B) Caio poderá cobrar a nota promissória de Bianca que é a avalista, e de João, o endossante, nos termos do art. 47 do Decreto nº 57.663/66.

GABARITO COMENTADO – FGV

A) O examinando deverá demonstrar conhecimento sobre o instituto do aval, especialmente sobre a responsabilidade do avalista no caso da obrigação por ele avalizada ser nula (art. 32 c/c art. 77, ambos da Lei Uniforme de Genebra – Decreto 57.663/1966), enfatizando o princípio da autonomia das obrigações cambiárias, que fundamenta a disposição contida no art. 32 da LUG.

B) O examinando deverá indicar que o portador, Caio, poderá cobrar de Bianca, como avalista, e de João como endossante, nos termos do art. 47 da LUG. Não poderá cobrar de Pedro porque sua obrigação é nula, como está afirmado no comando da pergunta do item A.

DISTRIBUIÇÃO DE PONTOS

ITEM	PONTUAÇÃO
A) Sim. Em razão do princípio da autonomia das obrigações cambiais (0,20), a obrigação do avalista se mantém mesmo no caso de a obrigação que ele garantiu ser nula por qualquer razão que não seja vício de forma (0,25), com base no art. 32 OU art. 7º da LUG – Decreto nº 57.663/66 (0,20). *A simples menção ao dispositivo legal não pontua.*	0,00/0,20/0,25/0,40/0,45/0,65
B) Caio poderá cobrar sua nota promissória da avalista Bianca e do endossante João (0,40), nos termos do artigo 47 da LUG – Decreto nº 57.663/66 (0,20). *A simples menção ou transcrição do dispositivo legal não pontua.*	0,00/0,40/0,60

(OAB/Exame Unificado – 2012.1 – 2ª fase) Na cidade de Malta, uma nota promissória foi emitida por João em benefício de Maria. A beneficiária, Maria, transfere o título para Pedro, inserindo no endosso a cláusula proibitiva de novo endosso. Em função de acordos empresariais, Pedro realiza novo endosso para Henrique, e este um último endosso, sem garantia, para Júlia.

Com base no caso apresentado, responda aos questionamentos a seguir, indicando os fundamentos e dispositivos legais pertinentes.

A) Júlia poderia ajuizar ação cambial para receber o valor contido na nota promissória? Em caso positivo, quais seriam os legitimados passivos na ação cambial? **(Valor: 0,65)**

B) Caso Pedro pague o valor da nota promissória a Henrique e receba o título quitado deste, como e de quem Pedro poderá exigir o valor pago? **(Valor: 0,60)**

RESPOSTAS

De acordo com a Lei Uniforme de Genebra temos que:

Art. 43. O portador de uma letra pode exercer os seus direitos de ação contra os endossantes, sacador e outros coobrigados: no vencimento; se o pagamento não foi efetuado; mesmo antes do vencimento:

1º) se houve recusa total ou parcial de aceite;

2º) nos casos de falência do sacado, quer ele tenha aceite, quer não, de suspensão de pagamentos do mesmo, ainda que não constatada por sentença, ou de ter sido promovida, sem resultado, execução dos seus bens;

3º) nos casos de falência do sacador de uma letra não aceitável

[...].

Art. 47. Os sacadores, aceitantes, endossantes ou avalistas de uma letra são todos solidariamente responsáveis para com o portador.

O portador tem o direito de acionar todas estas pessoas individualmente, sem estar adstrito a observar a ordem por que elas se obrigaram.

O mesmo direito possui qualquer dos signatários de uma letra quando a tenha pago.

A ação intentada contra um dos coobrigados não impede acionar os outros, mesmo os posteriores àquele que foi acionado em primeiro lugar.

A) Júlia poderá ajuizar ação cambial em face de João e Pedro, nos termos do art. 47, alínea 1ª ou art. 43, alínea 1º, do Decreto nº 57.663/66, para receber o valo contido na nota promissória.

B) Caso Pedro pague o valor da nota promissória a Henrique, ele poderá cobrar a dívida por meio de ação cambial regressiva em face de João e Maria, com fundamento no art. 47, alínea 3ª do Decreto n. 57.663.

GABARITO COMENTADO – FGV

A) Sim, porque a cláusula de proibição de novo endosso não impede a circulação ulterior da nota promissória, sendo possível seu endosso a terceiros pelo endossatário, mas afasta a responsabilidade cambiária do endossante que a após em relação aos portadores subsequentes ao seu endossatário (art. 15, 2º da Lei Uniforme de Genebra – Decreto 57.663/1966).

Dessa forma, os endossos realizados por Maria e Pedro são válidos: Júlia poderá cobrar dos demais devedores (João e Pedro) com base no art. 47, 1º ou no art. 43, 1º da Lei Uniforme de Genebra – Decreto 57.663/1966, exceto de Maria, pois esta só responderá perante o seu endossatário, no caso Pedro. Júlia não poderá cobrar de Henrique, pois este realizou um endosso sem garantia (art. 15, 1º da Lei Uniforme de Genebra – Decreto 57.663/1966).

B) Caso pague a Henrique, Pedro poderá ajuizar ação por falta de pagamento, regressivamente, contra Maria e João (art. 47, 3º da Lei Uniforme de Genebra – Decreto 57.663/1966).

A simples menção ou transcrição do dispositivo legal apontado na distribuição de pontos não atribui pontuação.

PRÁTICA EMPRESARIAL – 4ª EDIÇÃO

DISTRIBUIÇÃO DE PONTOS

ITEM	PONTUAÇÃO
A) Sim, poderá ajuizar ação cambial exclusivamente em face de João e Pedro (0,40), nos termos do art. 47, alínea 1ª **ou** art. 43, alínea 1º, ambos da LUG (0,25). *A simples menção ou transcrição do dispositivo legal não pontua.*	0,00/0,40/0,65
B) Pedro poderá cobrar a dívida por meio de ação cambial regressiva (0,25) em face de João e Maria (0,20), com fundamento no artigo 47, alínea 3ª do Decreto n. 57.663 – LUG (0,15). *A simples menção ou transcrição do dispositivo legal não pontua.*	0,00/0,20/0,25/0,35/0,40/0,45/0,60

(Reformulada) (OAB/Exame Unificado – 2011.3 – 2ª fase) Indústria de Cosméticos Naturalmente Bela S.A., sociedade empresária que atua no ramo de produtos de higiene, vendeu, em 27 de março de 2010, 50 (cinquenta) lotes de condicionadores e cremes para pentear ao Salão de Beleza Nova Mulher Ltda.

Pela negociação realizada, foi extraída duplicata na mesma data, com vencimento em 30 de abril do mesmo ano, restando corporificado o crédito decorrente do contrato celebrado. Passadas duas semanas da emissão do título, a sociedade sacadora remeteu o título ao sacado para aceite. Contudo, embora tenham sido entregues as mercadorias ao funcionário do salão de beleza, ele não guardou o respectivo comprovante.

A sociedade adquirente, apesar de ter dado o aceite, não honrou com o pagamento na data aprazada, o que fez com que a emitente o(a) procurasse na condição de advogado(a).

Em relação ao caso acima, responda aos itens a seguir, empregando os argumentos jurídicos apropriados e a fundamentação legal pertinente ao caso.

A) Pela via judicial, de que forma o emitente poderia proceder à cobrança do título? **(Valor: 0,65)**

B) Qual seria o prazo prescricional para adotar essa medida contra a sociedade adquirente? **(Valor: 0,60)**

RESPOSTAS

A) Tendo em vista a duplicata aceita, a cobrança poderá ser realizada pelo ajuizamento de uma ação de execução de título extrajudicial, conforme prevê o inciso I do art. 15 da Lei 5.474/1968 OU art. 784, I, c/c o art. 778, ambos do CPC.

B) Nos termos do art. 18 da Lei 5.474/68 a pretensão à execução da duplicata prescreve contra o sacado e respectivos avalistas, em 03 (três) anos, contados da data do vencimento do título. Assim, o prazo prescricional seria de 3 anos a contar do 30 abril de 2014.

GABARITO COMENTADO – FGV

Em relação ao item A, o examinando deve indicar que (i) a cobrança da duplicata poderá ser realizada pelo ajuizamento de uma ação de execução, conforme prevê o inciso I do art. 15 da Lei 5.474/1968 **OU** art. 784, I, c/c o art. 778, ambos do CPC.

É de se destacar que, para a cobrança de duplicata aceita, não é necessária a apresentação do comprovante de entrega dos bens.

No que se refere ao item b, cumpre ao examinando indicar que o prazo prescricional para a ação de execução em face do obrigado principal será de 3 (três) anos, a ser contado a partir do vencimento do título (30 abril de 2014), consoante o disposto no art. 18, I, da Lei 5.474/1968.

A simples menção ou transcrição do dispositivo legal apontado na distribuição de pontos não atribui a pontuação por si só. O examinando deve ainda demonstrar que compreendeu aquilo que está sendo indagado e fundamentar corretamente a sua resposta, para que o item seja integralmente pontuado.

DISTRIBUIÇÃO DE PONTOS

ITEM	PONTUAÇÃO
A) Cobrança realizada por meio da ação de execução (0,45) – art. 15, I, da Lei 5.474/1968 OU art. 784, I, c/c o art. 778 ambos do CPC (0,20).	0,00/0,45/0,65
B) Prazo prescricional de 3 anos a partir do vencimento (0,40) – art. 18, I, da Lei 5.474/1968 (0,20).	0,00/0,40/0,60

(OAB/Exame Unificado – 2011.2 – 2ª fase) João Garcia emite, em 17.10.2010, uma Letra de Câmbio contra José Amaro, em favor de Maria Cardoso, que a endossa a Pedro Barros. O título não tem data de seu vencimento.

Diante do caso apresentado, na condição de advogado, responda aos itens a seguir, empregando os argumentos jurídicos apropriados e a fundamentação legal pertinente ao caso.

A) Pedro poderá exigir o pagamento da letra de câmbio em face da omissão da data do seu vencimento? **(Valor: 0,65)**

B) Que efeitos podem ser verificados com a transmissão do título por meio do endosso? **(Valor: 0,60)**

RESPOSTAS

A) Sim. Nos termos do art. 2º da Lei Uniforme de Genebra, a falta de indicação da data de vencimento não invalida a letra de câmbio, sendo ela pagável à vista. Neste caso, seu prazo de apresentação é de um ano a contar da data da emissão (art. 34 da Lei Uniforme), sob pena de perder o direito de cobrança contra os coobrigados (art. 53 da Lei Uniforme).

B) O endosso é o ato cambial que tem por escopo transferir a titularidade do crédito e todos os poderes emergentes da letra para o endossatário, ao qual deve se seguir a tradição da letra (art. 14 da Lei Uniforme de Genebra). O endosso tem, ainda, o efeito de vincular o endossante como coobrigado pelo pagamento do título, salvo se estabelecer, no momento do ato, a cláusula "sem garantia" (art. 15 da Lei Uniforme de Genebra), ou expirar o prazo de apresentação de um ano para aceite da letra pagável à vista (art. 53 da Lei Uniforme).

PRÁTICA EMPRESARIAL – 4ª EDIÇÃO 121 EXERCÍCIOS PRÁTICOS

Comentários adicionais

Na letra de câmbio, é lícito que o sacado solicite o "prazo de respiro", nos termos do art. 24 da LUG, de 24 horas na primeira apresentação para pagamento. Com isso, no dia seguinte o tomador deve apresentá-la novamente, para que o sacado resolva, então, aceitá-la ou não.

Convém lembrar que os efeitos mencionados no endosso valem para o endosso próprio. Há também as modalidades que a doutrina chama de endosso impróprio, porque não transferem a titularidade do crédito. É o *endosso-caução* (quando a letra é dada em garantia de uma dívida), que será resgatado com o adimplemento da obrigação, e o *endosso-mandato*, que confere ao portador da letra somente os poderes para cobrá-la do devedor principal e dos coobrigados, mantendo-se o crédito com o endossante.

GABARITO COMENTADO – FGV

O examinando deverá indicar que:

A) a figura da letra de câmbio que não possui data de vencimento é considerada à vista (art. 2º, 2º da Lei Uniforme de Genebra – Decreto 57.663/1966), e pagável à apresentação (art. 34 da Lei Uniforme de Genebra – Decreto 57.663/1966). Considerando que o prazo de apresentação de 1 (um) ano foi ultrapassado desde 17.10.2011 (a prova foi realizada em 04.12.2011), o portador apenas terá direito de ação contra o devedor principal (arts. 34 e 53 da Lei Uniforme de Genebra – Decreto 57.663/1966); e

B) o endosso, em princípio, transmite não só a propriedade, mas também todos os direitos emergentes da Letra (art. 14 da Lei Uniforme de Genebra – Decreto 57.663/1966), mas como foi ultrapassado o prazo de apresentação de 1 (um) ano desde 17.10.2011 (a prova foi realizada em 04.12.2011), o portador apenas terá direito de ação contra o devedor principal (art. 53 da Lei Uniforme de Genebra – Decreto 57.663/1966).

DISTRIBUIÇÃO DE PONTOS

ITEM	PONTUAÇÃO
Sim. A letra de câmbio que não contém data de vencimento é considerada emitida à vista e é pagável contra apresentação (0,35). Tendo em vista que já foi ultrapassado o prazo de apresentação do título (um ano – art. 34 da LUG, Decreto 57.663/66), o portador perdeu o direito de ação contra os devedores indiretos (art. 53 da LUG) (0,30).	0,00/0,30/0,35/0,65
Endosso transmite a propriedade e os direitos emergentes do título conforme arts. 14 **OU** 15 do Decreto 57.663/66 – LUG (0,30).	0,00/0,30/0,60
Pelo decurso de mais de um ano, não há mais direito à possibilidade de cobrança do endossante, sacador e demais coobrigados (0,30).	

(OAB/Exame Unificado – 2011.1 – 2ª fase) Em 9 de novembro de 2010, João da Silva adquiriu, de Maria de Souza, uma TV de 32 polegadas usada, mas em perfeito funcionamento, acertando, pelo negócio, o preço de R$ 1.280,00. Sem ter como pagar o valor integral imediatamente, lembrou-se de ser beneficiário de uma Letra de Câmbio, emitida por seu irmão, José da Silva, no valor de R$ 1.000,00, com vencimento para 27 de dezembro do mesmo ano. Desse modo, João ofereceu pagar, no ato e em espécie, o valor de R$ 280,00 a Maria, bem como endossar a aludida cártula, ressalvando que Maria deveria, ainda, na qualidade de endossatária, procurar Mário Sérgio, o sacado, para o aceite do título. Ansiosa para fechar negócio, Maria concordou com as condições oferecidas e, uma semana depois, em 16 de novembro de 2010, dirigiu-se ao domicílio de Mário Sérgio, conforme orientação de João da Silva. Após a visita, porém, Maria ficou aturdida ao constatar que Mário Sérgio só aceitou o pagamento de R$ 750,00, justificando que esse era o valor devido a José. Sem saber como proceder dali em diante, Maria o(a) procura, como advogado(a), com algumas indagações.

Com base no cenário acima, responda aos itens a seguir, empregando os argumentos jurídicos apropriados e a fundamentação legal pertinente ao caso.

A) É válida a limitação do aceite feita por Mário Sérgio ou estará ele obrigado a pagar o valor total da letra de câmbio? (**Valor: 0,25**)

B) Qual é o limite da responsabilidade do emitente do título? (**Valor: 0,50**)

C) Quais as condições por lei exigidas para que ele fique obrigado ao pagamento? (**Valor: 0,50**)

RESPOSTAS

A) Aceite é o ato cambiário através do qual o sacado assume a obrigação de pagar o valor representado na letra de câmbio, tornando-se seu devedor principal.

Nos termos do art. 26 da Lei Uniforme de Genebra, que ingressou em nosso ordenamento jurídico por meio do Decreto 57.663/1966, o aceite pode ser parcial, isto é, é possível que o sacado, ao ser apresentado ao título, concorde em pagar apenas parte de seu valor. Nesse caso, somente a parcela aceita poderá ser cobrada do devedor principal e seu eventual avalista.

B) É regra corrente que, havendo recusa de aceite na letra de câmbio, opera-se o vencimento antecipado da dívida contra os coobrigados, dentre os quais se inclui o sacador do título (art. 47 da Lei Uniforme de Genebra). Nos termos do art. 43, 1º, da Lei Uniforme de Genebra, equipara-se, para este efeito, a recusa parcial do aceite. Sendo assim, pode o portador cobrá-la por inteiro do emitente, mesmo havendo um aceite parcial. No caso em exame, portanto, o emitente responsabiliza-se pelo pagamento dos R$ 1.000,00, valor integral da letra.

C) A responsabilização pelo pagamento dos coobrigados é vinculada ao protesto do título por falta de aceite ou por falta de pagamento (art. 44 da Lei Uniforme de Genebra) dentro do prazo legal. A falta deste ato, ou sua prática extemporânea, libera o sacador, os endossantes e eventuais avalistas da obrigação cambial.

Comentários adicionais

O terceiro item da questão foi cobrado de forma demasiadamente genérica, o que pode causar confusão no candidato. Afinal, temos por "condições por lei exigidas" para a responsabilização dos coobrigados, além do protesto, que a letra contemple todos os requisitos legais (arts. 1º e 2º da Lei Uniforme de Genebra) e que o procedimento de aceite também tenha sido regular (arts. 41 e seguintes da Lei Uniforme de Genebra).

Reconhecendo a vasta gama de possibilidades deixadas em aberto pela redação da questão, a Examinadora, corretamente, determinou nota integral no quesito com a abordagem de qualquer deles pelo candidato, como pode ser conferido no gabarito abaixo.

GABARITO COMENTADO – FGV

O examinando deve indicar a possibilidade de limitação do aceite na letra de câmbio, ficando o aceitante responsável dentro desse limite (art. 26 do Decreto 57.663/1966 – Lei Uniforme de Genebra), bem como analisar a garantia do emitente à aceitação e ao pagamento do título (art. 9º da LUG), respondendo este por todo o valor do título, ou seja, pelos R$ 1.000,00, além de tratar da necessidade de realização do protesto, no caso de recusa parcial do aceite, para promover a cobrança do emitente (art. 44 da LUG).

DISTRIBUIÇÃO DE PONTOS

ITEM	PONTUAÇÃO
Possibilidade de limitação do aceite na Letra de Câmbio – artigo 26, LUG.	0,00/0,25
R$ 1.000,00 (total) (0,25) – arts. 9º **OU** 47, LUG (0,25).	0,00/0,25/0,50
Necessidade do protesto para cobrança judicial do emitente (0,25) – art. 44, LUG **OU** Lei 9492/97 (0,25) **OU** Requisitos legais para eficácia de um Letra de Câmbio (0,25) – arts. 1º e 2º, LUG (0,25) **OU** Requisitos legais para a coobrigação do Sacado (Aceite) (0,25) – arts. 21 e seguintes, LUG (0,25).	0,00/0,25/0,50

1.7. FALÊNCIA

(OAB/Exame Unificado – 2020.1 – 2ª fase) Feliciano, administrador da sociedade empresária Lago de Junco Telecomunicações Ltda., em conluio com seus dois primos, realizou empréstimos a eles em nome da sociedade, a fim de obter crédito para si, o que era vedado pelo contrato social. Essas práticas reiteradas descapitalizaram a sociedade porque a dívida não foi honrada.

Ao cabo de três anos, foi decretada a falência, com fundamento na impontualidade. No curso do processo falimentar, o administrador judicial verificou a prática, antes da falência, de outros atos pelo administrador em unidade de propósitos com seus primos – dentre eles, a transferência de bens do estabelecimento a terceiros, lastreados em pagamentos de dívidas fictícias.

De acordo com o enunciado e as disposições da Lei de Falência e Recuperação de Empresas, responda aos itens a seguir.

A) Qual a medida judicial cabível para recuperar os bens e valores que foram subtraídos do patrimônio da sociedade empresária, e quais são os seus fundamentos? Justifique. **(Valor: 0,55)**

B) Quem tem legitimidade ativa para a referida ação? Qual o prazo para sua propositura e qual a natureza desse prazo? Justifique. **(Valor: 0,70)**

Obs.: o(a) examinando(a) deve fundamentar suas respostas. A mera citação do dispositivo legal não confere pontuação.

RESPOSTAS

A) A medida judicial cabível é a ação revocatória, cuja finalidade é a obtenção da revogação dos atos praticados com a intenção de prejudicar credores. Seus fundamentos são (i) o conluio fraudulento entre o devedor e o terceiro que com ele contratar – no caso do administrador da sociedade com seus dois primos e (ii) o efetivo prejuízo sofrido pela massa falida, como os empréstimos não pagos e a transferência de bens do estabelecimento a terceiros lastreados em pagamentos de dívidas fictícias, com fundamento no Art. 130 da Lei nº 11.101/05.

B) A legitimidade ativa para a ação revocatória é concorrente da massa falida, representada pelo administrador judicial, de qualquer credor ou do representante do Ministério Público. O prazo é de três anos da data da decretação de falência, sendo de natureza decadencial, com fundamento no Art. 132 da Lei nº 11.101/05.

GABARITO COMENTADO – FGV

A questão tem por objetivo aferir se o examinando é capaz de reconhecer, pela descrição do enunciado, a prática de atos revogáveis (subjetivamente ineficazes) pelo administrador da sociedade em conluio fraudulento com seus dois primos. Com esta aptidão, o examinando corretamente identificará que a medida judicial necessária para recuperar os bens e valores é a ação revocatória, cuja legitimidade ativa concorrente é da massa falida, representada pelo administrador judicial, de qualquer credor ou do representante do Ministério Público, observado o prazo decadencial de três anos da data da decretação de falência.

(OAB/Exame Unificado – 2019.2 – 2ª fase) Irmãos Botelhos & Cia. Ltda., em grave crise econômico-financeira e sem condições de atender aos requisitos para pleitear recuperação judicial, requereu sua falência no juízo de seu principal estabelecimento (Camaçari/BA), expondo as razões da impossibilidade de prosseguimento da atividade empresarial.

O pedido foi acompanhado dos documentos exigidos pela legislação e obteve deferimento em 11 de setembro de 2018. Após constatar que todos os títulos protestados por falta de pagamento tiveram o protesto cancelado, o juiz fixou, na sentença, o termo legal em sessenta dias anteriores ao pedido de falência, realizado em 13 de agosto de 2018.

Sobre o caso apresentado, responda aos itens a seguir.

A) Foi correta a fixação do termo legal da falência? **(Valor: 0,70)**

B) Considerando que, no dia 30 de junho de 2018, o administrador de Irmãos Botelhos & Cia. Ltda. pagou dívida vincenda desta através de acordo de compensação parcial, com desconhecimento pelo credor do estado econômico do devedor, tal pagamento é eficaz em relação à massa falida? Justifique. **(Valor: 0,55)**

Obs.: o(a) examinando(a) deve fundamentar suas respostas. A mera citação do dispositivo legal não confere pontuação.

RESPOSTAS

Termo legal é o momento que caracteriza o estado de falido do devedor, conforme preceitua o artigo 99, inciso II da Lei de Lei 11.101/05. Assim, o termo legal visa propiciar a revogação de atos que sejam nocivos aos interesses dos credores, fraudulentos por presunção legal.

O termo legal da falência é o que se chama período suspeito, uma vez que os atos praticados nesse período possuem uma presunção legal de ilegitimidade, visto que é de conhecimento do devedor sua situação. Neste sentido:

Art. 129. São ineficazes em relação à massa falida, tenha ou não o contratante conhecimento do estado de crise econômico-financeira do devedor, seja ou não intenção deste fraudar credores:

I – o pagamento de dívidas não vencidas realizado pelo devedor dentro do termo legal, por qualquer meio extintivo do direito de crédito, ainda que pelo desconto do próprio título;

II – o pagamento de dívidas vencidas e exigíveis realizado dentro do termo legal, por qualquer forma que não seja a prevista pelo contrato;

III – a constituição de direito real de garantia, inclusive a retenção, dentro do termo legal, tratando-se de dívida contraída anteriormente; se os bens dados em hipoteca forem objeto de outras posteriores, a massa falida receberá a parte que devia caber ao credor da hipoteca revogada;

IV – a prática de atos a título gratuito, desde 2 (dois) anos antes da decretação da falência;

V – a renúncia à herança ou a legado, até 2 (dois) anos antes da decretação da falência;

VI – a venda ou transferência de estabelecimento feita sem o consentimento expresso ou o pagamento de todos os credores, a esse tempo existentes, não tendo restado ao devedor bens suficientes para solver o seu passivo, salvo se, no prazo de 30 (trinta) dias, não houver oposição dos credores, após serem devidamente notificados, judicialmente ou pelo oficial do registro de títulos e documentos;

VII – os registros de direitos reais e de transferência de propriedade entre vivos, por título oneroso ou gratuito, ou a averbação relativa a imóveis realizados após a decretação da falência, salvo se tiver havido prenotação anterior.

Importante dizer ainda, que esse período poderá ser de até 90 dias retroagindo a partir do pedido da falência, da recuperação judicial, ou do primeiro protesto válido por falta de pagamento.

A) O juiz agiu adequadamente, uma vez que o critério adotado foi o da data do requerimento da falência, visto que o prazo máximo que a data pode retroagir é de 90 dias, conforme art. 99, inciso II da Lei 11.101/05.

B) O pagamento não produz efeitos, uma vez que ele foi feito dentro do período suspeito, sendo ineficaz objetivamente, o que independe do conhecimento ou não do estado econômico do devedor e da boa-fé de suas intenções, com base no art. 129, inciso I da Lei 11.101/05.

GABARITO COMENTADO – FGV

A questão verifica o conhecimento do examinando sobre os critérios legais para a fixação do termo legal da falência e a relação deste instituto com os atos ineficazes em sentido objetivo, ou seja, independentemente do conhecimento do estado econômico-financeira do devedor e da intenção das partes de fraudar credores.

A) O juiz agiu corretamente ao fixar o termo legal em sessenta dias anteriores ao pedido de falência. Da leitura do Art. 99, inciso II, da Lei nº 11.101/05, verifica-se que o prazo **máximo**, que o juiz poderá retrotrair o termo legal, é de 90 dias. A fixação do termo legal deverá observar um dentre três critérios: i) data do pedido de recuperação judicial; (ii) data do primeiro protesto por falta de pagamento; ou (iii) data do pedido de falência. Como não houve pedido de recuperação judicial e os protestos existentes foram cancelados, portanto desconsiderados para a fixação do termo legal, restou ao juiz adotar o critério da data do requerimento de falência.

B) O pagamento mediante acordo de compensação parcial de dívida vincenda, celebrado em 30/6/2018, ou seja, dentro do termo legal, é ineficaz em relação à massa falida, mesmo com o desconhecimento da crise econômico-financeira pelo credor, com base no Art. 129, inciso I, da Lei nº 11.101/05.

DISTRIBUIÇÃO DE PONTOS

ITEM	PONTUAÇÃO
A) Sim. A fixação do termo legal da falência foi correta, porque a data do requerimento da falência é um dos critérios à disposição do juiz, na impossibilidade de escolha de outro (0,35) e foi fixado dentro do limite máximo de 90 dias (0,25), nos termos do Art. 99, inciso II, da Lei nº 11.101/05 (0,10).	0,00/0,25/0,35/0,45/0,60/0,70
B) Não. O pagamento de dívida vincenda (acordo de compensação parcial de dívida), realizado pelo devedor dentro do termo legal **OU** no dia 30/06/2018, é ineficaz em relação à massa falida, independentemente do conhecimento pelo credor do estado econômico do devedor (0,45), com fundamento no Art. 129, inciso I, da Lei nº 11.101/05 (0,10).	0,00/0,45/0,55

(OAB/Exame Unificado – 2019.1 – 2ª fase) Mendes Pimentel é credor de Alpercata Reflorestamento Ltda., por título extrajudicial com vencimento em 20 de março de 2020. Em 11 de setembro de 2018, foi decretada a falência da devedora pelo juízo da comarca de Andradas/MG.

Mendes Pimentel é proprietário de uma máquina industrial que se encontrava em poder de um dos administradores da sociedade falida na data da decretação da falência, mas não foi arrolada no auto de arrecadação elaborado pelo administrador judicial.

Sobre a hipótese narrada, responda aos itens a seguir.

A) Sabendo-se que o crédito de Mendes Pimentel não se encontra na relação publicada junto com a sentença de falência, ele deverá aguardar o vencimento da dívida para habilitar o crédito? **(Valor: 0,55)**

B) Diante da ausência de arrecadação da máquina industrial, Mendes Pimentel deverá ajuizar ação em face da massa falida para que o crédito, uma vez apurado, seja pago como quirografário? **(Valor: 0,70)**

Obs.: o(a) examinando(a) deve fundamentar as respostas. A mera citação do dispositivo legal não confere pontuação.

RESPOSTAS

A quebra da empresa determina o vencimento antecipado das dívidas do devedor – art. 77. Para as dívidas estrangeiras, o câmbio é considerado no dia da decisão judicial. Portanto, todas as dívidas vincendas são antecipadas por causa da decisão judicial da falência. Esse vencimento antecipado é determinado automaticamente, muito em devido à necessidade de o administrador saber quais são os valores dos débitos da empresa falida.

Por vezes, mesmo falida a empresa continua a operar, sendo tais atividades provisórias administradas para que a empresa falida não tenha danos ainda maiores.

Se a quebra envolver sociedade de responsabilidade ilimitada, os sócios serão considerados falidos, devendo ser citados para apresentar contestação e manifestarem-se nos autos, ainda que o sócio tenha se retirado da sociedade, desde que há menos de dois anos da data de arquivamento da alteração societária.

A representação da massa falida ocorrerá por seus administradores ou liquidantes – art. 81. O administrador representa o espólio patrimonial da massa falida, mas o devedor é sempre intimado a se manifestar

> *Art. 77. A decretação da falência determina o vencimento antecipado das dívidas do devedor e dos sócios ilimitada e solidariamente responsáveis, com o abatimento proporcional dos juros, e converte todos os créditos em moeda estrangeira para a moeda do País, pelo câmbio do dia da decisão judicial, para todos os efeitos desta Lei.*
>
> *Art. 85. O proprietário de bem arrecadado no processo de falência ou que se encontre em poder do devedor na data da decretação da falência poderá pedir sua restituição.*
>
> *Parágrafo único. Também pode ser pedida a restituição de coisa vendida a crédito e entregue ao devedor nos 15 (quinze) dias anteriores ao requerimento de sua falência, se ainda não alienada.*

A) Tendo em vista o disposto no art. 77 da Lei 11.101/05, a decretação de falência determina o vencimento antecipado das dívidas. Desse modo, o crédito já pode ser habilitado, não havendo a necessidade de aguardar a data do vencimento original do crédito.

B) Não, pois uma vez que houver a decretação da falência, o bem que está em poder do devedor poderá ser restituído ao proprietário. Ademais, caso o bem tenha sido adquirido a credito nos últimos 15 dias aos da decretação, o proprietário poderá pedir sua restituição se ainda tiver sido alienado, conforme art. 85 da Lei 11.101/05. Por fim, dispõe o art. 86 que se a coisa não mais existir a tempo do pedido de restituição, o credor receberá o valor avaliado do bem ou seu preço.

GABARITO COMENTADO – FGV

A questão tem por objetivo verificar se o examinando é capaz de identificar um dos efeitos da decretação da falência em relação ao direito dos credores: o vencimento antecipado das dívidas do falido na data da sentença. Ademais, espera-se que o examinando identifique a situação descrita no enunciado quanto à máquina industrial como ensejadora do pedido de restituição, pois o bem não foi arrecadado, porém se encontrava em poder do falido na data da decretação da falência.

ROBINSON BARREIRINHAS E HENRIQUE SUBI   128

A) Não. A decretação da falência determina o vencimento antecipado das dívidas do devedor; portanto, o crédito de Mendes Pimentel já poderá ser habilitado na falência, com base no Art. 77 da Lei nº 11.101/05.

B) Não. Mendes Pimentel poderá requerer a restituição do bem que se encontrava em poder do devedor, com base no Art. 85 da Lei nº 11.101/05. Se a coisa não mais existir ao tempo do pedido, o proprietário receberá o valor da avaliação do bem, ou, no caso de ter ocorrido sua venda, o respectivo preço.

DISTRIBUIÇÃO DE PONTOS

ITEM	PONTUAÇÃO
A) Não. A decretação da falência determina o vencimento antecipado das dívidas do devedor; portanto, o crédito de Mendes Pimentel já poderá ser habilitado na falência (0,45), com base no Art. 77 da Lei nº 11.101/05 (0,10).	0,00/0,45/0,55
B) Não. Mendes Pimentel poderá requerer a restituição do bem que se encontrava em poder do devedor (0,45), com base no Art. 85 da Lei nº 11.101/05 (0,10). Se a coisa não mais existir ao tempo do pedido, o proprietário receberá o valor da avaliação do bem, ou, no caso de ter ocorrido sua venda, o respectivo preço (0,15).	0,00/0,45/0,55/0,60/0,70

(OAB/Exame Unificado – 2016.3 – 2ª fase) Em novembro de 2015, Comodoro Madeiras Nobres Ltda. contraiu empréstimo no valor de R$ 700.000,00 (setecentos mil reais) com fiança bancária. Antes do vencimento da dívida, em abril de 2016, diante da exoneração do fiador, a fiança foi substituída pelo penhor de máquinas de Comodoro Madeiras Nobres Ltda.

O mutuário teve sua falência decretada em novembro de 2016, sendo fixado o termo legal da data da decretação da falência até 90 (noventa) dias anteriores a 30 de setembro de 2014, data do primeiro protesto por falta de pagamento.

Peixoto de Azevedo, credor com privilégio especial, procura o administrador judicial para que este decrete a ineficácia objetiva, em relação à massa falida, do penhor constituído pelo devedor antes da falência.

Você, advogado(a) e no exercício da administração judicial da massa falida, deve analisar o caso e responder aos questionamentos a seguir.

A) Há ineficácia objetiva da garantia de penhor sobre as máquinas do devedor? **(Valor: 0,80)**

B) Você, como administrador(a) judicial e representante da massa falida, pode, de ofício ou mediante requerimento de credor, decretar a ineficácia do ato? **(Valor: 0,45)**

Obs.: o(a) examinando(a) deve fundamentar as respostas. A mera citação do dispositivo legal não confere pontuação.

RESPOSTAS

O termo legal da falência é o que se chama período suspeito, uma vez que os atos praticados nesse período possuem uma presunção legal de ilegitimidade, sendo irrelevante o conhecimento do contratante e do devedor de sua situação. Neste sentido:

PRÁTICA EMPRESARIAL – 4ª EDIÇÃO   129   EXERCÍCIOS PRÁTICOS

> *Art. 129*. São ineficazes em relação à massa falida, tenha ou não o contratante conhecimento do estado de crise econômico-financeira do devedor, seja ou não intenção deste fraudar credores:
>
> *I – o pagamento de dívidas não vencidas realizado pelo devedor dentro do termo legal, por qualquer meio extintivo do direito de crédito, ainda que pelo desconto do próprio título;*
>
> *II – o pagamento de dívidas vencidas e exigíveis realizado dentro do termo legal, por qualquer forma que não seja a prevista pelo contrato;*
>
> *III – a constituição de direito real de garantia, inclusive a retenção, dentro do termo legal, tratando-se de dívida contraída anteriormente; se os bens dados em hipoteca forem objeto de outras posteriores, a massa falida receberá a parte que devia caber ao credor da hipoteca revogada;*
>
> *IV – a prática de atos a título gratuito, desde 2 (dois) anos antes da decretação da falência;*
>
> *V – a renúncia à herança ou a legado, até 2 (dois) anos antes da decretação da falência;*
>
> *VI – a venda ou transferência de estabelecimento feita sem o consentimento expresso ou o pagamento de todos os credores, a esse tempo existentes, não tendo restado ao devedor bens suficientes para solver o seu passivo, salvo se, no prazo de 30 (trinta) dias, não houver oposição dos credores, após serem devidamente notificados, judicialmente ou pelo oficial do registro de títulos e documentos;*
>
> *VII – os registros de direitos reais e de transferência de propriedade entre vivos, por título oneroso ou gratuito, ou a averbação relativa a imóveis realizados após a decretação da falência, salvo se tiver havido prenotação anterior.*
>
> *Parágrafo único. A ineficácia poderá ser declarada de ofício pelo juiz, alegada em defesa ou pleiteada mediante ação própria ou incidentalmente no curso do processo.*

Importante dizer ainda, que esse período poderá ser de até 90 dias retroagindo a partir do pedido da falência, da recuperação judicial, ou do primeiro protesto válido por falta de pagamento.

A) Não há ineficácia objetiva no caso em comento. Isso pois porque tanto a dívida quanto a garantia real foram contraídas dentro do termo que se dá desde a data da decretação da falência (novembro de 2016) até 90 dias anteriores a 30/09/2014, não aplicando-se, assim, o disposto no art. 129, inciso III, da Lei nº 11.101/05.

B) Não. Somente possui competência para declarar o ato ineficaz o juiz da falência, seja de ofício ou por ato provocado pelas partes, nos termos do art. 129, parágrafo único da lei 11.101/05.

GABARITO COMENTADO – FGV

A questão tem por objetivo aferir o conhecimento do(a) examinando(a) sobre a hipótese de ineficácia de ato praticado pelo devedor antes da falência prevista no Art. 129, inciso III, da Lei nº 11.101/05, bem como a impossibilidade de o administrador judicial decretar de ofício ou a requerimento a ineficácia de qualquer ato.

O enunciado afirma que o penhor foi constituído em abril de 2016, portanto **dentro** do termo legal da falência. A dívida foi contraída em novembro de 2015, também dentro do termo legal, pois esse está compreendido da data da decretação da falência (novembro de 2016) a até 90 dias anteriores a 30/09/2014. Assim, o credor Peixoto de Azevedo não tem razão em pleitear a ineficácia objetiva do ato, porque a situação descrita no enunciado não se enquadra no Art. 129, inciso III, da Lei nº 11.101/05 ("a constituição de direito real de garantia, inclusive a retenção, dentro do termo legal, tratando-se de dívida contraída anteriormente"). Logo, a garantia dada em favor do mutuante é eficaz em relação à massa falida.

Quanto ao pedido do credor, ainda que se tratasse de ato objetivamente ineficaz, não seria possível. Nos termos do Art. 129, parágrafo único, da Lei nº 11.101/05, a ineficácia será sempre decretada pelo juiz, seja de ofício, em ação própria ou incidentalmente no curso do processo de falência.

A) Não. A dívida e a garantia real foram contraídas **dentro** do termo legal e este está compreendido da data da decretação da falência (novembro de 2016) a até 90 dias anteriores a 30/09/2014. Assim, o credor Peixoto de Azevedo não tem razão em pleitear a ineficácia objetiva, porque a situação descrita no enunciado não se enquadra no Art. 129, inciso III, da Lei nº 11.101/05.

B) Não. Ainda que se tratasse de ato objetivamente ineficaz, não seria possível ao administrador judicial decretar sua ineficácia de ofício ou a requerimento de credor. A ineficácia será sempre decretada pelo juiz, seja de ofício em ação própria ou incidentalmente no curso do processo de falência, nos termos do Art. 129, parágrafo único, da Lei nº 11.101/05.

DISTRIBUIÇÃO DE PONTOS

ITEM	PONTUAÇÃO
A) Não. O penhor é eficaz em relação à massa (0,20) porque a dívida e a garantia real foram contraídas **dentro do termo legal** e esse está compreendido da data da decretação da falência (novembro de 2016) até 90 dias anteriores a 30/09/2014 (0,50). Destarte, o ato não está enquadrado no Art. 129, inciso III, da Lei nº 11.101/05 (0,10). *Obs*: A mera citação do dispositivo legal não confere pontuação.	0,00/0,20/0,30/0,50/0,60/ 0,70/0,80
B) Não. A ineficácia do ato será sempre decretada pelo juiz, seja de ofício, em ação própria ou incidentalmente no curso do processo de falência (0,35), nos termos do Art. 129, parágrafo único, da Lei nº 11.101/05 (0,10). *Obs*: A mera citação do dispositivo legal não confere pontuação.	0,00/0,35/0,45

(OAB/Exame Unificado – 2016.2 – 2ª fase) João Claudino Metais Ltda. é sócia de uma sociedade limitada e acionista de uma companhia fechada. As duas sociedades empresárias nas quais João Claudino Metais Ltda. tem participação tiveram suas falências decretadas num intervalo de seis meses, sendo a limitada em março de 2014 e a companhia em setembro de 2014.

Antevendo a crise iminente que se anunciava, o sócio exerceu seu direito de retirada da sociedade limitada, em janeiro de 2014, dentro do prazo legal, por discordar de alteração contratual. A sociedade, na data da decretação da falência, ainda não havia lhe pago seus haveres, embora tivesse realizado a apuração.

PRÁTICA EMPRESARIAL – 4ª EDIÇÃO   131   EXERCÍCIOS PRÁTICOS

Com base na hipótese formulada, responda aos itens a seguir.

A) João Claudino Metais Ltda. poderá exigir da massa falida da sociedade o recebimento do valor de suas quotas? **(Valor: 0,65)**

B) Caso seja realizada deliberação assemblear na companhia falida e seja aprovada matéria que enseje o direito de retirada, ficando vencido, João Claudino Metais Ltda. poderá pleitear o reembolso de suas ações? **(Valor: 0,60)**

Obs.: O examinando deve fundamentar suas respostas. A mera citação do dispositivo legal não será pontuada.

RESPOSTAS

A) Não. Com a decretação de falência da sociedade limitada, mesmo que o sócio tenha exercido seu direito de retirada anteriormente, fica suspenso o pagamento dos haveres por parte da sociedade falida, com fundamento no Art. 116, inciso II, da Lei nº 11.101/2005.

B) Não. Embora seja direito essencial do acionista retirar-se da sociedade nos casos previstos na Lei nº 6.404/76, a decretação de falência da companhia suspende o exercício do direito de retirada. Portanto, caso venha a ser aprovada matéria que autorize o pedido de reembolso, o acionista dissidente estará impedido de exercê-lo, com fundamento no Art. 116, inciso II, da Lei nº 11.101/2005.

GABARITO COMENTADO – FGV

A questão tem por objetivo verificar o conhecimento do examinando do efeito da sentença de falência sobre o direito de retirada do sócio ou acionista e o pagamento dos haveres ou reembolso de quotas/ações. Note-se que são duas situações distintas, ou seja, na sociedade limitada o sócio já exerceu seu direito de retirada antes da decretação da falência e na companhia ainda não, mas o comando da questão indaga se poderá exercê-lo durante a falência. A resposta é negativa ao comando do item A quanto do item B, porque, de acordo com o Art. 116, inciso II, da Lei nº 11.101/2005, fica suspenso tanto o exercício do direito de retirada do sócio/acionista quanto o recebimento do valor de suas quotas ou ações.

A) Não. Com a decretação de falência da sociedade limitada, mesmo que o sócio tenha exercido seu direito de retirada anteriormente, fica suspenso o pagamento dos haveres por parte da sociedade falida, com fundamento no Art. 116, inciso II, da Lei nº 11.101/2005.

Observa-se que o comando da questão não indaga do examinando qual a classificação do crédito da pessoa jurídica sócia, portanto, inaplicável o art. 83 e seus parágrafos. A causa da inexigibilidade do pagamento do valor das quotas decorre da suspensão determinada no art. 116, II, da Lei n. 11.101/2005.

B) Não. Embora seja direito essencial do acionista retirar-se da sociedade nos casos previstos na Lei nº 6.404/76, a decretação de falência da companhia suspende o exercício do direito de retirada. Portanto, caso venha a ser aprovada matéria que autorize o pedido de reembolso, o acionista dissidente estará impedido de exercê-lo, com fundamento no Art. 116, inciso II, da Lei nº 11.101/2005.

ROBINSON BARREIRINHAS E HENRIQUE SUBI 132

DISTRIBUIÇÃO DE PONTOS

ITEM	PONTUAÇÃO
A) Não. Com a decretação de falência da sociedade limitada, mesmo que o sócio tenha exercido seu direito de retirada anteriormente, fica suspenso o pagamento dos haveres por parte da sociedade falida (0,55), com fundamento no Art. 116, inciso II, da Lei n° 11.101/2005 (0,10). _Obs.: A simples menção ou transcrição do dispositivo legal não pontua._	0,00 / 0,55 / 0,65
B) Não. Caso venha a ser aprovada, após a decretação da falência, matéria que autorize o pedido de reembolso, o acionista dissidente estará impedido de exercê-lo, com fundamento no Art. 116, inciso II, da Lei n° 11.101/2005 (0,60). _Obs.: A pontuação pela menção do Art. 116, II, da Lei n° 11,101/2005 só será atribuída uma vez, desde que o dispositivo seja citado no contexto do item A ou do item B._ _Obs.: A simples menção ou transcrição do dispositivo legal não pontua._	0,00 / 0,60

(OAB/Exame Unificado – 2013.3 – 2ª fase) Pedro Afonso é funcionário público na cidade de Peixe, Estado do Tocantins, e também atua, em nome individual, como empresário na cidade de Araguacema, situada no mesmo Estado, onde está localizado seu único estabelecimento. Pedro Afonso não tem registro de empresário na Junta Comercial do Estado de Tocantins.

Bernardo é credor de Pedro Afonso pela quantia de R$ 66.000,00 (sessenta e seis mil reais) consubstanciada em documento particular assinado pelo devedor e por duas testemunhas. Diante do não pagamento da obrigação, no vencimento, sem relevante razão de direito, o credor requereu a falência de Pedro Afonso, tendo instruído a petição com o título e o instrumento de protesto para fim falimentar.

Em contestação e sem efetuar o depósito elisivo, Pedro Afonso requer a extinção do processo sem resolução de mérito por falta de legitimidade passiva no processo falimentar (Art. 485, VI, do CPC).

Com base na hipótese apresentada, responda aos seguintes itens.

A) Procede a alegação de ilegitimidade passiva apresentada por Pedro Afonso? **(Valor: 0,75)**

B) O credor reúne as condições legais para o requerimento de falência? Justifique e dê amparo legal. **(Valor: 0,50)**

RESPOSTAS

A decretação da falência pressupõe a insolvência do devedor empresário, podendo esta ser caracterizada de três formas, conforme o art. 94 da Lei 11.101/05:

> _Art. 94. Será decretada a falência do devedor que:_
>
> _I – sem relevante razão de direito, não paga, no vencimento, obrigação líquida materializada em título ou títulos executivos protestados cuja soma ultrapasse o equivalente a 40 (quarenta) salários-mínimos na data do pedido de falência;_
>
> _II – executado por qualquer quantia líquida, não paga, não deposita e não nomeia à penhora bens suficientes dentro do prazo legal;_
>
> _III – pratica qualquer dos seguintes atos, exceto se fizer parte de plano de recuperação judicial:_

a) procede à liquidação precipitada de seus ativos ou lança mão de meio ruinoso ou fraudulento para realizar pagamentos;

b) realiza ou, por atos inequívocos, tenta realizar, com o objetivo de retardar pagamentos ou fraudar credores, negócio simulado ou alienação de parte ou da totalidade de seu ativo a terceiro, credor ou não;

c) transfere estabelecimento a terceiro, credor ou não, sem o consentimento de todos os credores e sem ficar com bens suficientes para solver seu passivo;

d) simula a transferência de seu principal estabelecimento com o objetivo de burlar a legislação ou a fiscalização ou para prejudicar credor;

e) dá ou reforça garantia a credor por dívida contraída anteriormente sem ficar com bens livres e desembaraçados suficientes para saldar seu passivo;

f) ausenta-se sem deixar representante habilitado e com recursos suficientes para pagar os credores, abandona estabelecimento ou tenta ocultar-se de seu domicílio, do local de sua sede ou de seu principal estabelecimento;

g) deixa de cumprir, no prazo estabelecido, obrigação assumida no plano de recuperação judicial.

A lei obriga o próprio devedor em crise econômico-financeira que julgue não atender aos requisitos para pleitear sua recuperação judicial, a requerer a autofalência (art. 105). São também legitimados para o requerimento da falência: o cônjuge sobrevivente do devedor, qualquer de seus herdeiros e o inventariante (art. 97, II, da Lei 11.101/05), o cotista ou acionista do devedor na forma da lei ou do ato constitutivo da sociedade (art. 97, III, da Lei 11.101/05) e qualquer de seus credores (art. 97, IV, da Lei 11.101/05).

Porém, o mais comum é que o pedido de falência seja feito pelo credor, uma vez que o processo falimentar é um instrumento eficaz de execução coletiva.

O credor, contudo, tem seu direito de ação condicionado ao atendimento de requisitos que devem ser atendidos de acordo com sua condição. O credor empresário deve provar sua regularidade no exercício do comércio, exibindo a inscrição individual ou o registro dos atos constitutivos da sociedade (art. 97, § 1°);

o credor não domiciliado no País deve prestar caução destinada a cobrir às custas do processo e eventual indenização ao requerido, caso venha a ser denegada a falência (art. 97, § 2°).

Conclui-se, então, que se o credor não for empresário e estiver domiciliado no Brasil, não se aplicam quaisquer requisitos específicos. Por exemplo, o credor civil não necessita demonstrar a regularidade no exercício de sua atividade econômica.

A Lei de Falências não exige que o credor com garantia real renuncie a ela ou demonstre sua insuficiência. Em suma, podemos afirmar que a falência do devedor pode ser requerida:

a) pelo credor munido de título de crédito desde que:

- se empresário, prove a regularidade de sua atividade

- se estrangeiro, preste caução para garantir o pagamento das despesas processuais caso seja derrotado na sua pretensão;

b) por qualquer outro credor;

c) pelo próprio devedor empresário (autofalência);

ROBINSON BARREIRINHAS E HENRIQUE SUBI

d) pelo sócio, ainda que comanditário, exibindo o contrato social, e pelo acionista, exibindo suas ações;

e) pelo cônjuge sobrevivente, pelos herdeiros do devedor ou pelo inventariante.

O pedido de falência segue rito diferente, de acordo com seu autor: se requerido pelo credor ou pelo sócio minoritário, segue os preceitos dos arts. 94 a 96 e 98; em caso de autofalência, seguirá o procedimento dos arts. 105 a 107 da Lei 11.101/05.

A) Conforme o art. 1º da Lei 11.101/05, temos simplesmente que o "empresário pode ter sua falência decretada", sendo assim, não se vislumbra nenhum impedimento o fato de este estar irregular, independendo da Junta Comercial para ter sua falência requerida e decretada. Isso pois o registro empresarial é de natureza declaratória, e não constitutiva. Ademais, a pessoa impedida de ser empresária por ser funcionária pública responde pelas obrigações que contrair, conforme dispõe o art. 973 do CC.

B) Sim, porque o contrato assinado é tido como uma confissão de dívida, documento este que é hábil ao requerimento da falência por se tratar de título executivo extrajudicial, com base no art. 784, III, do CPC. Ademais, o título está protestado e seu valor excede a 40 salários mínimos, conforme exigências constantes do art. 94, §3º, e art. 94, inciso I, da Lei 11.101/05, respectivamente.

GABARITO COMENTADO – FGV

A questão tem por objetivo aferir o conhecimento do candidato sobre as condições legais para o requerimento de falência fundado na impontualidade imotivada (Art. 94, I, e § 3º, da Lei n. 11.101/2005).

A) Não procede a alegação de ilegitimidade passiva formulada por Pedro Afonso porque o empresário, ainda que irregular, pode ter sua falência requerida e decretada independentemente do registro na Junta Comercial, com fundamento no Art. 1º, da Lei n. 11.101/2005. O registro de empresário é declaratório e não constitutivo da qualidade de empresário e a pessoa impedida de ser empresário (funcionário público) responderá pelas obrigações contraídas, com fundamento no Art. 973, do Código Civil.

B) O documento particular do credor é hábil ao requerimento de falência porque é título executivo extrajudicial, com base no Art. 784, II, do CPC, o valor da obrigação excede a 40 salários mínimos e está protestado para fim falimentar, atendendo as exigências do Art. 94, I e seu § 3º, da Lei n. 11.101/2005.

DISTRIBUIÇÃO DE PONTOS

ITEM	PONTUAÇÃO
A) Não, porque a pessoa impedida de ser empresário (funcionário público) responderá pelas obrigações contraídas ainda que não tenha registro na Junta Comercial, e poderá ter sua falência decretada (ou terá legitimidade passiva no processo de falência) (0,55), com fundamento no Art. 1º da Lei n. 11.101/2005 (0,10) e art. 973 do Código Civil (0,10).	0,00/0,55/0,65/0,75
Obs.: a simples menção ou transcrição dos dispositivos legais não pontua.	

B) Sim, porque a confissão de dívida é hábil ao requerimento de falência eis que se trata de título executivo extrajudicial, com base no art. 784, III, do CPC (0,15); o valor excede a 40 salários mínimos, conforme exigência do Art. 94, I da Lei n. 11.101/2005 (0,15), e está protestado para fins de falência, atendendo à exigência do Art. 94, § 3º, da Lei n. 11.101/2005 (0,20). **A simples menção ou transcrição dos dispositivos legais não pontua.**	0,00/0,15/0,20/0,30/0,35/0,50

(OAB/Exame Unificado – 2013.2 – 2ª fase) José, empresário individual que teve sua falência decretada em 20.10.2011, vendeu um sítio de sua propriedade para Antônio, em agosto de 2011.

Antônio prenotou a escritura de compra e venda do sítio em 18.10.2011, mas o registro da transferência imobiliária só foi efetuado em 05.11.2011, 15 (quinze) dias após a decretação da falência.

Isto posto, responda aos itens a seguir.

A) É válida e eficaz a compra e venda acima referida? **(Valor: 0,75)**

B) A referida compra e venda poderia eventualmente vir a ser revogada? **(Valor: 0,50)**

O examinando deve fundamentar corretamente sua resposta. A simples menção ou transcrição do dispositivo legal não pontua.

RESPOSTAS

Os atos ineficazes estão expressos no art. 129 e abrangem o período (termo legal) estipulado pelo magistrado. Por serem tidos como ineficazes, são atos que não geram efeitos. Portanto, não interessa se houve dolo de fraudar os credores, mesmo que o ato tenha sido de boa-fé, ele não surtirá efeitos. É considerado ineficaz de plano, sem se avaliar condutas. Contudo, há exceções.

A) É válida e eficaz a compra e venda, uma vez que Antônio realizou a prenotação antes da decretação da falência, ato este que positiva o ato, conforme o inciso VII, parte final do art. 129 da Lei 11.101/05.

B) Somente poderá ser revogada se comprovadas intenções fraudulentas entre o devedor e o terceiro, além de o efetivo prejuízo a massa falida, por meio da ação revocatória, conforme dispõe o art. 130 da Lei 11.101/05.

GABARITO COMENTADO – FGV

O examinando deve demonstrar que possui conhecimentos sobre a ineficácia e a revogação dos atos praticados antes da falência. A questão envolve a aplicação dos artigos 129, VII e 130, da Lei n. 11.101/05.

A) O examinando deverá responder que, sob o ponto de vista formal, a dita compra e venda é válida e eficaz, uma vez que se insere na exceção ao ato ineficaz previsto no art. 129, VII, da Lei n. 11.101/05, em razão de sua prenotação ter ocorrido anteriormente à data da decretação da falência.

B) O examinando deve indicar que tal compra e venda poderia ser revogada, por meio de ação revocatória com base no art. 130 da Lei n. 11.101/05, na hipótese de se tratar de ato com o intuito de prejudicar credores, mediante prova de eventual conluio fraudulento entre José e Antônio e do prejuízo sofrido pela massa.

DISTRIBUIÇÃO DE PONTOS

Esta prova não especificou como seriam distribuídos os pontos.

(OAB/Exame Unificado – 2011.2 – 2ª fase) Paulo Cabral deixou, em consignação, o carro de sua propriedade na Concessionária de Veículos Veloz Ltda. para que essa sociedade pudesse intermediar a venda do automóvel a terceiro. Sete dias depois, ao retornar à concessionária para buscar o automóvel, Paulo Cabral foi surpreendido pelo fato de ter encontrado o estabelecimento lacrado, em decorrência da decretação da falência da mencionada concessionária.

Inconformado, Paulo Cabral procura-o(a), como advogado(a), e lhe apresenta algumas indagações.

Responda aos itens a seguir, empregando os argumentos jurídicos apropriados e a fundamentação legal pertinente ao caso.

A) Qual medida poderá ser por ele manejada para reaver o veículo de sua propriedade que se encontra em poder da devedora falida? **(Valor: 0,65)**

B) Caso o automóvel não venha a ser localizado, por ter sido vendido, como deverá proceder? **(Valor: 0,60)**

RESPOSTAS

A) A medida cabível para o proprietário retomar o bem arrecadado na falência, que se encontrava em poder do devedor no momento da decretação desta, é o pedido de restituição, previsto no art. 85 da Lei 11.101/2005.

B) Na impossibilidade de se proceder à restituição do próprio bem arrecadado indevidamente, por ter se deteriorado ou já ter sido alienado, a restituição deverá ser feita em dinheiro, compreendendo o valor de avaliação do bem, no primeiro caso, ou o valor da venda, no segundo, devidamente atualizado em qualquer hipótese (art. 86, I, da Lei 11.101/2005).

Comentários adicionais

O candidato deve sempre ter o cuidado de não confundir o pedido de restituição com a ação revocatória. O primeiro é usado para recuperar bens que não são de propriedade do falido, mas estavam na posse deste no momento da decretação da falência e por isso foram arrecadados pelo administrador judicial. Cabe, ainda, pedido de restituição de coisa vendida para pagamento a prazo e entregue ao devedor nos 15 dias anteriores ao requerimento da falência. Nesta última hipótese, porém, não há que se falar em restituição em dinheiro. Se a mercadoria já foi alienada, resta ao vendedor apenas habilitar seu crédito.

A ação revocatória, por sua vez, presta-se a revogar o ato praticado pelo falido com objetivo de fraudar os credores, gerando prejuízos para a massa. Pode ser proposta pelo administrador judicial, qualquer credor ou pelo Ministério Público.

GABARITO COMENTADO – FGV

O examinando deve, em respostas aos quesitos, identificar que:

A) A medida mais adequada a ser manejada por Paulo Cabral (enquanto proprietário de bem arrecadado no processo de falência ou que se encontra em poder do devedor na data da decretação da mesma) para reaver o seu veículo é a formulação de "pedido de restituição" (caput do artigo 85 da Lei 11.101/2005).

PRÁTICA EMPRESARIAL – 4ª EDIÇÃO

EXERCÍCIOS PRÁTICOS

B) se o veículo não mais existir ao tempo do pedido de restituição, Paulo Cabral deverá requerer a restituição em dinheiro, hipótese em que o requerente receberá o valor da avaliação do bem, ou, no caso de ter ocorrido sua venda, o respectivo preço, em ambos as situações no valor atualizado (artigo 86, inciso I, da Lei 11.101/2005).

DISTRIBUIÇÃO DE PONTOS

ITEM	PONTUAÇÃO
Pedido de Restituição ou Ação de Restituição/Restitutória (0,35) / menção ao artigo 85 da Lei 11.101/05 (0,30).	0,00/0,30/0,35/0,65
Restituição em dinheiro (0,30) / menção ao artigo 86, I, da Lei 11.101/05 (0,30).	0,00/0,30/0,6

1.8. RECUPERAÇÃO DE EMPRESAS

(OAB/Exame Unificado – 2018.2 – 2ª fase) Anastácio, empresário individual, requereu recuperação judicial em Deodápolis/MS, local de seu principal estabelecimento. No curso do processo, o juiz determinou o afastamento do devedor a pedido do Ministério Público; ato contínuo, o juiz determinou a convocação de assembleia de credores para a escolha do gestor judicial. Na assembleia, instalada em primeira convocação, foi aprovada a indicação do Dr. Pedro Gomes, como gestor judicial, pelos credores das classes I e III do Art. 41 da Lei nº 11.101/05.

O credor com privilégio especial, Paraíso das Águas Hotelaria Ltda., ausente na deliberação, apresenta impugnação à aprovação do gestor judicial, provando que Pedro Gomes é primo de Anastácio. Ademais, Orgânicos Santa Rita do Pardo Ltda., único credor com garantia real (classe II), não compareceu à assembleia.

Em razão da ausência do credor com garantia real não foi atingido o quórum de instalação na classe II, embora a totalidade dos credores das classes I e III estivesse presente e tenha aprovado a indicação do gestor.

Pleiteia o impugnante a realização de nova assembleia e a sustação da nomeação do gestor. Consideradas as informações acima, responda aos itens a seguir.

A) O fato de Pedro Gomes ser primo de Anastácio constitui impedimento para sua nomeação como gestor judicial? **(Valor: 0,60)**

B) Houve irregularidade quanto ao quórum de instalação da assembleia que aprovou a indicação do gestor? **(Valor: 0,65)**

Obs.: o(a) examinando(a) deve fundamentar as respostas. A mera citação do dispositivo legal não confere pontuação.

RESPOSTAS

O juiz da falência ou da recuperação judicial nomeará um administrador judicial, que será uma pessoa de sua confiança, escolhida, preferencialmente, entre advogados, economistas, administradores, contadores ou empresas especializadas.

A função do administrador judicial é remunerada e indelegável, sendo vedada sua substituição sem autorização judicial (art. 21 da Lei 11.101/05).

O juiz fixará o valor e a forma de pagamento da remuneração do administrador levando em conta o grau de complexidade dos trabalhos por ele desenvolvidos. A remuneração não ultrapassará 5% do valor de venda dos bens e dos créditos submetidos à recuperação, respectivamente (art. 24, § 1°).

O administrador receberá 60% da remuneração no curso da falência e 40% após a conclusão da realização do ativo e do julgamento das contas da administração.

São funções dos administradores:

• enviar correspondência aos credores;

• fornecer todas as informações requeridas pelos credores interessados;

• dar extratos dos livros do devedor: • exigir informações:

• elaborar relação de credores;

• consolidar o quadro geral de credores:

• requerer convocação de assembleia geral:

• contratar, mediante autorização judicial, profissionais ou empresas especializadas para, quando necessário auxiliá-lo; • manifestar-se nos autos.

• fiscalizar o devedor:

• requerer a falência no caso de descumprimento do plano de recuperação judicial;

• apresentar relatórios.

Ademais, o administrador será destituído se deixar de cumprir suas obrigações, for omisso ou negligente, ou praticar ato lesivo às atividades do devedor ou a terceiros. Quando destituído, o juiz nomeará novo administrador judicial (art. 31 da Lei n° 11.101/05). O administrador destituído fica impedido de exercer o cargo em novo processo de f recuperação, não podendo ainda se candidatar a membro do Comitê de Credores.

Contudo, por vezes o administrador da empresa recuperanda passa a tomar decisões desfavoráveis aos credores (p.ex. retirada de lucro em prejuízo dos credores), isso é possível porque o administrador judicial no caso da recuperação não atua propriamente (somente fiscaliza), nesse caso há possibilidade de o administrador judicial pedir o afastamento do devedor da administração da recuperanda (o comitê também poderá denunciar esses atos desfavoráveis), assumindo o **gestor judicial** para continuar com a recuperação judicial, sendo que o comitê poderá indicar alguém para ser gestor. O gestor judicial, em regra, não é a mesma pessoa do administrador judicial.

Deve-se ressaltar que o afastamento do administrador da empresa recuperanda é temporário, pois a empresa não foi decretada como falida. O administrador judicial somente assume a função de gestor enquanto o Gestor Judicial não for efetivamente nomeado, devendo prestar contas dessa atuação temporária.

O comitê pode indicar outro plano de recuperação ou aditá-lo, apresentando novo plano à Assembleia de Credores.

A) Não. Aplicam-se ao gestor judicial os mesmos impedimentos do administrador judicial, conforme Art. 65, *caput*, da Lei n° 11.101/05. Assim, o primo de Anastácio, poderá ser nomeado gestor judicial, pois o impedimento em relação ao parentesco é somente até o 3° grau, nos termos do Art. 30, § 1°, da Lei n° 11.101/05.

PRÁTICA EMPRESARIAL – 4ª EDIÇÃO   139   EXERCÍCIOS PRÁTICOS

B) Sim, uma vez que de acordo com o art. 37, §2º a assembleia deve se instalar em 1ª (primeira) convocação, com a presença de credores titulares de mais da metade dos créditos de cada classe, e, em 2ª (segunda) convocação, com qualquer número. Desta forma, tendo em vista que o quórum da classe II não foi atingido, a assembleia foi irregular.

GABARITO COMENTADO – FGV

A questão tem por finalidade (i) verificar o conhecimento do examinando quanto a competência da assembleia de credores para aprovar a indicação do gestor judicial em caso de afastamento do devedor de sua empresa, (ii) os impedimentos para a nomeação do gestor judicial e (iii) o *quorum* de instalação da assembleia de credores.

O credor com privilégio especial (classe III) apresentou dois argumentos para pleitear a sustação da nomeação do gestor judicial, sendo um deles improcedente e o outro procedente, senão vejamos:

1º argumento: o primo do devedor não pode ser nomeado gestor judicial.

2º argumento: não foi atingido na classe II o quórum de instalação na assembleia.

A) O fato de Pedro Gomes ser primo de Anastácio não constitui impedimento para sua nomeação como gestor judicial. O gestor judicial tem os mesmos impedimentos do administrador judicial, conforme determinação contida na parte final do Art. 65, *caput*, da Lei nº 11.101/05. O examinando precisa identificar que o impedimento previsto no Art. 30, § 1º, da Lei nº 11.101/05 ("§ *1o Ficará também impedido de integrar o Comitê ou exercer a função de administrador judicial quem tiver relação de parentesco ou afinidade até o 3o (terceiro) grau com o devedor*"). Portanto, Pedro Gomes, como primo de Anastácio, poderá ser nomeado gestor judicial, pois o impedimento não atinge parente de 4º grau do devedor.

B) Sim. Houve irregularidade na instalação da assembleia em primeira convocação, pela ausência do credor Orgânicos Santa Rita do Pardo Ltda., da classe II. A assembleia de credores instalar-se-á, em 1a convocação, com a presença de credores titulares de mais da metade dos créditos de cada classe, com base no Art. 37, § 2º, da Lei nº 11.101/05. Como esse requisito legal não foi cumprido, o credor impugnante Paraíso das Águas Hotelaria Ltda. tem razão

DISTRIBUIÇÃO DE PONTOS

ITEM	PONTUAÇÃO
A1) Não. Aplicam-se ao gestor judicial os mesmos impedimentos do administrador judicial (0,15), conforme determinação contida na parte final do Art. 65, *caput*, da Lei nº 11.101/05 (0,10).	0,00/0,15/0,25
A2) Pedro Gomes, primo de Anastácio, poderá ser nomeado gestor judicial, pois o impedimento em relação ao parentesco com o devedor não atinge o parente de 4º grau do devedor **OU** o impedimento é do parentesco até o 3º grau (0,25), com fundamento no Art. 30, § 1º, da Lei nº 11.101/05 (0,10).	0,00/0,25/0,35
B) Sim. A assembleia de credores instalar-se-á, em 1a convocação, com a presença de credores titulares de mais da metade dos créditos de cada classe (0,25). Como esse requisito legal não foi cumprido em razão da ausência do credor com garantia real, tem razão o credor impugnante Paraíso das Águas Hotelaria Ltda. (0,30), com base no Art. 37, § 2º, da Lei nº 11.101/05 (0,10).	0,00/0,25/0,35/0,55/0,65

(**OAB/Exame Unificado – 2017.1 – 2ª fase**) Na recuperação judicial de Têxtil Sonora S/A, o Banco Japurá S/A, titular de 58% dos créditos com garantia real, indicou ao juiz os representantes e suplentes de sua classe no Comitê de Credores.

Xinguara Participações S/A, credora da mesma classe, impugnou a referida indicação, alegando descumprimento do Art. 35, inciso I, alínea b, da Lei nº 11.101/2005, porque a assembleia-geral de credores tem por atribuições deliberar sobre a constituição do Comitê de Credores, assim como escolher seus membros e sua substituição, não tendo havido deliberação nesse sentido. Ademais, aduz a impugnante que não houve manifestação do Comitê de Credores, já constituído apenas com representantes dos credores trabalhistas e quirografários, sobre a proposta do devedor de alienação de unidade produtiva isolada não prevista no plano de recuperação.

Ouvido o administrador judicial, este não se manifestou sobre a primeira impugnação e, em relação à segunda, opinou pela sua improcedência em razão de não constar do rol de atribuições legais do Comitê manifestar-se sobre a proposta do devedor.

Com base na hipótese apresentada, responda aos itens a seguir.

A) Deveria ter sido convocada assembleia de credores para eleição dos representantes da classe dos credores com garantia real, como sustenta a credora Xinguara Participações S/A? (**Valor: 0,45**)

B) Deve ser acatada a opinião do administrador judicial sobre a dispensa de oitiva do Comitê de Credores por falta de previsão legal? (**Valor: 0,80**)

Obs.: o(a) examinando(a) deve fundamentar suas respostas. A mera citação ou transcrição do dispositivo legal não confere pontuação.

RESPOSTAS

O Comitê nada mais é que a eleição de um representante da classe de crédito para representar os demais. O comitê não se confunde com a assembleia. Pode haver dois suplentes do representante. A classe não é obrigada a ter comitê de credores; nesse caso, cada um votará por si.

Quando a massa falida ou o processo de recuperação é muito vultoso, normalmente há criação do comitê de credores para facilitar o trabalho da falência ou da recuperação.

Ademais, o comitê é facultativo, uma vez juiz pode até determinar a criação do comitê de credores, mas, em regra, a criação do comitê parte dos credores, não sendo, portanto, obrigatória. Essa determinação do juiz somente se daria numa situação de complexidade de causa. O juiz pode entender que a criação do comitê não seja necessária, mas ele não poderá negar tal criação. O juiz pode até determinar que seja criado o comitê, mas não poderá obrigar que alguém fosse voluntário a ser o representante, de modo que, nessa situação, mesmo com a determinação, não seria criado o comitê, pois o credor não pode ser obrigado a assumir tal responsabilidade.

De acordo com o art. 27 da Lei 11.101/05, o representante do comitê de credores tem um contrato de mandato, sendo responsabilizado pessoalmente por atos que extrapolem seus poderes. Portanto, há uma função análoga a de um administrador.

Todas as decisões do comitê são tomadas por maioria simples de crédito. A aprovação *per capita* somente ocorre na aprovação do plano de recuperação judicial. Quando houver duas classes deverá haver consenso entre elas. Nesse caso não há necessidade nem de haver assembleia de credores, pois já houve consenso.

PRÁTICA EMPRESARIAL – 4ª EDIÇÃO   141   EXERCÍCIOS PRÁTICOS

Não é qualquer credor que pode integrar o comitê de credores. Há os mesmos impedimentos existentes para o administrador judicial, que são os mesmos presentes para ser administrador de empresa privada: idoneidade empresarial, todas as contas aprovadas, não ter condenação por crimes contra a economia popular / relações de consumo. Há também impedimento de não ser parente de até terceiro grau do diretor da empresa por haver conflito de interesse (art. 30).

Ademais, na hipótese de afastamento dos administradores da sociedade em recuperação, caberá ao Comitê cuidar das alienações dos bens do ativo e dos endividamentos necessários à continuidade da atividade empresarial, auxiliando o gestor judicial na condução da empresa. Isso tudo submetido ao crivo do juiz.

Como todas as ações do Comitê são deliberativas, tudo isso é reduzido em ata registrada em livro próprio. Isso para que, caso o Comitê tome alguma atitude ilegal, aqueles que votaram conta podem pleitear não serem responsáveis por isso. É importante ressaltar que há também a figura do "abuso do direito de voto", não podendo ser o voto utilizado para fins escusos, p.ex. sempre votar em contrariedade para não correr risco de ser responsabilizado.

A) Não deveria ter sido convocada a assembleia, tendo em vista que o Banco Japurá S/A tem a maioria dos créditos de sua classe, assim, o juiz, independentemente da realização de assembleia, determinará a nomeação do representante e dos suplentes da respectiva classe ainda não representada no Comitê, conforme dispõe o Art. 26, § 2º, inciso I, da Lei nº 11.101/2005.

B) Não. O Comitê de Credores terá a atribuição, na recuperação judicial, de se manifestar nas hipóteses previstas no Art. 27, inciso I, alínea f, da Lei nº 11.101/2005. Isso, pois, uma das atribuições do Comitê de Credores se refere à proposta de alienação de bens do ativo permanente pelo devedor, caso o bem não esteja previamente relacionado no plano de recuperação, nos termos do Art. 66 da Lei nº 11.101/2005.

GABARITO COMENTADO – FGV

A questão tem por objetivo aferir os conhecimentos básicos do examinando sobre a eleição ou indicação dos membros do Comitê de Credores na recuperação judicial e sua atribuição para opinar previamente acerca da alienação de bens do ativo permanente não relacionados no plano de recuperação.

Não há informação no enunciado que os administradores da companhia recuperanda foram afastados de seus cargos por decisão judicial, logo **inaplicável** o Art. 27, II, alínea "c", da Lei n. 11.101/2005. O único fundamento legal para justificar a competência do Comitê de Credores para se manifestar é o Art. 27, I, alínea "f" c/c Art. 66 da Lei n. 11.101/2005.

A) Não. O juiz determinará, mediante requerimento subscrito por credores que representem a maioria dos créditos de uma classe (no caso o Banco Japurá tem 58% do total dos créditos da classe II), independentemente da realização de assembleia, a nomeação do representante e dos suplentes da respectiva classe ainda não representada no Comitê. Consta do enunciado que o Comitê ainda não tem representante da classe dos credores com garantia real, portanto não deve ser convocada assembleia de credores, com fundamento no Art. 26, § 2º, inciso I, da Lei nº 11.101/2005. Também deve constar da resposta que o Banco Japurá tem 58% do total dos créditos da classe II, pois o examinando não deve se imitar a citar ou transcrever o dispositivo legal.

B) Não. De acordo com o Art. 27, inciso I, alínea f, da Lei nº 11.101/2005, o Comitê de Credores terá a atribuição, na recuperação judicial, de se manifestar nas hipóteses previstas nesta Lei. Uma dessas hipóteses está consignada no Art. 66, que se refere exatamente à proposta de alienação de bens do ativo permanente pelo devedor, caso o bem não esteja previamente relacionado no plano de recuperação. Portanto, não deve ser acolhida a opinião do administrador judicial de dispensa de manifestação do Comitê por não constar do rol de suas atribuições.

DISTRIBUIÇÃO DE PONTOS

ITEM	PONTUAÇÃO
A) Não. Como o Banco Japurá S/A tem 58% do total dos créditos de sua classe, portanto a maioria, o juiz, independentemente da realização de assembleia, determinará a nomeação do representante e dos suplentes da respectiva classe ainda não representada no Comitê (0,35), com fundamento no Art. 26, § 2º, inciso I, da Lei nº 11.101/2005 (0,10).	0,00/0,35/0,45
B1) Não. O Comitê de Credores terá a atribuição, na recuperação judicial, de se manifestar nas hipóteses previstas nesta Lei (0,20), de acordo com o Art. 27, inciso I, alínea f, da Lei nº 11.101/2005 (0,10).	0,00/0,20/0,30
B2) Porque uma das atribuições do Comitê de Credores se refere à proposta de alienação de bens do ativo permanente pelo devedor, caso o bem não esteja previamente relacionado no plano de recuperação (0,40), com fundamento no Art. 66 da Lei nº 11.101/2005 (0,10).	0,00/0,40/0,50

(OAB/Exame Unificado – 2016.2 – 2ª fase) No curso da recuperação judicial de uma sociedade empresária, duas semanas após o processamento do pedido, foram celebrados novos contratos de fornecimento de matéria prima para seu desenvolvimento.

Considerando-se o momento da celebração dos contratos e os efeitos da recuperação judicial, pergunta-se:

A) Os créditos decorrentes destes contratos podem ser incluídos no plano de recuperação? **(Valor: 0,60)**

B) Em caso de inadimplemento dos contratos, é possível o ajuizamento de ação de cobrança em face do devedor por meio do manejo de requerimento de falência? **(Valor: 0,65)**

Obs.: o examinando deve fundamentar suas respostas. A simples menção ou transcrição de dispositivo legal não pontua.

RESPOSTAS

Estão sujeitos à recuperação judicial todos os créditos existentes na data do pedido, ainda que não vencidos. Assim, há necessidade de analisar o momento da constituição do crédito, se esta aconteceu antes da data da concessão da recuperação, esse crédito estará incluso no plano de recuperação. Os créditos constituídos depois do plano de recuperação não se incluem nele, devendo ser pagos "normalmente".

Quando da recuperação judicial, toda dívida vencida ou vincenda é posta na recuperação, mas os credores do devedor em recuperação judicial conservam seus direitos e privilégios contra os coobrigados, fiadores e obrigados de regresso – art. 49, §1º.

Em regra, as dívidas não mudam quando da recuperação, devendo ser pagas tal qual são. Evidentemente, poderá haver negociação de parcelamento ou de algum desconto a pedido do devedor para com o credor. Esses créditos somente mudarão de natureza ao final da recuperação quando passarão a ser títulos executivos judiciais (art. 49, §2º)

A) Os créditos decorrentes de contratos realizados após a aprovação do plano de recuperação não podem nele ser incluídos. De acordo com o art. 49 da Lei 11.101/05, estão sujeitos a recuperação judicial todos os créditos existentes a data do pedido, mesmo que as dívidas ainda não estejam vencidas.

B) Sim, é possível, inclusive por meio de requerimento de falência, uma vez que a recuperação judicial pode ser convolada caso haja o inadimplemento de obrigações que não estão sujeitas ao plano de recuperação, conforme dispõe o art. 73 em seu parágrafo único da Lei 11.101/05.

GABARITO COMENTADO – FGV

A questão tem por objetivo verificar os conhecimentos básicos do examinando em relação aos efeitos da recuperação judicial em relação aos créditos constituídos após a data do pedido, como informa o enunciado. De acordo com o Art. 49 da Lei nº 11.101/2005 a recuperação judicial somente atinge os créditos existentes à data do pedido. Portanto, com base na interpretação deste dispositivo, *a contrario sensu*, os créditos decorrentes dos contratos celebrados após o pedido de recuperação não se sujeitam aos seus efeitos e não podem ser incluídos no plano. Pelo mesmo raciocínio, não fica o credor impedido de ajuizar ações de cobrança em face do devedor diante da não sujeição do crédito aos efeitos da recuperação judicial, com base no Art. 73, parágrafo único, da Lei nº 11.101/2005.

A) Não. A recuperação judicial somente atinge os créditos existentes à data do pedido, de acordo com o Art. 49 da Lei nº 11.101/2005. Portanto, com base na interpretação deste dispositivo, *a contrario sensu*, os créditos decorrentes dos contratos celebrados duas semanas após o processamento do pedido não se sujeitam aos efeitos da recuperação e não podem ser incluídos no plano.

Será aceito também como resposta correta a fundamentação no Art.59 da Lei nº 11.101/2005, *a contrario sensu*, desde que o examinando esclareça que o efeito novativo relacionado ao plano de recuperação (após sua aprovação e concessão da recuperação) limita-se às obrigações anteriores ao pedido, não atingindo os contratos mencionados no enunciado.

B) Sim. É possível o ajuizamento de ação de cobrança em face do devedor em recuperação judicial, inclusive por meio do manejo de requerimento de falência. O processamento ou a concessão da recuperação judicial não impede a decretação da falência por inadimplemento de obrigação não sujeita a seus efeitos com fundamento no Art. 73, parágrafo único, da Lei nº 11.101/2005.

Por se tratar de crédito não sujeito aos efeitos da recuperação e não incluído no plano não será pontuada a resposta embasada no art. 61, § 1º e no art. 73, IV, ambos da Lei nº 11.101/05, porque não é hipótese de convolação da recuperação em falência.

DISTRIBUIÇÃO DE PONTOS

ITEM	PONTUAÇÃO
A) Não. A recuperação judicial somente atinge os créditos existentes à data do pedido. Portanto, com base na interpretação deste dispositivo, *a contrario sensu*, os créditos decorrentes dos contratos celebrados duas semanas após o processamento do pedido não se sujeitam aos efeitos da recuperação e não podem ser incluídos no plano (0,50) com fundamento no Art. 49, *caput*, da Lei n° 11.101/05 (0,10). **OU** Será aceita a fundamentação no Art. 59 da Lei n° 11.101/05 (0,10), *a contrario sensu*, desde que o examinando esclareça que o efeito novativo relacionado ao plano de recuperação (após sua aprovação e concessão da recuperação) limita-se às obrigações anteriores ao pedido, não atingindo os contratos mencionados no enunciado (0,50). *Obs.: A simples menção ou transcrição do dispositivo legal não pontua.*	0,00 / 0,50 / 0,60
B) Sim. É possível o ajuizamento de ação de cobrança em face do devedor em recuperação judicial, inclusive por meio do manejo de requerimento de falência. O processamento ou a concessão da recuperação judicial não impede a decretação da falência por inadimplemento de obrigação não sujeita a seus efeitos (0,55), com fundamento no Art. 73, parágrafo único, da Lei n° 11.101/05 (0,10). *Obs.: O fundamento legal correto encontra-se, exclusivamente, no parágrafo único, do art. 73 da lei n. 11.101/2005,* *Obs.: A simples menção ou transcrição do dispositivo legal não pontua.*	0,00 / 0,55 / 0,65

(OAB/Exame Unificado – 2015.2 – 2ª fase) Usina de Asfalto Graccho Cardoso Ltda. EPP, requereu sua recuperação judicial e indicou, na petição inicial, que se utilizará do plano especial de recuperação judicial para Microempresas e Empresas de Pequeno Porte. No prazo legal, foi apresentado o referido plano, que previu, além do parcelamento dos débitos em 30 (trinta) meses, com parcelas iguais e sucessivas, o abatimento de 15% (quinze por cento) no valor das dívidas e o trespasse do estabelecimento da sociedade situado na cidade de Ilha das Flores.

Aberto prazo para objeções, um credor quirografário, titular de 23% (vinte e três por cento) dos créditos dessa classe, manifestou-se contra a aprovação do plano por discordar do abatimento proposto, aduzindo ser vedado o trespasse como meio de recuperação.

Com base na hipótese apresentada, responda aos itens a seguir.

A) Diante da objeção do credor quirografário, a proposta de abatimento apresentada pela sociedade deverá ser apreciada pela assembleia geral de credores? Procede tal objeção? **(Valor: 0,85)**

B) Em relação ao segundo argumento apontado pelo credor quirografário, é lícito à sociedade escolher o trespasse como meio de recuperação se esta medida for importante para o soerguimento de sua empresa? **(Valor: 0,40)**

Obs.: o examinando deve fundamentar suas respostas. A simples menção ou transcrição de dispositivo legal não pontua.

PRÁTICA EMPRESARIAL – 4ª EDIÇÃO 145 EXERCÍCIOS PRÁTICOS

RESPOSTAS

O plano especial de recuperação de empresas para Empresas de Pequeno Porte e Microempresas busca um meio de facilitar seu requerimento, propondo soluções menos onerosas a esses dois tipos de empresa.

Tal plano deve ser apresentado em 60 dias a partir da decisão que aprova o processamento da recuperação.

Importante dizer, que tal plano acarreta suspensão apenas das ações de execução e do curso das prescrições que por ele forem abrangidos, conforme dispõe o art. 71 da Lei 11.101/05.

Visando ainda a desoneração da recuperação judicial, esse plano especial não prevê que seja convocada uma Assembleia de credores, conforme dispõe o art. 72 da referida Lei.

Contudo, caso haja objeções ao plano de recuperação por credores que forem titulares de mais da metade dos créditos de uma das classes, qualquer que seja, o juiz decretará a falência da empresa.

A) Não, a proposta não deve ser apreciada por Assembleia geral de credores, pois no plano especial de recuperação judicial dispensa-se tal ato, restando para a sua aprovação o preenchimento dos demais requisitos, conforme art. 72 *caput* da Lei 11.101/05. Importante dizer ainda, que tal objeção além de não se sustentar por ser permitido ao devedor que este proponha em seu plano o abatimento das dívidas (art. 71, inciso II), mesmo se tal argumento se sustentasse, não bastaria para não aprovação do plano de recuperação, uma vez que isso só seria possível se o credor tivesse mais da metade dos créditos de sua classe, e este só possui 23%, nos termos do art. 72, parágrafo único da Lei 11.101/05,

B) Não é possível o trespasse no plano de recuperação especial, uma vez que ele não pode incluir outros meios de recuperação, sendo limitado as condições previstas, nos termos do art. 71, caput, da Lei 11.101/05.

GABARITO COMENTADO – FGV

A questão tem por objetivo verificar o conhecimento do examinando acerca do conteúdo do plano especial de recuperação para microempresários e de pequeno porte, previsto na Lei nº 11.101/2005, sendo tal conteúdo *numerus clausus*, não podendo ser acrescentado meio de recuperação nele não previsto, como a proposta de trespasse do estabelecimento. Outro objetivo é verificar que o examinando identifica uma das peculiaridades do procedimento para aprovação do plano especial, isto é, a inexistência de deliberação da assembleia de credores mesmo se houver objeção ao plano.

Preliminarmente, para fins de atribuição de pontuação, o texto produzido pelo examinando em sua folha de respostas foi avaliado quanto à adequação ao problema apresentado, ao domínio do raciocínio jurídico, à fundamentação e sua consistência, à capacidade de interpretação e exposição e à técnica profissional demonstrada, sendo que a mera transcrição de dispositivos legais, desprovida do raciocínio jurídico e contextualização aos dados do enunciado, não enseja pontuação (item 3.5.11 do Edital do XVII Exame).

A1) Não. A proposta de abatimento de débitos apresentada pela sociedade não deverá ser apreciada pela assembleia geral de credores. Diante da objeção apresentada pelo credor quirografário, o juiz concederá a recuperação judicial, porque o pedido atende às exigên-

ROBINSON BARREIRINHAS E HENRIQUE SUBI 146

cias legais e a objeção provem de credor titular de menos da metade dos créditos de sua classe (o credor tem 23% dos créditos).

A resposta tem por fundamento legal o art. 72, *caput* e parágrafo único, da Lei n. 11.101/2005.

A2) Em relação ao mérito, a objeção não procede, porque o devedor poderá incluir no plano especial de recuperação proposta de abatimento do valor das dívidas, nos termos do Art. 71, II, da Lei n° 11.101/2005.

B) Não. A sociedade não pode escolher o trespasse como meio de recuperação, ainda que esta medida seja importante para o soerguimento da empresa. No plano especial de recuperação, a proposta do devedor é restrita ("limitar-se á às seguintes condições") e não pode incluir outros meios de recuperação, mesmo previstos para o plano comum, como o trespasse do estabelecimento, de acordo com o art. 71, *caput*, da Lei n° 11.101/2005.

DISTRIBUIÇÃO DE PONTOS

ITEM	PONTUAÇÃO
A1) A proposta de abatimento de débitos apresentada pela sociedade não deverá ser apreciada pela assembleia geral de credores. Diante da objeção apresentada pelo credor quirografário, o juiz concederá a recuperação judicial, porque o pedido atende às exigências legais e a objeção provem de credor titular de menos da metade dos créditos de sua classe (o credor tem 23% dos créditos) (0,35), de acordo com o art. 72, *caput* e parágrafo único, da Lei n. 11.101/2005 (0,10). *A simples menção ou transcrição do artigo não pontua.*	0,00/0,35/0,45
A2) O argumento apresentado pelo credor, como objeção, de que o devedor não pode propor abatimento de seus débitos não procede, porque o plano especial de recuperação pode conter proposta de abatimento no valor das dívidas (0,30), nos termos do art. 71, II, da Lei n. 11.101/2005 (0,10). *A simples menção ou transcrição do artigo não pontua. O amparo legal encontra-se exclusivamente no inciso II do art. 71 da Lei n. 11.101/05.*	0,00/0,30/0,40
B) Não. Ao contrário do plano comum, a sociedade não pode escolher o trespasse como meio de recuperação, ainda que esta medida seja importante para o soerguimento da empresa. No plano especial, a proposta do devedor é limitada e não pode incluir outros meios de recuperação, mesmo previstos para o plano comum, como o trespasse do estabelecimento (0,30), de acordo com o art. 71, *caput*, da Lei n. 11.101/2005 (0,10). *A simples menção ou transcrição do artigo não pontua.*	0,00/0,30/0,40

1.9. PROPRIEDADE INDUSTRIAL

(OAB/Exame Unificado – 2017.3 – 2ª fase) Ponte da Saudade Empreendimentos Imobiliários Ltda. deseja registrar como marca de serviços de assessoria imobiliária a expressão *"Imóvel é segurança"*. Tal expressão já é usada pela sociedade em seus materiais publicitários com extremo sucesso, de modo que seu sócio majoritário deseja associá-la aos serviços para ter maior visibilidade e garantir seu uso exclusivo em todo o território nacional.

PRÁTICA EMPRESARIAL – 4ª EDIÇÃO   147   EXERCÍCIOS PRÁTICOS

A expressão de propaganda *"Imóvel é segurança"* está sendo imitada por uma concorrente da sociedade, criando confusão entre os estabelecimentos, ocasionando perda de receitas atuais e futuras para Ponte da Saudade Empreendimentos Imobiliários Ltda.

Sobre o fato narrado, responda aos itens a seguir.

A) A expressão *"Imóvel é segurança"* pode ser registrada como marca? **(Valor: 0,55)**

B) É possível adotar alguma providência para a sociedade ser ressarcida dos danos com a utilização indevida da expressão de propaganda por concorrente? **(Valor: 0,70)**

Obs.: o(a) examinando(a) deve fundamentar as respostas. A mera citação do dispositivo legal não confere pontuação.

RESPOSTAS

Marca é o sinal distintivo que possa ser reconhecido pelos consumidores aos produtos e serviços para identificá-los e diferenciá-los de outros, idênticos ou semelhantes, de origem diversa. O art. 122 da LPI dispõe que "São suscetíveis de registro como marca os sinais distintivos visualmente perceptíveis, não compreendidos nas proibições legais".

De acordo com o art. 123 da Lei 9.279/96 têm-se os seguintes tipos de marca:

Marca de produto ou serviço: É aquela usada para distinguir produto ou serviço de outro idêntico, semelhante ou afim, de origem diversa;

Marca de certificação: usada para atestar a conformidade de um produto ou serviço com determinadas normas ou especificações técnicas quanto à qualidade, natureza, material utilizado e metodologia empregada;

Marca coletiva: É usada para identificar produtos ou serviços provindos de membros de uma determinada entidade.

Contudo, é importante dizer que existem dois tipos de marcas que possuem particularidades em relação às outras.

A primeira, é a marca de alto renome, que é conceituada no art.125 da LPI. Ela é reconhecida em todo o mercado, e a ela é assegurada proteção especial em todos os ramos de atividade. A segunda, é a marca notoriamente reconhecida, que é a marca que possui sinais designativos de produtos ou serviços muito conhecidos em determinado ramo de atividade, conforme art. 126 da Lei 9.279/96:

> **Art. 126.** *A marca notoriamente conhecida em seu ramo de atividade nos termos do art. 6º bis (I), da Convenção da União de Paris para Proteção da Propriedade Industrial, goza de proteção especial, independentemente de estar previamente depositada ou registrada no Brasil.*
>
> *§ 1º A proteção de que trata este artigo aplica-se também às marcas de serviço.*
>
> *§ 2º O INPI poderá indeferir de ofício pedido de registro de marca que reproduza ou imite, no todo ou em parte, marca notoriamente conhecida.*

De maneira mais simples, o que as distingue é principalmente o fato de que a marca de alto renome possui proteção em todos os ramos de atividade, e a notoriamente reconhecida, no ramo de atividade específico em que está inserida.

A marca pode ser nominativa, figurativa ou mista.

Nominativa é a marca que é formada apenas por letras ou algarismos; figurativa é que possui apenas desenhos ou símbolos; e a mista é a que possui ambos os elementos.

De acordo com o art. 124 não são passíveis de registro como marca:

Art. 124. Não são registráveis como marca:

I – brasão, armas, medalha, bandeira, emblema, distintivo e monumento oficiais, públicos, nacionais, estrangeiros ou internacionais, bem como a respectiva designação, figura ou imitação;

II – letra, algarismo e data, isoladamente, salvo quando revestidos de suficiente forma distintiva;

III – expressão, figura, desenho ou qualquer outro sinal contrário à moral e aos bons costumes ou que ofenda a honra ou imagem de pessoas ou atente contra liberdade de consciência, crença, culto religioso ou ideia e sentimento dignos de respeito e veneração;

IV – designação ou sigla de entidade ou órgão público, quando não requerido o registro pela própria entidade ou órgão público;

V – reprodução ou imitação de elemento característico ou diferenciador de título de estabelecimento ou nome de empresa de terceiros, suscetível de causar confusão ou associação com estes sinais distintivos;

VI – sinal de caráter genérico, necessário, comum, vulgar ou simplesmente descritivo, quando tiver relação com o produto ou serviço a distinguir, ou aquele empregado comumente para designar uma característica do produto ou serviço, quanto à natureza, nacionalidade, peso, valor, qualidade e época de produção ou de prestação do serviço, salvo quando revestidos de suficiente forma distintiva;

VII – sinal ou expressão empregada apenas como meio de propaganda;

VIII – cores e suas denominações, salvo se dispostas ou combinadas de modo peculiar e distintivo;

IX – indicação geográfica, sua imitação suscetível de causar confusão ou sinal que possa falsamente induzir indicação geográfica;

X – sinal que induza a falsa indicação quanto à origem, procedência, natureza, qualidade ou utilidade do produto ou serviço a que a marca se destina;

XI – reprodução ou imitação de cunho oficial, regularmente adotada para garantia de padrão de qualquer gênero ou natureza;

XII – reprodução ou imitação de sinal que tenha sido registrado como marca coletiva ou de certificação por terceiro, observado o disposto no art. 154;

XIII – nome, prêmio ou símbolo de evento esportivo, artístico, cultural, social, político, econômico ou técnico, oficial ou oficialmente reconhecido, bem como a imitação suscetível de criar confusão, salvo quando autorizados pela autoridade competente ou entidade promotora do evento;

XIV – reprodução ou imitação de título, apólice, moeda e cédula da União, dos Estados, do Distrito Federal, dos Territórios, dos Municípios, ou de país;

XV – nome civil ou sua assinatura, nome de família ou patronímico e imagem de terceiros, salvo com consentimento do titular, herdeiros ou sucessores;

XVI – pseudônimo ou apelido notoriamente conhecidos, nome artístico singular ou coletivo, salvo com consentimento do titular, herdeiros ou sucessores;

XVII – obra literária, artística ou científica, assim como os títulos que estejam protegidos pelo direito autoral e sejam suscetíveis de causar confusão ou associação, salvo com consentimento do autor ou titular;

XVIII – termo técnico usado na indústria, na ciência e na arte, que tenha relação com o produto ou serviço a distinguir;

XIX – reprodução ou imitação, no todo ou em parte, ainda que com acréscimo, de marca alheia registrada, para distinguir ou certificar produto ou serviço idêntico, semelhante ou afim, suscetível de causar confusão ou associação com marca alheia;

XX – dualidade de marcas de um só titular para o mesmo produto ou serviço, salvo quando, no caso de marcas de mesma natureza, se revestirem de suficiente forma distintiva;

XXI – a forma necessária, comum ou vulgar do produto ou de acondicionamento, ou, ainda, aquela que não possa ser dissociada de efeito técnico;

XXII – objeto que estiver protegido por registro de desenho industrial de terceiro; e

XXIII – sinal que imite ou reproduza, no todo ou em parte, marca que o requerente evidentemente não poderia desconhecer em razão de sua atividade, cujo titular seja sediado ou domiciliado em território nacional ou em país com o qual o Brasil mantenha acordo ou que assegure reciprocidade de tratamento, se a marca se destinar a distinguir produto ou serviço idêntico, semelhante ou afim, suscetível de causar confusão ou associação com aquela marca alheia.

O registro da marca vigorará pelo prazo de 10 anos, contados da data da concessão do registro, sendo prorrogável por períodos iguais e sucessivos. A prorrogação deve ser requerida sempre no último ano de vigência do registro.

Art. 133. O registro da marca vigorará pelo prazo de 10 (dez) anos, contados da data da concessão do registro, prorrogável por períodos iguais e sucessivos.

§ 1º O pedido de prorrogação deverá ser formulado durante o último ano de vigência do registro, instruído com o comprovante do pagamento da respectiva retribuição.

§ 2º Se o pedido de prorrogação não tiver sido efetuado até o termo final da vigência do registro, o titular poderá fazê-lo nos 6 (seis) meses subsequentes, mediante o pagamento de retribuição adicional.

§ 3º A prorrogação não será concedida se não atendido o disposto no art. 128.

Além disso, conforme o art. 142 da Lei 9.279/96 o registro da marca se extingue:

Art. 143 *Caducará o registro, a requerimento de qualquer pessoa com legítimo interesse se, decorridos 5 (cinco) anos da sua concessão, na data do requerimento:*

I – o uso da marca não tiver sido iniciado no Brasil; ou

II – o uso da marca tiver sido interrompido por mais de 5 (cinco) anos consecutivos, ou se, no mesmo prazo, a marca tiver sido usada com modificação que implique alteração de seu caráter distintivo original, tal como constante do certificado de registro.

§ 1º Não ocorrerá caducidade se o titular justificar o desuso da marca por razões legítimas.

§ 2º O titular será intimado para se manifestar no prazo de 60 (sessenta) dias, cabendo-lhe o ônus de provar o uso da marca ou justificar seu desuso por razões legítimas.

ROBINSON BARREIRINHAS E HENRIQUE SUBI

A) A expressão não pode ser registrada como marca, uma vez que ela é usada somente como um meio de propaganda, hipótese expressamente vedada pelo art. 124, inciso VII da Lei 9.279/96.

B) Mesmo a expressão não sendo passível de registro, existe sim providência a ser tomada. Conforme dispõe o art. 195, inciso IV da Lei 9.279/96, usar expressão de propaganda alheia, ou imitá-la para criar confusão entre produtos ou estabelecimento constitui crime de concorrência desleal, sendo possível, no entanto, que independente da ação criminal, seja proposta ações cíveis, como de indenização por perdas e danos e lucros cessantes, conforme dispõem os arts. 207, 209 e 210 da Lei 9.279/96.

GABARITO COMENTADO – FGV

A questão tem por objetivo verificar se o examinando conhece a impossibilidade de ser registrada marca ou expressão usada apenas como sinal de propaganda do requerente e a possibilidade de o prejudicado por atos de concorrência desleal pleitear reparação civil pelos prejuízos que tiver.

O enunciado informa que a expressão de propaganda "*Imóvel é segurança*" está sendo imitada por uma concorrente, ocasionando **perda de receitas atuais e futuras** para Ponte da Saudade Empreendimentos Imobiliários Ltda.

A prática de ato de concorrência desleal dá ao prejudicado o direito de intentar as ações cíveis cabíveis e pleitear indenização por perdas e danos, **inclusive lucros cessantes**.

Cabe lembrar que, de acordo com o Art. 402 do Código Civil, as perdas e danos devidos ao credor abrangem, **além do que ele efetivamente perdeu, o que razoavelmente deixou de lucrar**.

A) Não é possível registrar como marca a expressão "*Imóvel é segurança*", pois se trata de expressão empregada apenas como meio de propaganda pela sociedade e em razão de óbice legal, contido no Art. 124, inciso VII, da Lei nº 9.279/96.

B) Sim. A imitação de expressão de propaganda empregada por terceiros, de modo a criar confusão entre os estabelecimentos, constitui ato de concorrência desleal contra Ponte da Saudade Empreendimentos Imobiliários Ltda. Por conseguinte, Ponte da Saudade Empreendimentos Imobiliários Ltda. Poderá intentar as ações cíveis cabíveis e pleitear indenização por perdas e danos, inclusive lucros cessantes, com fundamento no Art. 207 **E** no Art. 210, ambos da Lei nº 9.279/96 **OU** no Art. 209 **E** no Art. 210, ambos da Lei nº 9.279/96.

DISTRIBUIÇÃO DE PONTOS

ITEM	PONTUAÇÃO
A) Não é possível registrar como marca a expressão "*Imóvel é segurança*", porque se trata de expressão empregada apenas como meio de propaganda pela sociedade (0,45) e em razão de óbice legal contido no Art. 124, inciso VII, da Lei nº 9.279/96 (0,10).	0,00/0,45/0,55
B1) Sim. A imitação de expressão de propaganda empregada por terceiros, de modo a criar confusão entre os estabelecimentos, constitui ato de concorrência desleal contra Ponte da Saudade Empreendimentos Imobiliários Ltda. (0,25).	0,00/0,25

B2) A prática de ato de concorrência desleal dá ao prejudicado o direito de intentar as ações cíveis cabíveis e pleitear indenização por perdas e danos, inclusive lucros cessantes (0,35), com fundamento no Art. 207 **E** no Art. 210, ambos da Lei n° 9.279/96 **OU** no Art. 209 **E** no Art. 210, ambos da Lei n° 9.279/96 (0,10).	0,00/0,35/0,45

(OAB/Exame Unificado – 2015.2 – 2ª fase) Sumidouro Alimentos em Conserva Ltda. é titular da marca de produto Areal registrada, em 2004, no Instituto Nacional da Propriedade Industrial (INPI), nas classes 29 (cogumelos em conserva) e 31 (cogumelos frescos) da Classificação Internacional de Marcas de Nice. O registro da marca expirou em 30 de setembro de 2014, mas a sociedade empresária continuou empregando a marca nos produtos indicados nas classes acima, tendo solicitado a prorrogação ao INPI, em 28 de novembro de 2014, com pagamento de retribuição adicional.

Sobre a hipótese apresentada, responda aos itens a seguir.

A) Considerando-se que o pedido de prorrogação foi feito após a expiração do registro da marca, o titular da marca poderia ainda requerer a prorrogação do registro? **(Valor: 0,65)**

B) Como advogada de uma sociedade que recebeu por instrumento particular a cessão de registro da marca Areal, em 20 de outubro de 2014, como opinaria sobre a validade desse negócio jurídico? **(Valor: 0,60)**

Obs.: o examinando deve fundamentar suas respostas. A mera citação do dispositivo legal não será pontuada.

RESPOSTAS

O registro da marca vigorará pelo prazo de 10 anos, contados da data da concessão do registro, sendo prorrogável por períodos iguais e sucessivos. A prorrogação deve ser requerida sempre no último ano de vigência do registro.

> *Art. 133. O registro da marca vigorará pelo prazo de 10 (dez) anos, contados da data da concessão do registro, prorrogável por períodos iguais e sucessivos.*
>
> *§ 1° O pedido de prorrogação deverá ser formulado durante o último ano de vigência do registro, instruído com o comprovante do pagamento da respectiva retribuição.*
>
> *§ 2° Se o pedido de prorrogação não tiver sido efetuado até o termo final da vigência do registro, o titular poderá fazê-lo nos 6 (seis) meses subsequentes, mediante o pagamento de retribuição adicional.*
>
> *§ 3° A prorrogação não será concedida se não atendido o disposto no art. 128.*

A) Sim, o titular da marca ainda poderia fazer o requerimento da prorrogação do registro. Não tendo sido feito o pedido de prorrogação no último ano da vigência da marca, poderá ser feito depois de expirado, se for dentro do prazo de seis meses, conforme art. 133 §2° da Lei 9.279/96. Sendo assim, tendo o prazo de vigência expirado em 30/09/2014, e o requerimento de prorrogação realizado em 28/11/2014 com o devido pagamento de retribuição adicional, o pedido foi realizado dentro do prazo, estando, portanto, conforme.

B) A cessão do registro da marca "Areal" ocorrida em 20/10/2014 é válida, uma vez que esta é admitida legalmente, tendo o cedente atendido ao prazo para a prorrogação do registro, isto é, tendo requerido a prorrogação do registro nos seis meses subsequentes a expiração, conforme o art. 134 da Lei n. 9.279/96.

GABARITO COMENTADO – FGV

O objetivo da questão é verificar o conhecimento pelo examinando das regras que norteiam a vigência do registro de marcas e a possibilidade de prorrogação mesmo após a expiração do termo final da vigência do registro, desde que seja feita nos seis meses subsequentes e mediante pagamento de retribuição adicional, nos termos do Art. 133, § 2º, da Lei nº 9.279/96. Com isto, as cessões feitas no interregno de seis meses entre a expiração do prazo de registro e o pedido de prorrogação são válidas, pois o direito de propriedade sobre a marca é assegurado ao titular, com eficácia *ex tunc* quando requerido tempestivamente.

Preliminarmente, para fins de atribuição de pontuação, o texto produzido pelo examinando em sua folha de respostas foi avaliado quanto à adequação ao problema apresentado, ao domínio do raciocínio jurídico, à fundamentação e sua consistência, à capacidade de interpretação e exposição e à técnica profissional demonstrada, sendo que a mera transcrição de dispositivos legais, desprovida do raciocínio jurídico e contextualização aos dados do enunciado, não enseja pontuação (item 3.5.11 do Edital do XVII Exame).

Com estas considerações, o examinando deverá indicar na resposta as datas da expiração do registro da marca (em 30/09/2014) e a do pedido de prorrogação (em 28/11/2014), porque somente através do cotejo entre ambas é que será possível concluir sobre a possibilidade de prorrogação (antes do decurso de 6 meses da extinção da vigência do registro).

A) Sim, é possível o requerimento de prorrogação mesmo após a expiração do termo final da vigência do registro da marca (em 30/09/2014), porque foi feito nos seis meses subsequentes (em 28/11/2014) e mediante pagamento de retribuição adicional, nos termos do Art. 133, § 2º, da Lei nº 9.279/96.

B) O negócio jurídico é válido porque é admissível a cessão do registro de marca, com base no art. 134 da Lei n. 9.279/96, e o cedente atendeu ao prazo legal de seis meses para a prorrogação do registro, considerando-se o término da vigência em 30/9/14 e o pedido de prorrogação em 28/11/14.

DISTRIBUIÇÃO DE PONTOS

ITEM	PONTUAÇÃO
A) Sim, Sumidouro Alimentos em Conserva Ltda, titular da marca, ainda pode requerer prorrogação mesmo após a expiração do registro da marca, porque o pedido foi feito em 28 de novembro de 2014, portanto nos seis meses subsequentes ao término da vigência do registro (30 de setembro de 2014) e houve pagamento de retribuição adicional (0,55), nos termos do Art. 133, § 2º, da Lei nº 9.279/96 (0,10). *A simples menção ou transcrição do artigo não pontua.* *A fundamentação legal correta encontra-se, exclusivamente, no parágrafo 2º do art. 133.*	0,00/0,55/0,65
B) Diante da consulta formulada, opinaria que a cessão do registro da marca "Areal" ocorrida em 20 de outubro de 2014 é válida, porque é admissível a cessão do registro de marca (0,25) e o cedente atendeu ao prazo legal para a prorrogação do registro (**OU** o cedente requereu a prorrogação do registro nos seis meses subsequentes à sua expiração) (0,25), com base no art. 134 da Lei n. 9.279/96 (0,10). *A simples menção ou transcrição do artigo não pontua.*	0,00/0,25/0,35/0,50/0,60

PRÁTICA EMPRESARIAL – 4ª EDIÇÃO   153   EXERCÍCIOS PRÁTICOS

(OAB/Exame Unificado – 2011.3 – 2ª fase) Jaqueline trabalha desenvolvendo cadeiras de vários estilos, sendo titular de diversos registros de desenhos industriais.

Recentemente, Jaqueline realizou um trabalho com o intuito de inovar, de criar uma cadeira com forma inusitada, o que culminou no desenvolvimento de um móvel vulgar, mas que poderia servir para a fabricação industrial.

De acordo com o enunciado acima e com a legislação pertinente, responda às questões abaixo, indicando o(s) respectivo(s) fundamento(s) legal(is):

A) Jaqueline pode registrar a cadeira, fruto de seu mais recente trabalho, como desenho industrial? **(Valor: 0,60)**

B) Na mesma oportunidade, Jaqueline faz a seguinte consulta: havia solicitado a prorrogação de registro de desenho industrial de uma outra cadeira por mais cinco anos, dez anos após tê-la registrado. Contudo, esqueceu-se de realizar o pagamento da retribuição devida. Passados três meses do prazo de pagamento, Jaqueline se lembrou, mas não sabe quais são as consequências de tal lapso. Qual(is) é(são) a(s) consequência(s) do atraso deste pagamento? **(Valor: 0,65)**

RESPOSTAS

O art. 95 da Lei 9.279/96 conceitua o desenho industrial como sendo *"a forma plástica ornamental de um objeto ou o conjunto ornamental de linhas e cores que possa ser aplicado a um produto, proporcionando resultado visual novo e original na sua configuração externa e que possa servir de tipo de fabricação industrial"*.

De uma forma mais simples, podemos definir o desenho industrial como o design de determinado objeto já existente. Ou seja, é a alteração da forma dos objetos sem perder sua característica principal. Sua característica de fundo é a futilidade.

Isso pois alterar o desenho industrial de um objeto não modifica sua característica principal, mas fará com que esse objeto adquira um aspecto diferente.

Exemplo: uma mesa que possui um design diferenciado. A mesa não perde sua característica principal – continua sendo uma mesa – mas deverá distinguir-se de maneira substancial dos objetos disponíveis no mercado.

O desenho industrial aproxima-se da obra de arte em relação a futilidade, contudo, diferente da obra de arte o desenho industrial tem função utilitária além da estética.

Conforme dispõe o art. 98 da Lei 9.278/96:

> *Art. 98. Não se considera desenho industrial qualquer obra de caráter puramente artístico.*

Contudo, é importante ressaltar que não é todo desenho industrial que pode ser registrado, conforme dispõe o art. 100 da LPI:

> *Art. 100. Não é registrável como desenho industrial:*
>
> *I – o que for contrário à moral e aos bons costumes ou que ofenda a honra ou imagem de pessoas, ou atente contra liberdade de consciência, crença, culto religioso ou ideia e sentimentos dignos de respeito e veneração;*
>
> *II – a forma necessária comum ou vulgar do objeto ou, ainda, aquela determinada essencialmente por considerações técnicas ou funcionais.*

O desenho industrial possui seu direito de exploração com exclusividade no ato que concede o registro, isto é, confere o direito de utilização exclusiva daquela forma.

Sua concessão é de competência do INSTITUTO NACIONAL DA PROPRIEDADE INDUSTRIAL – INPI, e terá vigência de 10 anos contados da data do depósito, prorrogável por três períodos sucessivos de cinco anos cada.

A) Tendo em vista o enunciado, temos que Jaqueline não poderá realizar o registro da cadeira como desenho industrial, pois a sua forma é vulgar, o que é expressamente vedado pelo art. 100, inciso II da Lei 9.279/96.

B) De acordo com o art. 108, §1º da Lei 9.279/96 o pedido de prorrogação deverá ser formulado durante o último ano da vigência do registro, sendo o valor da retribuição pago. Contudo, se o pedido de prorrogação não tiver sido formulado até a data final da vigência, o titular poderá fazê-lo no prazo de 180 dias mediante retribuição adicional. Assim, tendo em vista que o pedido não foi formulado por Jaqueline por esta ter se esquecido de pagar a retribuição, ela deverá fazê-lo dentro do prazo de 180 dias, pagando um valor de retribuição adicional, nos termos do art. 108 §2º da Lei 9.279/96.

GABARITO COMENTADO – FGV

O examinando deve demonstrar conhecimento a respeito da legislação aplicável aos desenhos industriais.

Em relação à letra "A", o examinando deve indicar que Jaqueline não pode registrar a cadeira, pois a sua forma é vulgar, conforme previsão do art. 100, II, da Lei 9.279/1996.

Sobre a letra "B", o examinando deve responder que, apesar de os arts. 108, § 1º, OU 120, § 2º, da Lei 9.279/1996 preverem que o pedido de prorrogação deve ser instruído com comprovante de pagamento da respectiva retribuição, Jaqueline ainda tem 3 (três) meses para efetuar o pagamento, não se extinguindo o registro de imediato, visto que o pedido de prorrogação foi realizado até o termo da vigência do registro (art. 108, § 2º, da Lei 9.279/1996).

A consequência do atraso desse pagamento é que Jaqueline deve realizar o pagamento de uma retribuição adicional (art. 108, § 2º, **OU** art. 120, § 3º, da Lei 9.279/1996).

A simples menção ou transcrição do dispositivo legal apontado na distribuição de pontos não atribui a pontuação por si só. O examinando deve ainda demonstrar que compreendeu aquilo que está sendo indagado e fundamentar corretamente a sua resposta, para que o item seja integralmente pontuado.

DISTRIBUIÇÃO DE PONTOS

ITEM	PONTUAÇÃO
A) Não, pois a sua forma é vulgar (0,40), conforme previsão do art. 100, II, da Lei 9.279/96 (0,20).	0,00/0,40/0,60
B) Jaqueline ainda tem 3 (três) meses para efetuar o pagamento, não se extinguindo o registro de imediato (0,30). Contudo, deve realizar o pagamento de uma retribuição adicional (art. 108, §2º, **OU** art. 120, §3º, da Lei 9.279/96) (0,35).	0,00/0,30/0,35/0,65

PRÁTICA EMPRESARIAL – 4ª EDIÇÃO 155 EXERCÍCIOS PRÁTICOS

1.10. EMPRESÁRIO

(OAB/Exame Unificado – 2019.1 – 2ª fase) Tomé deseja se tornar microempreendedor individual (MEI). Não obstante, antes de realizar sua inscrição no Portal do Empreendedor, consultou um(a) advogado(a) para tirar dúvidas sobre o regime jurídico do microempreendedor individual, incluindo o tratamento diferenciado em relação a outros empresários.

Sobre as dúvidas ainda existentes, responda aos itens a seguir.

A) O microempreendedor individual é uma pessoa jurídica com responsabilidade limitada, denominada Empresa Individual de Responsabilidade Limitada, cuja sigla é EIRELI? **(Valor: 0,45)**

B) Nos termos da Lei Complementar nº 123/2006 e de suas alterações, qual a natureza do MEI quanto à capacidade de auferição de receita? Como pessoa contribuinte de impostos, taxas e contribuições, Tomé estará dispensado, no ato da inscrição como MEI, de apresentar certidão negativa de débito referente a tributos ou contribuições? **(Valor: 0,80)**

Obs.: o(a) examinando(a) deve fundamentar as respostas. A mera citação do dispositivo legal não confere pontuação.

RESPOSTAS

Empresário é a pessoa natural que desenvolve atividade econômica profissional e organizada para a produção de bens e circulação de serviços, conforme o art. 966 do CC. Assim, temos que o empresário poderá figurar na modalidade de microempresa como microempreendedor individual – MEI, desde que se enquadre no conceito do 966, ou ainda exerça as atividades de industrialização, comercialização e prestação de serviços no âmbito rural, desde que tenha auferido receita bruta, no ano-calendário anterior, de até R$ 81.000,00 (oitenta e um mil reais), que seja optante pelo Simples Nacional.

O MEI também é um tipo de empresa individual sem sócios.

Ao contrário do que acontece na EIRELI, o empresário MEI não pode fazer parte de outras empresas, nem como sócio e nem como titular.

EIRELI é uma sigla que significa Empresa Individual de Responsabilidade Limitada.

Já a EIRELI caracteriza-se por ser pessoa jurídica a ser integrada apenas por uma única pessoa, que será a titular de todo o capital social que deve ser de no mínimo 100 salários mínimos integralizados.

A EIRELI pode se dar como o resultado do fim da pluralidade de sócios de uma sociedade, seja qual for o motivo.

A denominação de uma EIRELI é diferente de outros tipos empresariais. Na escolha do nome de uma empresa deste tipo a denominação EIRELI deve obrigatoriamente ser incluída no nome empresarial escolhido, para que fique claro que se trata de uma empresa desta modalidade.

A) Não. Empresário é a pessoa natural que desenvolve atividade econômica profissional e organizada para a produção de bens e circulação de serviços, conforme o art. 966 do CC e o art. 18-A da LC 123/06, enquanto a EIRELI caracteriza-se por ser pessoa jurídica de direito privado que é integrada por uma única pessoa.

B) MEI é uma modalidade de microempresa, conforme o Art. 18-E, § 3°, da Lei Complementar n° 123/06. Assim, todo benefício previsto na Lei Complementar n° 123/06 aplicável à microempresa estende-se ao MEI.

De acordo com o Art. 9°, § 1°, inciso II, da Lei Complementar n° 123/06, ao MEI dispensa-se a comprovação da inexistência de débito referente a tributo ou contribuição de qualquer natureza.

GABARITO COMENTADO – FGV

A questão tem por objeto verificar o conhecimento do examinando quanto às regras básicas pertinentes ao microempreendedor individual, com enfoque no tratamento diferenciado em relação a outros empresários por ser uma modalidade de microempresa. Ademais, espera-se que o examinando reconheça que o MEI é uma pessoa natural e não uma EIRELI (pessoa jurídica de direito privado).

A) Não. O MEI é uma pessoa natural, sendo espécie de empresário individual de que trata o Art. 966 do Código Civil e não uma pessoa jurídica de direito privado – EIRELI. Fundamento legal: Art. 18-A, § 1°, da Lei Complementar n° 123/06.

B) O MEI é uma modalidade de microempresa, conforme o Art. 18-E, § 3°, da Lei Complementar n° 123/06. Todo benefício previsto na Lei Complementar n° 123/06 aplicável à microempresa estende-se ao MEI, sempre que lhe for favorável.

Sim. O MEI está dispensado, para fins de arquivamento nos órgãos de registro, da prova de quitação, regularidade ou inexistência de débito referente a tributo ou contribuição de qualquer natureza, com base no Art. 9°, § 1°, inciso II, da Lei Complementar n° 123/06.

DISTRIBUIÇÃO DE PONTOS

ITEM	PONTUAÇÃO
A) Não. O MEI é uma pessoa natural, espécie de empresário individual de que trata o Art. 966 do Código Civil e não uma pessoa jurídica de direito privado – EIRELI (0,35). Fundamento legal: Art. 18-A, § 1°, da Lei Complementar n° 123/06 (0,10).	0,00/0,35/0,45
B1) O MEI é uma modalidade de microempresa (0,25), conforme o Art. 18-E, § 3°, da Lei Complementar n° 123/06 (0,10).	0,00/0,25/0,35
B2) Sim. Para o MEI é dispensável, para fins de arquivamento nos órgãos de registro, prova de quitação, regularidade ou inexistência de débito referente a tributo ou contribuição de qualquer natureza (0,35), com base no Art. 9°, § 1°, inciso II, da Lei Complementar n° 123/06 (0,10).	0,00/0,35/0,45

(OAB/Exame Unificado – 2017.3 – 2ª fase) Paulo é fazendeiro e cria, de modo profissional, gado de raça para venda a frigoríficos, bem como seleciona as melhores raças para exportação de carne. Na fazenda de Paulo, há emprego de tecnologia, mão de obra qualificada, pesquisa de zootecnia e altos investimentos; entretanto, ele não tem nenhum registro como empresário, exercendo a pecuária como pessoa natural.

Com base nesses dados, responda aos itens a seguir.

A) A atividade exercida por Paulo é empresa? **(Valor: 0,60)**

PRÁTICA EMPRESARIAL – 4ª EDIÇÃO   157   EXERCÍCIOS PRÁTICOS

B) É obrigatória a inscrição de Paulo na Junta Comercial como empresário? **(Valor: 0,65)**

Obs.: o(a) examinando(a) deve fundamentar as respostas. A mera citação do dispositivo legal não confere pontuação.

RESPOSTAS

O Código Civil deu tratamento especial para quem desenvolve atividade econômica rural, isentando-os da obrigatoriedade de registro na Junta Comercial prevista no art. 967 do referido Código.

Isso pois, vale a pena lembrar que todo o empresário antes de iniciar atividade empresarial deve se registrar na Junta Comercial, sendo este individual, ou sociedade empresária.

Portanto, se aquele que exerce atividade econômica rural não se registrar na Junta Comercial não será considerado empresário no que rege as especificidades desta figura, como por exemplo falência, e recuperação.

Contudo, o empresário rural pode optar por se registrar, ocasião em que será considerado empresário para todos os efeitos legais, conforme dispõe o art. 971 do Código Civil.

Desta forma, para aquele que exerce a atividade econômica rural o registro na Junta Comercial tem natureza constitutiva, e não somente declaratória, como nas demais hipóteses de empresários. Cabe lembrar que o registro não é requisito para que alguém seja considerado empresário, mas uma obrigação legal. Quanto ao exercente de atividade rural, essa regra é excepcionada, sendo o registro na Junta uma condição para que ele seja caracterizado como empresário e consequentemente se submeta ao regime jurídico empresarial.

A mesma regra foi prevista para a sociedade que tem por objeto social a exploração de atividade econômica rural em seu art. 984 do Código Civil.

A) Sim, a atividade exercida por Paulo constitui empresa, uma vez que ele exerce profissionalmente atividade econômica organizada para a produção ou a circulação de bens ou de serviços, como disposto no art. 966, caput do CC.

B) A inscrição de Paulo na Junta Comercial não é obrigatória, uma vez que ele exerce atividade rural, hipótese em que a inscrição é apenas facultativa, sendo necessária, entretanto, se desejar submeter-se ao regime jurídico empresarial como as demais, conforme dispõe o art. 971 do CC.

GABARITO COMENTADO – FGV

A questão tem por finalidade verificar o conhecimento do examinando sobre a noção de empresa e empresário e a facultatividade da inscrição do empresário rural.

A) Sim. A atividade exercida por Paulo é empresa, pois nela se verifica uma atividade econômica dotada de organização de bens e pessoas com finalidade de produção de bens para o mercado, com base na dicção do Art. 966, *caput*, do Código Civil.

B) Não. Paulo, embora exerça empresa rural, não está obrigado a se registrar na Junta Comercial como empresário. É facultativa a inscrição na Junta Comercial para o empresário rural, porém, uma vez inscrito, equipara-se ao empresário regular, de acordo com o Art. 971 do Código Civil.

ROBINSON BARREIRINHAS E HENRIQUE SUBI

DISTRIBUIÇÃO DE PONTOS

ITEM	PONTUAÇÃO
A) Sim. A atividade exercida por Paulo é empresa, pois nela se verifica uma atividade econômica dotada de organização de bens e pessoas com finalidade de produção de bens para o mercado (0,50), com base na dicção do Art. 966, *caput*, do Código Civil (0,10).	0,00/0,50/0,60
B) Não. Paulo, embora exerça empresa rural, não está obrigado a se registrar na Junta Comercial como empresário, por ser **facultativa a inscrição** (0,55), de acordo com o Art. 971 do Código Civil (0,10).	0,00/0,55/0,65

(OAB/Exame Unificado – 2017.2 – 2ª fase) Lino é gerente do estabelecimento empresarial do microempresário individual Teotônio Palmeira. Na ausência do empresário, sob a justificativa de que precisa de um tratamento médico, Lino decidiu transferir unilateralmente sua condição de gerente e as prerrogativas decorrentes dela a seu amigo Mário, que aceitou o encargo.

Com base nessas informações, responda aos questionamentos a seguir.

A) Na condição de gerente do empresário Teotônio Palmeira e com a justificativa apresentada, Lino pode designar outro gerente para substituí-lo sem autorização do primeiro? **(Valor: 0,60)**

B) Caso Lino venha a praticar um ato doloso no exercício da gerência que cause prejuízo a terceiro, este poderá responsabilizar o empresário Teotônio Palmeira? **(Valor: 0,65)**

Obs.: o(a) examinando(a) deve fundamentar suas respostas. A mera citação ou transcrição do dispositivo legal não confere pontuação.

RESPOSTAS

O contrato de preposição prevê poderes de representação típicos do mandato, não havendo a possibilidade de delegar tais poderes a um terceiro sem que haja prévia autorização do preponente.

Além disso, importante relembrar que é vedado aos prepostos fazerem concorrência, ainda que indireta, aos seus preponentes, hipótese em que responderão por perdas e danos, podendo ainda o empresário prejudicado requerer a retenção dos lucros da operação do preposto, salvo se houver expressa autorização do preponente neste sentido, conforme dispõe o art. 1.170 do Código Civil.

Evidentemente que os preponentes respondem pelos atos cometidos pelos seus prepostos. Contudo, tendo o preposto agido com culpa, o preponente poderá demandá-lo para arcar com os prejuízos. Já no caso do dolo, os prepostos assumem responsabilidade solidária com seus preponentes, conforme o art. 1.177 do CC.

A) Os poderes conferidos a Lino são pessoais e intrasferíveis, somente sendo possível a delegação destes se o preponente autorizar expressamente por escrito, a possibilidade de Lino designar outro gerente para substituí-lo, conforme o Art. 1.169 do CC.

B) Se os atos cometidos por Lino forem dolosos e prejudicarem a terceiros, este se torna solidariamente responsável em conjunto com o preponente, respondendo em pé de igualdade conforme, Art. 1.177, parágrafo único, do CC.

PRÁTICA EMPRESARIAL – 4ª EDIÇÃO 159 EXERCÍCIOS PRÁTICOS

GABARITO COMENTADO – FGV

O objetivo da questão é saber se o examinando conhece as disposições legais acerca dos prepostos do empresário, com enfoque na figura do gerente, preposto permanente daquele.

O examinando deverá ser capaz de identificar que Teotônio Palmeira é um empresário individual. Portanto, a resposta que estiver fundamentada em dispositivo de EIRELI, de sociedade simples ou sociedade empresária não pontua.

Ademais, o que se pretende avaliar é o instituto da preposição, disciplinado no Código Civil no Direito de Empresa, e não o contrato de mandato ou a figura do MEI.

Pelas informações contidas no enunciado e, por aplicação do Art. 1.169 do CC, percebe-se que Lino não pode fazer-se substituir no exercício da preposição sem autorização prévia e escrita do preponente Teotônio. Além disso, se o gerente vier a praticar ato doloso que cause prejuízo a terceiro, esse poderá responsabilizar tanto o preposto quanto o empresário, solidariamente, como preceitua o Art. 1.177, parágrafo único, do CC.

A) Não. Lino não pode, sem autorização escrita do empresário (preponente), designar outro gerente para substituí-lo, porque tal conduta é vedada ao preposto, de acordo com o Art. 1.169 do CC.

B) Sim. No exercício de suas funções, o preposto Lino é solidariamente responsável com o preponente Teotônio Palmeira perante terceiros, pelos atos **dolosos** praticados pelo primeiro, com fundamento no Art. 1.177, parágrafo único, do CC.

Como o comando da questão indaga do examinando a hipótese de prática de ato DOLOSO por parte do preposto gerente, não será aceito como fundamento legal nenhum dispositivo a não ser o parágrafo único do art. 1.177 do Código Civil.

DISTRIBUIÇÃO DE PONTOS

ITEM	PONTUAÇÃO
A) Não. Lino não pode, sem autorização escrita do empresário (preponente), designar outro gerente para substituí-lo, porque tal conduta é vedada ao preposto (0,50), de acordo com o Art. 1.169 do CC (0,10).	0,00/0,50/0,60
B) Sim. No exercício de suas funções, o preposto Lino é solidariamente responsável com o preponente Teotônio Palmeira perante terceiros, pelos atos dolosos praticados pelo primeiro (0,55), com fundamento no Art. 1.177, parágrafo único, do CC (0,10).	0,00/0,55/0,65

1.11. CONTRATOS EMPRESARIAIS

(OAB/Exame Unificado – 2019.2 – 2ª fase) Alvorada do Norte Logística Ltda. celebrou contrato de corretagem com o Sr. Barbosa Ferraz para fins de futura aquisição de um imóvel, no qual será instalada uma das unidades produtivas empresariais. O contrato foi celebrado por escrito e contém cláusula de exclusividade. Em que pesem os esforços do corretor, o negócio mediado por ele não se aperfeiçoou em razão da desistência do vendedor, sem que esse fato seja imputável à desídia ou inércia do corretor.

A partir do caso apresentado, responda aos itens a seguir.

A) Na situação apresentada, o corretor fará jus à comissão? **(Valor: 0,65)**

B) Caso o negócio tivesse sido iniciado e concluído pela sociedade empresária diretamente com o vendedor, sem a mediação do corretor, faria este jus à comissão? **(Valor: 0,60)**

Obs.: o(a) examinando(a) deve fundamentar suas respostas. A mera citação do dispositivo legal não confere pontuação.

RESPOSTAS

O Código Civil em seu art. 722 define o contrato de corretagem como:

> *Art. 722. Pelo contrato de corretagem, uma pessoa, não ligada a outra em virtude de mandato, de prestação de serviços ou por qualquer relação de dependência, obriga-se a obter para a segunda um ou mais negócios, conforme as instruções recebidas.*

De maneira mais simples, o contrato de corretagem é aquele em que uma pessoa confere a um terceiro os poderes para que ela realize determinados negócios em seu favor mediante pagamento de uma remuneração.

A) Mesmo diante da clausula de exclusividade, se não houver a obtenção do resultado que foi acordado em contrato, o corretor não terá direito a comissão, de acordo com o Art. 725 do CC. Sendo assim, no caso em tela o corretor não fará jus a comissão, uma vez que não houve a aquisição do imóvel em razão da desistência do vendedor.

B) O corretor teria direito ao valor da remuneração mesmo que a transação não fosse por ele concluída, uma vez que o contrato de corretagem em questão possuía cláusula de exclusividade, e não houve inércia ou ociosidade de sua parte, conforme dispõe o Art. 726 do CC.

GABARITO COMENTADO – FGV

A questão tem por objetivo verificar se o examinando reconhece a obrigação de resultado do corretor de promover a mediação para celebração de negócios em favor do cliente. Portanto, se esse resultado não for atingido, não caberá o pagamento de comissão por parte do cliente, nos termos do que dispõe o Art. 725 do CC. Nota-se que houve desistência (e não arrependimento) do vendedor antes da celebração do contrato de compra e venda, logo, o corretor não fará jus à comissão. Outro objetivo da questão é verificar se o examinando identifica a posição especial do corretor quando houver cláusula de exclusividade, nos termos do Art. 726 do CC.

A) Não. Diante da não obtenção do resultado previsto no contrato (aquisição de imóvel), em razão da desistência do vendedor, o corretor não fará jus à comissão, de acordo com o Art. 725 do CC.

B) Sim. Por se tratar de corretagem com exclusividade, o corretor teria direito à remuneração integral, ainda que o negócio tivesse sido realizado sem a sua mediação, com fundamento no Art. 726 do CC.

PRÁTICA EMPRESARIAL – 4ª EDIÇÃO   161   EXERCÍCIOS PRÁTICOS

DISTRIBUIÇÃO DE PONTOS

ITEM	PONTUAÇÃO
A) Não. Diante da não obtenção do resultado previsto no contrato (aquisição de imóvel), em razão da desistência do vendedor, o corretor não fará jus à comissão (0,55), de acordo com o Art. 725 do CC (0,10).	0,00/0,55/0,65
B) Sim. Por se tratar de corretagem com exclusividade, o corretor teria direito à remuneração integral, ainda que o negócio tivesse sido realizado sem a sua mediação (0,50), com fundamento no Art. 726 do CC (0,10).	0,00/0,50/0,60

(OAB/Exame Unificado – 2019.1 – 2ª fase) Brinquedos Candeias Ltda. (consignante) entregou 750 brinquedos à sociedade Campo Formoso Armarinho e Butique Ltda. (consignatária) para que esta os vendesse em Seabra/BA e pagasse àquela o preço ajustado, podendo a consignatária, ao final de seis meses, restituir-lhe os bens consignados.

Durante a vigência do contrato, a totalidade dos brinquedos pereceu em razão de enchente que atingiu o estabelecimento da consignatária, sendo impossível sua restituição à consignante. Sem embargo, durante o prazo da consignação e antes da notícia de seu perecimento, a consignante alienou a terceiro os mesmos brinquedos.

Sobre o caso apresentado, responda aos itens a seguir.

A) Diante da causa apontada para o perecimento dos brinquedos, fica a consignatária exonerada da obrigação de pagar o preço dos brinquedos à consignante? **(Valor: 0,65)**

B) Na hipótese do enunciado, a consignação dos brinquedos impediria sua alienação pela consignante? **(Valor: 0,60)**

Obs.: o(a) examinando(a) deve fundamentar as respostas. A mera citação do dispositivo legal não confere pontuação.

RESPOSTAS

O contrato estimatório, ou de venda em consignação, como é mais conhecido, é disposto no art. 534 a 537 do CC, e é aquele em que uma pessoa que é chamada de consignante entrega bens móveis a uma outra, esta denominada consignatária, que fica autorizada a vendê-los dentro de um prazo estabelecido. Ao fim do prazo o consignatário pagará ao consignante o preço ajustado, ou restituirá a coisa. Poderá o consignatário vender ou até mesmo ficar com a coisa, visto que sua obrigação pelo pagamento do preço não decorre propriamente da venda do bem, mas de sua não restituição no prazo estabelecido.

Importante dizer, que a impossibilidade de restituição da coisa, mesmo que sem culpa do consignatário, não o exonera da obrigação de pagar o preço.

O contrato estimatório tem como objeto coisa móvel infungível. Entenda-se coisa móvel como corpórea, concreta e tangível. Bens imateriais não podem ser objeto desse contrato, que tem natureza real e exige sua entrega material ao consignatário.

A) Não, uma vez que no contrato estimatório a impossibilidade de restituição da coisa não exonera o dever do consignatário em pagar o preço ao consignante, conforme dispõe o art. 535 do CC.

B) De acordo com o art. 537 do CC, uma vez que a consignação for realizada o consignante não poderá dispor da coisa antes de lhe ser restituída ou de lhe ser comunicada a restituição. Sendo assim, a consignação impossibilitaria a alienação dos brinquedos.

GABARITO COMENTADO – FGV

O examinando deverá ser capaz de identificar pelos dados contidos no enunciado que as partes celebraram contrato *estimatório*, disciplinado pelo Código Civil nos artigos 534 a 534.

A questão tem por objetivo aferir os conhecimentos do examinando quanto ao dever de o consignatário pagar o preço ao consignante, mesmo se a restituição se tornar impossível por caso fortuito ou força maior.

A) Não. Tratando-se de contrato estimatório, mesmo tendo ocorrido o perecimento dos brinquedos por fato não imputável à consignatária, esta não se exonera da obrigação de pagar o preço à consignante, de acordo com o Art. 535 do Código Civil.

B) Sim. Realizada a consignação, não pode a consignante dispor dos brinquedos antes de lhes serem restituídos ou de lhe ser comunicada a restituição pela consignatária, nos termos do Art. 537 do Código Civil.

DISTRIBUIÇÃO DE PONTOS

ITEM	PONTUAÇÃO
A) Não. Tratando-se de contrato estimatório, mesmo tendo ocorrido o perecimento dos brinquedos por fato não imputável à consignatária, esta não se exonera da obrigação de pagar o preço à consignante (0,55), de acordo com o Art. 535 do Código Civil (0,10).	0,00/0,55/0,65
B) Sim. Realizada a consignação, não pode a consignante dispor dos brinquedos antes de lhes serem restituídos ou de lhe ser comunicada a restituição pela consignatária (0,50), nos termos do Art. 537 do Código Civil (0,10).	0,00/0,50/0,60

(OAB/Exame Unificado – 2018.3 – 2ª fase) A Importadora Morrinhos S/A contratou os serviços da Transportadora Jussara Ltda. para o transporte de veículos automotores. A carga deveria ter sido entregue no dia 12 de maio de 2018, mas, devido à interdição da rodovia pela Polícia Rodoviária Estadual, a chegada no destino ocorreu dois dias depois.

Americano do Brasil, empresário individual e um dos destinatários, verificou, ao receber a carga, que parte dela estava avariada. Todavia, o protesto por avaria foi realizado após a entrega ao transportador, no dia 14 de maio de 2018, que se recusou a reparar o dano, levando o destinatário a reclamar o prejuízo junto à Importadora Morrinhos S/A.

A seguradora da Importadora Morrinhos S/A indenizou Americano do Brasil de seu prejuízo e demandou a Transportadora Jussara Ltda. em ação de regresso, com base na Súmula 188 do STF (*"O segurador tem ação regressiva contra o causador do dano, pelo que efetivamente pagou, até o limite previsto no contrato de seguro"*) e no Art. 786 do Código Civil.

Na contestação ao pedido, a ré invocou a decadência do direito do destinatário à reparação civil pela reclamação intempestiva; no mérito, aduziu que há limitação de responsabilidade do transportador ao valor indicado no conhecimento de transporte rodoviário, não cabendo o pagamento do valor integral efetuado pela seguradora.

Com base nas informações acima, responda aos itens a seguir.

PRÁTICA EMPRESARIAL – 4ª EDIÇÃO   163   EXERCÍCIOS PRÁTICOS

A) Houve decadência do direito à reparação civil pelos prejuízos sofridos pelo destinatário com a avaria parcial da carga? **(Valor: 0,70)**

B) Procede a alegação de mérito quanto à limitação da responsabilidade do transportador? **(Valor: 0,55)**

Obs.: o(a) examinando(a) deve fundamentar as respostas. A mera citação do dispositivo legal não confere pontuação.

RESPOSTAS

Pelo contrato de transporte alguém se obriga mediante retribuição, a transportar, de um lugar para outro, pessoas ou coisas.

Ademais, o contrato de transporte foi dívida em três seções dentro do Código Civil: disposição gerais, transporte de pessoas, e transporte de coisas.

Esse tipo de contrato possui as seguintes características:

a) bilateral: estabelecem-se prestações e contraprestações;

b) consensual: se aperfeiçoa pelo consentimento das partes;

c) não formal: pode ser escrito ou verbal;

d) bifronte: em regra será sempre oneroso, conforme dispõe o art. 730 do CC.

A principal cláusula do contrato de transporte é a de incolumidade, uma vez que há regramento que estabelece o dever jurídico de o transportador transportar a pessoa ou coisa até sua destinação final de forma a não haver qualquer tipo de violação.

A) Sim, houve a decadência do direito. Isso, pois, o destinatário deveria conferir o estado da carga no ato da entrega e apresentar as reclamações que tivesse nesse momento, conforme o Art. 754, *caput*, do CC.

B) A alegação procede porque sua responsabilidade em relação à avaria da carga é limitada ao valor constante do conhecimento de transporte, nos termos do Art. 750 do CC.

GABARITO COMENTADO – FGV

A questão tem por objetivo verificar o conhecimento pelo examinando das disposições do Código Civil referentes ao transporte de coisas (carga), em especial o dever do destinatário, **no momento da entrega**, efetuar o protesto por avaria e não após esse ato; também se pretende aferir se o examinando reconhece a possibilidade de limitação do valor a ser indenizado pelo transportador ao destinatário mediante cláusula no conhecimento.

Espera-se que o examinando seja apto a identificar, pela leitura do enunciado, a celebração de uma relação jurídica entre empresários – Importadora Morrinhos S/A e Transportadora Jussara Ltda. – não se aplicando as disposições do Código de Defesa do Consumidor (Lei nº 8.078/90) sobre prazos para reclamações por vícios na prestação de serviço ou abusividade de cláusulas que limitem a indenização a um valor preestabelecido. Assim sendo, a relação contratual entre a Importadora e a Transportadora é de cunho empresarial, sendo disciplinada pelo Código Civil nos artigos 743 a 756 (contrato de transporte de coisas).

Percebe-se da leitura do enunciado que se trata de avaria aparente da carga (*"verificou, ao receber a carga, que parte dela estava avariada"*), realizado o protesto "após a entrega", portanto não pontua a resposta fundamentada no parágrafo único do art. 754 do Código Civil porque não se trata de avaria oculta no momento da entrega da carga.

A) Sim, porque o destinatário Americano do Brasil deveria conferir o estado da carga no ato da entrega e apresentar, nesse momento, as reclamações que tivesse, sob pena de decadência do direito, com base no Art. 754, *caput*, do Código Civil. Como a reclamação ao transportador só foi feita após a entrega, houve decadência.

B) Sim, porque a responsabilidade do transportador de carga é limitada ao valor constante do conhecimento de transporte, com fundamento no Art. 750 do Código Civil.

DISTRIBUIÇÃO DE PONTOS

ITEM	PONTUAÇÃO
A) Sim. O destinatário deveria conferir o estado da carga no ato da entrega e apresentar as reclamações que tivesse nesse momento, sob pena de decadência do direito (0,60), com base no Art. 754, *caput*, do Código Civil (0,10).	0,00/0,60/0,70
B) Sim, porque sua responsabilidade em relação à avaria da carga é limitada ao valor constante do conhecimento de transporte (0,45), com fundamento no Art. 750 do Código Civil (0,10).	0,00/0,45/0,55

(OAB/Exame Unificado – 2017.3 – 2ª fase) Leopoldo celebrou, com o Banco Nazário S.A., contrato de alienação fiduciária em garantia e ficou, na vigência do contrato, inadimplente no pagamento das prestações do financiamento, com atraso superior a quatro meses.

Durante a negociação com Leopoldo, este propôs a purga da mora e a continuidade do contrato, uma vez que já pagara 65% (sessenta e cinco) por cento do financiamento, mas o pedido foi recusado.

Sem conseguir uma solução amigável para o recebimento da dívida, Maria Rosa, responsável pela carteira de contratos de alienação fiduciária do Banco Nazário S.A., consulta você, como advogado(a), para que esclareça as dúvidas a seguir.

A) Comprovada a mora do fiduciante, que medida deve ser tomada para o credor reaver a posse do bem alienado fiduciariamente? **(Valor: 0,50)**

B) Considerado o pagamento de 65% do valor financiado, o fiduciário pode ser compelido, por decisão judicial, a aceitar a purga da mora, sendo sua intenção a extinção do contrato? **(Valor: 0,75)**

Obs.: o(a) examinando(a) deve fundamentar as respostas. A mera citação do dispositivo legal não confere pontuação.

RESPOSTAS

A Alienação Fiduciária é um contrato no qual o devedor faz a transferência da propriedade de um bem, seja ele móvel, imóvel ou semovente ao credor. Importante ainda dizer que não há transferência da posse, assim, é vedado ao devedor negociar o bem com terceiros antes de que seja quitada a dívida, possuindo apenas o usufruto até fazê-lo.

O contrato de alienação fiduciária será constituído através de instrumento público ou particular, no qual as partes participantes são chamados de fiduciário (credor), e fiduciante (devedor).

Não pode se confundir a alienação com hipoteca, uma vez que na alienação o bem integra o patrimônio do credor, enquanto na hipoteca o bem continua fazendo parte do patrimônio do devedor.

O contrato de alienação fiduciária deve conter a descrição do objeto da transferência; o total da dívida, ou estimativa; o prazo ou a época de pagamento; a taxa de juros se houver.

Por conta das vantagens inegáveis que apresenta sobre as demais modalidades de garantia de crédito, foi, na Lei nº 4.728, de 14 de julho de 1965 (art. 66), e no Decreto-Lei nº 911, concebida com o declarado propósito de garantir a liquidez das operações das instituições financeiras.

A alienação fiduciária em garantia nada mais é do que uma modalidade de negócio fiduciário previsto no Código Civil, c/c o Decreto-lei nº. 911/69, alterado pela Lei 10.931/2004.

A) De acordo com o art. 3º caput do Decreto-Lei 911/69, se comprovada a mora do fiduciante, o credor poderá requerer em juízo a busca e apreensão do bem, que poderá será concedido liminarmente.

B) Não. Cinco dias após executada a liminar de busca e apreensão, consolidar-se-ão a propriedade e a posse plena e exclusiva do bem no patrimônio do credor fiduciário, expedindo-se – quando necessário -novo certificado de registro de propriedade em nome do credor, ou de terceiro por ele indicado, livre do ônus da propriedade fiduciária, salvo se neste prazo houver o pagamento da integralidade da dívida nos termos dos §§ 1º E 2º, do Art. 3º, do Decreto-Lei nº 911/69.

GABARITO COMENTADO – FGV

O examinando deverá demonstrar conhecimento do contrato de alienação fiduciária celebrado no âmbito do mercado financeiro, em especial os direitos processuais que tem o credor e proprietário fiduciário à sua disposição em caso de inadimplemento por parte do fiduciante, dispostos no Decreto-lei nº 911/69.

A) Em relação à medida adequada para a retomada da posse do bem alienado fiduciariamente, o examinando deverá invocar o Art. 3º, *caput*, do Decreto-Lei nº 911/69, que autoriza o credor a requerer contra o devedor a busca e apreensão do bem, a qual será concedida liminarmente, inclusive em plantão judicial, eis que já foi comprovada a mora.

B) Não. O examinando deve afirmar a impossibilidade de o fiduciante impor ao fiduciário a purga da mora e a manutenção do contrato (ou o juiz obrigar o credor a aceitar a purga da mora), diante da atual redação dos §§ 1º e 2º, do Art. 3º, do Decreto-Lei nº 911/69, dada pela Lei nº 10.931/2004.

Para que o bem seja restituído ao fiduciante, livre do ônus, é necessário que ele pague a integralidade da dívida pendente, no prazo de 5 (cinco) dias após executada a liminar na ação de busca e apreensão, segundo os valores apresentados pelo credor fiduciário na inicial. Caso isto não seja efetivado, estarão consolidadas a propriedade e a posse plena e exclusiva do bem no patrimônio do fiduciário.

DISTRIBUIÇÃO DE PONTOS

ITEM	PONTUAÇÃO
A) Comprovada a mora do fiduciante, o credor poderá requerer em juízo a busca e apreensão do bem, com pedido de liminar (0,40), com fundamento no Art. 3º, *caput*, do Decreto-Lei nº 911/69 (0,10).	0,00/0,40/0,50
B1) Não. Cinco dias após executada a liminar de busca e apreensão, a propriedade e a posse plena e exclusiva do bem no patrimônio do credor fiduciário estarão consolidadas (0,35), salvo se neste prazo houver o pagamento da integralidade da dívida (0,30).	0,00/0,30/0,35/0,65
B2) Nos termos dos §§ 1º E 2º, do Art. 3º, do Decreto-Lei nº 911/69 (0,10).	0,00/0,10

(**OAB/Exame Unificado – 2017.1 – 2ª fase**) Sociedade empresária do tipo limitada ajuizou ação declaratória de revisão de contrato em face de sociedade de Fomento Mercantil. A autora afirma que, em 26 de março de 2009, firmou com a ré contrato de fomento mercantil prevendo a compra total ou parcial de títulos de crédito, emitidos para pagamento a prazo, resultantes de venda ou de prestação de serviços realizados pela autora com o fito de obtenção de capital de giro para fomento de sua empresa. Ademais, ficou convencionado que a faturizadora se obrigaria a prestar, cumulativa e continuamente, serviços de assessoria creditícia, mercadológica, de gestão de crédito, seleção de riscos, acompanhamento da carteira de contas a receber e pagar. A autora ainda assevera que o contrato possui cláusulas abusivas, puramente potestativas, que violam o Código de Defesa do Consumidor.

Com base nessas informações, responda aos itens a seguir.

A) O contrato típico de faturização ou *factoring* encerra relação de consumo? (**Valor: 0,50**)

B) Tendo em vista o conceito legal, as sociedades de fomento mercantil são consideradas instituições financeiras? (**Valor: 0,75**)

Obs.: o(a) examinando(a) deve fundamentar suas respostas. A simples menção ou transcrição de dispositivo legal não confere pontuação.

RESPOSTAS

A faturização ou factoring é o contrato pelo qual uma instituição financeira ou empresa especializada adquire créditos faturados por um comerciante ou industrial, prestando serviços de Administração do crédito e assumindo o risco de insolvência do consumidor ou comprador, sem direito de regresso contra o cedente (faturizado), recebendo uma remuneração ou uma comissão ou ainda efetuando a compra dos créditos a um preço reduzido. A pratica é usualmente utilizada para créditos a curto prazo, embora não se excluam também aqueles a médio e longo prazos.

O contrato de factoring (fatorização ou fomento mercantil) é aquele pelo qual a faturizadora se obriga a cobrar os devedores de um empresário, que figura nesta modalidade contratual como faturizado, prestando, portanto, a este os serviços de administração de crédito mediante uma remuneração pactuada entre as partes.

As características deste tipo de contrato são:

Atípico;

Bilateral;

Consensual;

Comutativo;

Oneroso;

Compra e venda continuada;

Personalíssimo.

São partes do contrato o faturizador, que é empresa de Factoring que tem a obrigação de pagar ao faturizado conforme as faturas que lhe são apresentadas; e o faturizado, que é o empresário ou sociedade empresária que tem o dever de pagar a comissão devida ao factor.

A) Não se encerra a relação de consumo, uma vez que a relação entre as partes não tem natureza consumerista, sendo que a venda dos seus direitos creditórios ao faturizador tem por escopo fomentar a sua atividade comercial, não se pondo ademais em situação de vulnerabilidade.

B) Não. Uma vez que as instituições financeiras têm por atividade principal ou acessória a coleta, intermediação ou aplicação de recursos financeiros próprios ou de terceiros, com fundamento no Art. 17 da Lei nº 4.595/64; e já as sociedades de fomento mercantil adquirem créditos das faturizadas, que são resultantes de vendas ou prestação de serviços, realizadas a prazo, além de assessoria creditícia, gestão de crédito, seleção e riscos, administração de contas a pagar e a receber e etc. Assim, elas não podem ser consideradas instituições financeiras.

GABARITO COMENTADO – FGV

A questão tem por objetivo verificar se o examinando reconhece que a atividade das sociedades de fomento mercantil não é típica de instituição financeira. Ao contrário do previsto no Art. 17 da Lei nº 4.595/64 (conceito de instituição financeira), as sociedades de fomento mercantil se limitam a adquirir créditos no vencimento ou antecipadamente e prestar serviços de assessoria creditícia ou mercadológica. Tais sociedades empresárias não efetuam operações de mútuo ou captação de recursos de terceiros.

Ademais, o examinando deve identificar que o contrato de fomento mercantil ou faturização típico, quando a faturizada pretende obter capital de giro com a cessão dos créditos ao faturizador, não encerra relação de consumo. A faturizada não se enquadra no conceito de consumidora, na medida em que a venda dos seus direitos creditórios ao faturizador tem por escopo fomentar a sua atividade comercial, não se pondo ademais em situação de vulnerabilidade.

A) Não. O contrato de faturização típico, quando a faturizada pretende obter capital de giro com a cessão dos créditos ao faturizador, não encerra relação de consumo. A faturizada não se enquadra no conceito de consumidora, na medida em que a venda dos seus direitos creditórios ao faturizador tem por escopo fomentar a sua atividade comercial, não se pondo ademais em situação de vulnerabilidade.

B) As sociedades de fomento mercantil não são consideradas instituições financeiras, para os efeitos da legislação em vigor (Art. 17 da Lei nº 4.595/64). As instituições financeiras têm por atividade principal ou acessória a coleta, intermediação ou aplicação de recursos financeiros próprios ou de terceiros, em moeda nacional ou estrangeira, e a custódia de valor de propriedade de terceiros. Já as sociedades de fomento mercantil não efetuam operações de mútuo ou captação de recursos de terceiros, pois sua atividade consiste em adquirir créditos das faturizadas, resultantes de suas vendas ou de prestação de serviços, realizadas a prazo, bem como prestar cumulativa e continuamente serviços de assessoria creditícia, mercadológica, gestão de crédito, seleção e riscos, administração de contas a pagar e a receber.

DISTRIBUIÇÃO DE PONTOS

ITEM	PONTUAÇÃO
A) Não. O contrato de faturização típico, quando a faturizada pretende obter capital de giro com a cessão dos créditos ao faturizador, não encerra relação de consumo (0,10). A faturizada não se enquadra no conceito de consumidora, na medida em que a venda dos seus direitos creditórios ao faturizador tem por escopo fomentar a sua atividade comercial, não se pondo ademais em situação de vulnerabilidade (0,40).	0,00/ 0,10 / 0,40 / 0,50
B) Não. Enquanto as instituições financeiras têm por atividade principal ou acessória a coleta, intermediação ou aplicação de recursos financeiros próprios ou de terceiros (0,20), com fundamento no Art. 17 da Lei nº 4.595/64 (0,10), as sociedades de fomento mercantil adquirem créditos das faturizadas, resultantes de suas vendas ou de prestação de serviços, realizadas a prazo, bem como prestam cumulativa e continuamente serviços de assessoria creditícia, mercadológica, gestão de crédito, seleção e riscos, administração de contas a pagar e a receber (0,45).	0,00/ 0,20 / 0,30 / 0,45/0,65 / 0,75

(OAB/Exame Unificado – 2016.3 – 2ª fase) Silva Jardim é sócio minoritário da Companhia Saquarema de Transportes de Carga, com sede em Volta Redonda/RJ. Em razão de dificuldades financeiras, a sociedade empresária recebeu empréstimo no valor de R$ 500.000,00 (quinhentos mil reais) de Silva Jardim, com pagamento integral após dois anos da data da transferência do crédito. A taxa de juros remuneratórios pactuada é de 12% ao ano.

Com escopo de garantia do pagamento do mútuo, a companhia transferiu ao credor dois caminhões de sua propriedade, sob condição resolutiva do adimplemento. Também foi estabelecido pacto comissório em favor de Silva Jardim, em caso de não pagamento da dívida no vencimento.

Ao tomar conhecimento da celebração do contrato, o sócio Cardoso suscita a nulidade do pacto comissório em assembleia geral ordinária da companhia.

Com base na hipótese narrada, responda aos itens a seguir.

A) Tem razão o sócio Cardoso em considerar nulo o pacto comissório? **(Valor: 0,70)**

B) O contrato que instituiu o gravame sobre os caminhões em favor do credor deve ser levado ao Registro de Títulos e Documentos do domicílio do devedor para sua validade? **(Valor: 0,55)**

Obs.: o(a) examinando(a) deve fundamentar as respostas. A mera citação do dispositivo legal não confere pontuação.

RESPOSTAS

Dispõe o Código Civil sobre o a propriedade fiduciária o seguinte:

Art. 1.361. Considera-se fiduciária a propriedade resolúvel de coisa móvel infungível que o devedor, com escopo de garantia, transfere ao credor.

§ 1 o Constitui-se a propriedade fiduciária com o registro do contrato, celebrado por instrumento público ou particular, que lhe serve de título, no Registro de Títulos e Documentos do domicílio do devedor, ou, em se tratando de veículos, na repartição competente para o licenciamento, fazendo-se a anotação no certificado de registro.

§ 2 o Com a constituição da propriedade fiduciária, dá-se o desdobramento da posse, tornando-se o devedor possuidor direto da coisa.

§ 3 o A propriedade superveniente, adquirida pelo devedor, torna eficaz, desde o arquivamento, a transferência da propriedade fiduciária.

Art. 1.362. O contrato, que serve de título à propriedade fiduciária, conterá:

I – o total da dívida, ou sua estimativa;

II – o prazo, ou a época do pagamento;

III – a taxa de juros, se houver;

IV – a descrição da coisa objeto da transferência, com os elementos indispensáveis à sua identificação.

Art. 1.363. Antes de vencida a dívida, o devedor, a suas expensas e risco, pode usar a coisa segundo sua destinação, sendo obrigado, como depositário:

I – a empregar na guarda da coisa a diligência exigida por sua natureza;

II – a entregá-la ao credor, se a dívida não for paga no vencimento.

Art. 1.364. Vencida a dívida, e não paga, fica o credor obrigado a vender, judicial ou extrajudicialmente, a coisa a terceiros, a aplicar o preço no pagamento de seu crédito e das despesas de cobrança, e a entregar o saldo, se houver, ao devedor.

Art. 1.365. É nula a cláusula que autoriza o proprietário fiduciário a ficar com a coisa alienada em garantia, se a dívida não for paga no vencimento.

Parágrafo único. O devedor pode, com a anuência do credor, dar seu direito eventual à coisa em pagamento da dívida, após o vencimento desta.

Art. 1.366. Quando, vendida a coisa, o produto não bastar para o pagamento da dívida e das despesas de cobrança, continuará o devedor obrigado pelo restante.

Art. 1.367. A propriedade fiduciária em garantia de bens móveis ou imóveis sujeita-se às disposições do Capítulo I do Título X do Livro III da Parte Especial deste Código e, no que for específico, à legislação especial pertinente, não se equiparando, para quaisquer efeitos, à propriedade plena de que trata o art. 1.231.

Art. 1.368. O terceiro, interessado ou não, que pagar a dívida, se sub-rogará de pleno direito no crédito e na propriedade fiduciária.

Art. 1.368-A. As demais espécies de propriedade fiduciária ou de titularidade fiduciária submetem-se à disciplina específica das respectivas leis especiais, somente se aplicando as disposições deste Código naquilo que não for incompatível com a legislação especial.

Art. 1.368-B. A alienação fiduciária em garantia de bem móvel ou imóvel confere direito real de aquisição ao fiduciante, seu cessionário ou sucessor.

ROBINSON BARREIRINHAS E HENRIQUE SUBI

Parágrafo único. O credor fiduciário que se tornar proprietário pleno do bem, por efeito de realização da garantia, mediante consolidação da propriedade, adjudicação, dação ou outra forma pela qual lhe tenha sido transmitida a propriedade plena, passa a responder pelo pagamento dos tributos sobre a propriedade e a posse, taxas, despesas condominiais e quaisquer outros encargos, tributários ou não, incidentes sobre o bem objeto da garantia, a partir da data em que vier a ser imitido na posse direta do bem.

Ademais, é indispensável a anotação do gravame no certificado de registro do veículo, conforme a jurisprudência consolidada no STJ que dispõe:

Súmula 92: "A terceiro de boa-fé não é oponível a alienação fiduciária não anotada no Certificado de Registro do veículo automotor".

A) Sim, tem razão, uma vez que é nula a cláusula que autoriza o proprietário fiduciário a ficar com a coisa alienada em garantia, se o devedor não pagar a dívida no vencimento (pacto comissório). O fiduciário deverá vender, judicial ou extrajudicialmente, a coisa a terceiros, e aplicar o preço no pagamento de seu crédito e das despesas de cobrança, e a entregar o saldo, se houver, ao fiduciante, com base no Art. 1.364 e no Art. 1.365, ambos do Código Civil.

B) Não. O registro no RTD do documento que instituiu o direito real sobre os caminhões (propriedade fiduciária) não é requisito de validade do negócio jurídico, uma vez que a eficácia erga omnes do direito real depende da anotação no certificado de registro do veículo perante a repartição competente para o licenciamento, com base no Art. 1.361, § 1º, do Código Civil e na Súmula 92 do STJ.

GABARITO COMENTADO – FGV

A questão tem seu conteúdo relacionado aos contratos empresariais e seu objetivo verificar os conhecimentos básicos do(a) examinando(a) sobre a disciplina da propriedade fiduciária instituída como garantia ao credor do cumprimento de obrigações oriundas de contratos empresariais. Também se pretende aferir se o examinando reconhece a distinção entre as garantias da propriedade fiduciária e do penhor, identificando a primeira pelas informações contidas no enunciado.

De acordo com o Art. 1.361 do Código Civil, "Considera-se fiduciária a propriedade resolúvel de coisa móvel infungível que o devedor, com escopo de garantia, transfere ao credor."

O enunciado informa que **"Com escopo de garantia** do pagamento do mútuo, a companhia **transferiu ao credor** dois **caminhões** (coisa móvel infungível) de sua **propriedade, sob condição resolutiva** do adimplemento".

Portanto, verifica-se a adequação do enunciado ao instituto da propriedade fiduciária.

Tratando-se de contrato em que se institui a propriedade fiduciária como garantia, o examinando deverá ser capaz de identificar a nulidade de cláusula do pacto comissório (aquela que autoriza o credor a ficar com o bem dado em garantia se a dívida não for adimplida no vencimento) e, nos fundamentos, indicar o procedimento a ser adotado pelo fiduciário na realização do crédito.

Também se espera que o examinando demonstre conhecimento sobre (i) a distinção entre validade e eficácia da inscrição do documento que institui a propriedade fiduciária, não sendo

PRÁTICA EMPRESARIAL – 4ª EDIÇÃO   171   EXERCÍCIOS PRÁTICOS

necessária a prévia inscrição no Registro de Títulos e Documentos (RTD) e sim na repartição competente para o licenciamento do veículo (Art. 1.361, § 1º, do Código Civil), sendo indispensável a anotação do gravame no certificado de registro do veículo, para fins de publicidade e eficácia *erga omnes*, (ii) a jurisprudência consolidada no STJ a respeito – Súmula 92: *"A terceiro de boa-fé não é oponível a alienação fiduciária não anotada no Certificado de Registro do veículo automotor"*.

A) Sim. O pacto comissório consiste em cláusula que autoriza o credor a ficar com o bem (apreendê-lo para promover sua venda independentemente de qualquer ato judicial ou extrajudicial) se a dívida não for paga no vencimento. Tratando-se de propriedade fiduciária disciplinada pelo Código Civil, é nula tal cláusula, de acordo com o Art. 1.365 do Código Civil. O fiduciário deverá vender, judicial ou extrajudicialmente, a coisa a terceiros, aplicar o preço no pagamento de seu crédito e das despesas de cobrança, e entregar o saldo, se houver, ao fiduciante, como determina o Art. 1.364 do Código Civil.

B) Não. A inscrição do contrato que instituiu a propriedade fiduciária sobre os caminhões no Registro de Títulos e Documentos (RTD) não é requisito de validade do negócio jurídico, pois a eficácia *erga omnes* depende da anotação no certificado de registro do veículo perante a repartição competente para o licenciamento, com base no Art. 1.361, § 1º, do Código Civil e na Súmula 92 do STJ: *"A terceiro de boa-fé não é oponível a alienação fiduciária não anotada no Certificado de Registro do veículo automotor"*.

DISTRIBUIÇÃO DE PONTOS

ITEM	PONTUAÇÃO
A) Sim. Em se tratando de propriedade fiduciária disciplinada pelo Código Civil, é nula a cláusula que autoriza o proprietário fiduciário a ficar com a coisa alienada em garantia, se o devedor não pagar a dívida no vencimento (pacto comissório) (0,30). O fiduciário deverá vender, judicial ou extrajudicialmente, a coisa a terceiros, e aplicar o preço no pagamento de seu crédito e das despesas de cobrança, e a entregar o saldo, se houver, ao fiduciante (0,30), com base no Art. 1.364 E no Art. 1.365, ambos do Código Civil (0,10). *Obs: A mera citação do dispositivo legal não confere pontuação.*	0,00/0,30/0,40/ 0,60/0,70
B) Não. O registro no RTD do documento que instituiu o direito real sobre os caminhões (propriedade fiduciária) não é requisito de validade do negócio jurídico (0,15), pois a eficácia *erga omnes* do direito real depende da anotação no certificado de registro do veículo perante a repartição competente para o licenciamento (0,20), com base no Art. 1.361, § 1º, do Código Civil (0,10) e na Súmula 92 do STJ (0,10). *Obs: A mera citação do dispositivo legal não confere pontuação.*	0,00/0,15/0,20/0,25/0,30/ 0,35/0,40/0,45/0,55

(OAB/Exame Unificado – 2016.2 – 2ª fase) Uma companhia fechada realizou regularmente a alienação do estabelecimento empresarial situado na cidade de Sobral. Não houve publicação do contrato de trespasse na imprensa oficial, apenas o arquivamento do mesmo contrato na Junta Comercial do Estado do Ceará, onde está arquivado o estatuto. O acionista minoritário Murtinho consultou o acionista majoritário Severiano para saber a razão da ausência de publicação. A resposta que recebeu foi a seguinte: como a receita bruta anual da companhia é de três milhões de reais, ela é considerada uma empresa de pequeno porte e, como tal, está dispensada da publicação de atos societários, nos termos da legislação que regula as empresas de pequeno porte.

Murtinho consultou seu advogado para que ele analisasse a resposta apresentada por Severiano, nos termos a seguir.

A) A companhia fechada da qual Murtinho é acionista é, de direito, uma empresa de pequeno porte? **(Valor: 0,70)**

B) É dispensável a publicação do contrato de trespasse do estabelecimento de Sobral? **(Valor: 0,55)**

Obs.: O examinando deve fundamentar suas respostas. A mera citação do dispositivo legal não será pontuada.

RESPOSTAS

O contrato de trespasse consiste na transferência da universalidade de bens do estabelecimento mediante o pagamento de determinado preço. A partir da transferência o adquirente passará a ser proprietário de todos os bens e continuará a desenvolver a atividade empresarial exercida anteriormente pelo vendedor.

Para que isso ocorra, o adquirente se sub-rogara em todas as posições contratuais do vendedor, ou seja, irá adquirir todos os direitos e deveres dele, desde que não tenham caráter pessoal.

Importante dizer que terceiros contratantes poderão rescindir o contrato em 90 dias da averbação da transferência, se ocorrer justa causa.

Importante dizer ainda que o contrato de trespasse somente produzirá efeitos se atendidas as condições expostas no art. 1.144 do CC, senão vejamos:

> *Art. 1.144. O contrato que tenha por objeto a alienação, o usufruto ou arrendamento do estabelecimento, só produzirá efeitos quanto a terceiros depois de averbado à margem da inscrição do empresário, ou da sociedade empresária, no Registro Público de Empresas Mercantis, e de publicado na imprensa oficial.*

Além disso, conforme dispõe o art. 1.145 do CC, se *ao alienante não restarem bens suficientes para solver o seu passivo, a eficácia da alienação do estabelecimento depende do pagamento de todos os credores, ou do consentimento destes, de modo expresso ou tácito, em trinta dias a partir de sua notificação.*

O alienante será responsável pelo prazo de um ano, solidariamente com o adquirente, pelos débitos existentes antes do trespasse. Referido prazo se inicia quanto aos débitos já vencidos, da data da averbação do contrato de trespasse e, quanto aos vincendos, de seu vencimento, conforme o art. 1.146 do CC que assim dispõe:

> *Art. 1.146. O adquirente do estabelecimento responde pelo pagamento dos débitos anteriores à transferência, desde que regularmente contabilizados, continuando o devedor primitivo solidariamente obrigado pelo prazo de um ano, a partir, quanto aos créditos vencidos, da publicação, e, quanto aos outros, da data do vencimento.*

A responsabilidade do adquirente, contudo, ocorre apenas pelos débitos regularmente contabilizados. Pelas obrigações não contabilizadas, responde apenas o alienante.

PRÁTICA EMPRESARIAL – 4ª EDIÇÃO

EXERCÍCIOS PRÁTICOS

Ademais, a venda do estabelecimento empresarial comporta cláusula legal de não concorrência, exceto se o contrato prever expressamente de forma contrária. O prazo de não concorrência é de 5 anos (art. 1.147 do CC/02), sendo que sua desobediência gera concorrência desleal.

A) A sociedade de Murtinho não é uma sociedade de pequeno porte, uma vez que as sociedades por ações não podem ser enquadradas como ME ou EPP, com base no Art. 3º, § 4º, inciso X, da Lei Complementar nº 123/2006, ainda que fossem respeitados os valores de receita bruta anual.

B) Para que a cessão produza efeitos em relação a terceiros, o contrato de trespasse deverá ser averbado à margem da inscrição da sociedade empresária, no Registro Público de Empresas Mercantis, e publicado na imprensa oficial, em razão de não ser empresa de pequeno porte, com base no Art. 1.144 do Código Civil.

GABARITO COMENTADO – FGV

A questão tem por objetivo verificar o conhecimento do examinando sobre a obrigatoriedade do enquadramento como EPP para que as sociedades empresárias possam gozar das prerrogativas concedidas pela Lei Complementar nº 123/2006, entre elas a dispensa de publicação de atos societários (Art. 71). Ademais, o examinando deverá demonstrar que as sociedades por ações não podem ser enquadradas como ME ou EPP, com base no Art. 3º, § 4º, inciso X, da Lei Complementar nº 123/2006. Outro objetivo a ser atingido pelo examinando é demonstrar que conhece o teor do Art. 1.144 do Código Civil e sua aplicabilidade quanto a publicação do contrato de trespasse às sociedades por ações, porque não poderão ser enquadradas como ME ou EPP. No caso, a alienação do estabelecimento situado em Sobral, pertencente ao patrimônio de uma companhia que não pode ser enquadrada como EPP a despeito de sua receita bruta anual, deve cumprir o art. 1.144 do Código Civil.

A) Não. As sociedades por ações não podem se beneficiar do tratamento jurídico diferenciado conferido às empresas de pequeno porte, ainda que a receita bruta anual seja inferior ao limite máximo previsto no Art. 3º, inciso II, da Lei Complementar nº 123/2006, com fundamento no Art. 3º, § 4º, inciso X, da Lei Complementar nº 123/2006.

B) Não. Em razão de a companhia não ser uma empresa de pequeno porte, para os fins legais, é obrigatória a publicação do contrato de trespasse na imprensa oficial com base no Art. 1.144 do Código Civil.

A resposta, para fins de pontuação no item B, deverá esclarecer a razão da obrigatoriedade da publicação do contrato de trespasse, diante das informações do enunciado e dos objetivos da questão. Assim, o examinando deverá afirmar que não se trata de uma EPP, portanto afasta-se a incidência da norma do art.71 da Lei Complementar n. 123/2006 e incide a norma do art. 1.144 do Código Civil.

DISTRIBUIÇÃO DE PONTOS

ITEM	PONTUAÇÃO
A) Não. As sociedades por ações não podem se beneficiar do tratamento jurídico diferenciado conferido às empresas de pequeno porte (0,30), ainda que a receita bruta anual seja inferior a R$ 3.600.000,00 (0,30), com fundamento no Art. 3º, § 4º, inciso X, da Lei Complementar nº 123/2006 (0,10).	0,00/0,30/0,40/0,60/0,70
Obs.: A simples menção ou transcrição do dispositivo legal não pontua. Somente receberá pontuação relativa a receita bruta anual o examinando que afirmar que a sociedade não pode ser enquadrada como EPP.	
B) Não. Em razão de a companhia não ser uma empresa de pequeno porte, para os fins legais, é obrigatória a publicação do contrato de trespasse na imprensa oficial (0,45), com base no Art. 1.144 do Código Civil (0,10).	0,00/0,45/0,55
Obs.: A simples menção ou transcrição do dispositivo legal não pontua.	

(OAB/Exame Unificado – 2015.1 – 2ª fase) Érico celebrou contrato com a sociedade empresária Wagner & Cia. Ltda., com a obrigação de promover, à conta desta e mediante retribuição, a mediação para a venda de artigos de cozinha, em zona determinada (Estado da Bahia), podendo representar o proponente na conclusão dos contratos.

Após dois anos de vigência do contrato, o agente assumiu o encargo de mediação para a venda dos mesmos produtos à conta de outros proponentes, também no estado da Bahia. Sem ter recebido qualquer comunicação sobre esse fato e sabendo que Érico estava a serviço de um dos seus maiores concorrentes, a sociedade empresária dispensou o agente por justa causa, alegando infração contratual e prejuízos pela diminuição comprovada do faturamento na mesma zona geográfica.

Tomando ciência da extinção unilateral do contrato, Érico procura um advogado relatando que, antes da dispensa pelo proponente, ele intermediou com êxito várias propostas que resultaram em vendas para a Wagner & Cia. Ltda.

Apresentou os documentos comprobatórios das referidas transações, correspondentes aos quatro últimos meses da vigência do contrato, informando que não recebeu nenhuma comissão por elas e indagando se tem direito a algum crédito em relação ao proponente.

Com base nas informações contidas no enunciado, responda aos seguintes itens.

A) A despedida do agente pelo proponente pode ser considerada por justa causa, sendo, portanto, legítima?

Justifique. **(Valor: 0,50)**

B) Diante da narrativa apresentada por Érico ao advogado, qual a orientação a ser dada a ele? **(Valor: 0,75)**

Obs.: responda justificadamente, empregando os argumentos jurídicos apropriados e a fundamentação legal pertinente ao caso.

RESPOSTAS

O contrato de agenciamento é aquele onde determinada pessoa se obriga a agenciar propostas ou pedidos em favor de outra, que recebe a denominação de agente ou representante comercial. O objeto do negócio fica em poder do representado, devendo o agente pleiteá-lo, assim que o negócio se concretizar.

Há na agência uma atividade de intermediação exercida profissionalmente pelo representante comercial, sem qualquer dependência hierárquica, mas de conformidade com instruções dadas pelo representado, tendo por finalidade recolher ou agenciar propostas para transmiti-las ao representado. Ou seja, podemos defini-lo como um contrato de intermediação. Ademais, é importante dizer que somente pode ser considerado representante comercial se a atividade for realizada de forma habitual.

Neste sentido, dispõem os arts 710 a 720 do Código Civil:

Art. 710. Pelo contrato de agência, uma pessoa assume, em caráter não eventual e sem vínculos de dependência, a obrigação de promover, à conta de outra, mediante retribuição, a realização de certos negócios, em zona determinada, caracterizando--se a distribuição quando o agente tiver à sua disposição a coisa a ser negociada.
Parágrafo único. O proponente pode conferir poderes ao agente para que este o represente na conclusão dos contratos.

Art. 711. Salvo ajuste, o proponente não pode constituir, ao mesmo tempo, mais de um agente, na mesma zona, com idêntica incumbência; nem pode o agente assumir o encargo de nela tratar de negócios do mesmo gênero, à conta de outros proponentes.

Art. 712. O agente, no desempenho que lhe foi cometido, deve agir com toda diligência, atendo-se às instruções recebidas do proponente.

Art. 713. Salvo estipulação diversa, todas as despesas com a agência ou distribuição correm a cargo do agente ou distribuidor.

Art. 714. Salvo ajuste, o agente ou distribuidor terá direito à remuneração correspondente aos negócios concluídos dentro de sua zona, ainda que sem a sua interferência.

Art. 715. O agente ou distribuidor tem direito à indenização se o proponente, sem justa causa, cessar o atendimento das propostas ou reduzi-lo tanto que se torna antieconômica a continuação do contrato.

Art. 716. A remuneração será devida ao agente também quando o negócio deixar de ser realizado por fato imputável ao proponente.

Art. 717. Ainda que dispensado por justa causa, terá o agente direito a ser remunerado pelos serviços úteis prestados ao proponente, sem embargo de haver estas perdas e danos pelos prejuízos sofridos.

Art. 718. Se a dispensa se der sem culpa do agente, terá ele direito à remuneração até então devida, inclusive sobre os negócios pendentes, além das indenizações previstas em lei especial.

Art. 719. Se o agente não puder continuar o trabalho por motivo de força maior, terá direito à remuneração correspondente aos serviços realizados, cabendo esse direito aos herdeiros no caso de morte.

Art. 720. Se o contrato for por tempo indeterminado, qualquer das partes poderá resolvê-lo, mediante aviso prévio de noventa dias, desde que transcorrido prazo compatível com a natureza e o vulto do investimento exigido do agente.
Parágrafo único. No caso de divergência entre as partes, o juiz decidirá da razoabilidade do prazo e do valor devido.
Art. 721. Aplicam-se ao contrato de agência e distribuição, no que couber, as regras concernentes ao mandato e à comissão e as constantes de lei especial.

Assim, observa-se que existem diferenças pequenas diferenças entre os contratos de agência e o de distribuição.

A) Sim, uma vez que o agente passou a atuar na mesma zona, e em negócios do mesmo gênero que o do proponente anterior, descumprindo totalmente os preceitos indicados no art. 711 do CC.

B) Mesmo diante dos fatos apontados é importante dizer que o agente fará jus a remuneração pelos serviços úteis que foram prestados pelo proponente. Assim, deverá o agente ajuizar ação de cobrança visando o pagamento das comissões, nos termos do art. 717 do CC.

GABARITO COMENTADO – FGV

A questão tem por objetivo aferir o conhecimento do examinando sobre o contrato de agência, regulado nos artigos 710 a 721 do Código Civil, em especial a obrigação do agente de não assumir encargos referentes aos mesmos negócios com outros proponentes na mesma zona geográfica.

Pela leitura do enunciado é patente a identificação do contrato como sendo de agência, disciplinado pelos artigos 710 a 721 do Código Civil. Note-se inclusive que elementos do contrato contidos no art. 710, caput e parágrafo único, são reproduzidos no enunciado ("promover à conta de outra", "mediante retribuição", "em zona determinada", "representar o proponente na conclusão dos contratos"). Ademais, a nomenclatura utilizada é idêntica à adotada pelo Código Civil, ou seja, proponente e agente.

O enunciado deixa claro que o agente violou a proibição contida na segunda parte do Art. 711, do Código Civil ("Art. 711. [...] nem pode o agente assumir o encargo de nela [na mesma zona] tratar de negócios do mesmo gênero, à conta de outros proponentes") porque estava a serviço de um dos maiores concorrentes da sociedade empresária Wagner & Cia. Ltda. (proponente), também no Estado da Bahia. Assim, é lícito ao proponente rescindir o contrato por justa causa e pleitear perdas e danos.

A) Sim, a despedida do agente pelo proponente é legítima porque o agente não poderia assumir o encargo de atuar na mesma zona do proponente (Estado da Bahia) com outros proponentes concorrentes em negócios do mesmo gênero, violando a proibição contida no art. 711 do Código Civil.

B) Ainda que possa ser dispensado por justa causa, o agente tem direito de ser remunerado pelos serviços úteis prestados ao proponente. A narrativa do agente ao advogado e os documentos comprobatórios da transação evidenciam que houve mediação útil ao proponente e que as comissões delas advindas não foram pagas, portanto a orientação do advogado a Érico é que ele pode exigir em juízo o pagamento desta remuneração, com fundamento no Art. 717 do Código Civil.

PRÁTICA EMPRESARIAL – 4ª EDIÇÃO 177 EXERCÍCIOS PRÁTICOS

DISTRIBUIÇÃO DE PONTOS

ITEM	PONTUAÇÃO
A) Sim, a despedida do agente pelo proponente é legítima porque ele não poderia assumir o encargo de atuar na mesma zona do proponente (Estado da Bahia) com outros proponentes concorrentes em negócios do mesmo gênero (0,40), com fundamento no Art. 711 do Código Civil (0,10). *Obs.: A simples menção ou transcrição do dispositivo legal não será pontuada.*	0,00/0,40/0,50
B) O advogado deve instruir o agente para que proponha ação de cobrança em face do proponente o pagamento das comissões devidas (0,25), porque, mesmo tendo ocorrido a despedida por justa causa, o agente faz jus à remuneração pelos serviços úteis prestados ao proponente (0,40), com fundamento no Art. 717 do Código Civil (0,10) *Obs.: A simples menção ou transcrição do dispositivo legal não será pontuada.*	0,00/0,25/0,35/0,40/0,50/0,65/0,75

(OAB/Exame Unificado – 2014.2 – 2ª fase) Massa Falida de Panificadora Xapuri Ltda. ME, representada por seu administrador judicial, ajuizou ação de repetição de indébito em face de Cruzeiro do Sul S/A – Arrendamento Mercantil, na qual pleiteou a restituição do VRG (valor residual garantido) pago antecipadamente durante a vigência do contrato e a declaração de nulidade da cláusula que obriga esse pagamento. Com a decretação de falência da arrendatária, o administrador judicial não usou da faculdade prevista no Art. 117, da Lei n. 11.101/2005, acarretando a extinção do contrato com a consequente retomada da posse dos bens pela arrendadora. Esta, em contestação, pugnou pela validade da cláusula contratual que autoriza o pagamento antecipado do VRG e que não cabe repetição deste valor em razão da extinção do contrato se dar por culpa exclusiva da devedora, ora falida.

Com base nas informações do enunciado, na legislação sobre o contrato de arrendamento mercantil e na jurisprudência pacificada dos Tribunais Superiores, responda aos itens a seguir.

A) A extinção do contrato de arrendamento mercantil por inadimplemento da arrendatária justifica a retenção do VRG pela arrendadora? **(Valor: 0,75)**

B) A cobrança antecipada do valor residual garantido pela arrendadora descaracteriza o contrato de arrendamento mercantil, transformando-o em compra e venda a prestação? **(Valor: 0,50)**

Obs.: o examinando deve fundamentar corretamente sua resposta. A simples menção ou transcrição do dispositivo legal não pontua.

RESPOSTAS

O contrato de leasing consiste numa locação- de bens móveis duráveis ou imóveis, adquiridos pela empresa de leasing (arrendadora) para esse fim, sendo dado ao arrendatário, no término do contrato, o exercício do tríplice opção de:

a) prorrogar o aluguel; ou

b) devolver o bem; ou

c) comprá-lo pelo seu valor residual.

Vale observar que o bem, objeto do contrato de arrendamento mercantil, não passa a integrar o ativo fixo da pessoa que recebe em arrendamento esse bem, nem mesmo se destina ao consumo, ou seja, a propriedade do bem arrendado continua sendo da empresa arrendadora.

Em conformidade com o contrato de arrendamento mercantil, por exemplo, alguém (-A") deseja comprar um carro, mas lhe falta grande parte do dinheiro. A empresa de leasing compra esse carro em seu próprio nome e o aluga ao contratante A, por um período determinado, sendo que ao fim da locação o contratante A poderá escolher uma das três opções anteriormente expostas.

O leasing pressupõe três participantes: o fornecedor do bem, o arrendante ou arrendador (empresa de leasing, também chamada leasing broker, necessariamente, pessoa jurídica) e o arrendatário (pessoa física ou jurídica).

Sendo que tal operação desdobra-se em 5 etapas:

1ª) a preparatória, que se inicia com o a proposta do arrendatário à empresa leasing ou vice-versa;

2ª) a essencial, constituída pela efetiva celebração do acordo de vontade entre as partes;

3ª) a complementar, em que a empresa de leasing compra o bem ou equipamento ajustado com o arrendatário;

4ª) a outra também essencial, que é o arrendamento propriamente dito, na qual a empresa de leasing entrega ao arrendatário o bem ou equipamento;

5ª) a tríplice opção dada ao arrendatário ao final do termo do contrato de arrendamento. Os contratos de arrendamento mercantil deverão conter, conforme o art. 5° da lei:

a) prazo;

b) valor de cada contraprestação por períodos determinados, não superiores a um semestre;

c) opção de compra ou renovação de contrato;

d) preço para opção de compra ou critério para sua fixação, quando for estipulada esta cláusula.

Três são as modalidades de leasing:

• Leasing financeiro ou tradicional é aquele comentado durante todo este capitulo;

• Leasing back, ao contrário do anterior, o bem pertence ao arrendatário, mas que vende ao locador e em seguida o recebe a título de arrendamento (e não de propriedade);

• Leasing operacional é aquele que o próprio fornecedor do bem é o arrendante (não há a empresa de leasing ou instituição financeira), usualmente utilizado na locação de máquinas fotocopiadoras.

Atenção para o recente entendimento do STJ consubstanciado no informativo 605, segundo o qual as instituições financeiras podem cobrar tarifa bancária pela liquidação antecipada do saldo devedor nas operações de crédito e arrendamento mercantil, desde que tenha sido expressamente pactuada e que os contratos tenham sido celebrados antes da Resolução CMN n° 3.516/2007, ou seja, antes de 10/12/2007. Além disso, a cobrança dessa tarifa deve estar claramente identificada no extrato de conferência. Já para os contratos firmados após a referida

PRÁTICA EMPRESARIAL – 4ª EDIÇÃO 179 EXERCÍCIOS PRÁTICOS

Resolução, não haverá cobrança de pagamento dessa tarifa quando da liquidação antecipada do saldo devedor. STJ. 2' Seção. REsp 1.392.449-DF. Rel. Min. Marco Buzzi, julgado em 24/5/2017 (Info 605).

Por fim, atente-se ainda à Súmula 293 do STJ: *"a cobrança antecipada do valor residual (VRG) não descaracteriza o contrato de arrendamento mercantil"*.

A) A extinção do arrendamento mercantil, ainda que por inadimplemento da arrendatária, não justifica a manutenção do valor residual garantido e pago por antecipação, de modo que devem ser devolvidos os valores recebidos por não ter exercido o arrendatário ao final do contrato sua opção pela compra de que trata a alínea "c" do Art. 5º, da Lei n. 6.099/74.

B) De acordo com a súmula 293 do STJ, temos que é válida a cláusula que prevê o pagamento antecipado do VRG, não havendo a descaracterização do contrato em compra e venda a prestação.

GABARITO COMENTADO – FGV

O candidato deve ser capaz de conhecer a jurisprudência sumulada atual do STJ sobre a cobrança antecipada do valor residual garantido (VRG) no contrato de arrendamento mercantil e as disposições da Lei n. 6.099/74.

O valor residual garantido (VRG) é um adiantamento da quantia pelo arrendatário que seria devida ao final do contrato, caso este exercesse a faculdade de opção de compra prevista no Art. 5º, alínea "c" da Lei n. 6.099/74. O VRG não é uma prestação do arrendamento, pois além das prestações pagas durante a vigência do contrato, o arrendatário deve pagar essa importância previamente ajustada se pretendesse ficar o bem arrendado, em definitivo – trata-se de um *"valor residual"* bem menor do que o valor do bem, que foi diluído durante o contrato, já contemplando a depreciação pelo uso e pelo risco do desenvolvimento em favor do arrendador. Em 2002 foi aprovada pela Segunda Seção do STJ a Súmula 263 (STJ, Súmula n. 263 – 08/05/2002 – DJ 20.05.2002) que considerava descaracterizado o contrato de arrendamento mercantil caso fosse cobrado antecipadamente o VRG, transformando-o em compra e venda a prestação, com fundamento no Art. 11, § 1º, da Lei n. 6.099/74. Porém, em 27/8/2003, a mesma Seção do STJ cancelou a referida Súmula no julgamento dos Recursos Especiais n. 443143/GO e 470632/SP. No ano seguinte, a Corte Especial aprovou a Súmula 293 (STJ, Súmula n. 293 – 05/05/2004 – DJ de 13.05.2004) que dispôs em sentido contrário: *"A cobrança antecipada do valor residual garantido (VRG) não descaracteriza o contrato de arrendamento mercantil."*

Na situação descrita no enunciado e como resposta ao item "a", o examinando deverá responder que com a extinção do arrendamento mercantil, não importa a causa, não se justifica a manutenção, com o arrendador, do valor residual garantido e pago por antecipação. Devem ser devolvidos ao arrendatário os valores recebidos pelo arrendador porque aquele não exercerá a faculdade de que trata a alínea "c" do Art. 5º, da Lei n. 6.099/74 ao termo final do contrato (ou com base na faculdade de que trata o inciso V do art. 7º do Anexo da Resolução BCB n. 2.309/1996).

De acordo com o comando da pergunta do item "b" e a orientação para a resposta, o examinando deverá afirmar que é válida a cláusula atacada pelo arrendatário que prevê o pagamento antecipado do VRG, não havendo a descaracterização do contrato, com fundamento na Súmula n. 293 do STJ.

DISTRIBUIÇÃO DE PONTOS

ITEM	PONTUAÇÃO
A) A extinção do arrendamento mercantil, ainda que por inadimplemento da arrendatária, não justifica a manutenção, com o arrendador, do valor residual garantido e pago por antecipação (0,30), devendo ser devolvidos os valores recebidos por não ter exercido o arrendatário ao final do contrato a faculdade de opção de compra (0,35) de que trata a alínea "c" do Art. 5º, da Lei n. 6.099/74 **OU** art. 7º, V, do Anexo da Resolução BCB n. 2.309/96 (0,10). *Obs.: a simples menção ou transcrição do dispositivo legal não atribui pontuação.*	0,00/0,30/0,35/0,40/0,45/ 0,65/0,75
B) É válida a cláusula que prevê o pagamento antecipado do VRG, não havendo a descaracterização do contrato em compra e venda a prestação (0,40), com fundamento na Súmula n. 293 do STJ (0,10). *Obs.: a simples menção à Súmula n. 293 do STJ não atribui pontuação.*	0,00/0,40/0,50

(**OAB/Exame Unificado – 2014.1 – 2ª fase**) Banco Colares S/A, com fundamento no inadimplemento de contrato de alienação fiduciária em garantia celebrado nos termos do artigo 66-B, da Lei nº 4.728/65, requereu a busca e apreensão do bem, com pedido de liminar. Previamente ao pedido, o fiduciário comprovou o não pagamento por Augusto Corrêa, fiduciante, das quatro últimas parcelas do financiamento. O pedido foi deferido e a liminar executada.

O fiduciante não apresentou resposta no prazo legal, porém, dois dias após executada a liminar, pagou a integralidade da dívida pendente, em conformidade com os valores apresentados pelo fiduciário na inicial.

Diante do pagamento comprovado nos autos, o Juiz determinou a entrega do bem livre de ônus, mas este já havia sido alienado pelo fiduciário durante o prazo legal para o pagamento da dívida. O fiduciário justificou sua conduta pela ausência de resposta do fiduciante ao pedido de busca e apreensão.

Com base nas informações do enunciado e nas disposições procedimentais referentes à alienação fiduciária, responda aos seguintes itens.

A) Poderá ser aplicada alguma penalidade ao fiduciário pela alienação do bem, ou este agiu em exercício regular do direito? Justifique. (**Valor: 0,80**)

B) Comprovado pelo fiduciante que a alienação do bem lhe causou danos emergentes e lucros cessantes, que medida poderá propor seu advogado em face do fiduciário? (**Valor: 0,45**)

O examinando deve fundamentar corretamente sua resposta. A simples menção ou transcrição do dispositivo legal não pontua.

RESPOSTAS

A Alienação Fiduciária é um contrato no qual o devedor faz a transferência da propriedade de um bem, seja ele móvel, imóvel ou semovente ao credor. Importante ainda dizer que não há transferência da posse, assim, é vedado ao devedor negociar o bem com terceiros antes de que seja quitada a dívida, possuindo apenas o usufruto até fazê-lo.

PRÁTICA EMPRESARIAL – 4ª EDIÇÃO 181 EXERCÍCIOS PRÁTICOS

O contrato de alienação fiduciária será constituído através de instrumento público ou particular, no qual as partes participantes são chamados de fiduciário (credor), e fiduciante (devedor).

Não pode se confundir a alienação com hipoteca, uma vez que na alienação o bem integra o patrimônio do credor, enquanto na hipoteca o bem continua fazendo parte do patrimônio do devedor.

O contrato de alienação fiduciária deve conter a descrição do objeto da transferência; o total da dívida, ou estimativa; o prazo ou a época de pagamento; a taxa de juros se houver.

Por conta das vantagens inegáveis que apresenta sobre as demais modalidades de garantia de crédito, foi, na Lei nº 4.728, de 14 de julho de 1965 (art. 66), e no Decreto-Lei nº 911, concebida com o declarado propósito de garantir a liquidez das operações das instituições financeiras.

A alienação fiduciária em garantia nada mais é do que uma modalidade de negócio fiduciário previsto no Código Civil, c/c o Decreto-lei nº 911/69, alterado pela Lei 10.931/2004.

De acordo com o art. 3º *caput* do Decreto-Lei 911/69, se comprovada a mora do fiduciante, o credor poderá requerer em juízo a busca e apreensão do bem, que poderá será concedido liminarmente, sendo que 5 dias após ser executada a liminar de busca e apreensão, consolidar-se-ão a propriedade e a posse plena e exclusiva do bem no patrimônio do credor fiduciário, expedindo-se – quando necessário -novo certificado de registro de propriedade em nome do credor, ou de terceiro por ele indicado, livre do ônus da propriedade fiduciária, apenas excepcionando-se os casos em que dentro deste prazo houver o pagamento da integralidade da dívida nos termos dos §§ 1º e 2º, do Art. 3º, do Decreto-Lei nº 911/69.

A) Ele não agiu em exercício regular do direito, porque não respeitou o prazo de cinco dias contados da execução da liminar de busca e apreensão, alienando o bem em período que o fiduciante ainda poderia proceder com o pagamento integral de sua dívida. Dito isso, cabe dizer, que é possível a aplicação de penalidade de multa em favor do fiduciante, tendo em vista que o integral pagamento da dívida dois dias após a execução da liminar lhe dava o direito de restituição do bem, nos termos § 2º e no §6º do art. 3º do Decreto-Lei nº 911/69.

B) É possível o ajuizamento de ação para o pagamento de indenização pelo fiduciário, tendo em vista que este praticou irregularidade ao desrespeitar o prazo de cinco dias positivado no código, de modo que a imposição de multa não exclui a responsabilidade por perdas e danos, conforme o artigo 3º, § 7º, do Decreto-Lei nº 911/69.

GABARITO COMENTADO – FGV

A questão tem por finalidade verificar o conhecimento do examinando das disposições do Decreto-Lei n. 911/69, com as alterações promovidas pela Lei nº 10.931/2004, em relação ao procedimento judicial aplicável aos contratos de alienação fiduciária em garantia celebrados com base no artigo 66-B, da Lei nº 4.728/65 (artigo 8º-A do DL 911/69).

A primeira frase do enunciado já direciona o examinando para a modalidade de alienação fiduciária que foi celebrada – o Banco Colares S/A celebrou contrato de alienação fiduciária em garantia nos termos do artigo 66-B, da Lei nº 4.728/65. Logo, está de plano afastada a incidência da Lei nº 9.514/97, cujo objeto, dentre outros, é disciplinar o contrato de alienação fiduciária de imóveis.

A última frase do enunciado reforça a indicação ao examinando de qual diploma legal deve ser mencionado na resposta: "Com base [...] nas disposições procedimentais referentes à alienação fiduciária, responda aos seguintes itens". Portanto, não são as disposições sobre a propriedade fiduciária do Código Civil aquelas que estão sendo avaliadas na questão e sim, exclusivamente, as disposições procedimentais do Decreto-Lei nº 911/69, nos termos do que determina o art. 8º-A do referido Decreto-Lei ("O procedimento judicial disposto neste Decreto-Lei aplica-se exclusivamente às hipóteses da **Seção XIV da Lei no 4.728, de 14 de julho de 1965** [Alienação Fiduciária em Garantia no Âmbito do Mercado Financeiro e de Capitais]")

Identificada pelo candidato a legislação aplicável pelas informações contidas no enunciado e pelo comando da pergunta, deverá o examinando atingir os seguintes objetivos para obter pontuação integral no item A. (i) verificar que o fiduciante pagou a integralidade da dívida dentro do prazo de cinco dias da execução da liminar de busca e apreensão; (ii) conhecer e citar o dispositivo legal que lhe confere tal direito (artigo 3º, § 2º, do Decreto-Lei nº 911/69); (iii) o credor, antes de expirado o prazo legal, alienou o bem sem ainda estar consolidada para si a propriedade e a posse plena e exclusiva, impedindo que o fiduciante recebesse o bem livre do ônus.

Com base nestas considerações, o examinando finalizará sua resposta ao item A afirmando (iv) que é possível a condenação do fiduciário ao pagamento de multa, em favor do fiduciante, equivalente a 50% (cinquenta por cento) do valor originalmente financiado, devidamente atualizado, indicando o artigo 3º, § 6º, do Decreto-Lei nº 911/69, como a correta fundamentação legal.

Assim, é incoerente com o enunciado e com as disposições procedimentais da alienação fiduciária celebrada com base no art. 66-B da Lei nº 4.728/65, afirmar que o credor agiu no exercício regular do direito, alienando o bem dentro do prazo conferido ao fiduciante para o pagamento e que não cabe nenhuma penalidade e o advogado não poderá tomar nenhuma medida pelos danos que seu cliente sofreu. Estes padrões de resposta não atendem ao conteúdo avaliado.

Caso o examinando atenda em parte os objetivos da questão e sua resposta seja coerente com os dados do enunciado, poderá obter pontuação parcial, conforme espelho de correção e item 3.5.8 do Edital do XIII Exame. Contudo, a simples menção ao dispositivo legal sem nenhuma contextualização com o caso proposto e sem demonstrar o raciocínio e compreensão do conteúdo não confere pontuação.

B) Comprovado pelo fiduciante que a alienação do bem lhe causou danos emergentes e lucros cessantes, seu advogado poderá pleitear em juízo o pagamento de indenização pelo fiduciário, diante da ilicitude de sua conduta, porque, independentemente da imposição de multa pelo juiz ao fiduciário pela alienação não autorizada do bem, pode o fiduciante em ação própria pleitear o pagamento de perdas e danos. Haverá a atribuição de pontuação parcial para o examinando que afirmar o cabimento de indenização ao fiduciante ou ação de perdas e danos. Porém, a pontuação integral depende da indicação do fundamento legal, que é o artigo 3º, § 7º, do Decreto-Lei nº 911/69, nos termos do art. 8º-A do referido Decreto-Lei. Tal dispositivo contempla exatamente o conteúdo que se pretendeu avaliar e, uma vez mais, revela o conhecimento pelo examinando das disposições procedimentais referentes à alienação fiduciária, nos termos do comando da pergunta.

PRÁTICA EMPRESARIAL – 4ª EDIÇÃO

183

EXERCÍCIOS PRÁTICOS

DISTRIBUIÇÃO DE PONTOS

ITEM	PONTUAÇÃO
A) Sim, é possível a aplicação de penalidade de multa em favor do fiduciante, uma vez que o fiduciário realizou a alienação antes da consolidação da propriedade e posse plena do bem no seu patrimônio. Com o pagamento integral da dívida dois dias após a execução da liminar, o fiduciante tem direito à restituição do bem (0,50), com base no § 2º (0,15) e no §6º do artigo 3º do Decreto-Lei nº 911/69 (0,15).	0,00/0,50/0,65/0,80
B) advogado poderá pleitear em juízo, através de ação própria, o pagamento de indenização pelo fiduciário, diante da ilicitude de sua conduta, pois a imposição de multa pelo juiz não exclui a responsabilidade por perdas e danos (0,30), com base no artigo 3º, § 7º, do Decreto-Lei nº 911/69 (0,15).	0,00/0,30/0,45

1.12. LOCAÇÕES EMPRESARIAIS

(OAB/Exame Unificado – 2019.3 – 2ª fase) Joanópolis Confecções Ltda. celebrou por prazo indeterminado contrato de locação de espaço em *shopping center*. A locatária ajuizou ação declaratória em face de Rancharia Empreendimentos Imobiliários S/A (locador), para ver proclamada a nulidade de cláusula de pagamento de duplo aluguel no mês de dezembro de cada ano, conhecida como "décimo terceiro aluguel", por ter sido estabelecida em contrato de adesão e ser excessivamente onerosa ao locatário.

Na contestação, o locador alegou a validade da cláusula e que foi livremente pactuada entre as partes, bem como é padrão nesse tipo de contrato tal cobrança, uniforme a todos os lojistas do empreendimento.

Sobre a hipótese apresentada, responda aos itens a seguir.

A) Deve ser provido o pedido da locatária? **(Valor: 0,55)**

B) O contrato celebrado admite denúncia imotivada, também conhecida como "vazia"? **(Valor: 0,70)**

Obs.: o(a) examinando(a) deve fundamentar suas respostas. A mera citação do dispositivo legal não confere pontuação.

RESPOSTAS

Os contratos de locação de espaços em shopping center que são celebrados entre empreendedor e lojistas, são contratos típicos de locação, regidos pela lei 8.245/91. No entanto, a lei estabelece regra que visa assegurar a prevalência das condições livremente acordadas entre as partes, de forma a garantir mais liberdade e autonomia na hora de negociar.

Assim, temos que o art. 54 da Lei 8.245/91 expressamente prevê que uma autonomia das partes em relação ao conteúdo dos contratos de shopping center. Entretanto, ressalta-se que a referida lei também impõe algumas restrições, proibindo clausulas que sejam muito desfavoráveis para qualquer uma das partes. Portanto, todas as cláusulas, até mesmo as que possuem especificidades inerentes ao shopping center devem revestir-se de razoabilidade para que sejam válidas.

Dentre as regras mais comuns está a cláusula que versa sobre o aluguel percentual e o aluguel mínimo. O aluguel percentual é variável, calculado sobre o faturamento bruto do lojista, e o aluguel mínimo é uma quantia fixa estabelecida, devida na eventualidade do valor do aluguel percentual não alcançar o valor da quantia fixa.

Outra cláusula de destaque é a cláusula que prevê aluguel em dobro em dezembro, uma vez que as despesas com a administração do shopping são maiores nesta época, de modo que são necessárias contratações para limpeza, segurança e organização, bem como eventos e promoções em decorrência das festividades do fim de ano.

A) O pedido da locatária não deve ser provido, uma vez que a cobrança de aluguel duplo se faz lícita. Além de ser uma cláusula que é comum neste tipo de empreendimento, temos que nas relações entre as partes no contrato de locação em shopping center prevalecerão as condições que foram livremente pactuadas, conforme dispõe o Art. 54, caput, da Lei nº 8.245/91.

B) O contrato de locação em questão admite a denúncia imotivada, tendo em vista que este foi celebrado por prazo indeterminado, devendo obedecer aos preceitos do art. 57 da Lei 8.245/91, isto é, a denúncia deve ser por escrita e conceder ao locatário 30 dias para a desocupação.

GABARITO COMENTADO – FGV

A questão tem por objetivo verificar os conhecimentos do examinando quanto ao *contrato de locação de espaço em shopping center* e as suas peculiaridades, como a possibilidade de cobrança de duplo aluguel, diante a previsão legal de autonomia das partes para estabelecer as cláusulas. Também se espera que o examinando seja capaz de identificar a possibilidade de *denúncia vazia* e suas condições na locação empresarial (não residencial) ajustada por prazo indeterminado, ausente o direito à renovação compulsória.

A) Não. É lícita a cobrança do duplo aluguel, pois nas relações entre lojistas e empreendedores de *shopping center* prevalecerão as condições livremente pactuadas nos contratos de locação, de acordo com o Art. 54, *caput*, da Lei nº 8.245/91.

B) Sim. O contrato de locação não residencial celebrado por prazo indeterminado pode ser denunciado imotivadamente pelo locador, desde que por escrito e com a concessão ao locatário de 30 (trinta dias) para a desocupação, de acordo com o Art. 57 da Lei nº 8.245/91.

DISTRIBUIÇÃO DE PONTOS

ITEM	PONTUAÇÃO
A) Não. É lícita a cobrança do duplo aluguel, pois nas relações entre lojistas e empreendedores de *shopping center* prevalecerão as condições livremente pactuadas nos contratos de locação (0,45), de acordo com o Art. 54, *caput*, da Lei nº 8.245/91 (0,10).	0,00/0,45/0,55
B) Sim. O contrato de locação não residencial celebrado por prazo indeterminado pode ser denunciado imotivadamente pelo locador, desde que por escrito e com a concessão ao locatário de 30 (trinta) dias para a desocupação (0,60), de acordo com o Art. 57 da Lei nº 8.245/91 (0,10).	0,00/0,60/0,70

PRÁTICA EMPRESARIAL – 4ª EDIÇÃO 185 EXERCÍCIOS PRÁTICOS

(OAB/Exame Unificado – 2019.3 – 2ª fase) Mara Rosa, Jamil Safady Contadores & Associados é uma sociedade simples com contrato arquivado no Registro Civil de Pessoas Jurídicas da Comarca de Caldas Novas/GO. A atividade social é desenvolvida em imóvel alugado, sendo locatária a sociedade e locador Amaro Leite. O primeiro contrato de locação assinado pelas partes foi celebrado pelo prazo determinado de cinco anos.

Dez meses antes do término do contrato em curso, Mara Rosa, representante legal da sociedade, procura sua advogada para saber se é possível ajuizar ação para a renovação da locação e por quanto tempo. A cliente informa que a atividade desenvolvida no imóvel sempre foi prestação de serviços de contabilidade.

Considerando-se as disposições legais pertinentes à locação não residencial e os termos da consulta, pergunta-se:

A) Tendo em vista a natureza da sociedade Mara Rosa, Jamil Safady Contadores & Associados, tem o locatário direito à renovação do contrato de locação? **(Valor: 0,75)**

B) Qual a ação cabível para a solução do caso? Há ainda tempo hábil para sua propositura? **(Valor: 0,50)**

Obs.: o examinando deve fundamentar suas respostas. A mera citação do dispositivo legal não confere pontuação.

RESPOSTAS

A Lei n. 8.245/91 regulamenta a locação comercial, a fim de proteger o empresário. Tal lei permite ao empresário renovar compulsoriamente o contrato de locação comercial por igual prazo celebrado anteriormente, conforme o art. 51 da referida lei. Legislação aplicável apenas às sociedades com fins de lucro.

A renovação compulsória é uma forma de proteger o valor integral do estabelecimento empresarial, ou aviamento, que é o valor de todos os bens do estabelecimento comercial (bens corpóreos e incorpóreos) somados ao próprio estabelecimento comercial. Assim, o conjunto dos bens do estabelecimento empresarial deve sempre valer mais do que os bens apurados isoladamente. A organização empresária que gera rendimentos que é o aviamento.

A renovação compulsória da locação comercial deve observar os requisitos do art. 51 da Lei n. 8.245/91. Assim temos que a locação deve ser formal, ou seja, deve ter sido celebrada mediante contrato escrito e por prazo determinado. Que a relação contratual seja de, no mínimo, 5 anos, sendo que é permitido pela legislação a soma de períodos ininterruptos das renovações para que constitua esse período. E ainda, tendo em vista que o objetivo da legislação é proteger o ponto comercial, temos ainda o requisito de que o ramo de atividade empresarial seja o mesmo, devendo o empresário explorá-lo nos últimos 3 anos, sem interrupção.

A renovação compulsória é feita através a ação renovatória promovida contra o locador, desde que realizada no período de 6 meses ao 1 ano, no mínimo, do vencimento do contrato de locação comercial.

A perda do prazo para propor a ação renovatória acarreta na decadência do direito, nos termos do art. 51, § 4º da Lei n. 8.245/91.

Contudo, mesmo que cumpridos os requisitos a renovação compulsória não é absoluta. Isso, pois, existem previsões legais na legislação que, embora excepcionais, não obrigam o proprietário do imóvel a renovar a locação, de acordo com o art. 52 da referida Lei:

> *Art. 52. O locador não estará obrigado a renovar o contrato se:*
>
> *I – por determinação do Poder Público, tiver que realizar no imóvel obras que importarem na sua radical transformação; ou para fazer modificações de tal natureza que aumente o valor do negócio ou da propriedade;*
>
> *II – o imóvel vier a ser utilizado por ele próprio ou para transferência de fundo de comércio existente há mais de um ano, sendo detentor da maioria do capital o locador, seu cônjuge, ascendente ou descendente.*
>
> *§ 1º Na hipótese do inciso II, o imóvel não poderá ser destinado ao uso do mesmo ramo do locatário, salvo se a locação também envolvia o fundo de comércio, com as instalações e pertences.*
>
> *§ 2º Nas locações de espaço em shopping centers, o locador não poderá recusar a renovação do contrato com fundamento no inciso II deste artigo.*
>
> *§ 3º O locatário terá direito a indenização para ressarcimento dos prejuízos e dos lucros cessantes que tiver que arcar com mudança, perda do lugar e desvalorização do fundo de comércio, se a renovação não ocorrer em razão de proposta de terceiro, em melhores condições, ou se o locador, no prazo de três meses da entrega do imóvel, não der o destino alegado ou não iniciar as obras determinadas pelo Poder Público ou que declarou pretender realizar.*

No caso do §3º do art. 52 da Lei 8.245/91, importa dizer que tem direito o locatário de cobrir a proposta de terceiro em ação renovatória, conforme art. 72 da mesma lei.

Para evitar fraudes, a proposta de terceiro deverá escrita, assinada pelo proponente e duas testemunhas, além de indicar o ramo de atividade que não poderá ser o mesmo do locatário.

Mesmo que haja proposta melhor documentada e efetivada, a indenização pelo ponto comercial do locatário existirá (art. 52, § 3º). A indenização será fixada em sentença e serão responsáveis o locador e proponente (art. 75).

Não renovada a locação, o locatário será despejado, com prazo de 30 dias para desocupação voluntária, desde que haja pedido em contestação. (Art. 74).

Já se a procedente a ação, será renovada a locação, e as diferenças dos aluguéis vencidos serão executadas nos próprios autos da ação e pagas de uma só vez. (Art. 73).

A) Sim, a sociedade simples tem direito a renovação do contrato de locação, uma vez que está regularmente constituída e reúne os requisitos necessários, que são: a formalidade do contrato, de modo que este foi celebrado de forma escrita e por prazo determinado; a relação contratual mínima de 5 anos sendo que os 3 últimos foram explorados pela mesma atividade empresarial, conforme dispõe o art. 51, caput e § 4º, da Lei nº 8.245/91.

B) A ação cabível para a renovação compulsória é a ação renovatória, que será promovida contra o locador, nos termos do art. 71 da Lei 8.245/91, desde que realizada no período de 6 meses a 1 ano, no mínimo, do vencimento do contrato de locação comercial. Desta forma, não se operou a decadência pois o prazo anteriormente citado perfaz apenas 10 meses, estando de acordo com o art. 51 §5º da Lei 8.245/91.

PRÁTICA EMPRESARIAL – 4ª EDIÇÃO   187   EXERCÍCIOS PRÁTICOS

GABARITO COMENTADO – FGV

O examinando deve ser capaz de reconhecer os requisitos para a renovação da locação não residencial, as pessoas legitimadas a propor a ação renovatória, em conformidade com as disposições do Art. 51 e seus parágrafos da Lei nº 8.245/91, e o prazo decadencial para a propositura da ação.

O examinando deverá observar o item 3.5.6 do Edital, segundo o qual "Na redação das respostas às questões discursivas, o examinando deverá indicar, obrigatoriamente, a qual item do enunciado se refere cada parte de sua resposta ("A)", "B)", "C)" etc.), sob pena de receber nota zero."

A) Sim, o locatário tem direito a renovação do contrato de locação por igual prazo, mesmo que seja uma sociedade simples. De acordo com o Art. 51, § 4º, da Lei nº 8.245/91, o direito à renovação do contrato *"estendesse às locações celebradas por indústrias e sociedades civis com fim lucrativo e regularmente constituídas,* desde que ocorrentes os pressupostos previstos neste artigo". A sociedade simples é uma sociedade não empresária e, portanto, pode ser considerada como *"sociedade civil com fim lucrativo"*, na expressão adotada pela Lei nº 8.245/91, que é anterior ao Código Civil de 2002. A simples menção ou transcrição do parágrafo 4º não pontua.

O examinando deverá associar a informação contida no enunciado ("uma sociedade simples com contrato arquivado no Registro Civil de Pessoas Jurídicas da Comarca de Caldas Novas/GO") à regular constituição da pessoa jurídica. Ademais, o contrato reúne os requisitos do Art. 51, *caput,* da Lei nº 8.245/91, **que deverão ser expressamente mencionados na resposta**: é escrito, por prazo determinado, tem duração de cinco anos e a atividade desenvolvida no imóvel sempre foi a mesma – prestação de serviços de contabilidade.

A simples menção ao art. 51, *caput,* da Lei nº 8.245/91 ou aos incisos I, II e III desse artigo não confere pontuação, pois é preciso demonstrar que o examinando compreendeu o enunciado e nele identificou a presença de todos os requisitos legais para o ajuizamento da ação renovatória, **que devem ser contextualizados na resposta** (item 3.5.5 do Edital).

B) A ação cabível para a solução do caso é **a ação renovatória, com fundamento no Art. 71 da Lei nº 8.245/91**. Como **a consulta à advogada foi feita dez meses antes do término do contrato, há ainda tempo hábil para a propositura da ação renovatória**, porque ela deve ser proposta no interregno de um ano, no máximo, e seis meses, no mínimo, anteriores à data da finalização do prazo do contrato em vigor, com fulcro no Art. 51, § 5º, da Lei nº 8.245/91.

Com fundamento no item 3.5.5 do Edital, não serão pontuadas respostas que se limitarem a citar ou transcrever o parágrafo 5º do art. 51 da Lei nº 8.245/91, sem indicar que há tempo hábil para a propositura da ação, **pois a consulta à advogada foi feita dez meses antes do término do contrato, dentro do prazo decadencial**.

DISTRIBUIÇÃO DE PONTOS

ITEM	PONTUAÇÃO
A1) Sim, a sociedade simples (locatário) tem direito a renovação do contrato de locação (0,10)	0,00/0,10

A2) A sociedade simples (locatária) está regularmente constituída (0,15) e reúne os requisitos legais: tem contrato escrito e por prazo determinado, que perfaz cinco anos, e explora o mesmo negócio por mais de três anos (0,40), com fundamento no Art. 51, *caput* E § 4°, da Lei n° 8.245/91 (0,10).	0,00/0,15/0,25/0,40/0,55/0,65
Obs.: A simples menção ou transcrição do dispositivo legal não pontua.	
B1) É cabível a ação renovatória (0,10) com fundamento no Art. 71 da Lei n° 8.245/91 (0,10).	0,00/0,10/0,20
Obs.: A simples menção ou transcrição do dispositivo legal não pontua.	
B2) Ainda há tempo hábil para a sua propositura porque a consulta foi feita dez meses antes do término do contrato (0,20), portanto dentro do interregno previsto no Art. 51, § 5°, da Lei n° 8.245/91 (0,10).	0,00/0,20/0,30
Obs.: A simples menção ou transcrição do dispositivo legal não pontua	

OAB/Exame Unificado – 2018.2 – 2ª fase) Vidraçaria Concórdia do Pará S/A. celebrou contrato de locação não residencial de imóvel urbano com Odivelas Locação, Venda e Incorporação de Imóveis S/A. Ficou pactuado entre as partes que o locador procederá à prévia aquisição de imóvel indicado pelo locatário e nele fará substancial reforma segundo as especificações deste, a fim de que seja a este locado por prazo determinado (locação *built-to-suit*).

No instrumento contratual ficou estipulado que:

"O locatário renuncia em caráter irrevogável e irretratável à revisão do valor dos aluguéis durante o prazo de vigência do contrato de locação."

"Em caso de denúncia pelo locatário antes do encerramento do presente contrato, este se compromete a pagar a multa convencionada na cláusula 25ª, que corresponderá à soma dos valores dos aluguéis a receber até o encerramento do contrato, acrescida de 15% (quinze por cento)."

Sobre o caso apresentado, responda aos itens a seguir.

A) A primeira cláusula apresentada no enunciado é abusiva e nula de pleno direito? **(Valor: 0,60)**

B) A segunda cláusula apresentada no enunciado é válida e eficaz? **(Valor: 0,65)**

Obs.: o(a) examinando(a) deve fundamentar as respostas. A mera citação do dispositivo legal não confere pontuação.

RESPOSTAS

O contrato de locação não residencial disposto no art. 54-A da Lei 8.245/91, *o built to suit*, também conhecido como locação sob encomenda, é uma modalidade de locação a longo prazo, na qual imóveis são construídos, ou substancialmente reformados, pelo até então futuro locador de acordo com as necessidades do futuro locatário.

Ou seja, o investidor (que se tornará o locador) obriga-se a construir um prédio de acordo com os pedidos do futuro inquilino, que por sua vez assume como contraprestação a permanência no imóvel como locatário pelo período necessário para remunerar o referido investimento. Tal prática é comumente utilizada por bancos, uma vez que estas necessitam de imóveis com determinadas especificidades para poder exercer sua atividade.

PRÁTICA EMPRESARIAL – 4ª EDIÇÃO 189 EXERCÍCIOS PRÁTICOS

É de se ressaltar que a duração do contrato deve ser de pelo menos o suficiente para pagar os valores investidos pelo locador.

Ademais, uma das características deste tipo de locação é o fato de que é possível renunciar o direito de revisar o valor da locação, uma vez que o aluguel não é meramente uma contraprestação, mas também o pagamento do investimento realizado pelo locador.

Outra característica está na denúncia antecipada do vínculo locatício pelo locatário, onde este compromete-se a cumprir a multa convencionada, desde que esta não exceda a soma dos valores dos aluguéis a receber até o termo final da locação.

A) A primeira cláusula do contrato constante do enunciado não é abusiva, tampouco nula. Isso, pois, nas locações do tipo *built to suit* é permitido às partes convencionarem acerca da renúncia do direito de revisão do valor dos aluguéis durante o prazo que se der a locação, conforme é disposto no art. 54-A, §1º da Lei 8.245/91.

B) Em relação a segunda cláusula, essa não respeita os limites da legalidade que são impostos pelo art. 54-A, §2º da Lei 8.245/91, tendo em vista que a multa convencional não pode exceder à soma dos valores dos aluguéis a receber até o termo final da locação, de forma que o acréscimo de 15% se faz ilegal.

GABARITO COMENTADO – FGV

A questão tem por objetivo verificar se o examinando é capaz de identificar as normas previstas na lei de locações (Lei nº 8.245/91) sobre a locação "construído para servir" (*built to suit*). Nesse tipo de locação não residencial prevalecem as regras fixadas pelas partes, inclusive a possibilidade de renúncia antecipada ao direito de revisão do valor dos aluguéis durante a vigência do contrato. Entretanto, caso seja prevista multa convencional pela denúncia antecipada do contrato pelo locatário, o valor da multa será até o limite da soma dos aluguéis futuros.

A) Não. A cláusula é válida e eficaz, porque poderá ser convencionada a renúncia ao direito de revisão do valor dos aluguéis durante o prazo de vigência do contrato de locação, com base no Art. 54-A, § 1º, da Lei nº 8.245/91.

B) Não. A multa convencional não pode exceder à soma dos valores dos aluguéis a receber até o termo final da locação, portanto há ilegalidade no acréscimo de 15% (quinze por cento), com base no Art. 54-A, § 2º, da Lei nº 8.245/91.

DISTRIBUIÇÃO DE PONTOS

ITEM	PONTUAÇÃO
A) Não. A cláusula é válida e eficaz, porque poderá ser convencionada a renúncia ao direito de revisão do valor dos aluguéis durante o prazo de vigência do contrato de locação (0,50), com base no Art. 54-A, § 1º, da Lei nº 8.245/91 (0,10).	0,00/0,50/0,60
B) Não. A multa convencional não pode exceder à soma dos valores dos aluguéis a receber até o termo final da locação, portanto há ilegalidade no acréscimo de 15% (0,55), com base no Art. 54-A, § 2º, da Lei nº 8.245/91 (0,10).	0,00/0,55/0,65

ROBINSON BARREIRINHAS E HENRIQUE SUBI

1.13. OUTRAS MATÉRIAS

(OAB/Exame Unificado – 2018.1 – 2ª fase) Jorge Teixeira, advogado de Nova União S/A Administradora de Cartões de Crédito, deve elaborar a contestação aos pedidos formulados por Jamari Bueno, titular de cartão de crédito, em ação ajuizada em face da referida administradora.

Na inicial, a autora pede a declaração de nulidade de várias cláusulas do contrato, a saber:

a) os juros cobrados nos financiamentos do saldo devedor, na hipótese de pagamento do valor mínimo da fatura, devem ser limitados a 12% ao ano, nos termos do Decreto nº 22.626/33 (Lei da Usura); e

b) que as administradoras de cartões de crédito não podem ultrapassar o referido limite por não serem instituições financeiras.

A) Que argumento Jorge Teixeira deve utilizar para refutar a alegação de que as administradoras de cartões de crédito, por não serem instituições financeiras, não podem ultrapassar o referido limite? **(Valor: 0,75)**

B) Que argumento Jorge Teixeira deve utilizar para refutar a alegação da limitação dos juros a 12% ao ano? **(Valor: 0,50)**

Obs.: o(a) examinando(a) deve fundamentar as respostas. A mera citação do dispositivo legal não confere pontuação.

RESPOSTAS

Súmula 283 – STJ. As empresas administradoras de cartão de crédito são instituições financeiras e, por isso, os juros remuneratórios por elas cobrados não sofrem as limitações da Lei de Usura.

Súmula 596 – STF. As disposições do Decreto 22.626 de 1933 não se aplicam as taxas de juros e aos outros encargos cobrados nas operações realizadas por instituições públicas ou privadas, que integram o Sistema Financeiro Nacional.

A) O argumento que Jorge Teixeira deve utilizar é de que as administradoras de cartão de crédito são, sim, instituições financeiras, uma vez que para financiar as compras de um titular que não quita sua dívida na data devida, as administradoras precisam buscar recursos no mercado financeiro, ou fornecer a eles recursos próprios, o que caracteriza atividade de intermediação típica de instituições financeiras, nos termos do Art. 17 da Lei nº 4.595/64, e da Súmula 283 do STJ.

B) Em relação a limitação de juros a 12%, Jorge Teixeira deveria alegar que somente cabe ao Conselho Monetário Nacional limitar, quando for necessário, as taxas de juros e outros encargos cobrados pelas instituições financeiras, somente sendo a elas aplicável o Art. 4º, inciso IX, da Lei nº 4.595/64, a Súmula 596 do STF e a Súmula 283 do STJ, de modo que tal limitação não se refere às instituições financeiras.

GABARITO COMENTADO – FGV

O examinando deverá demonstrar conhecimento sobre a caracterização das administradoras de cartões de crédito como instituições financeiras, com base no Art. 17 da Lei nº 4.595/64, tendo em vista que, para financiar o titular do cartão quando esse não quita todo o saldo da fatura no vencimento, buscam os recursos no mercado financeiro. A questão também objetiva

PRÁTICA EMPRESARIAL – 4ª EDIÇÃO 191 EXERCÍCIOS PRÁTICOS

aferir se o examinando conhece a inaplicabilidade da limitação dos juros remuneratórios a 12% ao ano às instituições financeiras, prevista na Lei da Usura (Decreto nº 22.626/33), porque compete ao Conselho Monetário Nacional limitar, se necessário, as taxas de juros e outros encargos cobrados pelas instituições financeiras consoante entendimento sumulado do STF.

A) Na hipótese de restar inadimplida a dívida do titular do cartão, total ou parcialmente, resultando em saldo devedor, busca a administradora junto ao mercado financeiro, como intermediária, os recursos do financiamento da compra do usuário para honrar os compromissos com os lojistas ou prestadores de serviços, ou fornecem ao mutuário/titular do cartão recursos próprios. Nessas circunstâncias, e, para impedir operações marginais à fiscalização do Banco Central, as administradoras de cartões de crédito se enquadram como instituições financeiras, em face do Art. 17 da Lei nº 4.595/64, e do entendimento da Súmula 283 do STJ, 1ª parte: "As empresas administradoras de cartão de crédito são instituições financeiras".

B) Por conseguinte, os juros remuneratórios cobrados pelas administradoras de cartão de crédito não estão sujeitos ao limite previsto no Art. 1º do Decreto nº 22.626/33 (Lei da Usura), não havendo abusividade se cobrados acima desta taxa (12% ao ano). Compete ao Conselho Monetário Nacional, limitar, se necessário as taxas de juros e outros encargos cobrados pelas instituições financeiras, com fundamento no Art.4º, inciso IX, da Lei nº 4.595/64. Como fundamentos jurisprudenciais devem ser citados a Súmula 596 do STF (juros) OU a Súmula 283 do STJ, 2ª parte ("os juros remuneratórios por elas cobrados não sofrem as limitações da Lei de Usura").

DISTRIBUIÇÃO DE PONTOS

ITEM	PONTUAÇÃO
A) As administradoras de cartão de crédito **são instituições financeiras** porque, para financiar as compras que o titular do cartão de crédito fez e não pagou integralmente na data do vencimento da fatura, **buscam os recursos no mercado financeiro OU fornecem ao mutuário/titular do cartão recursos próprios** (0,40), sendo a atividade de intermediação típica de instituições financeiras (0,25), de acordo com o Art. 17 da Lei nº 4.595/64 **OU** o entendimento da Súmula 283 do STJ (0,10).	0,00/0,40/0,50/0,65/0,75
B) Compete ao Conselho Monetário Nacional limitar, se necessário, as taxas de juros e outros encargos cobrados pelas instituições financeiras (0,40), sendo a elas aplicável o Art. 4º, inciso IX, da Lei nº 4.595/64 **OU** sendo a elas aplicável a Súmula 596 do STF **OU** a Súmula 283 do STJ (0,10).	0,00/0,40/0,50

(OAB/Exame Unificado – 2017.2 – 2ª fase Tanabi Franquias Ltda., sociedade empresária com capital integralizado, foi condenada a indenizar Telêmaco Eletrônica Ltda. EPP em sentença arbitral proferida pela Câmara de Arbitragem Z.

No curso da ação de cumprimento de sentença arbitral, foi requerida pela credora a instauração do incidente de desconsideração da personalidade jurídica, sob a justificativa de obstáculo ao ressarcimento do débito pela devedora, em razão de todos os sócios responderem até o valor das respectivas quotas pelas obrigações sociais.

Com base na hipótese apresentada, responda aos itens a seguir.

ROBINSON BARREIRINHAS E HENRIQUE SUBI

A) Sabendo-se que não foi requerida a desconsideração da personalidade jurídica no curso da arbitragem, é possível, como medida de urgência, a instauração do incidente no curso da ação de cumprimento de sentença? **(Valor: 0,45)**

B) A justificativa apresentada por Telêmaco Eletrônica Ltda. EPP para a desconsideração da personalidade jurídica autoriza a instauração do incidente? **(Valor: 0,80)**

Obs.: o(a) examinando(a) deve fundamentar suas respostas. A mera citação ou transcrição do dispositivo legal não confere pontuação.

RESPOSTAS

A personalidade jurídica tem o escopo de distinguir a pessoa dos sócios e a da empresa. Isso pois a obtenção da personalidade jurídica possibilita a ela ser um sujeito de direito a parte da pessoa natural, com patrimônio autônomo e responsabilidade própria.

Contudo, visando resguardar o direito de terceiros acerca de possíveis fraudes que poderiam ser realizadas, criou-se a desconsideração da personalidade jurídica, evitando que a atribuição da personalidade seja desviada para fins ilícitos.

Além da demonstração de que o patrimônio da pessoa jurídica é insuficiente para satisfazer determinadas obrigações, se faz necessária a demonstração de que se utilizou dela para fugir de suas obrigações.

Ademais, determinou o CC que a personalidade jurídica será considerada ineficaz perante o agente que praticou a fraude sempre que houver abuso da personalidade jurídica caracterizado pelo desvio de funcionalidade ou confusão patrimonial, conforme dispõe o art. 50 do CC:

> *Art. 50. Em caso de abuso da personalidade jurídica, caracterizado pelo desvio de finalidade ou pela confusão patrimonial, pode o juiz, a requerimento da parte, ou do Ministério Público quando lhe couber intervir no processo, desconsiderá-la para que os efeitos de certas e determinadas relações de obrigações sejam estendidos aos bens particulares de administradores ou de sócios da pessoa jurídica beneficiados direta ou indiretamente pelo abuso.*

Neste sentido, quando desconsiderada a personalidade jurídica, as pessoas dos sócios e administradores poderão ser responsabilizadas com seus bens pessoais pelas obrigações contraídas pela PJ.

O CPC determinou ainda que a desconsideração da personalidade jurídica exigira a instauração de um incidente a pedido da parte ou do MP, quando a esse couber intervir no processo.

Desta forma, se preenchidos os requisitos, o incidente de desconsideração de personalidade jurídica poderá ser proposto em qualquer fase do processo, seja esta fase a de conhecimento, cumprimento de sentença ou em execução de título extrajudicial.

A) Sim, é possível que se instaure o incidente de desconsideração da personalidade jurídica na fase de cumprimento de sentença, desde que sejam cumpridos todos os requisitos, uma vez que o incidente pode ser proposto em qualquer fase do processo, nos termos do art. 134, caput, do CC.

B) A justificativa apresentada não é o suficiente para comprovar o abuso da personalidade jurídica do socio ou administrador, uma vez que ela não cumpre os pressupostos requeridos no art. 50 do CC, requisitos esses que são obrigatórios nos termos do art. 133 §1º do CPC, não podendo, portanto, ser instaurado o incidente de desconsideração de personalidade jurídica.

GABARITO COMENTADO – FGV

A questão tem por objetivo aferir o conhecimento do examinando tanto de disposições materiais (pressuposto do abuso da personalidade jurídica para o pedido) quanto processuais acerca da desconsideração da personalidade jurídica (possibilidade de ser instaurado o incidente mesmo em fase de cumprimento de sentença).

A) Sim. Não há irregularidade quanto à legitimidade da parte requerer a instauração do incidente de desconsideração da personalidade jurídica, inclusive em fase de cumprimento de sentença, com base no Art. 134, *caput*, do CPC.

B) Não. O pedido de desconsideração da personalidade jurídica deve observar os pressupostos previstos em lei, como determina o Art. 133, § 1º, do CPC. Assim sendo, a justificativa apresentada por Telêmaco Eletrônica Ltda. EPP, em relação à responsabilidade limitada dos sócios, não comprova abuso da personalidade jurídica por parte de sócio ou administrador, pressuposto para a desconsideração contido no Art. 50 do Código Civil.

DISTRIBUIÇÃO DE PONTOS

ITEM	PONTUAÇÃO
A) Sim. Não há irregularidade quanto à legitimidade da parte requerer a instauração do incidente de desconsideração da personalidade jurídica, inclusive em fase de cumprimento de sentença (0,35), com base no Art. 134, *caput*, do CPC (0,10).	0,00/0,35/0,45
B1) Não. O pedido de desconsideração da personalidade jurídica deve observar os pressupostos previstos em lei (0,20), como determina o Art. 133, § 1º, do CPC (0,10).	0,00/0,20/0,30
B2) A justificativa apresentada por Telêmaco Eletrônica Ltda. EPP, de o devedor ser sociedade limitada com capital integralizado, não comprova abuso da personalidade jurídica por parte de sócio ou administrador (0,40), pressuposto contido no Art. 50 do Código Civil (0,10).	0,00/0,40/0,50

(OAB/Exame Unificado – 2016.2 – 2ª fase) Determinado órgão da administração pública indireta (autarquia municipal) consultou seu procurador sobre a possibilidade de utilizar-se da arbitragem para dirimir litígios relativos a direitos patrimoniais disponíveis com uma sociedade empresária estrangeira. Com base nas regras de aplicação da arbitragem pela Administração Pública, responda aos itens a seguir.

A) As partes que firmarem a convenção de arbitragem poderão escolher as regras de direito ou de equidade, inclusive mantendo o sigilo em todo o procedimento e das decisões dos árbitros, aspecto essencial do instituto da arbitragem? **(Valor: 0,40)**

B) A convenção de arbitragem pode indicar as regras internacionais de comércio e as regras corporativas que os árbitros adotarão como base para a arbitragem de direito? **(Valor: 0,50)**

C) A instituição da arbitragem poderá afetar o curso da prescrição quinquenal para o exercício de ação punitiva pela Administração Pública? **(Valor: 0,35)**

Obs.: o examinando deve fundamentar suas respostas. A simples menção ou transcrição de dispositivo legal não pontua.

RESPOSTAS

A Arbitragem consiste em um meio alternativo de soluções de conflito que é regido pela Lei 9.307/96, no qual as pessoas que forem capazes de contrata-las poderão dirimir litígios que sejam relativos a direitos patrimoniais disponíveis.

Cabe dizer que o instituto da arbitragem não se confunde com a mediação e conciliação, uma vez que na arbitragem o arbitro julga o litigio e impõe as partes uma solução definitiva, tal como seria no judiciário. A sentença arbitral após proferida não fica sujeita a recurso ou a homologação pelo Poder Judiciário.

Neste sentido dispõem os arts da referida Lei:

Art. 1º As pessoas capazes de contratar poderão valer-se da arbitragem para dirimir litígios relativos a direitos patrimoniais disponíveis.

§ 1o A administração pública direta e indireta poderá utilizar-se da arbitragem para dirimir conflitos relativos a direitos patrimoniais disponíveis.

§ 2o A autoridade ou o órgão competente da administração pública direta para a celebração de convenção de arbitragem é a mesma para a realização de acordos ou transações.

Art. 2º A arbitragem poderá ser de direito ou de equidade, a critério das partes.

§ 1º Poderão as partes escolher, livremente, as regras de direito que serão aplicadas na arbitragem, desde que não haja violação aos bons costumes e à ordem pública.

§ 2º Poderão, também, as partes convencionar que a arbitragem se realize com base nos princípios gerais de direito, nos usos e costumes e nas regras internacionais de comércio.

§ 3o A arbitragem que envolva a administração pública será sempre de direito e respeitará o principio da publicidade.

[...]

Art. 11. Poderá, ainda, o compromisso arbitral conter:

I – local, ou locais, onde se desenvolverá a arbitragem;

II – a autorização para que o árbitro ou os árbitros julguem por equidade, se assim for convencionado pelas partes;

III – o prazo para apresentação da sentença arbitral;

IV – a indicação da lei nacional ou das regras corporativas aplicáveis à arbitragem, quando assim convencionarem as partes;

V – a declaração da responsabilidade pelo pagamento dos honorários e das despesas com a arbitragem; e

VI – a fixação dos honorários do árbitro, ou dos árbitros.

Parágrafo único. Fixando as partes os honorários do árbitro, ou dos árbitros, no compromisso arbitral, este constituirá título executivo extrajudicial; não havendo tal estipulação, o árbitro requererá ao órgão do Poder Judiciário que seria competente para julgar, originariamente, a causa que os fixe por sentença.

[...]

Art. 19. Considera-se instituída a arbitragem quando aceita a nomeação pelo árbitro, se for único, ou por todos, se forem vários.

PRÁTICA EMPRESARIAL – 4ª EDIÇÃO   195   EXERCÍCIOS PRÁTICOS

> § 1o Instituída a arbitragem e entendendo o árbitro ou o tribunal arbitral que
> há necessidade de explicitar questão disposta na convenção de arbitragem, será
> elaborado, juntamente com as partes, adendo firmado por todos, que passará a
> fazer parte integrante da convenção de arbitragem.
> § 2o A instituição da arbitragem interrompe a prescrição, retroagindo à data do
> requerimento de sua instauração, ainda que extinta a arbitragem por ausência
> de jurisdição.

A arbitragem é um instrumento interessante de resolução de conflitos principalmente quando eles envolvem grandes empresas, uma vez que além da celeridade, é possível contratar arbitro que seja especialista no assunto, garantido segurança em relação a decisão que será tomada por ele.

A) Em relação a órgãos da administração pública indireta, como é o caso da autarquia municipal constante dos autos, o art. 2º, §3º, da Lei 9.307/96, dispõe que a arbitragem será sempre de direito, e deverá respeitar o princípio da Publicidade.

B) Sim, de acordo com o art. 11, inciso IV, da Lei 9.307/96 as partes têm a faculdade de escolher as regras de direito que serão adotadas, sejam elas as das leis nacionais ou ainda, conforme prevê os §§ 1º e 2º do Art. 2º, internacionais de comércio, e regras corporativas, desde que não haja qualquer tipo de violação aos bons costumes e a orcem pública.

C) A arbitragem será considerada constituída quando for a aceita a nomeação do arbitro (ou árbitros, quando mais de um), ocasião em que a prescrição será interrompida, retroagindo até a data da instauração ainda que extinta a arbitragem por ausência de jurisdição, conforme dispõe o art. 19, § 2º, da Lei nº 9.307/96.

GABARITO COMENTADO – FGV

A questão tem por objetivo verificar os conhecimentos básicos do examinando sobre certas regras de aplicação da arbitragem pela administração pública, em especial a proibição do julgamento dos árbitros por equidade, a necessária publicidade das decisões e a interrupção da prescrição com a instituição da arbitragem.

A) Não. Na arbitragem envolvendo a Administração Pública somente poderão ser utilizadas regras de direito (ou não poderão ser utilizadas regras de equidade) e deve ser observado o princípio da publicidade, de conformidade com o Art. 2º, § 3º, da Lei nº 9.307/96.

B) Sim. As partes poderão escolher, livremente, as regras de direito que serão aplicadas na arbitragem, inclusive as regras internacionais de comércio e regras corporativas, desde que não haja violação aos bons costumes e à ordem pública, com fundamento no Art. 2º, parágrafos 1º e 2º, e no Art. 11, inciso IV, ambos da Lei nº 9.307/96.

C) Sim. A instituição da arbitragem irá afetar o curso da prescrição, produzindo sua interrupção, que retroagirá à data do requerimento de sua instauração, ainda que extinta a arbitragem por ausência de jurisdição, com base no Art. 19, § 2º, da Lei nº 9.307/96.

ROBINSON BARREIRINHAS E HENRIQUE SUBI 196

DISTRIBUIÇÃO DE PONTOS

ITEM	PONTUAÇÃO
A) Não. Na arbitragem envolvendo a Administração Pública somente poderão ser utilizadas regras de direito (ou não poderão ser utilizadas regras de equidade) (0,15) e deve ser observado o princípio da publicidade (0,15), de conformidade com o Art. 2º, § 3º, da Lei nº 9.307/96 (0,10). *Obs.: A simples menção ou transcrição do dispositivo legal não pontua.*	0,00/0,15/0,25/0,30/0,40
B) Sim. As partes poderão escolher, livremente, as regras de direito que serão aplicadas na arbitragem, inclusive as regras internacionais de comércio e regras corporativas, desde que não haja violação aos bons costumes e à ordem pública (0,30), com fundamento no Art. 2º, §§ 1º E 2º (0,10) e no Art. 11, inciso IV (0,10), ambos da Lei nº 9.307/96. *Obs.: A simples menção ou transcrição do dispositivo legal não pontua*	0,00/0,30 /0,40/0,50
C) Sim. A instituição da arbitragem irá afetar o curso da prescrição, produzindo sua interrupção, que retroagirá à data do requerimento de sua instauração, ainda que extinta a arbitragem por ausência de jurisdição (0,25), com base no Art. 19, § 2º, da Lei nº 9.307/96 (0,10). *Obs.: A simples menção ou transcrição do dispositivo legal não pontua.*	0,00/0,25/0,35

(Reformulada)

(OAB/Exame Unificado – 2014.3 – 2ª fase) Luzilândia Exportação S/A celebrou, em 11 de setembro de 1995, contrato contendo cláusula compromissória com a sociedade Miguel Leão Comércio e Indústria de Tecidos Ltda. A vigência inicial foi de três anos, mas, após esse período, houve prorrogação tácita por tempo indeterminado. Na cláusula compromissória, as partes reportaram-se às regras do Tribunal Arbitral X para a instituição e o processamento da arbitragem.

Em março de 2010, surgiu uma desavença entre as partes, não solucionada pelos meios de mediação previstos no contrato. Miguel Leão Comércio e Indústria de Tecidos Ltda. notificou a outra sociedade para a instituição da arbitragem, mas esta se opôs, sob a alegação de que não está obrigada a respeitar a cláusula compromissória pelos seguintes motivos:

> *a) o contrato foi celebrado antes de 1996, ano da atual Lei de Arbitragem;*

> *b) a Lei de Arbitragem não pode ter efeito retroativo em observância ao Art. 6º da Lei de Introdução às Normas do Direito Brasileiro e ao Art. 43 da própria Lei de Arbitragem;*

> *c) embora o contrato tenha sido prorrogado por tempo indeterminado em 1998, não houve a expressa manifestação de Luzilândia Exportação S/A sobre a manutenção da cláusula compromissória, portanto ela deixou de ter eficácia quando houve a prorrogação tácita.*

Miguel Leão Comércio e Indústria de Tecidos Ltda. requereu a citação da outra parte para comparecer em juízo, a fim de lavrar-se o compromisso. Na petição, foi indicado, com precisão, o objeto da arbitragem e anexado o contrato contendo a cláusula compromissória.

O juiz designou audiência específica para tentar, previamente, a conciliação acerca do litígio. As partes compareceram à audiência, mas não se obteve sucesso na celebração, de comum acordo, do compromisso arbitral.

PRÁTICA EMPRESARIAL – 4ª EDIÇÃO   197   EXERCÍCIOS PRÁTICOS

Com base nas informações do enunciado, na legislação apropriada e na jurisprudência pacificada dos Tribunais Superiores, responda às perguntas a seguir.

A) Deve ser julgado procedente o pedido de instituição da arbitragem formulado por Miguel Leão Comércio e Indústria de Tecidos Ltda.? **(Valor: 0,95)**

B) Pode ser aplicada a Lei de Arbitragem aos contratos celebrados antes de sua vigência? **(Valor: 0,30)**

O examinando deve fundamentar suas respostas. A mera citação do dispositivo legal não confere pontuação.

RESPOSTAS

A Arbitragem consiste em um meio alternativo de soluções de conflito que é regido pela Lei 9.307/96, no qual as pessoas que forem capazes de contrata-las poderão dirimir litígios que sejam relativos a direitos patrimoniais disponíveis.

Cabe dizer que o instituto da arbitragem não se confunde com a mediação e conciliação, uma vez que na arbitragem o arbitro julga o litigio e impõe as partes uma solução definitiva, tal como seria no judiciário. A sentença arbitral após proferida não fica sujeita a recurso ou a homologação pelo Poder Judiciário.

Ademais, dispõe ainda a referida lei que:

> **Art. 7º** *Existindo cláusula compromissória e havendo resistência quanto à instituição da arbitragem, poderá a parte interessada requerer a citação da outra parte para comparecer em juízo a fim de lavrar-se o compromisso, designando o juiz audiência especial para tal fim.*
>
> *§ 1º O autor indicará, com precisão, o objeto da arbitragem, instruindo o pedido com o documento que contiver a cláusula compromissória.*
>
> *§ 2º Comparecendo as partes à audiência, o juiz tentará, previamente, a conciliação acerca do litígio. Não obtendo sucesso, tentará o juiz conduzir as partes à celebração, de comum acordo, do compromisso arbitral.*
>
> *§ 3º Não concordando as partes sobre os termos do compromisso, decidirá o juiz, após ouvir o réu, sobre seu conteúdo, na própria audiência ou no prazo de dez dias, respeitadas as disposições da cláusula compromissória e atendendo ao disposto nos arts. 10 e 21, § 2º, desta Lei.*
>
> *§ 4º Se a cláusula compromissória nada dispuser sobre a nomeação de árbitros, caberá ao juiz, ouvidas as partes, estatuir a respeito, podendo nomear árbitro único para a solução do litígio.*
>
> *§ 5º A ausência do autor, sem justo motivo, à audiência designada para a lavratura do compromisso arbitral, importará a extinção do processo sem julgamento de mérito.*
>
> *§ 6º Não comparecendo o réu à audiência, caberá ao juiz, ouvido o autor, estatuir a respeito do conteúdo do compromisso, nomeando árbitro único.*
>
> *§ 7º A sentença que julgar procedente o pedido valerá como compromisso arbitral.*
>
> **Art. 8º** *A cláusula compromissória é autônoma em relação ao contrato em que estiver inserta, de tal sorte que a nulidade deste não implica, necessariamente, a nulidade da cláusula compromissória.*

Parágrafo único. Caberá ao árbitro decidir de ofício, ou por provocação das partes, as questões acerca da existência, validade e eficácia da convenção de arbitragem e do contrato que contenha a cláusula compromissória.

Art. 9° O compromisso arbitral é a convenção através da qual as partes submetem um litígio à arbitragem de uma ou mais pessoas, podendo ser judicial ou extrajudicial.

§ 1° O compromisso arbitral judicial celebrar-se-á por termo nos autos, perante o juízo ou tribunal, onde tem curso a demanda.

§ 2° O compromisso arbitral extrajudicial será celebrado por escrito particular, assinado por duas testemunhas, ou por instrumento público.

Art. 10. Constará, obrigatoriamente, do compromisso arbitral:

I – o nome, profissão, estado civil e domicílio das partes;

II – o nome, profissão e domicílio do árbitro, ou dos árbitros, ou, se for o caso, a identificação da entidade à qual as partes delegaram a indicação de árbitros;

III – a matéria que será objeto da arbitragem; e

IV – o lugar em que será proferida a sentença arbitral.

Art. 11. Poderá, ainda, o compromisso arbitral conter:

I – local, ou locais, onde se desenvolverá a arbitragem;

II – a autorização para que o árbitro ou os árbitros julguem por equidade, se assim for convencionado pelas partes;

III – o prazo para apresentação da sentença arbitral;

IV – a indicação da lei nacional ou das regras corporativas aplicáveis à arbitragem, quando assim convencionarem as partes;

V – a declaração da responsabilidade pelo pagamento dos honorários e das despesas com a arbitragem; e

VI – a fixação dos honorários do árbitro, ou dos árbitros.

Parágrafo único. Fixando as partes os honorários do árbitro, ou dos árbitros, no compromisso arbitral, este constituirá título executivo extrajudicial; não havendo tal estipulação, o árbitro requererá ao órgão do Poder Judiciário que seria competente para julgar, originariamente, a causa que os fixe por sentença.

Em relação aos contratos que são foram celebrados antes da edição da Lei 9.307/96, foi editada súmula do STJ que assim dispõe:

Súmula 485 – A Lei de Arbitragem aplica-se aos contratos que contenham cláusula arbitral, ainda que celebrados antes da sua edição.

A) Sim, o pedido deve ser julgado procedente porque a cláusula compromissória foi estabelecida por escrito no próprio contrato e a parte interessada requereu em juízo a lavratura do compromisso arbitral, indicando o objeto da arbitragem e apresentando o contrato com fundamento no Art. 4°, § 1° e art. 7°, *caput* e § 1° da Lei n. 9.307/96.

B) Sim, a Lei de Arbitragem aplica-se aos contratos que contenham cláusula arbitral (compromissória), ainda que celebrados antes da sua edição, com fundamento na Súmula 485 do STJ.

PRÁTICA EMPRESARIAL – 4ª EDIÇÃO   199   EXERCÍCIOS PRÁTICOS

GABARITO COMENTADO – FGV

A questão tem por objetivo aferir o conhecimento do candidato sobre o instituto da arbitragem, em especial (i) sobre a convenção de arbitragem mediante cláusula compromissória e a (ii) possibilidade de ser instituída por via judicial em caso de recusa injustificada de uma das partes, nos termos do Art. 7º, da Lei nº 9.307/96.

A sociedade Luzilândia Exportação S/A argumenta que a cláusula compromissória do contrato firmado, celebrado em 11 de setembro de 1995, não pode ser atingida pela Lei nº 9.307/1996, que jamais poderia retroagir para prejudicar os efeitos do ato jurídico perfeito (Art. 6º, da Lei de Introdução às Normas do Direito Brasileiro). Assim, não poderia a estipulação ser considerada obrigatória para a sociedade, até mesmo porque não houve uma manifestação expressa com a prorrogação tácita do contrato, esta já na vigência da Lei de Arbitragem. Tais considerações não merecem guarida.

A) Pelas informações do enunciado

"Miguel Leão Comércio e Indústria de Tecidos Ltda. requereu a citação da outra parte para comparecer em juízo, a fim de lavrar-se o compromisso. Na petição, foi indicado, com precisão, o objeto da arbitragem e anexado o contrato contendo a cláusula compromissória.

O juiz designou audiência específica para tentar, previamente, a conciliação acerca do litígio. As partes compareceram à audiência, mas não se obteve sucesso na celebração, de comum acordo, do compromisso arbitral."

No cotejo com o Art. 7º, *caput* e parágrafo 1 º, da Lei n. 9.307/96

"Art.7º. Existindo cláusula compromissória e havendo resistência quanto à instituição da arbitragem, poderá a parte interessada requerer a citação da outra parte para comparecer em juízo a fim de lavrar-se o compromisso, designando o juiz audiência especial para tal fim.

§ 1º. O autor indicará, com precisão, o objeto da arbitragem, instruindo o pedido com o documento que contiver a cláusula compromissória."

Percebe-se a total compatibilidade da convenção arbitral com o Art. 4º, parágrafo 1º, da Lei nº 9.307/96, eis que a cláusula compromissória foi estabelecida por escrito no próprio contrato. Além disso, como houve resistência quanto à instituição da arbitragem, a parte interessada requereu a citação da outra para comparecer em juízo, a fim de lavrar-se o compromisso, nos termos do Art. 7º, *caput*, da Lei nº 9.307/96, indicando com precisão, o objeto da arbitragem e anexou o contrato.

Portanto, deve ser julgado procedente o pedido de instituição da arbitragem formulado por Miguel Leão Comércio e Indústria de Tecidos Ltda., por terem sido cumpridos os requisitos dos dispositivos legais citados (que devem ser expressamente mencionados na resposta e não apenas citados os dispositivos legais).

A resposta que afirme que o pedido autoral deve ser julgado improcedente ou apresente fundamentação divergente do enunciado não receberá pontuação, em razão de não compreensão da compatibilidade dos dados apresentados com o Art. 4º, § 1º e o Art. 7º, *caput* e § 1º, todos da Lei n. 9.307/96.

B) Até o advento da Lei nº 9.307/1996, o entendimento na jurisprudência dos Tribunais Superiores era de que a cláusula compromissória tinha a natureza de mero contrato preliminar (*pactum de compromitendo*) ao compromisso arbitral, incapaz, por si só, de originar o procedimento de arbitragem. Em caso de recusa, resolvia-se em perdas e danos para a

ROBINSON BARREIRINHAS E HENRIQUE SUBI

parte prejudicada (nesse sentido: STF, RE 58696. Relator Min. Luiz Gallotti, julgado em 02/06/1967, DJ 30-08-1967). Contudo, após a entrada em vigor da Lei de Arbitragem, tornou-se pacífico o entendimento no sentido de que as disposições da Lei n. 9.307/96 têm incidência imediata sobre os contratos celebrados, mesmo que anteriores à sua vigência, desde que neles esteja inserida a cláusula arbitral (Cf. STJ, Corte Especial, SEC 349/Japão, Relatora Ministra Eliana Calmon, julgado em 21/03/2007 – DJ 21/05/2007).

A Corte Especial do STJ consolidou tal orientação sobre o tema em 2012, ao aprovar a Súmula 485: "*A Lei de Arbitragem aplica-se aos contratos que contenham cláusula arbitral, ainda que celebrados antes da sua edição*".
(STJ, Segunda Seção, 28/6/2012, DJe de 01/08/2012.)

DISTRIBUIÇÃO DE PONTOS

ITEM	PONTUAÇÃO
A.1) Sim, o pedido deve ser julgado procedente porque a cláusula compromissória foi estabelecida por escrito no próprio contrato (0,20) e a parte interessada requereu em juízo a lavratura do compromisso arbitral (0,20), indicando o objeto da arbitragem e apresentando o contrato (0,25);	0,00/0,20/0,25/0,40/0,45/0,65
A.2) com fundamento no Art. 4º, § 1º (0,10) e art. 7º, *caput* (0,10) e § 1º (0,10) da Lei n. 9.307/96. *Obs.: a simples menção ou transcrição dos dispositivos legais não pontua.*	0,00/0,10/0,20/0,30
B) Sim, a Lei de Arbitragem aplica-se aos contratos que contenham cláusula arbitral (compromissória), ainda que celebrados antes da sua edição (0,20), com fundamento na Súmula n. 485 do STJ (0,10). *Obs.: A simples menção à Súmula 485, sem indicação seu conteúdo não pontua.*	0,00/0,20/0,30

OAB/Exame Unificado – 2011.2 – 2ª fase) Matias, empresário individual que explorava serviços de transporte de cargas pesadas, faleceu em 08.03.2010, deixando cinco filhos, sendo dois – José e Carlos – fruto de seu primeiro casamento com Maria (falecida em 30.07.1978) e três – Pedro, Fábio e Francisco – de seu segundo casamento com Joana, atual viúva e inventariante do espólio dos bens deixados por Matias. Por tal razão, Joana figura como administradora da empresa exercida pelo espólio, enquanto sucessor do empresário falecido. Ao visitar o estabelecimento onde se encontra centralizada a referida atividade empresária, Carlos constata que, dos 48 caminhões anteriormente existentes, 13 encontram-se estacionados e outros 20 em funcionamento, sendo que os demais teriam sido vendidos por Joana, segundo informações obtidas do supervisor do estabelecimento, a quem cabe o controle dos veículos. Por outro lado, Carlos verifica aparente enriquecimento súbito de Pedro e Fábio, os quais, mesmo sendo estudantes sem renda, adquirem, respectivamente e em nome próprio, imóveis no valor de R$ 300.000,00 e R$ 450.000,00.

Com base no relatado acima, responda aos itens a seguir, empregando os argumentos jurídicos apropriados e a fundamentação legal pertinente ao caso.

A) Pode Carlos, sob o argumento de suspeita de desvio de bens do estabelecimento por Joana, requerer a exibição integral dos livros empresariais do espólio de Matias? **(Valor: 0,45)**

B) Independentemente da questão "a" acima, supondo-se que conste do Livro Diário do espólio de Matias a alienação de 15 caminhões de sua propriedade, pode tal prova prevalecer caso

PRÁTICA EMPRESARIAL – 4ª EDIÇÃO   201   EXERCÍCIOS PRÁTICOS

Joana apresente documentos comprobatórios da locação desses veículos e do recebimento dos respectivos aluguéis? Responda examinando o efeito probatório dos livros empresariais obrigatórios. **(Valor: 0,80)**

RESPOSTAS

A) Nos termos do art. 1.191 do CC e do art. 420, II, do CPC, a exibição integral judicial dos livros empresariais pode ser determinada em caso de questões que envolvam sucessão. Sendo a dúvida sobre a legalidade da administração da inventariante fundada em indícios razoáveis, é possível, mediante ação de exibição de livros e documentos, obter acesso à escrituração da empresa.

B) Os livros empresarias gozam de força probante relativa, sendo lícito pretender, por qualquer meio de prova admitido, atestar que o que consta do livro não corresponde exatamente à verdade (art. 417 do CPC). Assim, na suposição em análise, sendo as provas apresentadas por Joana suficientes para afastar qualquer dúvida sobre a veracidade da locação dos veículos e recebimento dos aluguéis, prevalecerão estas.

Comentários adicionais

Os livros empresariais gozam de presunção de veracidade sobre os fatos contabilizados, desde que presentes todos os seus requisitos intrínsecos e extrínsecos. Trata-se, porém, de presunção relativa, que faz operar a inversão do ônus da prova quando a outra parte questionar os lançamentos nele constantes. Sendo apresentados documentos cabais de que a escrituração não corresponde à verdade, a força probante dos livros cede a estas.

GABARITO COMENTADO – FGV

O examinando deve, em cada uma das respostas aos quesitos, identificar que:

A) A ação judicial para exibição de livros empresariais é cabível para resolver questões relativas à sucessão do empresário (art. 1.191 do CC ou art. 420, II, do CPC). A simples menção à Súmula nº 390 do STF não é suficiente para atribuir ponto ao candidato, uma vez que o que se pretende nesta questão é avaliar a legitimidade do herdeiro, ainda não sócio, pleitear a exibição de livros. Pelo mesmo motivo, não é admitida a justificação com base no art. 1.021 do CC; e

B) A força probante dos livros empresariais é relativa, sendo afastada por documentos que contradigam seu conteúdo (art. 417 do CPC ou art. 226 do CC). Desde que Joana apresente documentos cabais da locação dos veículos e recebimento dos alugueres, prevalece a prova baseada em tais documentos.

DISTRIBUIÇÃO DE PONTOS

ITEM	PONTUAÇÃO
Cabe a exibição integral dos livros empresariais (0,15), uma vez que a causa da exibição tem origem em questões relativas à sucessão do empresário (0,15) art. 1.191 do CC, art. 420, II do CPC **OU** outro fundamento legal pertinente (0,15).	0,00/0,15/0,30/0,45
Não, a força probante dos livros empresariais obrigatórios é relativa, sendo afastada por documentos que contradigam seu conteúdo (0,30) Art. 417 do CPC **OU** art. 226 do CC (0,25). Desde que Joana apresente documentos cabais da locação dos veículos e recebimento dos alugueres, prevalece a prova baseada em tais documentos (0,25).	0,00/0,25/0,30/0,50/0,55/0,80

PEÇAS
PRÁTICO-PROFISSIONAIS

1. TEORIA GERAL DO DIREITO EMPRESARIAL

(OAB/Exame Unificado – 2019.1 – 2ª fase) A sociedade empresária Refrigeração Canhoba S/A arrendou o imóvel onde está localizado um de seus estabelecimentos, situado em Capela/SE, para a sociedade Riachuelo, Salgado & Cia Ltda. A arrendatária atua no mesmo ramo de negócio da arrendadora. O contrato, celebrado em 13 de janeiro de 2015, tem duração de cinco anos e estabeleceu, como foro de eleição, a cidade de Capela/SE. Não há previsão, no contrato, quanto à vedação ou à possibilidade de concorrência por parte do arrendador.

Em 22 de novembro de 2017, Tobias Barreto, administrador e representante legal da arrendatária, procura você e narra-lhe o seguinte: durante os dois primeiros anos do contrato, o arrendador absteve-se de fazer concorrência ao arrendatário em Capela e nos municípios de Aquidabã e Rosário do Catete, áreas de atuação do arrendatário e responsáveis pela totalidade do seu faturamento. No entanto, a partir de março de 2017, os sócios de Riachuelo, Salgado & Cia Ltda. perceberam a atuação ofensiva de dois representantes comerciais, X e Y, que passaram a captar clientes desta sociedade, tendo como preponente a sociedade arrendadora. Os representantes comerciais começaram a divulgar informações falsas sobre os produtos comercializados pelo arrendatário, bem como as entregas não estavam sendo feitas, ou eram realizadas com atraso. Um dos sócios da arrendatária conseguiu obter o depoimento informal de clientes procurados por esses representantes, que agiam a mando da arrendadora, oferecendo generosas vantagens para que deixassem de negociar com ela.

Desde a atuação dos dois representantes comerciais, o faturamento da arrendatária paulatinamente passou a decrescer. O auge da crise ocorreu em junho de 2017, quando a arrendadora alugou um imóvel no centro de Capela e passou a divulgar, entre os clientes e nos anúncios em material impresso, descontos, vantagens e promoções para desviar a clientela da arrendatária. Com essas medidas, o faturamento de Riachuelo, Salgado & Cia Ltda. despencou, sofrendo, entre julho e outubro de 2017, um prejuízo acumulado de R$ 290.000,00 (duzentos e noventa mil reais).

A intenção da arrendatária é que a arrendadora se abstenha de praticar os atos anticoncorrenciais, desfazendo as práticas narradas, sob pena de ter que desfazê-los à sua custa, ressarcindo o arrendatário dos prejuízos. Há urgência na obtenção de provimento jurisdicional para cessação das práticas desleais de concorrência.

ROBINSON BARREIRINHAS E HENRIQUE SUBI 204

Considerando que a comarca de Capela/SE possui três varas sem nenhuma especialização e que, conforme seu estatuto, a sociedade empresária Refrigeração Canhoba S/A é representada por seu diretor-presidente, Sr. Paulo Pastora, elabore a peça processual adequada. **(Valor: 5,00)**

Obs.: a peça deve abranger todos os fundamentos de Direito que possam ser utilizados para dar respaldo à pretensão. A simples menção ou transcrição do dispositivo legal não confere pontuação.

GABARITO COMENTADO – FGV

O examinando deverá demonstrar conhecimento acerca do instituto do estabelecimento, disciplinado nos artigos 1.142 a 1.149 do Código Civil, em especial a proibição ao arrendador do estabelecimento de fazer concorrência ao arrendatário durante o prazo do contrato de arrendamento, não havendo autorização expressa (Art. 1.147, parágrafo único, do Código Civil). Não se trata, pelas informações do enunciado, de contrato de trespasse ou alienação, portanto é inaplicável como fundamento legal o disposto no *caput* do Art. 1.147 do Código Civil.

Espera-se também que o examinando, na escolha da peça processual e na apresentação dos fundamentos jurídicos seja capaz de identificar as condutas perpetradas contra a sociedade empresária como atos de concorrência desleal, e não como infração contra a ordem econômica.

O enunciado informa que foi celebrado entre duas sociedades contrato de arrendamento de um estabelecimento pelo prazo de 5 (cinco) anos, sem previsão quanto a possibilidade de concorrência. Durante os dois primeiros anos de vigência, o arrendador absteve-se de fazer concorrência ao arrendatário em Capela e nos municípios de Aquidabã e Rosário do Catete, áreas de atuação do arrendatário e responsáveis pela totalidade do seu faturamento. Posteriormente, o arrendador passou a fazer concorrência ao arrendatário, descumprindo a proibição legal do Art. 1.147, parágrafo único, do Código Civil, por meio de representantes comerciais a serviço do arrendador, que angariavam negócios e clientes na área de atuação do arrendatário e divulgavam informações falsas com o fim de usurpar a clientela (atos de concorrência desleal). Em seguida, novos atos ilícitos foram praticados, como o de divulgar, entre os clientes e nos anúncios em material impresso, descontos, vantagens e promoções para desviar a clientela da arrendatária (ato de concorrência desleal).

Diante da prática, pelo arrendador (devedor da obrigação), do ato a cuja abstenção se obrigara (não fazer concorrência), o arrendatário credor pode exigir dele que o desfaça, sob pena de se desfazer à sua custa, ressarcindo o culpado perdas e danos. Tal previsão está contida no Art. 251 do Código Civil, ao regular a obrigação de não fazer, e se amolda perfeitamente ao caso.

Portanto, o objetivo do cliente é a cessação dos atos de concorrência desleal e o respeito à proibição legal de não concorrência, que estão causando prejuízos ao arrendatário. Ademais, independentemente da ação penal (queixa-crime), o prejudicado poderá intentar as ações cíveis que considerar cabíveis na forma do Código de Processo Civil (Art. 207 da Lei nº 9.279/96).

Cabe sublinhar que o enunciado não permite concluir a prática de infração(ões) à ordem econômica, prevista(s) na Lei nº 12.529/2011. Tantos os atos de concorrência desleal quanto as infrações contra a ordem econômica são práticas anticoncorrenciais indevidas e tipificadas como ilícitas pelo direito brasileiro. Entretanto, existe uma grande diferença entre as duas práticas. A concorrência desleal, tipificada na Lei nº 9.279/96, é a mais comum, ocorrendo entre dois ou mais empresários(caso que se amolda ao enunciado), interligados ou não por vínculo

PRÁTICA EMPRESARIAL – 4ª EDIÇÃO   205   PEÇAS PRÁTICO-PROFISSIONAIS

contratual ou legal, por uma prática ilícita realizada por um de seus concorrentes, que possui o objetivo de denegrir a imagem do outro, usurpar a sua clientela, confundir os clientes dos concorrentes, ou seja, busca angariar clientes por meio de práticas desleais, utilizando-se de subterfúgios que extrapolam a simples prática comercial.

Bem diferente da concorrência desleal é a infração à ordem econômica, pois esta extrapola a simples relação entre os empresários concorrentes (atinge a coletividade como um todo e causa danos ao(s) mercado(s)). A conduta perpetrada tem um alcance muito maior, pois objetiva a aniquilar os concorrentes, visando à criação de um monopólio "forçado" e ilícito, para que o infrator, livre de seus concorrentes, imponha preços arbitrariamente aos consumidores ou a seus compradores/dependentes, fazendo com que estes sejam obrigados a se renderem aos termos impostos pelo fornecedor diante da ausência de concorrência. Portanto, a prática infracional atenta contra a livre-iniciativa e à liberdade do mercado, sendo proscrita tanto a nível constitucional (Art. 173, § 4º, da Constituição federal), quanto a nível infraconstitucional (Lei nº 12.529/2011). Ademais, não se pode depreender do enunciado que a prática da arrendatária procurou exercer posição dominante no mercado, ou ainda que se trate de mercado relevante de bens ou de serviços.

Em síntese: a concorrência desleal tem efeito circunscritos a uma esfera diminuta de empresários, não tendo o poder de impactar o mercado, eis que busca angariar de forma ilícita determinados clientes, enquanto que a infração à ordem econômica é uma medida muito mais agressiva que busca a eliminação da concorrência e criar um verdadeiro monopólio do mercado.

O examinando deve, então, rechaçar qualquer menção à infração contra a ordem econômica, pondo em relevo dois aspectos: a violação ao comando imperativo do parágrafo único do Art. 1.147 do Código Civil, pelo fato de estar fazendo concorrência ao arrendador por meio da atuação dos representantes comerciais, e que as condutas descritas são consideradas atos de concorrência desleal descritos na Lei nº 9.279/96.

Verifica-se que o objetivo primordial, essencial, da cliente é a cessação da prática dos atos de concorrência desleal pela arrendatária. Para tanto a arrendadora pretende obter em juízo provimento judicial que obrigue a arrendatária a cumprir a obrigação legal (obrigação de NÃO FAZER), isto é, não fazer concorrência à arrendadora durante toda a duração do contrato. Tal fundamento deve ser relacionado nos Pedidos do autor.

Conclui-se que a peça adequada é a Ação de Obrigação de Não Fazer, pelo procedimento comum, cumulada com pedido de indenização pelos prejuízos decorrentes dos atos de concorrência desleal. Diante dos fatos narrados é cabível pedido de tutela de urgência em caráter liminar, com fundamento no Art. 300, § 2º, do CPC.

I-Endereçamento: A ação deve ser endereçada ao Juiz de Direito da uma das Varas da Comarca de Capela/SE. II-Legitimidade ativa: o autor da ação é a sociedade Riachuelo, Salgado & Cia Ltda., representada por seu administrador Tobias Barreto.

III-Legitimidade passiva: o réu é a sociedade Refrigeração Canhoba S/A, representada por seu diretor-presidente, Sr. Paulo Pastora.

A descrição dos fatos desprovida dos fundamentos jurídicos (ato de concorrência desleal, proibição de concorrência, direito à indenização, tutela de urgência) não pontua.

IV-Na fundamentação jurídica, o candidato deverá descrever os atos de concorrência desleal que foram e estão sendo praticados pela arrendadora através de seus representantes comerciais, bem como seu restabelecimento na área de atuação da arrendatária e os prejuízos que esta está tendo com tais condutas, realçando o cabimento de pedido indenizatório independentemente de qualquer medida na área penal.

É fundamental relacionar que:

a) é ato de concorrência desleal divulgar informações falsas sobre os produtos comercializados pelo concorrente (arrendatário) e que as entregas não estavam sendo feitas ou eram realizadas com atraso, com fundamento no Art. 195, inciso II, da Lei nº 9.279/96;

b) também de ato de concorrência desleal o emprego de meio fraudulento, para desviar, em proveito próprio ou alheio, clientela de outrem, como a conduta da arrendadora em divulgar entre os clientes e nos anúncios em material impresso com descontos, vantagens e promoções para desviar a clientela da arrendatária (Art. 195, inciso III, da Lei nº 9.279/96);

c) diante da prática dos atos de concorrência desleal, independentemente de qualquer medida na seara criminal, poderá o prejudicado intentar as ações cíveis que considerar cabíveis na forma do Código de Processo Civil (Art. 207 da Lei nº 9.279/96);

d) durante todo o tempo do contrato é vedado o restabelecimento pelo arrendador em razão de ausência de autorização expressa no contrato (Art. 1.147, parágrafo único, do Código Civil; e

e) há urgência na obtenção de provimento jurisdicional para cessação das práticas desleais de concorrência, tendo em vista que o faturamento de Riachuelo, Salgado & Cia Ltda. despencou, sofrendo entre julho e outubro de 2017, um prejuízo acumulado de R$ 290.000,00 (duzentos e noventa mil reais).

V-Nos pedidos deverão ser mencionados:

a) a citação da sociedade ré, na pessoa de seu administrador ou diretor;

b) a procedência do pedido, para reconhecer a ilicitude do restabelecimento e os atos de concorrência desleal praticados, com danos ao patrimônio da arrendatária;

c) pedido de tutela de urgência em caráter liminar, em razão da gravidade dos fatos e dos danos que vem sofrendo a autora, para determinar a cessação imediata dos atos de concorrência desleal;

d) indenização pelos atos de concorrência desleal praticados e pela violação da proibição de restabelecimento;

e) manifestação quanto à audiência de mediação e conciliação (Art. 319, inciso VII, **OU** art. 334 do CPC/15);

f) a condenação do réu ao pagamento de custas e honorários advocatícios.

VI-Provas: deverá haver menção expressa na peça que é apresentado

a) o contrato de arrendamento e

b) o protesto por outras provas em direito admitidas.

VII-Menção ao valor da causa (Art. 319, inciso V, do CPC/15);

VIII-Fechamento da peça:

Município (ou Capela/SE); Data..., Advogado (a)..., OAB...

Início da peça

Excelentíssimo Senhor Doutor Juiz de Direito Juiz de Direito da uma das Varas da Comarca de Capela/SE

[deixe espaço de aproximadamente 10 cm, para eventual despacho ou decisão do juiz]

Processo n°:...

RIACHUELO, SALGADO & CIA LTDA, pessoa jurídica de direito privado, CNPJ n.°..., com sede na Rua... e endereço eletrônico... [e-mail], representada pelo seu administrador, TOBIAS BARRETO (qualificação completa), por meio de seu advogado e bastante procurador que esta subscreve (procuração anexa – Doc. 1), com escritório em (endereço completo), onde receberá quaisquer notificações e intimações, vem, muito respeitosamente, à presença de Vossa Excelência, nos termos do art. 497 do CPC propor

AÇÃO DE OBRIGAÇÃO DE NÃO FAZER C/C PEDIDO DE TUTELA DE URGÊNCIA

em face de REFRIGERAÇÃO CANHOBA S/A, pessoa jurídica de direito privado. CNPJ n.°..., com sede na Rua... e endereço eletrônico... [e-mail], representada por seu diretor-presidente, PAULO PASTORA, (qualificação completa), pelas razões de fato e de direito que passa a expor.

[espaço de uma linha]

1. DOS FATOS

Foi celebrado entre a Autora e a Ré contrato de arrendamento de um estabelecimento pelo prazo de 5 (cinco) anos, sem previsão quanto a possibilidade de concorrência. Durante os dois primeiros anos de vigência, o arrendador, ora Réu, absteve-se de fazer concorrência ao arrendatário em Capela e nos municípios de Aquidabã e Rosário do Catete, áreas de atuação do arrendatário e responsáveis pela totalidade do seu faturamento. Contudo, posteriormente, o Réu passou a fazer concorrência ao Autor, por meio de representantes comerciais a serviço do arrendador, que angariavam negócios e clientes na área de atuação do arrendatário e divulgavam informações falsas com o fim de usurpar a clientela, atos estes que certamente evidenciam concorrência desleal. Inclusive, novos atos ilícitos foram praticados, como o de divulgar, entre os clientes e nos anúncios em material impresso, descontos, vantagens e promoções para desviar a clientela da Autora, reiterando mais uma vez seus atos desleais para com a Autora.

Desta forma, tendo em vista proibição legal de não concorrência, é evidente que a Ré está praticando atos que caracterizam a concorrência desleal, resultando prejuízos ao arrendatário, de modo que é de rigor a sua cessação, conforme será demonstrado a seguir.

[espaço de uma linha]

2. DO DIREITO

Primeiramente, cabe dizer que os atos praticados pela arrendadora, ora Ré, através de seus representantes comerciais, são atos que caracterizam claramente a concorrência desleal.

Ora, Excelência, a Ré passou a divulgar informações falsas sobre os produtos comercializados pela Autora, além de dizer que as entregas não estavam sendo feitas ou eram realizadas com atraso, ato este que é fundamento no Art. 195, inciso II, da Lei nº 9.279/96.

Também é ato de concorrência desleal o emprego de meio fraudulento, para desviar, em proveito próprio ou alheio, clientela de outrem, como a conduta da arrendadora, ora Ré, em divulgar entre os clientes e nos anúncios em material impresso com descontos, vantagens e promoções para desviar a clientela da arrendatária (Art. 195, inciso III, da Lei nº 9.279/96).

Diante da prática dos atos de concorrência desleal, independentemente de qualquer medida na seara criminal, poderá o prejudicado intentar as ações cíveis que considerar cabíveis na forma do Código de Processo Civil, conforme dispõe o Art. 207 da Lei nº 9.279/96.

Ademais, durante todo o contrato é vedado o restabelecimento pelo arrendador, uma vez que não há autorização expressa no contrato (Art. 1.147, parágrafo único, do Código Civil).

Posto isso, evidente a existência de inúmeros atos que caracterizam a concorrência desleal praticados pelo Réu, de modo que este deve indenizar o Autor pelas suas práticas e as consequências que elas causaram economicamente.

[Espaço de uma linha]

3. DA TUTELA DE URGÊNCIA

Ante todo o exposto, deve ser concedida a tutela de urgência em caráter liminar, em razão do palpável perigo de dano irreparável, havendo desde já a cessação das práticas desleais de concorrência, tendo em vista que o faturamento da Autora despencou, sofrendo entre julho e outubro de 2017, um prejuízo acumulado de R$ 290.000,00 (duzentos e noventa mil reais).

[Espaço de uma linha]

4. DO PEDIDO

Ante o exposto, serve o presente para requerer:

a) a citação da sociedade ré, na pessoa de seu administrador ou diretor;

b) a procedência do pedido, para reconhecer a ilicitude do restabelecimento da arrendadora e os atos de concorrência desleal praticados;

c) concessão de tutela de urgência em caráter liminar, em razão da gravidade dos fatos e dos danos que vem sofrendo a autora, para determinar a cessação imediata dos atos de concorrência desleal, com base no Art. 300, § 2º do CPC;

d) indenização pelos atos de concorrência desleal praticados e pela violação da proibição de restabelecimento;

e) condenação do réu ao pagamento de custas e honorários advocatícios, nos termos do Art. 82, § 2º e Art. 85, *caput*, ambos do CPC;

f) a dispensa da audiência de conciliação ou de mediação, nos termos do Art. 319, inciso VII, do CPC;

g) a juntada do contrato de arrendamento como prova.

Protesta provar o alegado em todos os meios de prova em Direito admitidos.

Dá-se a causa o valor de R$ ...

Termos em que

PRÁTICA EMPRESARIAL – 4ª EDIÇÃO   209   PEÇAS PRÁTICO-PROFISSIONAIS

Pede Deferimento.

[Espaço de uma linha]

Capela, data...

[Espaço de uma linha]

Advogado...

OAB/UF

[final da peça]

DISTRIBUIÇÃO DE PONTOS

ITEM	PONTUAÇÃO
Endereçamento	
I-Exmo. Sr. Juiz de Direito da __ Vara da Comarca de Capela/SE (0,10).	0,00/0,10
Partes	
II-Autor: Riachuelo, Salgado & Cia Ltda., representada por seu administrador Tobias Barreto (0,10).	0,00/0,10
III-Réu: Refrigeração Canhoba S/A, representada por seu diretor-presidente, Sr. Paulo Pastora (0,10)	0,00/0,10
Fundamentação jurídica/Legal	
a) é ato de concorrência desleal divulgar informações falsas sobre os produtos comercializados pelo concorrente (arrendatário) e que as entregas não estavam sendo feitas ou eram realizadas com atraso (0,40), com fundamento no Art. 195, II, da Lei nº 9.279/96 (0,10).	0,00/0,40/0,50
b) também de ato de concorrência desleal o emprego de meio fraudulento, para desviar, em proveito próprio ou alheio, clientela de outrem, como a conduta da arrendadora em divulgar entre os clientes e nos anúncios em material impresso com descontos, vantagens e promoções para desviar a clientela da arrendatária (0,40), de acordo com o Art. 195, inciso III, da Lei nº 9.279/96 (0,10).	0,00/0,40/0,50
c) diante da prática dos atos de concorrência desleal, independentemente de qualquer medida na seara criminal, poderá o prejudicado poderá intentar as ações cíveis que considerar cabíveis na forma do Código de Processo Civil (0,40), apoiado no Art. 207 da Lei nº 9.279/96 (0,10).	0,00/0,40/0,50
d) durante todo o tempo do contrato é vedado o restabelecimento pelo arrendador em razão de ausência de autorização expressa no contrato (0,50), em conformidade com o Art. 1.147, parágrafo único, do Código Civil (0,10).	0,00/0,50/0,60
e) há urgência na obtenção de provimento jurisdicional para cessação das práticas desleais de concorrência, tendo em vista que o faturamento de Riachuelo, Salgado & Cia Ltda. despencou, sofrendo entre julho e outubro de 2017, um prejuízo acumulado de R$ 290.000,00 (0,50), com fundamento no Art. 300 do CPC OU no Art. 251 do CC (0,10).	0,00/0,50/0,60
Dos Pedidos	
a) a citação da sociedade ré, na pessoa de seu administrador ou diretor (0,25);	0,00/0,25
b) a procedência do pedido, para reconhecer a ilicitude do restabelecimento da arrendadora e os atos de concorrência desleal praticados (0,25);	0,00/0,25

c) concessão de tutela de urgência em caráter liminar, em razão da gravidade dos fatos e dos danos que vem sofrendo a autora, para determinar a cessação imediata dos atos de concorrência desleal (0,30), com base no Art. 300, § 2º do CPC (0,10);	0,00/0,30/0,40
d) indenização pelos atos de concorrência desleal praticados (0,20) e pela violação da proibição de restabelecimento (0,20);	0,00/0,20/0,40
e) manifestação quanto à audiência de mediação e conciliação (0,10);	0,00/0,10
f) a condenação do réu ao pagamento de custas (0,10) e honorários advocatícios (0,10).	0,00/0,10/0,20
Provas	
a) contrato de arrendamento (0,10).	0,00/0,10
b) outras provas em direito admitidas (0,10).	0,00/0,10
Menção ao Valor da Causa (0,10).	0,00/0,10
Fechamento	
Município..., Data..., Advogada (o) e inscrição OAB (0,10).	0,00/0,10

(OAB/Exame Unificado – 2018.1 – 2ª fase) Demerval Lobo, ex-empresário individual enquadrado como microempresário, requereu e teve deferida a transformação de seu registro em Empresa Individual de Responsabilidade Limitada (EIRELI), que foi enquadrada como microempresa. Alguns meses após o início das atividades da EIRELI (Sorvetes União EIRELI ME), o patrimônio de Demerval Lobo foi substancialmente diminuído, com sucessivas transferências de valores de suas contas particulares para as contas da pessoa jurídica, que já era titular do imóvel onde estava situada a sede. Por outro lado, as dívidas particulares de Demerval Lobo cresceram em proporção inversa, acarretando inúmeros inadimplementos com os credores.

Gervásio Oliveira, um dos credores particulares de Demerval Lobo por obrigação contraída após a transformação do registro, ajuizou ação de cobrança para receber quantias provenientes de contrato de depósito. Logo após a citação do réu, o autor descobriu que as contas-correntes do devedor tinham sido encerradas e o imóvel em que residia foi alienado para a EIRELI, tendo prova desse fato por meio de certidão do Registro de Imóveis da Comarca de Cocal, Estado do Piauí.

A advogada de Gervásio Oliveira foi autorizada por ele a propor a medida judicial cabível, no curso da ação de conhecimento, para atingir o patrimônio da pessoa jurídica e, dessa forma, garantir o pagamento da dívida do devedor. Considere que a ação de cobrança tramita na 2ª Vara da Comarca de Campo Maior, Estado do Piauí.

Elabore a peça processual adequada. **(Valor:5,00)**

Obs.: a peça deve abranger todos os fundamentos de Direito que possam ser utilizados para dar respaldo à pretensão. A simples menção ou transcrição do dispositivo legal não confere pontuação.

GABARITO COMENTADO – FGV

A questão tem por objetivo verificar se o examinando conhece o instituto da desconsideração da personalidade jurídica, cuja aplicação pode ser em sentido direto ou inverso, e os pressupostos para sua aplicação previstos no Art. 50 do Código Civil. Outro objetivo é confirmar se o examinando conhece e sabe aplicar a casos práticos o incidente de desconsideração da personalidade jurídica, regulado nos artigos 133 a 137 do CPC (Lei nº 13.105/2015).

Os dados apresentados no enunciado revelam que o devedor, ex-empresário individual, ao requerer e obter a transformação do registro de empresário em EIRELI, transferiu bens do seu patrimônio para o da pessoa jurídica por ele constituída – a EIRELI. Em que pese a possibilidade de constituição da EIRELI, como forma de "limitar" a responsabilidade do titular ao capital investido e integralizado, Demerval Lobo deve ter bens suficientes em seu patrimônio pessoal para honrar suas obrigações perante seus credores particulares, pois o patrimônio e a empresa desenvolvida pela EIRELI são autônomos.

Diante da transferência dos bens do ex-empresário, narrada no enunciado, para a pessoa jurídica, nota-se abuso da personalidade jurídica da EIRELI, caracterizado pelo "esvaziamento doloso" com a diminuição deliberada do patrimônio pessoal e crescimento das dívidas que teriam esse mesmo patrimônio como garantia. Nota-se que o Art. 50 do Código Civil autoriza que o juiz, a requerimento da parte, estenda os efeitos de certas obrigações assumidas pela pessoa jurídica aos bens particulares dos sócios. Em sentido inverso e mediante interpretação teleológica do dispositivo, é possível estender à pessoa jurídica os efeitos de obrigações assumidas pelos sócios perante credores particulares.

Cabe também ressaltar que o Art. 50 se aplica a qualquer pessoa jurídica e não apenas às "sociedades". Assim sendo, é inequívoco que a EIRELI tem natureza de pessoa jurídica de direito privado (Art. 44, inciso VI, do Código Civil), sendo passível de sujeição à desconsideração. Portanto, a advogada de Gervásio Oliveira deve requerer no curso da ação de conhecimento a instauração do incidente de desconsideração inversa da personalidade jurídica, para que bens integrantes do patrimônio da EIRELI possam ser constritos para garantir o pagamento da dívida perante o autor.

I-Endereçamento: Exmo. Dr. Juiz de Direito da 2ª Vara da Comarca de Campo Maior/PI.

II-Indicação do requerente e requerido: Requerente: Gervásio Oliveira, já qualificado etc.

Requerido: Sorvetes União EIRELI ME, por seu representante legal, qualificação etc.

III-Cabimento: O incidente de desconsideração da personalidade jurídica é cabível em todas as fases do processo de conhecimento (Art. 134, *caput*, do CPC).

IV-Fundamentos Jurídicos:

Obs.: A simples narrativa dos fatos não pontua.

a) constituição da EIRELI: A EIRELI foi constituída por transformação de registro de empresário individual. Nota-se que Demerval Lobo tinha intenção clara de limitar sua responsabilidade, pois como empresário individual tinha responsabilidade ilimitada e, como titular da EIRELI, passou a ter responsabilidade limitada;

b) o ex-empresário se aproveitou da personalidade jurídica da EIRELI, distinta da pessoa natural, para realizar sucessivas transferências de valores de suas contas particulares para as contas da pessoa jurídica e alienação de imóvel (abuso da autonomia subjetiva) e, ao mesmo tempo, as dívidas particulares cresceram em proporção inversa, acarretando inúmeros inadimplementos com os credores(abuso da autonomia objetiva);

c) verifica-se que ocorreu abuso da personalidade jurídica por parte de Demerval Lobo, caracterizado pelo desvio de bens do patrimônio pessoal do devedor para o da pessoa jurídica, nos termos do Art. 50 do Código Civil;

d) verifica-se que estão demonstrados os pressupostos para a desconsideração da personalidade jurídica (Art. 133, § 1º, e art. 134, § 4º, ambos do CPC);

ROBINSON BARREIRINHAS E HENRIQUE SUBI   212

e) há possibilidade de desconsideração inversa da personalidade jurídica (Art. 133, § 2°, do CPC).

V-Pedidos:

a) instauração do incidente de desconsideração da personalidade jurídica, com fundamento no Art. 133, *caput*, do CPC;

b) extensão à Empresa Individual de Responsabilidade Limitada dos efeitos da obrigação assumida pelo titular Demerval Lobão perante o requerente **OU** desconsideração da personalidade jurídica da EIRELI, com levantamento da autonomia da pessoa jurídica para que seus bens possam responder pela solução do débito assumido pelo titular perante o requerente;

c) citação da Empresa Individual de Responsabilidade Limitada para manifestar-se e requerer as provas cabíveis no prazo de 15 (quinze) dias, nos termos do Art. 135 do CPC;

d) suspensão do processo, nos termos do Art. 134 § 3°, do CPC;

e) comunicação da instauração do incidente ao distribuidor para as anotações devidas (Art. 134, § 1°, do CPC).

VI-Provas:

Menção expressa à certidão do Registro de Imóveis da Comarca de Cocal, prova de que o imóvel em que o réu residia foi alienado para a EIRELI.

Obs.: O simples protesto por provas não pontua.

VII-Fechamento conforme o Edital:

Local... (ou Campo Maior/PI), Data..., Advogado..., OAB...

início da peça

Excelentíssimo Senhor Doutor Juiz de Direito da 2ª Vara da Comarca de Campo Maior/PI.

[deixe espaço de aproximadamente 10 cm, para eventual despacho ou decisão do juiz]

Processo n°:...

GERVÁSIO OLIVEIRA, já qualificado nos autos em epígrafe, por meio de seu advogado e bastante procurador que esta subscreve (procuração anexa – Doc. 1), vem, muito respeitosamente, à presença de Vossa Excelência, nos termos do art. 50 do CC, e art. 133 e seguintes do CPC, propor

INCIDENTE DE DESCONSIDERAÇÃO DA PERSONALIDADE JURÍDICA

em face de SORVETES UNIÃO EIRELI ME, pessoa jurídica de direito privado, inscrita no CNPJ sob o n... e estabelecida na (endereço completo), por seu representante legal DEMERVAL LOBO, (qualificação completa) residente e domiciliado (endereço completo), na Cidade de Cocal/PI, pelas razões de fato e de direito que passa a expor.

[Espaço de uma linha]

1. DOS FATOS

O Réu requereu e teve deferida a transformação de seu registro de empresário individual em Empresa Individual de Responsabilidade Limitada (EIRELI), que foi enquadrada como microempresa. Alguns meses após o início das atividades da EIRELI (Sorvetes União EIRELI ME), o patrimônio pessoal do Réu foi substancialmente diminuído, através de inúmeras transferências de valores de suas contas particulares para as contas da pessoa jurídica.

Além disso, as dívidas particulares do Réu cresceram, acarretando inúmeros inadimplementos.

O autor, um dos credores do Réu após a transformação do registro, ajuizou ação de cobrança para receber quantias provenientes de contrato de depósito. Contudo, após sua citação foi levado a conhecimento do autor que as contas-correntes do devedor tinham sido encerradas e o imóvel em que residia foi alienado para a EIRELI, tendo prova desse fato por meio de certidão do Registro de Imóveis da Comarca de Cocal, Estado do Piauí.

Desta forma, diante desse cenário, se faz necessária a propositura do presente incidente para atingir o patrimônio da pessoa jurídica e garantir o pagamento da dívida do Autor.

[Espaço de uma linha]

2. DO DIREITO

Na forma do que apresenta o art. 50 do Código Civil, a desconsideração da personalidade jurídica pode ser declarada judicialmente toda vez que houver desvio de finalidade ou confusão patrimonial. No caso concreto, é facilmente identificável que o Réu constituiu uma EIRELI unicamente com o intuito de limitar sua responsabilidade, uma vez que ele se aproveitou da personalidade jurídica da EIRELI, distinta da pessoa natural, para realizar sucessivas transferências de valores de suas contas particulares para as contas da pessoa jurídica e alienação de imóvel, em evidente abuso da autonomia subjetiva. Ademais, as dívidas particulares do Réu cresceram em proporção inversa, acarretando inúmeros inadimplementos com os credores como o Autor, o que acarreta também no abuso da autonomia objetiva do titular ao capital investido e integralizado.

Entretanto, Demerval Lobo deveria ter bens suficientes em seu patrimônio pessoal para honrar suas obrigações perante seus credores particulares, pois o patrimônio pessoal e a empresa desenvolvida pela EIRELI são autônomos.

Desta forma, ocorreu abuso da personalidade jurídica caracterizado pelo desvio de bens do patrimônio pessoal do devedor para o da pessoa jurídica, nos termos do art. 50 do Código Civil, pelo que se depreende que os pressupostos para a desconsideração da personalidade jurídica estão presentes. Ademais, a possibilidade de desconsideração inversa está regulamentada pelo art. 133, § 2º, do CPC, razão pela qual se torna necessária a declaração incidental da desconsideração inversa da personalidade jurídica, para o fim de alcançar, no patrimônio da EIRELI, o imóvel situado na Comarca de Cocal, conforme certidão de registro de imóveis em anexo, de uso pessoal do executado.

[Espaço de uma linha]

3. DO PEDIDO

Ante o exposto, requer:

a) instauração do incidente de desconsideração da personalidade jurídica, com fundamento no Art. 133, *caput*, do CPC.

b) extensão à Empresa Individual de Responsabilidade Limitada dos efeitos da obrigação assumida pelo titular Demerval Lobão perante o requerente, ou ainda a desconsideração da personalidade jurídica da EIRELI, com levantamento da autonomia da pessoa jurídica para que seus bens possam responder pela solução do débito assumido pelo titular perante o requerente;

c) a citação da Empresa Individual de Responsabilidade Limitada para manifestar-se e requerer as provas cabíveis no prazo de 15 (quinze) dias, nos termos do Art. 135 do CPC;

d) a suspensão do processo;

e) a comunicação da instauração do incidente ao distribuidor para as anotações devidas;

f) a condenação do réu ao pagamento de custas e honorários advocatícios, nos termos do Art. 82, § 2º e Art. 85, *caput*, ambos do CPC;

g) por fim, a juntada da Certidão do Registro de Imóveis da Comarca de Cocal, como prova de que o imóvel em que o réu residia foi alienado para a EIRELI.

[Espaço de uma linha]

Termos em que,

Pede Deferimento

[Espaço de uma linha]

Campo Maior, data.

[Espaço de uma linha]

Advogado...

OAB/UF...

[não assine, rubrique ou, de outra forma, identifique sua prova!]

fim da peça

DISTRIBUIÇÃO DE PONTOS

ITEM	PONTUAÇÃO
Endereçamento	
I-Exmo. Dr. Juiz de Direito da 2ª Vara da Comarca de Campo Maior/PI	0,00/0,10
II-Requerente: Gervásio Oliveira, já qualificado etc. (0,10); requerido: Sorvetes União EIRELI ME, por seu representante legal, qualificação etc. (0,10).	0,00/0,10/0,20
III-Cabimento: O incidente de desconsideração da personalidade jurídica é cabível em todas as fases do processo de conhecimento (0,25).	0,00/0,25

PRÁTICA EMPRESARIAL – 4ª EDIÇÃO — PEÇAS PRÁTICO-PROFISSIONAIS

Fundamentos	
a) constituição da EIRELI (pessoa jurídica) com a finalidade de limitar a responsabilidade do ex-empresário (0,50).	0,00/0,50
b) o ex-empresário se aproveitou da personalidade jurídica da EIRELI, **distinta da pessoa natural**, para realizar sucessivas transferências de valores de suas contas particulares para as contas da pessoa jurídica e alienação de imóvel – abuso da autonomia subjetiva (0,35) e, ao mesmo tempo, as dívidas particulares cresceram em proporção inversa, acarretando inúmeros inadimplementos com os credores – abuso da autonomia objetiva (0,35).	0,00/0,35/0,70
c) ocorreu abuso da personalidade jurídica caracterizado pelo **desvio de bens do patrimônio pessoal do devedor para o da pessoa jurídica** (0,70), nos termos do Art. 50 do Código Civil (0,10).	0,00/0,70/0,80
d) os pressupostos para a desconsideração da personalidade jurídica estão presentes (0,30).	0,00/0,30
e) há possibilidade de desconsideração inversa da personalidade jurídica (0,35), conforme Art. 133, § 2°, do CPC (0,10).	0,00/0,35/0,45
Pedidos	
a) instauração do incidente de desconsideração da personalidade jurídica (0,20), com fundamento no Art. 133, *caput*, do CPC (0,10).	0,00/0,20/0,30
b) extensão à Empresa Individual de Responsabilidade Limitada dos efeitos da obrigação assumida pelo titular Demerval Lobão perante o requerente **OU** desconsideração da personalidade jurídica da EIRELI, com levantamento da autonomia da pessoa jurídica para que seus bens possam responder pela solução do débito assumido pelo titular perante o requerente (0,40).	0,00/0,40
c) citação da Empresa Individual de Responsabilidade Limitada para manifestar-se e requerer as provas cabíveis no prazo de 15 (quinze) dias (0,20), nos termos do Art. 135 do CPC (0,10).	0,00/0,20/0,30
d) suspensão do processo (0,20).	0,00/0,20
e) comunicação da instauração do incidente ao distribuidor para as anotações devidas (0,20).	0,00/0,20
Das provas	
Certidão do Registro de Imóveis da Comarca de Cocal, prova de que o imóvel em que o réu residia foi alienado para a EIRELI (0,20). *OBS: O simples protesto por provas não pontua.*	0,00/0,20
Fechamento	
Local... (ou Campo Maior/PI), Data..., Advogado..., OAB... (0,10).	0,00/0,10

(OAB/Exame Unificado – 2016.2 – 2ª fase) Distribuidora de Medicamentos Mundo Novo Ltda. foi dissolvida em razão do falecimento do sócio Pedro Gomes, ocorrido em 2013, com fundamento no Art. 1.035 do Código Civil. A sociedade foi constituída, em 1997, para atuar na comercialização de medicamentos e sempre atuou nesta atividade. Para manter a clientela do estabelecimento, mesmo após a dissolução da sociedade, Iguatemi, única sócia de Pedro Gomes, requereu seu registro como

ROBINSON BARREIRINHAS E HENRIQUE SUBI 216

empresária individual, e, com o deferimento, prosseguiu, agora em nome próprio, a empresa antes exercida pela sociedade.

O estabelecimento onde foi instalada a sociedade está situado na cidade de Chapadão do Sul, Estado de Mato Grosso do Sul. O imóvel é alugado desde a constituição da sociedade, sendo locadora a Imobiliária Três Lagoas Ltda. A vigência inicial do contrato foi de 3 (três) anos, tendo sido celebrados contratos posteriores por igual prazo, sucessiva e ininterruptamente. Durante a vigência do último contrato, que expirou em setembro de 2015, a sociedade limitada foi dissolvida. Diante da continuidade da empresa posterior à dissolução da sociedade limitada, por Iguatemi, como empresária individual, esta procurou o locador e lhe apresentou proposta de novo aluguel, que foi rejeitada sem justificativa plausível.

Em abril de 2014, temendo o prejuízo ao estabelecimento empresarial já consolidado, a perda considerável de clientela e os efeitos nefastos da transferência para outra localidade, Iguatemi procurou sua advogada para que esta propusesse a medida judicial que assegurasse sua permanência no imóvel, informando que o valor atual do aluguel mensal é de R$ 17.000,00 (dezessete mil reais) e que contratou seguro de fiança locatícia.

Considerando que na Comarca de Chapadão do Sul/MS existem apenas duas varas (1ª e 2ª), competindo ao Juiz da 1ª Vara o julgamento de ações cíveis, elabore a peça adequada. **(Valor: 5,00)**

Obs.: o examinando deve fundamentar suas respostas. A mera citação do dispositivo legal não confere pontuação.

GABARITO COMENTADO – FGV

A questão tem relação com o contrato de locação empresarial (locação não residencial) e a ação apropriada para assegurar a continuidade da locação e a proteção ao ponto empresarial, isto é, a permanência pelo empresário no local onde exerce sua empresa e que é referencial para sua clientela.

Com base nos dados descritos no enunciado verifica-se que a peça adequada para assegurar a permanência de Iguatemi no imóvel é a AÇÃO RENOVATÓRIA [de locação não residencial], com fundamento no Art. 51, *caput*, e § 3° e no Art. 71, ambos da Lei n° 8.245/91.

A petição inicial da ação renovatória deve ser instruída com os documentos arrolados no Art. 71 da Lei n° 8.245/91, no que couber, em conformidade com as informações do enunciado.

A petição inicial deve ser endereçada ao juízo da 1ª Vara da Comarca de Chapadão do Sul/ MS, com fundamento no Art. 58, inciso II, da Lei n° 8.245/91 (*"é competente para conhecer e julgar tais ações o foro do lugar da situação do imóvel"*).

O examinando deverá qualificar as partes: a autora Iguatemi, empresária individual (que não é não EIRELI nem pessoa jurídica de direito privado) e a ré Imobiliária Três Lagoas Ltda.

Deverá ser explicitado que a autora não é a locatária originária, mas tem legitimidade ativa *ad causam*, pois é sub-rogatária do direito à renovação porque permaneceu exercendo o mesmo ramo de atividade após a dissolução da sociedade empresária, com fundamento no Art. 51, § 3°, da Lei n° 8.245/91.

Nos fundamentos jurídicos do pedido o examinando deve demonstrar que a autora cumpre todos os requisitos do Art. 51, *caput*, da Lei n° 8.245/91, com expressa menção a esse dispositivo legal, (citando-os de per si e relacionando-os aos dados contidos no enunciado).

Ademais, deve ser ressaltado que a ação foi proposta dentro do prazo previsto no Art. 51, § 5º, da Lei nº 8.245/91 (no interregno de um ano a seis meses anteriores à data da finalização do prazo do contrato em vigor).

Com base no Art. 71, incisos IV e V, da Lei nº 8.245/91, na petição da ação renovatória o autor deverá prestar informações complementares referentes a:

a) apresentação da proposta das condições oferecidas para a renovação da locação, de "forma clara e precisa". O examinando deverá cumprir este requisito na elaboração da peça, apresentando uma proposta de sua autoria, considerando o valor atual do aluguel como patamar mínimo **OU** informar que a proposta está anexada à inicial.

b) indicação do fiador **em conformidade com a informação do enunciado** (a autora contratou seguro de fiança locatícia), portanto deverá ser apresentado o nome empresarial da seguradora, CNPJ e endereço.

Nos pedidos deve ser requerida (i) a procedência do pedido para declarar o direito da autora à renovação compulsória do contrato de locação pelo prazo de 5 anos nas condições por ela propostas.

O examinando **não deverá** pedir a prorrogação do contrato pela soma dos prazos dos contratos anteriores, ainda que não tenha havido interrupção entre eles. A orientação na jurisprudência é a de que a renovação do contrato de locação não residencial não excederá a 5 anos, mesmo que a soma dos contratos anteriores seja superior a esse tempo, seja na vigência do Decreto nº 24.150/1934 (STF, Súmula nº 178: "Não excederá de cinco anos a renovação judicial de contrato de locação fundada no Dec. 24.150, de 20.04.1934"; STJ, RESP 7653 e RESP 11640) seja na vigência da Lei nº 8.245/91 (RESP 1323410/MG; RESP AR 4.220/MG; REsp. 693.729/MG; REsp. 267.129/RJ; REsp. 170.589/SP; REsp. 202.180/RJ; REsp. 195.971/MG).

Ademais, o examinando deve requerer (ii) a citação do réu (locador) e (iii) sua condenação ao pagamento das custas processuais e honorários advocatícios.

Das provas: A petição inicial deverá ser instruída com as provas exigidas no Art. 71, incisos I, II, III e VI, da Lei nº 8.245/91). A simples transcrição do Art.71 e seus incisos não pontua. Portanto, o examinando deverá fazer referência expressa que instrui a inicial (ou que se encontram anexados) com os seguintes documentos:

a) contratos de locação firmados pela sociedade Distribuidora de Medicamentos Mundo Novo Ltda., para fins de cumprimento do Art. 51, incisos I e II, da Lei nº 8.245/91;

b) prova(s) de que Iguatemi, como sub-rogatária do direito à renovação, deu continuidade ao mesmo ramo de negócio da sociedade empresária (distribuição de medicamentos) perfazendo, sem interrupção, o prazo mínimo de três anos (Art. 51, inciso III, da Lei nº 8.245/91);

c) documentos que atestem o cumprimento do contrato em vigor;

d) comprovante (s) de quitação dos impostos e taxas sobre o imóvel e cujo pagamento incumbia a locatária;

e) apresentação de apólice de Seguro Fiança Locatícia contratada com a seguradora e que o valor total da apólice abrange todos os custos da locação até seu encerramento (a apólice substitui prova de anuência do fiador com os encargos da fiança de que trata o Art. 71, inciso VI, da Lei nº 8.245/91).

ROBINSON BARREIRINHAS E HENRIQUE SUBI

O valor da causa deve ser mencionado expressamente e corresponde a 12 meses do aluguel vigente por ocasião do ajuizamento da ação (Artigo 58, inciso III, da Lei nº 8.245/91): R$ 17.000,00 x 12 = R$ 204.000,00.

No fechamento da peça o examinando deverá proceder conforme o item 3.5.8 do Edital, abstendo-se de inserir dado ou informação não contidos no enunciado: Local ... ou Município (Chapadão do Sul/MS), Data..., Advogado... e OAB...

início da peça

Excelentíssimo Senhor Doutor Juiz de Direito da 1ª Vara Cível da Comarca de Chapadão do Sul/MS.

[deixe espaço de aproximadamente 10 cm, para eventual despacho ou decisão do juiz]

IGUATEMI, empresária individual, (qualificação completa), por meio de seu advogado e bastante procurador que esta subscreve (procuração anexa – Doc. 1), com escritório em (endereço completo), onde receberá quaisquer notificações e intimações, vem, mui respeitosamente, à presença de Vossa Excelência, nos termos do art. 51, *caput* e § 3º, e art. 71, todos da Lei nº 8.245/1991 – Lei do Inquilinato, ajuizar

AÇÃO RENOVATÓRIA DE LOCAÇÃO NÃO RESIDENCIAL

em face de IMOBILIÁRIA TRÊS LAGOAS LTDA., sociedade empresária regularmente inscrita no CNPJ sob o nº (...), sediada em (endereço completo), pelas razões de fato e de direito que passa a expor.

1. DOS FATOS

A Requerente é sucessora da sociedade empresária Distribuidora de Medicamentos Mundo Novo Ltda., que foi dissolvida em razão do falecimento do sócio Pedro Gomes, ocorrido em 2013, com fundamento no Art. 1.035 do Código Civil (doc. 2).

A sociedade foi constituída, em 1997, para atuar na comercialização de medicamentos e sempre atuou nesta atividade. Para manter a clientela do estabelecimento, mesmo após a dissolução da sociedade, a Requerente, única sócia remanescente, requereu seu registro como empresária individual, e, com o deferimento, prosseguiu, agora em nome próprio, a empresa antes exercida pela sociedade (doc. 3).

O imóvel onde está instalado o estabelecimento empresarial é alugado pela Ré desde a constituição da sociedade. A vigência inicial do contrato foi de 3 (três) anos, tendo sido celebrados contratos posteriores por igual prazo, sucessiva e ininterruptamente (doc. 4). Foi durante a vigência do último contrato, que expirará em setembro de 2015, que a sociedade limitada foi dissolvida.

Diante da continuidade da empresa posterior à dissolução da sociedade limitada, por Iguatemi, como empresária individual, esta procurou o locador e lhe apresentou proposta de novo aluguel, que foi rejeitada sem justificativa plausível.

Em abril de 2014, temendo o prejuízo ao estabelecimento empresarial já consolidado, a perda considerável de clientela e os efeitos nefastos da transferência para outra

PRÁTICA EMPRESARIAL – 4ª EDIÇÃO 219 PEÇAS PRÁTICO-PROFISSIONAIS

localidade, Iguatemi procurou sua advogada para que esta propusesse a medida judicial que assegurasse sua permanência no imóvel, informando que o valor atual do aluguel mensal é de R$ 17.000,00 (dezessete mil reais) e que contratou seguro de fiança locatícia.

2. PRELIMINARMENTE – DA LEGITIMIDADE ATIVA

Excelência, antes de ingressar no mérito jurídico da demanda, cumpre ressaltar que a legitimidade da Autora para propor a presente ação na qualidade de sucessora da sociedade empresária locatária original decorre do art. 51, § 3º, da Lei do Inquilinato, vez que prosseguiu a exploração do mesmo ramo de atividades.

3. DO DIREITO

Dispõe o art. 51 da Lei nº 8.245/1991 que o locatário de imóvel destinado ao comércio tem direito à renovação do contrato se cumprir os requisitos ali especificados, a saber:

a) o contrato a renovar tenha sido celebrado por escrito e com prazo determinado: conforme se vê do instrumento particular de locação não residencial anexo (doc. 4), a sociedade empresária Distribuidora de Medicamentos Mundo Novo Ltda. e a Ré entabularam contrato de locação escrito, com prazo determinado de 3 (três) anos em 1997;

b) o prazo mínimo do contrato a renovar ou a soma dos prazos ininterruptos dos contratos escritos seja de cinco anos: conforme se vê dos termos aditivos ora anexados (doc. 4), locador e locatária prorrogaram sucessivas vezes, sempre por escrito e com prazo determinado de 3 (três) anos, o contrato original;

c) o locatário esteja explorando seu comércio, no mesmo ramo, pelo prazo mínimo e ininterrupto de três anos: conforme demonstram os extratos da Junta Comercial (doc. 2), desde 1997 a empresa se dedica à comercialização de medicamentos.

d) respeito ao prazo decadencial: conforme demonstra a última prorrogação contratual em vigor, esta vencerá em setembro de 2015, de maneira que a presente ação é proposta dentro do interregno de um ano, no máximo, até seis meses, no mínimo, anteriores à finalização da avença.

Mais ainda, em respeito ao art. 71 da Lei do Inquilinato, segue anexa a esta inicial a proposta de renovação oferecida pela Autora (doc. 5) e a comprovação da contratação de seguro-fiança locatícia junto à Seguradora (...), CNPJ nº (...), em valor suficiente para abranger todos os custos da locação até seu encerramento (doc. 6).

4. DO PEDIDO

Ante o exposto, serve a presente para requerer:

a) seja julgado procedente o pedido para declarar o direito da Autora à renovação compulsória do contrato de locação pelo prazo de 5 anos nas condições por ela propostas, conforme pacífica jurisprudência;

b) a citação do Réu para, querendo, contestar a presente ação no prazo legal; e

c) a condenação da Ré ao pagamento das custas processuais e honorários advocatícios.

Protesta pela produção de todas as provas admitidas em Direito, em especial a apresentação dos documentos que instruem a presente petição indicados no corpo da peça e, dada a incidência do art. 71 da Lei do Inquilinato, também com os comprovantes de pagamento de todos os

ROBINSON BARREIRINHAS E HENRIQUE SUBI

aluguéis vencidos até o momento, demonstrando o exato cumprimento do contrato (doc. 7) e os comprovantes de quitação de todos os impostos e taxas incidentes sobre o imóvel (doc. 8).

Dá-se à causa o valor de R$ 204.000,00 (duzentos e quatro mil reais), correspondente a 12 vezes o valor do aluguel vigente na data da propositura deste ação (art. 58, III, da Lei nº 8.245/1991)

Termos em que

Pede deferimento.

(Local e data)

[não assine, rubrique ou, de outra forma, identifique sua prova!]

_____

ADVOGADO (...)

OAB-(Estado) nº (...)

Endereço (...)

fim da peça

DISTRIBUIÇÃO DE PONTOS

ITEM	PONTUAÇÃO
1. Endereçamento (Art. 58, inciso II, da Lei nº 8.245/91)	
Exmo. Sr. Juiz de Direito da 1ª Vara da Comarca de Chapadão do Sul/MS (0,10).	0,00/0,10
2. Qualificação das partes	
2.1. Autor: Iguatemi, empresária individual, qualificação (0,10) 2.2. Réu: Imobiliária Três Lagoas Ltda., qualificação (0,10)	0,00 / 0,10 / 0,20
3. Legitimidade Ativa da Autora	
A autora ficou sub-rogada no direito à renovação do contrato porque permaneceu exercendo o mesmo ramo de atividade após a dissolução da sociedade empresária (0,45), com fundamento no Art. 51, § 3º, da Lei nº 8.245/91 (0,10).	0,00 / 0,45 / 0,55
4. Fundamentação jurídica/Legal	
4.a) contrato de locação a renovar foi celebrado por escrito E por prazo determinado (0,25);	0,00 / 0,25
4.b) a soma dos prazos ininterruptos dos contratos escritos é superior a 5 anos (0,25);	0,00 / 0,25
4.c) a atividade está sendo explorada no mesmo ramo ininterruptamente por prazo superior a três anos (0,25).	0,00 / 0,25
4.d) Fundamento legal – Art. 51, *caput*, da Lei nº 8.245/91 (0,10). *Obs.: essa pontuação somente será atribuída se o examinando citar, pelo menos, dois dos fundamentos indicados nos itens "a", "b" ou "c"*	0,00 / 0,10
5. Tempestividade (Art. 51, § 5º, da Lei nº 8.245/91)	
A ação foi proposta entre 1 ano e 6 meses anteriores à data da finalização do prazo do contrato em vigor **OU** a ação foi proposta X meses antes da expiração do contrato em vigor (0,40), com fundamento no Art. 51, § 5º, da Lei nº 8.245/91 (0,10).	0,00 / 0,40 / 0,50

6. Informações complementares (Art. 71, incisos IV e V, da Lei nº 8.245/91)	
6.a) apresentação/indicação na petição das condições oferecidas para a renovação da locação OU menção que a proposta segue em anexo (0,50).	0,00 / 0,50
6.b) indicação que contratou seguro de fiança locatícia com denominação da seguradora, número de sua inscrição no CNPJ e endereço (0,35).	0,00 / 0,35
7. Pedidos	
7.a) procedência do pedido para declarar o direito da autora à renovação do contrato de locação (0,20) pelo prazo de 5 anos nas condições por ela propostas (0,40).	0,00 / 0,20/ 0,60
7.b) citação do Locador (0,25).	0,00 / 0,25
7.c) condenação da Ré ao pagamento das custas (0,10) e honorários advocatícios (0,10).	0,00 / 0,10 / 0,20
8. Das Provas (Art. 71, incisos I, II, III e VI, da Lei nº 8.245/91) O examinando deve fazer referência expressa.	
8.a) contratos de locação celebrados pela sociedade empresária dissolvida (0,10).	0,00 / 0,10
8.b) prova(s) de que a autora, como sub-rogatária do direito à renovação, deu continuidade ao mesmo ramo de negócio da sociedade empresária (distribuição de medicamentos) perfazendo, sem interrupção, o prazo mínimo de três anos (0,10).	0,00 / 0,10
8.c) documentos atestando o cumprimento do contrato em vigor (0,10).	0,00 / 0,10
8.d) comprovantes de quitação dos impostos e taxas sobre o imóvel (0,10).	0,00 / 0,10
8.e) apólice de seguro de fiança locatícia cobrindo o custo total da locação (0,10).	0,00 / 0,10
9. Valor da Causa (Art. 58, inciso III, da Lei nº 8.245/91) O valor da causa corresponde a doze meses de aluguel por ocasião do ajuizamento da ação. R$ 204.000,00 (duzentos e quatro mil reais) (0,30)	0,00 / 0,30
10. Fechamento	
Local..., Data..., Advogado..., OAB... (0,10)	0,00 / 0,10

(OAB/Exame Unificado – 2010.1 – 2ª fase) A pessoa jurídica Alfa Aviamentos Ltda., domiciliada em Goianésia – GO, celebrou contrato escrito de locação de imóvel não residencial com Chaves Empreendimentos Ltda., por prazo determinado, tendo sido o contrato prorrogado várias vezes, no lapso de mais de sete anos. O valor mensal da locação é de R$ 1.500,00, e Alfa Aviamentos Ltda. exerce sua atividade no respectivo ramo desde a sua constituição, há cerca de dez anos. O contrato de locação findará em 03.05.2011, e os dirigentes da empresa locadora já se manifestaram contrários à renovação do referido contrato.

Em face dessa situação hipotética, na qualidade de advogado(a) contratado(a) por Alfa Aviamentos Ltda., redija a medida judicial cabível para a defesa dos interesses de sua cliente, abordando toda a matéria de direito material e processual aplicável à hipótese.

COMENTÁRIO PRÉVIO

A localização do estabelecimento é elemento essencial para o sucesso da empresa e, por essa razão, representa bem imaterial protegido pela legislação.

De fato, ainda que o imóvel seja alugado, o empresário que o ocupa é, em princípio, o titular desse direito, conhecido como **ponto**.

ROBINSON BARREIRINHAS E HENRIQUE SUBI

Nesse sentido, o locatário empresarial tem direito à renovação do aluguel nos termos do art. 51 da Lei 8.245/1991:

Art. 51. Nas locações de imóveis destinados ao comércio, o locatário terá direito a renovação do contrato, por igual prazo, desde que, cumulativamente:

I – o contrato a renovar tenha sido celebrado por escrito e com prazo determinado;

II – o prazo mínimo do contrato a renovar ou a soma dos prazos ininterruptos dos contratos escritos seja de cinco anos;

III – o locatário esteja explorando seu comércio, no mesmo ramo, pelo prazo mínimo e ininterrupto de três anos.

(...)

Perceba que a leitura do dispositivo legal acima transcrito dá ao candidato um roteiro seguro para elaboração de sua peça, na medida em que indica os três requisitos básicos para o reconhecimento do direito à renovação do aluguel.

A Alfa Aviamentos Ltda. preenche todos eles:

– tem contrato de locação escrito e por tempo determinado;

– a soma dos contratos escritos é superior a 7 anos; e

– explora o mesmo ramo de atividade há cerca de 10 anos.

Ademais, o estudante deve observar atentamente os requisitos específicos para a elaboração da petição inicial, listados no art. 71 da Lei 8.245/1991, e fazer referência a ele em sua peça:

Art. 71. Além dos demais requisitos exigidos no art. 319 do Código de Processo Civil, a petição inicial da ação renovatória deverá ser instruída com:

I – prova do preenchimento dos requisitos dos incisos I, II e III do art. 51;

II – prova do exato cumprimento do contrato em curso;

III – prova da quitação dos impostos e taxas que incidiram sobre o imóvel e cujo pagamento lhe incumbia;

IV – indicação clara e precisa das condições oferecidas para a renovação da locação;

V – indicação do fiador quando houver no contrato a renovar e, quando não for o mesmo, com indicação do nome ou denominação completa, número de sua inscrição no Ministério da Fazenda, endereço e, tratando-se de pessoa natural, a nacionalidade, o estado civil, a profissão e o número da carteira de identidade, comprovando, desde logo, mesmo que não haja alteração do fiador, a atual idoneidade financeira;

VI – prova de que o fiador do contrato ou o que o substituir na renovação aceita os encargos da fiança, autorizado por seu cônjuge, se casado for;

VII – prova, quando for o caso, de ser cessionário ou sucessor, em virtude de título oponível ao proprietário.

Parágrafo único. Proposta a ação pelo sublocatário do imóvel ou de parte dele, serão citados o sublocador e o locador, como litisconsortes, salvo se, em virtude de locação originária ou renovada, o sublocador dispuser de prazo que admita renovar a sublocação; na primeira hipótese, procedente a ação, o proprietário ficará diretamente obrigado à renovação.

PRÁTICA EMPRESARIAL – 4ª EDIÇÃO   223   PEÇAS PRÁTICO-PROFISSIONAIS

É importante ressaltar que, caso não haja acordo prévio, a locatária deve propor a ação renovatória no período entre 1 ano a até 6 meses antes do final do contrato, sob pena de decadência do direito, conforme o art. 51, § 5°, da Lei 8.245/1991.

Nos termos do art. 58, II, da mesma Lei, a competência jurisdicional é do local da situação do imóvel (no caso, a Vara Cível de Goianésia – GO), exceto se outro for eleito pelo contrato (o que não foi informado pelo examinador).

O valor da causa corresponderá a doze meses de aluguel, ou seja, R$ 18.000,00, conforme o art. 58, III, da Lei 8.245/1991.

Com relação à fundamentação, lembre-se da argumentação silogística. Relate os fatos, faça referência ao direito aplicável e conclua a respeito do direito de seu cliente:

Eis a estrutura da argumentação silogística:

1. FATO: Alfa Aviamentos Ltda. (i) tem contrato de locação escrito e por tempo determinado; (ii) a soma dos contratos escritos é superior a 7 anos; e (iii) explora o mesmo ramo de atividade há cerca de 10 anos;

2. DIREITO: o art. 51 da Lei 8.245/1991 garante a renovação do aluguel, desde que haja contrato escrito por pelo menos 5 anos ininterruptos, com exploração do mesmo ramo de atividade nos últimos 3 anos;

3. CONCLUSÃO: **logo, Alfa Aviamentos Ltda. tem direito à renovação do aluguel.**

Vejamos como fica a peça.

Modelo: ação renovatória de contrato de locação

[o que estiver entre colchetes é apenas nota do autor – não deve constar da peça]

início da peça

Excelentíssimo Senhor Doutor Juiz de Direito da Vara Cível da Comarca de Goianésia – GO

[deixe espaço de aproximadamente 10 cm, para eventual despacho ou decisão do juiz]

Alfa Aviamentos Ltda., estabelecida em (...), inscrita no CNPJ sob n° (...), por seu advogado que assina esta petição (procuração em anexo), com escritório para recebimento de intimações na (endereço – CPC, art. 39, I), vem, respeitosamente, propor a presente

AÇÃO RENOVATÓRIA DE CONTRATO DE LOCAÇÃO

contra Chaves Empreendimentos Ltda., (qualificação completa), estabelecida em (endereço), inscrita no CNPJ sob n° (...), nos termos do art. 51 da Lei 8.245/1991, pelas razões a seguir aduzidas:

1. DOS FATOS

A **autora**, domiciliada em Goianésia – GO, celebrou contrato escrito de locação de imóvel não residencial com **a ré**, por prazo determinado, tendo sido o contrato prorrogado várias vezes, no lapso de mais de sete anos **(documentos em anexo)**. *[lembre-se que os documentos devem instruir a inicial, nos termos do art. 320 do CPC]*

O valor mensal da locação é de R$ 1.500,00 e **a autora** exerce sua atividade no respectivo ramo desde a sua constituição, há cerca de dez anos, **conforme documentação em anexo**.

O contrato de locação findará em 03.05.2011, e os dirigentes da empresa locadora já se manifestaram contrariamente à renovação do referido contrato **(documentos em anexo)**.

2. DO DIREITO

Inicialmente, registre-se que a presente ação é proposta "no interregno de um ano, no máximo, até seis meses, no mínimo, anteriores à data da finalização do prazo do contrato em vigor", de modo que não houve decadência do direito (art. 51, § 5º, da Lei 8.245/1991).

A localização do estabelecimento é elemento essencial para o sucesso da empresa e, por essa razão, representa bem imaterial protegido pela legislação.

De fato, ainda que o imóvel seja alugado, o empresário que o ocupa é, em princípio, o titular desse direito, conhecido como **ponto**.

Nesse sentido, o locatário empresarial tem direito à renovação do aluguel nos termos do art. 51 da Lei 8.245/1991:

> Art. 51. Nas locações de imóveis destinados ao comércio, o locatário terá direito a renovação do contrato, por igual prazo, desde que, cumulativamente:
> I – o contrato a renovar tenha sido celebrado por escrito e com prazo determinado;
> II – o prazo mínimo do contrato a renovar ou a soma dos prazos ininterruptos dos contratos escritos seja de cinco anos;
> III – o locatário esteja explorando seu comércio, no mesmo ramo, pelo prazo mínimo e ininterrupto de três anos.
> (...)

A autora preenche todos os requisitos previstos no dispositivo acima transcrito, conforme comprova a documentação em anexo:

– tem contrato de locação escrito e por tempo determinado;

– a soma dos contratos escritos é superior a 7 anos; e

– explora o mesmo ramo de atividade há cerca de 10 anos.

Os demais requisitos para o pleito de renovação do aluguel, previstos no art. 71 da Lei 8.245/1991 também estão preenchidos. Eis o dispositivo legal:

> Art. 71. Além dos demais requisitos exigidos no art. 319 do Código de Processo Civil, a petição inicial da ação renovatória deverá ser instruída com:
> I – prova do preenchimento dos requisitos dos incisos I, II e III do art. 51;
> II – prova do exato cumprimento do contrato em curso;
> III – prova da quitação dos impostos e taxas que incidiram sobre o imóvel e cujo pagamento lhe incumbia;
> IV – indicação clara e precisa das condições oferecidas para a renovação da locação;
> V – indicação de fiador quando houver no contrato a renovar e, quando não for o mesmo, com indicação do nome ou denominação completa, número de sua inscrição no Ministério da Economia, Fazenda e Planejamento, endereço e, tratando-se de pessoa natural, a nacionalidade, o estado civil, a profissão e o número da carteira de identidade, comprovando, em qualquer caso e desde logo, a idoneidade financeira;

PRÁTICA EMPRESARIAL – 4ª EDIÇÃO   225   PEÇAS PRÁTICO-PROFISSIONAIS

VI – prova de que o fiador do contrato ou o que o substituir na renovação aceita os encargos da fiança, autorizado por seu cônjuge, se casado for;

VII – prova, quando for o caso, de ser cessionário ou sucessor, em virtude de título oponível ao proprietário.

Parágrafo único. Proposta a ação pelo sublocatário do imóvel ou de parte dele, serão citados o sublocador e o locador, como litisconsortes, salvo se, em virtude de locação originária ou renovada, o sublocador dispuser de prazo que admita renovar a sublocação; na primeira hipótese, procedente a ação, o proprietário ficará diretamente obrigado à renovação.

O contrato em curso vem sendo estritamente cumprido, (documentos em anexo). Os impostos que acompanham esta inicial e taxas relativos ao imóvel foram regularmente recolhidos, conforme os comprovantes anexados.

A autora oferece, como condições para a renovação, a manutenção das cláusulas do contrato em vigor (cópia do instrumento contratual em anexo), com a atualização monetária do valor do aluguel pelo índice (...) e prazo de 2 anos.

O fiador atual, cuja idoneidade financeira é comprovada pela documentação em anexo, concorda expressamente em garantir o contrato locatício pelo prazo da renovação, conforme termo juntado a esta petição inicial.

A autora tem direito, portanto, à renovação de seu contrato de aluguel.

Por essas razões, o direito ora pleiteado deve ser reconhecido judicialmente

3. DO PEDIDO

Por todo o exposto, a autora requer:

a) a citação da ré para, querendo, contestar a presente demanda no prazo legal;

b) a produção de todas as provas admitidas pelo Direito;

c) seja a presente ação julgada procedente e decretada a renovação do aluguel nas condições oferecidas pela autora;

d) a condenação da ré ao pagamento das custas processuais e dos honorários de sucumbência a serem fixados por Vossa Excelência (art. 82§2º e art. 85 do CPC);

Dá-se à causa o valor de R$ 18.000,00 (correspondente a 12 vezes o aluguel mensal, conforme o art. 58, III, da Lei 8.245/1991).

Termos em que

Pede Deferimento

(Local), (data)

[não assine, rubrique ou, de outra forma, identifique sua prova!]

ADVOGADO (...)

OAB-(Estado) nº (...)

Endereço (...)

fim da peça

GABARITO COMENTADO – CESPE

Deve-se propor ação renovatória, com fulcro nos arts. 51 e ss. da Lei 8.245/1991.

Foro competente: Vara Cível de Goianésia – GO, conforme dispõe o art. 58, II, da Lei 8.245/1991:

"Ressalvados os casos previstos no parágrafo único do art. 1º, nas ações de despejo, consignação em pagamento de aluguel e acessório da locação, revisionais de aluguel e renovatórias de locação, observar-se-á o seguinte:

(...)

II – é competente para conhecer e julgar tais ações o foro do lugar da situação do imóvel, salvo se outro houver sido eleito no contrato;

(...)."

Demonstração dos requisitos previstos no art. 51 da Lei 8.245/1991: formal (contrato escrito e por prazo determinado); temporal (mínimo de cinco anos de relação contratual contínua); material (mínimo de três anos na exploração de atividade no mesmo ramo). Leia-se o que dispõe o art. 51 da Lei nº 8.245/1991:

Nas locações de imóveis destinados ao comércio, o locatário terá direito à renovação do contrato, por igual prazo, desde que, cumulativamente:

I – o contrato a renovar tenha sido celebrado por escrito e com prazo determinado;

II – o prazo mínimo do contrato a renovar ou a soma dos prazos ininterruptos dos contratos escritos seja de cinco anos;

III – o locatário esteja explorando seu comércio, no mesmo ramo, pelo prazo mínimo e ininterrupto de três anos.

(...)

§ 5º. Do direito à renovação decai aquele que não propuser a ação no interregno de um ano, no máximo, até seis meses, no mínimo, anteriores à data da finalização do prazo do contrato em vigor.

No art. 71 da mesma lei, são estabelecidos requisitos:

Além dos demais requisitos exigidos no art. 319 do Código de Processo Civil, a petição inicial da ação renovatória deverá ser instruída com:

I – prova do preenchimento dos requisitos dos incisos I, II e III do art. 51;

II – prova do exato cumprimento do contrato em curso;

III – prova da quitação dos impostos e taxas que incidiram sobre o imóvel e cujo pagamento lhe incumbia;

IV – indicação clara e precisa das condições oferecidas para a renovação da locação;

V – indicação do fiador quando houver no contrato a renovar e, quando não for o mesmo, com indicação do nome ou denominação completa, número de sua inscrição no Ministério da Fazenda, endereço e, tratando-se de pessoa natural, a nacionalidade, o estado civil, a profissão e o número da carteira de identidade, comprovando, desde logo, mesmo que não haja alteração do fiador, a atual idoneidade financeira;

VI – prova de que o fiador do contrato ou o que o substituir na renovação aceita os encargos da fiança, autorizado por seu cônjuge, se casado for;

PRÁTICA EMPRESARIAL – 4ª EDIÇÃO   227   PEÇAS PRÁTICO-PROFISSIONAIS

VII – prova, quando for o caso, de ser cessionário ou sucessor, em virtude de título oponível ao proprietário.

Parágrafo único. Proposta a ação pelo sublocatário do imóvel ou de parte dele, serão citados o sublocador e o locador, como litisconsortes, salvo se, em virtude de locação originária ou renovada, o sublocador dispuser de prazo que admita renovar a sublocação; na primeira hipótese, procedente a ação, o proprietário ficará diretamente obrigado à renovação.

Valor da causa: R$ 18.000,00, de acordo com o que dispõe o art. 58 da mencionada lei:

Ressalvados os casos previstos no parágrafo único do art. 1º, nas ações de despejo, consignação em pagamento de aluguel e acessório da locação, revisionais de aluguel e renovatórias de locação, observar-se-á o seguinte:

(...)

III – o valor da causa corresponderá a doze meses de aluguel, ou, na hipótese do inciso II do art. 47, a três salários vigentes por ocasião do ajuizamento;

(...)."

Observação para a correção: atribuir pontuação integral às respostas em que esteja expresso o conteúdo do dispositivo legal, ainda que não seja citado, expressamente, o número do artigo.

2. DIREITO SOCIETÁRIO

(OAB/Exame Unificado – 2020.1 – 2ª fase) Uiramutã Consultores Ambientais é uma sociedade simples, constituída em 2005, por prazo indeterminado, com contrato arquivado no Registro Civil de Pessoas Jurídicas da Comarca de Boa Vista/RR, local de sua sede. A sociedade é composta por seis sócios, a saber: Luís, João, Iracema, Bonfim, Normandia e Elena. A administração da sociedade é exercida, exclusivamente, pela sócia Iracema. Cada sócio é titular de quotas representativas de 20% (vinte por cento) do capital, exceto os sócios Luís e Bonfim, que possuem, cada um, quotas representativas de 10% (dez por cento) do capital. O capital encontra-se integralizado.

Até o ano de 2018, as relações entre os sócios eram cordiais e o ambiente extremamente favorável à realização do objeto social, pois todos os sócios, amigos de longa data, tinham formação e atuação na área ambiental. A partir do início de 2019, começaram a surgir sérias desavenças entre os sócios Luís e Normandia e os demais, sobretudo com a administradora Iracema, a quem imputavam omissão na prestação de contas e embaraço na apresentação do balanço patrimonial.

Em dezembro de 2019, tornando-se insustentável a permanência na sociedade, sem apoio às suas demandas pelos demais sócios, Luís e Normandia decidem se retirar dela, notificando os demais sócios do exercício de seu direito potestativo com a antecedência prevista na lei, realizando-se, nos trinta dias seguintes, a averbação da resolução da sociedade no registro próprio. Todavia, até a presente data, a sociedade não efetivou a apuração de haveres, argumentando que tal providência demanda alteração contratual para fixar o critério de liquidação das quotas dos ex-sócios, ausente esse critério no contrato no momento da retirada.

Você, como advogado(a), é procurado(a) para defender em juízo os interesses dos ex-sócios, em especial pela inércia da sociedade e dos demais sócios em proceder à apuração de haveres e lhes apresentar o resultado da liquidação das quotas, o que inviabiliza qualquer pagamento ou verificação dos elementos do patrimônio que foram considerados no cálculo.

ROBINSON BARREIRINHAS E HENRIQUE SUBI

Elabore a peça processual adequada, considerando que a Comarca de Boa Vista/RR tem seis Varas Cíveis. **(Valor: 5,00)**

Obs.: a peça deve abranger todos os fundamentos de Direito que possam ser utilizados para dar respaldo à pretensão. A simples menção ou transcrição do dispositivo legal não confere pontuação.

GABARITO COMENTADO – FGV

Com base no relato do enunciado, a peça adequada é a ação de dissolução parcial, com fundamento no Art. 599, inciso III, do CPC, pois já se efetivou a retirada dos sócios Luís e Elena, sendo a finalidade da ação apenas a apuração de haveres.

O fundamento legal de direito material é o Art. 1.031 do Código Civil, pois a sociedade se resolveu em relação aos sócios Luís e Normandia (hipótese de retirada), sendo obrigatória a liquidação do valor de suas quotas, com base na situação patrimonial da sociedade à data da resolução, verificada em balanço especialmente levantado, pois o contrato não prevê critério de apuração.

A petição deve ser endereçada ao Juiz de Direito de uma das Varas Cíveis da Comarca de Boa Vista/RR, consoante informação contida no enunciado.

O examinando deverá qualificar as partes autoras, Luís e Normandia, e os réus: Uiramutã Consultores Ambientais, representada pela sócia administradora Iracema, [qualificação da sociedade] e os sócios João, Bonfim, Iracema e Elena.

Nos fundamentos jurídicos, o examinando deverá indicar:

a) o direito dos ex-sócios à apuração de haveres em razão da resolução da sociedade, com fundamento no Art. 1.031, *caput*, do Código Civil;

b) a inércia da sociedade na apuração de haveres e apresentação de seu resultado;

c) improcedência do argumento quanto a necessidade de alteração do contrato social a fim de fixar critério para apuração de haveres;

d) diante da omissão do contrato social, a apuração deve considerar o valor patrimonial das quotas apurado em balanço de determinação (ou balanço especial), que reflita a situação da sociedade à data da resolução, com base no Art. 606 do CPC.

Nos pedidos deverão ser requeridos:

a) a citação da sociedade e dos sócios, no prazo de 15 (quinze) dias, para concordar com o pedido ou apresentar contestação, com base no Art. 601 do CPC;

b) procedência do pedido para determinar a apuração de haveres dos sócios Luís e Normandia, com base no Art. 599, inciso III, do CPC;

c) a fixação da data da resolução da sociedade (Art. 604, inciso I, do CPC);

d) a definição do critério de apuração dos haveres (Art. 604, inciso II, do CPC);

e) a nomeação de perito (Art. 604, inciso III, do CPC);

f) o pagamento em dinheiro das quotas liquidadas, em noventa dias, a partir da liquidação, com correção monetária dos valores apurados e juros legais, em conformidade com o Art. 608, parágrafo único, e o Art. 609, ambos do CPC OU do Art. 608, parágrafo único, e do Art. 1.031, § 2º, ambos do Código Civil.

Em relação às provas com as quais o autor pretende demonstrar a veracidade dos fatos e seu direito, deve ser expressamente mencionado:

a) contrato social (Art. 599, § 1º, do CPC); e

b) protesto pela produção de provas em direito admitidas.

O examinando deve fazer menção ao valor da causa, com fundamento no Art. 319, inciso V, do CPC.

No fechamento da peça o examinando deverá proceder em conformidade com o Edital: local (ou Boa Vista/RR), data, advogado e OAB.

Início da peça

Excelentíssimo Senhor Doutor Juiz de Direito de uma das Varas Cíveis da Comarca de Boa Vista/RR.

[deixe espaço de aproximadamente 10 cm, para eventual despacho ou decisão do juiz]

LUÍS (qualificação completa), residente e domiciliado na Rua (endereço completo); e NORMANDIA (qualificação completa), residente e domiciliada na Rua (endereço completo), por meio de seu advogado e bastante procurador que esta subscreve (procuração anexa – Doc. 1), com escritório em (endereço completo), onde receberá quaisquer notificações e intimações, vem, muito respeitosamente, à presença de Vossa Excelência, nos termos do art. 1.031 do CC, e 599 e ss. do CPC propor

AÇÃO DE DISSOLUÇÃO PARCIAL DE SOCIEDADE SIMPLES

em face de UIRAMUTÃ CONSULTORES AMBIENTAIS, representada pela sócia administradora Iracema, (qualificação da sociedade), e os sócios João (qualificação e endereço completos); Bonfim (qualificação e endereço completos); Iracema (qualificação e endereço completos); e Elena (qualificação e endereço completos), pelas razões de fato e de direito que passa a expor.

1. DOS FATOS

Os Autores são sócios da primeira Ré juntamente com os demais Requeridos desde sua constituição, em 2005, participando com 10% e 20% do capital social, respectivamente.

Até o ano de 2018, as relações entre os sócios eram cordiais e o ambiente extremamente favorável à realização do objeto social, pois todos os sócios, amigos de longa data, tinham formação e atuação na área ambiental. A partir do início de 2019, começaram a surgir sérias desavenças entre os Autores e os demais, sobretudo com a administradora Iracema, a quem imputam omissão na prestação de contas e embaraço na apresentação do balanço patrimonial.

Em dezembro de 2019, tornando-se insustentável a permanência na sociedade, sem apoio às suas demandas pelos demais sócios, os Requerentes decidiram se retirar dela, notificando os demais sócios do exercício de seu direito potestativo com a antecedência prevista na lei. Todavia, até a presente data, a sociedade não efetivou a apuração de haveres, argumentando que tal providência demanda alteração contratual para fixar o critério de liquidação das quotas dos ex-sócios, ausente esse critério no contrato no momento da retirada.

Diante o exposto, somente resta aos Autores a propositura da presente ação.

2. DO DIREITO

a) o direito dos ex-sócios à apuração de haveres em razão da resolução da sociedade, com fundamento no Art. 1.031, *caput*, do Código Civil;

b) a inércia da sociedade na apuração de haveres e apresentação de seu resultado;

c) improcedência do argumento quanto a necessidade de alteração do contrato social a fim de fixar critério para apuração de haveres;

d) diante da omissão do contrato social, a apuração deve considerar o valor patrimonial das quotas apurado em balanço de determinação (ou balanço especial), que reflita a situação da sociedade à data da resolução, com base no Art. 606 do CPC.

A presente ação encontra fundamento no art. 1.031 do Código Civil, que garante aos sócios em relação aos quais se resolve a sociedade, no caso em tela pelo exercício de seu direito de retirada, que sejam liquidadas e pagas suas quotas conforme balanço especialmente levantado para este fim.

Não se admite a inércia da sociedade, Excelência, com base no argumento de que é necessária a alteração do contrato social para fixação de critério para apuração de haveres, uma vez que, na omissão do contrato social, o valor patrimonial das quotas será considerado como aquele encontrado em balanço de determinação levantado na data da resolução, nos termos do art. 606 do Código de Processo Civil.

É caso, pois, de se reconhecer o direito dos Requerentes à dissolução parcial da sociedade com a consequente apuração de seus haveres.

3. DO PEDIDO

Ante o exposto, requerem:

a) a citação da sociedade e dos sócios, no prazo de 15 (quinze) dias, para concordar com o pedido ou apresentar contestação, com base no Art. 601 do CPC;

b) procedência do pedido para determinar a apuração de haveres dos sócios Luís e Normandia, com base no Art. 599, inciso III, do CPC;

c) a fixação da data da resolução da sociedade (Art. 604, inciso I, do CPC);

d) a definição do critério de apuração dos haveres (Art. 604, inciso II, do CPC);

e) a nomeação de perito (Art. 604, inciso III, do CPC);

f) o pagamento em dinheiro das quotas liquidadas, em noventa dias, a partir da liquidação, com correção monetária dos valores apurados e juros legais, em conformidade com o Art. 608, parágrafo único, e o Art. 609, ambos do CPC.

Protesta provar o alegado por todos os meios de prova em Direito admitidos, especialmente a juntada do contrato social, nos termos do art. 599, §1º, do CPC.

Dá-se à presente causa o valor de ..., nos termos do art. 319, V, do CPC.

Termos em que pede deferimento

Boa Vista, data.

[Espaço de uma linha]

Advogado...

OAB/UF...

[não assine, rubrique ou, de outra forma, identifique sua prova!]

fim da peça

PRÁTICA EMPRESARIAL – 4ª EDIÇÃO   231   PEÇAS PRÁTICO-PROFISSIONAIS

(OAB/Exame Unificado – 2017.1 – 2ª fase) Ana Arquitetos Associados S/S é uma sociedade simples com contrato arquivado no Registro Civil de Pessoas Jurídicas da Comarca de Guarapuava/PR, capital de R$ 40.000,00 (quarenta mil reais) e sede no mesmo município. A sociedade é composta pela sócia Ana, detentora de 40% do capital social, e pelos sócios Braga, Telêmaco e Guaraci, detentores, cada um, de 20% do capital social. A administração da sociedade é exercida, cumulativamente, pelos sócios Braga e Guaraci. Os sócios são domiciliados no lugar da sede social. Decorridos nove anos da constituição da sociedade, Ana vem tentando dissolvê-la por distrato, sem sucesso, por não concordar com certas decisões administrativas de Braga e Guaraci, apoiadas pelo sócio Telêmaco.

Ana, em vez de exercer seu direito de retirada, passou a atuar de modo velado em projetos de arquitetura com sociedades concorrentes nas cidades de Cascavel e Ponta Grossa, dentro da área de atuação da sociedade simples. Além disso, ela passou a atrasar, deliberadamente, a entrega de projetos aos clientes de Guarapuava e Prudentópolis, bem como a disseminar mensagens de correio eletrônico com notícias inverídicas sobre a vida particular dos sócios e sobre os administradores estarem dilapidando o patrimônio social, bem como se apropriando de bens da sociedade para uso próprio. Os demais sócios conseguiram algumas dessas mensagens de correio eletrônico e confrontaram Ana, que confirmou a autoria e disse que não mudaria sua atitude.

Além da insustentabilidade da harmonia entre os sócios e total desaparecimento de *affectio societatis* em relação a Ana, o faturamento da pessoa jurídica foi sensivelmente reduzido, porque os principais clientes já estavam cancelando contratos ou devolvendo propostas de serviços confirmadas, como provam as notificações recebidas pelos sócios e correspondências.

Com base nos dados do enunciado, elabore a peça processual adequada considerando que o Código de Organização e Divisão Judiciárias do Estado do Paraná determina ser de entrância final a Comarca de Guarapuava, composta por 03 (três) Varas Cíveis e da Fazenda Pública, competindo aos respectivos Juízes processar e julgar os feitos de natureza comercial. **(Valor: 5,00)**

Obs.: a peça processual deve abranger todos os fundamentos de Direito que possam ser utilizados para dar respaldo à pretensão. A simples menção ou transcrição do dispositivo legal não confere pontuação.

GABARITO COMENTADO – FGV

     O examinando, ao nomear E fundamentar sua peça processual, bem como na redação de seu conteúdo deve atingir os seguintes objetivos:

     - Ser capaz de reconhecer que a AÇÃO DE DISSOLUÇÃO PARCIAL exige, de modo cogente, a adoção de procedimento especial. Portanto, a peça processual não pode ser elaborada com base nas disposições do procedimento comum ("rito ordinário"), como, por exemplo, ter por fundamento de direito adjetivo o Art. 318 ou o Art. 319 do CPC/15, aplicados em detrimento e superposição/supremacia/omissão aos Arts. 599 e 600 do CPC/15. Espera-se que o examinando aplique na redação de sua peça, inclusive quanto aos pedidos, as disposições especiais do procedimento, v. g. quanto a citação de todos os sócios (Art. 601, CPC/15), a previsão de indenização compensatória aos haveres a serem apurados (Art. 602, CPC/15), as disposições dos Arts. 604 a 606 referentes aos haveres da sócia a ser excluída, a possibilidade de a Ré não ser condenada em honorários advocatícios se houver manifestação expressa e unânime dos sócios pela dissolução parcial (Art. 603, § 1º, CPC/15), entre outras.

– Demonstrar que conhece o instituto da exclusão judicial de sócio na sociedade do tipo simples, previsto no Art. 1.030 do Código Civil;

– Associar os requisitos para o cabimento da exclusão judicial, segundo o direito substantivo, às informações contidas no enunciado, de modo a identificar que: (i) os atos descritos e imputados à sócia Ana constituem falta grave no cumprimento de suas obrigações; (ii) os sócios Guaraci, Braga e Telêmaco, titularizam 60% do capital social e são maioria, tanto no capital quanto no quadro social, portanto, a sócia Ana NÃO É SÓCIA MAJORITÁRIA; (iii) a conduta da sócia Ana trouxe efeitos negativos em relação à *affectio societatis* e ao faturamento da sociedade. Assim, espera-se que o examinando seja capaz de contextualizar as informações do enunciado com a norma jurídica, não se limitando a narrar os fatos e copiar o Art. 1.030 do Código Civil. Portanto, é imprescindível a FUNDAMENTAÇÃO JURIDICA na análise do direito material.

– Reconhecer que não se trata de exclusão extrajudicial, seja porque os sócios pretendem a propositura de ação judicial para conseguir seu intento, seja porque não se trata de sociedade do tipo limitada. Destarte, o examinando deve ser capaz de conhecer as normas de regência da sociedade do tipo simples (Arts. 997 a 1.038 do Código Civil) e que o Art. 1.085 do Código Civil não se insere em tal regramento.

– Identificar que a sócia Ana não está remissa em relação a integralização de sua quota, pois caso estivesse a exclusão poderia ser efetivada extrajudicialmente, logo descabida qualquer menção ao Art. 1.004 e seu parágrafo único do Código Civil.

– Saber interpretar o enunciado de modo a compreender que os sócios Braga, Guaraci e Telêmaco não pretendem a dissolução e liquidação da sociedade. Com isso, deve o(a) examinando(a) revelar conhecimento do instituto da resolução da sociedade em relação a um sócio, de modo a não incorrer no erro basilar de afirmar que a sociedade será "dissolvida" judicialmente, com base nos Arts. 1.033 ou 1.034 do Código Civil, que tratam de outro instituto e não de exclusão de sócio.

– Revelar seu aprendizado quanto a apuração de haveres (liquidação da quota) como efeito direto e imediato da decretação da resolução da sociedade em relação ao sócio, tanto no plano do direito material (Art. 1.031 do Código Civil) quanto no plano do direito processual (Art. 599, incisos I e II, CPC/15).

Com base nos objetivos retroarticulados, a peça adequada é a AÇÃO DE DISSOLUÇÃO PARCIAL (*nomen juris*), com fundamento de direito processual, exclusivamente, no Art. 599, incisos I e II, do CPC/15. A ação de dissolução parcial tem procedimento especial, portanto é inadequado e incorreto na petição inicial adotar, direta e exclusivamente, as disposições do procedimento comum, ignorando a existência das disposições dos Arts. 599 a 609 do CPC/15 e as providências determinadas no Capítulo V do Título III (Dos Procedimentos Especiais).

Segundo determinação do CPC/15, Art. 603, § 2º, somente após o oferecimento da contestação é que será observado o procedimento comum. Assim, **na propositura da ação** bem como na liquidação da sentença que decretar a exclusão da sócia para fins de apuração de seus haveres na sociedade, serão observadas as disposições do procedimento especial.

Por conseguinte, para aferição da adequação quanto a elaboração da peça à resposta pretendida, o examinando deverá demonstrar, quanto ao direito processual, o cumprimento dos itens 3.5.10, 4.2.6 e 4.2.6.1 do Edital.

PRÁTICA EMPRESARIAL – 4ª EDIÇÃO   233   PEÇAS PRÁTICO-PROFISSIONAIS

O fundamento legal de direito material é o Art. 1.030 do Código Civil, que autoriza a exclusão judicial de sócio, mediante iniciativa da maioria dos demais sócios, por falta grave no cumprimento de suas obrigações, que é o caso narrado.

I- ENDEREÇAMENTO: A petição deve ser endereçada ao Juiz de Direito da ___ Vara Cível e da Fazenda Pública da Comarca de Guarapuava, consoante informação contida no enunciado. A Vara **não deve ser previamente determinada**, pois haverá distribuição do processo, consoante disposição do art. 284 do CPC/15.

II- PARTES: O examinando deverá qualificar a parte autora, Ana Arquitetos Associados S/S, representada pelos sócios administradores Braga e Guaraci, [qualificação da sociedade] – Art. 600, inciso V, do CPC/15 – e a ré Ana.

Cabe observar que a ação não será proposta por Ana, uma vez que ela não quer se retirar voluntariamente da sociedade, informação contida no enunciado. A sócia Ana, "em vez de exercer seu direito de retirada, passou a atuar de modo velado em projetos de arquitetura com sociedades concorrentes nas cidades de Cascavel e Ponta Grossa, dentro da área de atuação da sociedade simples." Conclui-se, portanto, que se trata de exclusão JUDICIAL da sócia Ana, pois no tipo simples não há previsão de exclusão extrajudicial de sócio minoritário. É incabível e inadequada a peça que pretenda a apuração de haveres da sócia Ana, partindo-se da premissa de que ela pretende se retirar da sociedade voluntariamente.

Com isso, verifica-se que a sociedade simples é legitimada a propor a ação de dissolução parcial para obter a resolução da sociedade em relação a sócia Ana (art. 599, I; art. 600, V, ambos do CPC/15). O examinando deve demonstrar que conhece as disposições do procedimento especial da AÇÃO DE DISSOLUÇÃOPARCIAL, discorrendo sobre a legitimidade ativa da sociedade e do objeto da ação de dissolução parcial (decretação da exclusão da sócia e apuração de haveres), com menção aos dispositivos aplicáveis do procedimento especial (Arts. 599 e 600 CPC/15), afastando os Arts. 318 e 319 do CPC/15.

III- Nos FUNDAMENTOS JURÍDICOS (DO DIREITO), ao contextualizar as informações do enunciado com o teor do Art. 1.030 do Código Civil, o examinando deverá indicar que:

a) os fatos imputados a Ana constituem falta grave no cumprimento de suas obrigações (concorrência velada com a sociedade pela atuação em projetos de concorrentes, deslealdade, atraso deliberado na entrega dos projetos, disseminação de correspondência inverídica sobre os sócios e administradores);

b) os sócios Braga, Telêmaco e Guaraci constituem a maioria no quadro social e no capital (três dos quatro sócios e 60% do capital social);

c) houve quebra da *affectio societatis* em relação a Ana;

d) houve redução do faturamento da sociedade (os principais clientes já estão cancelando contratos ou devolvendo propostas de serviços confirmadas); e

e) se verifica impossibilidade de manutenção da sócia Ana na sociedade OU necessidade de sua exclusão por via judicial.

IV- Em cumprimento ao procedimento ESPECIAL da AÇÃO DE DISSOLUÇÃO PARCIAL, nos PEDIDOS deverão ser requeridos: a) a citação dos sócios Braga, Guaraci e Telêmaco para concordar com o pedido e de Ana para apresentar contestação (art. 601, *caput*, CPC/15);

ROBINSON BARREIRINHAS E HENRIQUE SUBI

b) a procedência do pedido para decretar a exclusão da ré da sociedade OU a resolução da sociedade em relação a ré OU a dissolução parcial;

c) a apuração de haveres da sócia Ana, com base no Art. 1.031 do Código Civil OU Art. 599, inciso II, do CPC/15; Obs.: caso mencionado como fundamento o Art. 599 do CPC/15, somente será considerado o inciso II.

d) definição do critério de apuração dos haveres (Art. 604, inciso II, do CPC/15);

e) nomeação de perito (Art. 604, inciso III, do CPC/15).

f) indenização compensável com o valor dos haveres a apurar, com fundamento no Art. 602 do CPC/15;

g) a condenação da ré ao pagamento das custas e dos honorários advocatícios, caso não haja manifestação expressa e unânime pela concordância da dissolução (Art. 603, § 1º, do CPC/15, a *contrario sensu*)

h) manifestação quanto a realização de audiência de mediação e conciliação (Art. 319, VII, CPC/15 OU Art. 334, CPC/15)

V- Em relação às PROVAS, deve ser expressamente mencionado como documentos anexos:

1) contrato social consolidado (Art. 599, § 1º, do CPC/15);

2) mensagens de correio eletrônico enviadas por Ana com notícias e fatos inverídicos sobre os sócios;

3) notificações dos clientes cancelando contratos e propostas, que estão reduzindo o faturamento da sociedade. Obs.: O simples protesto por provas, juntada de documentos, realização de perícias etc. não pontua.

VI- O examinando deve fazer menção ao valor da causa, com fundamento no Art. 319, inciso V, do CPC/15.

VII- Fechamento da peça conforme o item 3.5.9 do Edital:

Local... (ou Guarapuava/PR), Data..., Advogado.... e OAB...

Excelentíssimo Senhor Doutor Juiz de Direito da __ Vara Cível e da Fazenda Pública da Comarca de Guarapuava/PR.

[deixe espaço de aproximadamente 10 cm, para eventual despacho ou decisão do juiz]

Processo nº.

ANA ARQUITETOS ASSOCIADOS S/S, (qualificação completa), neste ato representado pelos seus sócios administradores BRAGA (qualificação completa), residente e domiciliado à Rua (endereço completo); e **GUARACI** (qualificação completa), residente e domiciliado à Rua (endereço completo), por meio de seu advogado e bastante procurador que esta subscreve (procuração anexa – Doc. 1), com escritório em (endereço completo), onde receberá quaisquer notificações e intimações, vem, muito respeitosamente, à presença de Vossa Excelência, nos termos dos arts. 1.030 e 1.031 do CC, e 599 e ss. do CPC propor

AÇÃO DE DISSOLUÇÃO PARCIAL CUMULADA COM PEDIDO DE APURAÇÃO DE HAVERES

em face de ANA (qualificação completa), residente e domiciliada na Rua (endereço completo), pelas razões de fato e de direito que passa a expor.

[Espaço de uma linha]

1. DOS FATOS

A Autora é uma sociedade simples denominada "Ana Arquitetos Associados S/S", a qual possui estabelecimento e contrato devidamente registrado junto ao Cartório de Registro Civil de Pessoas Jurídicas em Guarapuava/PR, sendo seu capital social de R$ 40.000,00 (quarenta mil reais)

A sociedade é composta pela até então sócia Ana, que é detentora de 40% do capital social, bem como pelos sócios Braga, Telêmaco e Guaraci, detentores, cada um, de 20% do capital social.

A administração da sociedade é exercida, cumulativamente, pelos sócios Braga e Guaraci.

Após nove anos da constituição da sociedade Autora, a sócia, ora Ré, Ana, vem tentando dissolvê-la por distrato, por não concordar com determinadas decisões administrativas dos demais.

Ocorre, Excelência, que por conta disso, ao invés da Ré exercer seu direito de retirada, ela passou a atuar de modo velado em projetos de arquitetura com sociedades concorrentes nas cidades de Cascavel e Ponta Grossa, dentro da área de atuação da sociedade simples. Além disso, ela passou a atrasar, deliberadamente, a entrega de projetos aos clientes de Guarapuava e Prudentópolis, bem como a disseminar mensagens de correio eletrônico com notícias inverídicas sobre a vida particular dos sócios e sobre os administradores estarem dilapidando o patrimônio social, bem como se apropriando de bens da sociedade para uso próprio. Os demais sócios conseguiram algumas dessas mensagens de correio eletrônico e confrontaram a Ré, que confirmou a autoria e disse que não mudaria sua atitude.

Além da insustentabilidade da harmonia entre os sócios e total desaparecimento de *affectio societatis* em relação a Ana, o faturamento da pessoa jurídica foi sensivelmente reduzido, porque os principais clientes já estavam cancelando contratos ou devolvendo propostas de serviços confirmadas, como provam as notificações recebidas pelos sócios e correspondências.

Diante o exposto, somente resta a Autora por meio de seus administradores a propositura da presente ação.

[Espaço de uma linha]

2. DO DIREITO

A presente ação funda-se no art. 1.030 do CC, o qual prevê que poderá o sócio ser excluído judicialmente, mediante iniciativa da maioria dos demais sócios, por falta grave no cumprimento de suas obrigações. Ora, evidente que os atos cometidos por Ana, quais sejam, concorrência velada com a sociedade pela atuação em projetos de concorrentes, deslealdade, atraso deliberado na entrega dos projetos, e disseminação de correspondência inverídica sobre os sócios e administradores configuram o requisito de falta grave anteriormente citado.

Ademais, os sócios Braga, Telêmaco e Guaracy constituem a maioria no quadro social e no capital de modo que a quebra do *affectio societatis* é causa suficiente para que eles provoquem a saída de Ana.

Veja, os atos da Ré resultaram em redução do faturamento da sociedade, uma vez que os principais clientes já estão cancelando contratos ou devolvendo propostas de serviços confirmadas.

Desta forma, se verifica impossibilidade de manutenção da sócia Ana na sociedade, sendo necessária sua exclusão por via judicial, tendo em vista o cumprimento de requisito constante do art. 1.030 do CC.

[Espaço de uma linha]

4. DO PEDIDO

Ante o exposto, requer:

a) a citação dos sócios Braga, Guaraci e Telêmaco para concordar com o pedido e de Ana para apresentar contestação, conforme art. 601, *caput*, CPC;

b) a procedência do pedido para que seja decretada a dissolução parcial da sociedade, excluindo a Ré do quadro societário;

c) seja determinada a apuração de haveres da Ré na sociedade, com base no Art. 1.031 do CC e no Art. 599, inciso II, do CPC;

d) seja a indenização compensável com o valor dos haveres a apurar nos termos do Art. 602 do CPC;

e) seja realizada a definição do critério de apuração dos haveres e de nomeação de perito, conforme art. 604 do CC;

f) a dispensa da audiência de conciliação ou de mediação, nos termos do Art. 319, inciso VII, do CPC;

g) a condenação da Ré ao pagamento de custas e honorários advocatícios, caso não haja manifestação expressa e unânime pela concordância da dissolução;

h) por fim, sejam juntadas as seguintes provas aptas a corroborar as alegações da Autora: contrato social consolidado (art. 599, § 1º, CPC), mensagens de correio eletrônico enviadas pela Ré, bem como as notificações dos clientes cancelando contratos e propostas.

[Espaço de uma linha]
Protesta provar o alegado por todos os meios de prova em Direito admitidos.

[Espaço de uma linha]
Dá-se à presente causa o valor de...

[Espaço de uma linha]
Termos em que,

Pede Deferimento

[Espaço de uma linha]
Guarapuava, data.

[Espaço de uma linha]
Advogado...

OAB/UF...

[não assine, rubrique ou, de outra forma, identifique sua prova!]

fim da peça

DISTRIBUIÇÃO DE PONTOS

ITEM	PONTUAÇÃO
I-Endereçamento	
Exmo. Sr. Juiz de Direito da __ Vara Cível e da Fazenda Pública da Comarca de Guarapuava.	0,00/0,10
IIA- Qualificação das partes – Autora: Ana Arquitetos Associados S/S, representada pelos sócios Braga e Guaraci OU pelos sócios-administradores (0,10).	0,00/0,10
IIB- Qualificação das partes – Ré: Ana, qualificação.	0,00/0,10
III- Fundamento legal do cabimento: Art. 1.030 do CC OU Art. 599 do CPC *Obs.: essa pontuação só será atribuída caso o examinando cite ao menos os fundamentos jurídicos indicados nos itens "a" e "b" do item IV.*	0,00/0,10
IV – Fundamentos	
a) os fatos imputados a Ana constituem falta grave no cumprimento de suas obrigações.	0,00/0,30
b) os sócios Braga, Telêmaco e Guaracy constituem a maioria no quadro social e no capital.	0,00/0,50
c) quebra da *affectio societatis*.	0,00/0,30
d) redução do faturamento da sociedade.	0,00/0,30
e) impossibilidade de manutenção da sócia Ana na sociedade OU necessidade de sua exclusão por via judicial.	0,00/0,20
V – Pedidos	
a) citação dos sócios Braga, Guaraci e Telêmaco para concordar com o pedido (0,10) e de Ana para apresentar contestação (0,10) (art. 601, *caput*, CPC/15).	0,00/0,10/0,20
b) procedência do pedido para decretar a exclusão da ré da sociedade **OU** a resolução da sociedade em relação à ré **OU** dissolução parcial (0,20). *Obs.: o simples pedido de procedência do pedido/ação não pontua.*	0,00/0,20
c) determinar a apuração de haveres de Ana na sociedade (0,40), com base no Art. 1.031 do CC **OU** no Art. 599, inciso II, do CPC/15 (0,10).	0,00/0,40/0,50
d) pedido de indenização compensável com o valor dos haveres a apurar (0,40) com fundamento no Art. 602 do CPC/15 (0,10).	0,00/0,40/0,50
e) Opção pela realização ou não de audiência de conciliação ou de mediação (0,20) (Art. 319, inciso VII, do CPC/15 Ou Art. 334 do CPC/15) (0,10).	0,00/0,20/0,30
f) definição do critério de apuração dos haveres (0,20).	0,00/0,20
g) nomeação de perito (0,20).	0,00/0,20
h) condenação da ré ao pagamento de custas e honorários advocatícios, caso não haja manifestação expressa e unânime pela concordância da dissolução (0,10).	0,00/0,10
VI – Das provas (deve haver referência expressa)	
1) contrato social consolidado (art. 599, § 1º, CPC/15).	0,00/0,30
2) mensagens de correio eletrônico enviadas por Ana.	0,00/0,15
3) notificações dos clientes cancelando contratos e propostas.	0,00/0,15
VII- Menção ao Valor da Causa.	0,00/0,10
VIII – Fechamento	
Local..., Data..., Advogado..., OAB..	0,00/0,10

ROBINSON BARREIRINHAS E HENRIQUE SUBI

(OAB/Exame Unificado – 2014.2 – 2ª fase) Carlos, Gustavo e Pedro, residentes na cidade de Fortaleza, Estado do Ceará, decidiram constituir a companhia XYZ Viagens S.A., de capital fechado, com sede naquela cidade. No estatuto social, foi estipulado que o capital social de R$ 900.000,00 (novecentos mil reais) seria dividido em 900 (novecentas) ações, sendo 300(trezentas) preferenciais sem direito de voto e 600(seiscentas) ordinárias, todas a serem subscritas em dinheiro pelo preço de emissão de R$ 1.000,00 (mil reais) cada. A Administração da companhia incumbirá os acionistas Carlos e Gustavo, podendo cada um representá-la alternativamente.

Cada um dos três acionistas subscreveu a quantidade total de 300 (trezentas) ações (200 ordinárias e 100preferenciais), tendo havido a realização, como entrada, de 10% (dez por cento) do preço de emissão. Em relação ao restante, os acionistas comprometeram-se a integralizá-lo até o dia 23/03/2013, de acordo com os respectivos boletins de subscrição devidamente assinados. No entanto, Pedro não integralizou o preço de emissão de suas ações.

Carlos e Gustavo optaram por exigir a prestação de Pedro, pois não desejavam promover a redução do capital social da companhia, nem excluir Pedro para admitir novo sócio. A sociedade não publicou aviso de chamada aos subscritores por ser desnecessário. Carlos e Gustavo, munidos dos respectivos boletins de subscrição, o procuraram para demandar em Juízo contra Pedro.

Elabore a peça processual adequada na defesa dos direitos da companhia para receber as importâncias devidas por Pedro.

GABARITO COMENTADO – FGV

O examinando deverá demonstrar conhecimento acerca das sociedades anônimas, disciplinadas pela Lei n. 6.404/76, especialmente no que se refere à obrigação do acionista de integralizar o preço de emissão das ações subscritas ou adquiridas nas condições previstas no estatuto ou no boletim de subscrição, com fundamento no caput do Art. 106.

O examinando deverá indicar que Pedro é acionista remisso, pois descumpriu o Art.106 da Lei n. 6.404/76, isto é, deixou de realizar nas condições previstas no boletim de subscrição, a prestação correspondente às ações subscritas, isto é, não realizou a integralização do preço de emissão pela subscrição de 300 ações até o dia 23/3/2013.

Com base neste fato, pode-se afirmar com fulcro no parágrafo 2º do Art. 106 da Lei n. 6.404/76, que a mora do acionista é *ex re* e ele ficará, de pleno direito, sujeito ao pagamento do débito, acrescido dos juros, da correção monetária. Incabível a conclusão pelo examinando de incidência da multa de até 10% do valor da prestação, porque o enunciado não informa tal previsão no estatuto.

Verificada a mora do acionista remisso, a sociedade tem a opção de ajuizar ação executiva em face de Pedro, com fundamento no Art. 107, I, da Lei n. 6.404/76, ou de mandar vender as ações em bolsa de valores, por conta e risco do acionista (inciso II). Como o enunciado da questão solicita ao examinando a elaboração de PEÇA PROCESSUAL, fica descartada a segunda opção prevista, porém a companhia poderá dela se utilizar, mesmo após iniciada a cobrança judicial, se o preço apurado não bastar para pagar os débitos do acionista (Art. 107, § 3º da Lei n. 6.404/76). O examinando deverá mencionar na peça que a companhia dispõe da opção de vender as ações em leilão, mas preferiu se utilizar a ação de execução.

A peça a ser elaborada pelo examinando é uma PETIÇÃO INICIAL DE AÇÃO DE EXECUÇÃO DE TÍTULO EXECUTIVO EXTRAJUDICIAL, qual seja, o boletim de subscrição, conforme autoriza o Art.107, I, da Lei n. 6.404/76 c/c 784, XII, do CPC, a ser proposta pela companhia, representada por um de seus diretores, Carlos ou Gustavo (informação contida no enunciado). A peça NÃO DEVE ser instruída com o "aviso de chamada" a que se refere o Art.107, inciso I, da Lei n. 6.404/76 porque não houve publicação dos avisos mencionados no Art.106, § 1º.

O Juízo competente será uma das Varas Cíveis da Comarca de Fortaleza, após a distribuição do feito, nos termos do Art. 284 do CPC. Cumpre ao examinando, além de requerer a citação do devedor para pagamento da quantia devida, com os acréscimos do Art. 106, § 2º, da Lei n. 6.404/76, fazer menção no corpo da peça que instrui a petição inicial com o título executivo extrajudicial e com o demonstrativo do débito atualizado até a data da propositura da ação, por se tratar de execução por quantia certa, a teor do Art.798, inciso I, alínea *a* e *b*, do CPC.

O valor da causa corresponde a R$ 270.000,00 (duzentos e setenta mil reais), total restante a ser pago pela subscrição de 300 ações ao preço de emissão de R$ 1.000,00 cada, considerando-se a entrada de R$ 30.000, 00 (trinta mil reais) já realizada quando da subscrição (Art.80, II, da Lei n. 6.404/76).

início da peça

Excelentíssimo Senhor Doutor Juiz de Direito de uma das Varas Cíveis da Comarca de Fortaleza – Estado do Ceará.

[deixe espaço de aproximadamente 10 cm, para eventual despacho ou decisão do juiz]

XYZ VIAGENS S.A., sociedade empresária regularmente inscrita no CNPJ sob o nº (...), sediada em (endereço completo), na cidade de Fortaleza/CE, nestes autos representada por seu diretor Gustavo (qualificação completa), por meio de seu advogado e bastante procurador que esta subscreve (procuração anexa – Doc. 1), com escritório em (endereço completo), onde receberá quaisquer notificações e intimações, vem, mui respeitosamente, à presença de Vossa Excelência, nos termos do art. 784, XII, do Código de Processo Civil, bem como do art. 107, I, da Lei nº 6.404/1976 – LSA, propor

EXECUÇÃO DE TÍTULO EXTRAJUDICIAL

em face de PEDRO (qualificação completa), pelas razões de fato e de direito que passa a expor.

1. DOS FATOS

A Exequente sociedade anônima de capital fechado, composto este de 900 (novecentas) ações, sendo 300 (trezentas) preferenciais sem direito de voto e 600 (seiscentas) ordinárias, todas subscritas em dinheiro pelo preço de emissão de R$ 1.000,00 (mil reais) cada (doc. 2).

Cada um dos três acionistas fundadores, Carlos, Gustavo e Pedro, ora Executado, subscreveu a quantidade total de 300 (trezentas) ações (200 ordinárias e 100 preferenciais), tendo havido a realização, como entrada, de 10% (dez por cento) do preço de emissão, ou seja, R$ 30.000,00 por parte de cada um. Em relação ao restante, os acionistas comprometeram-se a integralizá-lo até o dia 23/03/2013, de acordo com os respectivos boletins de subscrição devidamente assinados (doc. 3), apresentado conforme exige o art. 798, I, "a", do CPC. No entanto, o Executado Pedro não integralizou o preço de emissão de suas ações.

Após diversas tentativas infrutíferas de conciliação, considerando que é de seu interesse a integralização do capital, não lhe restou outro caminho senão a propositura da presente ação.

2. DO DIREITO

Dispõe o art. 107, I, da LSA:

Art. 107. Verificada a mora do acionista, a companhia pode, à sua escolha:

I – promover contra o acionista, e os que com ele forem solidariamente responsáveis (artigo 108), processo de execução para cobrar as importâncias devidas, servindo o boletim de subscrição e o aviso de chamada como título extrajudicial nos termos do Código de Processo Civil; ou

II – mandar vender as ações em bolsa de valores, por conta e risco do acionista.

Mesmo contando com autorização legal para fazê-lo, não é interesse da Companhia mandar vender as ações em bolsa neste momento, razão pela qual optou pela execução da dívida, ante a força executiva entregue ao boletim de subscrição devidamente assinado, conforme autoriza do art. 784, XII, do CPC.

Conforme estabelece o art. 106, *caput* e §2°, da LSA, a mora do acionista remisso ocorre *ex re*, sendo despicienda qualquer notificação específica para constituí-la. Mais ainda, devem sua dívida ser acrescida de juros de mora, correção monetária e da multa prevista no Estatuto Social, o que totaliza R$ (...), conforme memória de cálculo anexa (doc. 4), apresentada nos termos do art. 798, I, "b", do CPC.

3. DO PEDIDO

Ante o exposto, serve a presente para requerer:

a) seja o Executado citada para, em três dias, efetuar o pagamento, sob pena de, não o fazendo, ter de imediato tantos bens penhorados quanto bastem para a garantia da dívida (art. 829 do CPC);

b) não sendo encontrados bens penhoráveis, seja o Executado intimada para oferecer bens passíveis de constrição (art. 829, § 2°, do CPC);

c) digne-se Vossa Excelência, nos termos do art. 827 do CPC, fixar, de plano, os honorários de advogado a serem pagos pelo executado.

Dá-se à causa o valor de R$ 270.000,00.

Termos em que

Pede deferimento.

(Local e data)

[não assine, rubrique ou, de outra forma, identifique sua prova!]

ADVOGADO (...)

OAB-(Estado) n° (...)

Endereço (...)

fim da peça

PRÁTICA EMPRESARIAL – 4ª EDIÇÃO

DISTRIBUIÇÃO DE PONTOS

ITEM	PONTUAÇÃO
Endereçamento	
Exmo. Sr. Dr. Juiz de Direito da ___ Vara Cível da Comarca de Fortaleza, Estado do Ceará.	0,00/0,10
Cabeçalho	
XYZ S.A., por seu diretor Carlos (ou por seu diretor Gustavo) [qualificação] (0,25) vem propor Ação de Execução de Título Extrajudicial contra Pedro [qualificação].	0,00/0,15/0,25/0,40
Fundamentação jurídica	
a. Pedro é acionista remisso porque deixou de realizar nas condições previstas no boletim de subscrição, a prestação correspondente às ações subscritas (0,40), estando de pleno direito constituído em mora (0,30), com fundamento no art. 106, *caput*, e § 2º, da Lei n. 6.404/76 (0,10). *Obs.: A simples menção ao artigo não pontua.*	0,00/0,30/0,40/0,50/0,70/0,80
b. A companhia poderia, alternativamente, realizar a venda das ações em leilão na bolsa de valores, por conta e risco do acionista, mas preferiu ajuizar ação de execução para cobrar as importâncias devidas. (0,75)	0,00/0,75
c. O boletim de subscrição é título executivo extrajudicial (0,75), com fundamento no Art. 107, I, da Lei n. 6.404/76 (0,10) c/c Art. 784, XII, do CPC (0,10). *Obs: A simples menção aos artigos não pontua.*	0,00/0,75/0,85/0,95
Pedidos	
a. citação de Pedro para pagar o valor de R$ 270.000,00 (0,30), acrescido de juros e correção monetária (0,20), com base no Art. 106, § 2º,da Lei n. 6.404/76 (0,10). *Obs1: O simples pedido de pagamento não pontua.* *Obs2: A simples menção aos juros e à correção, sem referência correta ao valor do principal da dívida, não pontua.* *A simples menção ao artigo não pontua.*	0,00/0,30/0,40/0,50/0,60
b. condenação do réu ao pagamento das custas e honorários advocatícios (0,10)	0,00/0,10
Observação: Menção à juntada do título executivo extrajudicial (boletim de subscrição) (0,40), com base no Art. 798, inciso I, alínea *a*, do CPC. (0,10) *A simples menção ao artigo não pontua.*	0,00/0,40/0,50
Menção à juntada do demonstrativo do débito atualizado até a data da propositura da ação (0,40), com base no Art. 798, inciso I, alínea *b* do CPC (0,10). *A simples menção ao artigo não pontua.*	0,00/0,40/0,50
Valor da causa: R$ 270.000,00 (300 ações ao preço de emissão de R$ 1.000,00 cada, deduzido o valor de R$ 30.000,00 pago a título de entrada) (0,20)	0,00/0,20
Fechamento	
Local..., Data..., Advogado..., OAB... (0,10)	0,00 / 0,10

ROBINSON BARREIRINHAS E HENRIQUE SUBI

(OAB/Exame Unificado – 2010.2 – 2ª fase) A sociedade limitada Som Perfeito Ltda. dedicada ao comércio de aparelhos de som tem 4 sócios, Arlindo, Ximenes, Hermano e Suzana, todos com participação idêntica no capital social e com poder de administração isolada.

A sociedade é reconhecida no mercado por sua excelência no ramo e desfruta de grande fama e prestígio em seu ramo de negócio, tendo recebido vários prêmios de revistas.

Entusiasmado com as novas tecnologias de transmissão de imagem como HDTV, "blue ray" e outras, e entendendo haver sinergias entre esse ramo de comércio e o da sociedade, Ximenes propõe aos sócios que passem, também, a comercializar televisões, aparelhos de DVD e "telões".

Após longa discussão, os demais sócios, contra a opinião de Ximenes, decidiram não ingressar nesse novo ramo de negócio, decisão essa que não foi objeto de ata formal de reunião de sócios, mas foi testemunhada por vários empregados da sociedade e foi também objeto de troca de e-mails entre os sócios.

Um ano depois, com o mercado de equipamentos de imagem muito aquecido, à revelia dos demais sócios, a sociedade, representada por Ximenes, assina um contrato para aquisição de 200 televisões que são entregues 90 dias após. As televisões são comercializadas, mas, devido a diversas condições mercadológicas e, principalmente, à inexperiência da sociedade nesse ramo de negócio, sua venda traz um prejuízo de R$ 135.000,00 para a empresa, conforme indicado por levantamento dos contadores e auditores da sociedade.

Os demais sócios, profundamente irritados com o proceder de Ximenes e com o prejuízo sofrido pela sociedade, procuram um profissional de advocacia, pretendendo alguma espécie de medida judicial contra Ximenes.

Tendo em vista a situação hipotética acima, redija, na condição de advogado(a) constituído(a) pela sociedade, a peça processual adequada para a defesa de sua constituinte, indicando, para tanto, todos os argumentos e fundamentos necessários.

COMENTÁRIO PRÉVIO

Pela leitura do problema, percebe-se que Ximenes foi desleal com os sócios, descumprindo, portanto, um dos mais básicos preceitos societários.

Repare que embora ele tenha poder de decidir isoladamente, não pode fazê-lo contra a vontade da maioria.

O examinador tomou o cuidado de esclarecer que há prova robusta (mensagens eletrônicas e testemunhas) que demonstra a discordância dos demais com a proposta de comercialização de equipamentos de imagem.

Mesmo assim, Ximenes realizou as operações, causando prejuízo à sociedade.

O Código Civil tem dispositivo expresso indicando a responsabilidade do sócio, nessa hipótese:

Art. 1.013, § 2º Responde por perdas e danos perante a sociedade o administrador que realizar operações, sabendo ou devendo saber que estava agindo em desacordo com a maioria.

Este problema é muito interessante para que o candidato perceba a importância de estudar a letra da lei.

Ainda que não lembre exatamente o conteúdo do dispositivo legal, o estudante preparado deve estar familiarizado com o manuseio do Código Civil e, como isso, saberá localizar os

PRÁTICA EMPRESARIAL – 4ª EDIÇÃO 243 PEÇAS PRÁTICO-PROFISSIONAIS

dispositivos que regulam os poderes e responsabilidades dos administradores das sociedades limitadas (arts. 1.010 a 1.021 do Código Civil).

A leitura do art. 1.013, § 2º, do CC, acima transcrito, soluciona o mérito da questão.

Ximenes causou prejuízo à sociedade (Som Perfeito Ltda.) que, é bom lembrar, não se confunde com a pessoa dos sócios. A sociedade é a titular do direito à indenização e, portanto, possui legitimidade ativa processual para a demanda.

Além do dano emergente, indicado pelo examinador, a utilização indevida dos recursos da empresa pode ter impedido que a sociedade realizasse operações lucrativas com equipamentos de som (a atividade normal da empresa).

Nessa hipótese, haveria também direito à indenização por lucros cessantes (art. 402 do CC). O examinador, entretanto, não faz referência a tais prejuízos, de modo que o candidato não deve abordar a questão.

A pretensão é de que Ximenes seja **condenado a reparar o dano,** razão pela qual o candidato deve elaborar petição inicial de ação ordinária indenizatória, observando os requisitos do art. 319 do CPC.

No caso, não há como reverter a aquisição e a venda dos equipamentos, de modo que a reparação se resolve pelo pagamento de indenização em dinheiro, correspondente ao prejuízo causado (= dano emergente relativo à operação com equipamentos de imagem).

Eis a estrutura da argumentação silogística:

1. FATO: o sócio Ximenes causou prejuízo à sociedade limitada, ao realizar operações comerciais contra a vontade da maioria dos sócios;

2. DIREITO: nos termos do art. 1.013, § 2º, "responde por perdas e danos perante a sociedade o administrador que realizar operações, sabendo ou devendo saber que estava agindo em desacordo com a maioria";

3. CONCLUSÃO: **logo, Ximenes deve reparar o dano.**

Vejamos como fica a peça.

Modelo: petição inicial de ação ordinária condenatória

[o que estiver entre colchetes é apenas nota do autor – não deve constar da peça]

início da peça

Excelentíssimo Senhor Doutor Juiz de Direito da Vara Cível da Comarca de (...)

[deixe espaço de aproximadamente 10 cm, para eventual despacho ou decisão do juiz]

Som Perfeito Ltda., estabelecida em (...), inscrita no CNPJ sob nº (...), por seu advogado que assina esta petição (procuração em anexo), com escritório para recebimento de intimações na (endereço – CPC, art. 106, I), vem, respeitosamente, propor a presente

AÇÃO ORDINÁRIA CONDENATÓRIA

contra seu sócio Ximenes (...), (qualificação completa), portador da cédula de identidade RG (...), inscrito no CPF sob n° (...), residente e domiciliado em (endereço), nos termos do art. 319 do CPC, pelas razões a seguir aduzidas:

1. DOS FATOS

A **autora** dedica-se ao comércio de aparelhos de som e tem quatro sócios, Arlindo, Ximenes (réu), Hermano e Suzana, todos com participação idêntica no capital social e com poder de administração isolada.

A **autora** é reconhecida no mercado por sua excelência no ramo e desfruta de grande fama e prestígio em seu ramo de negócio, tendo recebido vários prêmios de revistas.

Entusiasmado com as novas tecnologias de transmissão de imagem como HDTV, "blue ray" e outras, e entendendo haver sinergias entre esse ramo de comércio e o da sociedade, o **réu** propôs aos sócios que passassem, também, a comercializar televisões, aparelhos de DVD e "telões".

Após longa discussão, os demais sócios, contra a opinião **do réu**, decidiram não ingressar nesse novo ramo de negócio, decisão essa que não foi objeto de ata formal de reunião de sócios, mas foi testemunhada por vários empregados da sociedade e foi também objeto de troca de e-mails entre os sócios **(documentos em anexo).** *[lembre-se que os documentos devem instruir a inicial, nos termos do art. 320 do CPC]*

Um ano depois, com o mercado de equipamentos de imagem muito aquecido, à revelia dos demais sócios, a sociedade, representada **pelo autor**, assinou um contrato para aquisição de 200 televisões que foram entregues 90 dias após. As televisões foram comercializadas, mas, devido a diversas condições mercadológicas e, principalmente, à inexperiência da sociedade nesse ramo de negócio, sua venda trouxe um prejuízo de R$ 135.000,00 para a empresa, conforme indicado por levantamento dos contadores e auditores da sociedade **(documentos em anexo).**

2. DO DIREITO

Como relatado, **o réu** foi desleal com os demais sócios, descumprindo, portanto, um dos mais básicos preceitos societários.

Embora ele tenha poder de decidir isoladamente, não pode fazê-lo contra a vontade da maioria.

É indiscutível a discordância dos demais sócios em relação à comercialização de equipamentos de imagem.

Isso é comprovado pela troca de e-mails, conforme as cópias juntadas aos autos. A prova documental é suficiente.

Entretanto, caso o réu infirme essa informação e esse douto juízo entenda insuficiente a prova documental, a oitiva de vários empregados da sociedade que presenciaram as discussões e a decisão da maioria resolverá a questão.

O fato é que, apesar da discordância da maioria dos sócios, o réu realizou as operações com equipamentos de imagem, causando prejuízo de R$ 135.000,00 à sociedade, conforme comprova o levantamento dos contadores e auditores (documentação em anexo).

PRÁTICA EMPRESARIAL – 4ª EDIÇÃO   245   PEÇAS PRÁTICO-PROFISSIONAIS

O Código Civil tem dispositivo expresso indicando a responsabilidade do sócio, nessa hipótese:

Art. 1.013, § 2º Responde por perdas e danos perante a sociedade o administrador que realizar operações, sabendo ou devendo saber que estava agindo em desacordo com a maioria.

No caso, como não há como reverter a aquisição e a venda dos equipamentos, de modo que a reparação se resolve pelo pagamento de indenização em dinheiro, correspondente ao prejuízo causado.

O réu deve, portanto, ser condenado ao pagamento de R$ 135.000,00, devidamente corrigidos monetariamente desde a data do dano e acrescidos de juros moratórios a partir da citação (art. 405 do CC).

3. DO PEDIDO

Por todo o exposto, a autora requer:

a) seja determinada a citação do réu para, querendo, contestar a presente demanda no prazo legal (art. 335 do CPC);

b) a produção de todas as provas admitidas pelo Direito;

c) seja condenado o réu ao pagamento de indenização pelo prejuízo causado à sociedade, no valor de R$ 135.000,00, devidamente corrigidos monetariamente desde data do dano e acrescidos de juros moratórios a partir da citação (art. 405 do CC);

d) seja condenado o réu ao pagamento das custas processuais e dos honorários de sucumbência fixados em 20% do valor da condenação (art. 82§2º e 85 do CPC).

Dá-se à causa o valor de R$ 135.000,00 (arts. 291 e 292 do CPC).

Termos em que

Pede Deferimento

(Local), (data)

[não assine, rubrique ou, de outra forma, identifique sua prova!]

_____

ADVOGADO (...)

OAB-(Estado) nº (...)

Endereço (...)

fim da peça

GABARITO COMENTADO – FGV

Petição inicial de ação ordinária, tendo como autora a sociedade, com fundamento no art. 1.013, § 2º do CC, contendo o endereçamento adequado, qualificação das partes, narrativa dos fatos e outros requisitos exigidos pelo art. 319 do CPC.

A responsabilidade de Ximenes pelas perdas e danos causadas a sociedade está tipificada no referido art. 1.013, § 2º do CC, assim redigido: "§ 2º – Responde por perdas e danos perante a sociedade o administrador que realizar operações, sabendo ou devendo saber que estava agindo em desacordo com a maioria". No dizer de Sergio Campinho (O direito de empresa. 11. ed., rev. e ampl. Rio de Janeiro: Renovar, 2009. p. 115) "Além de o administrador dever estar adstrito aos limites de seus poderes definidos no ato constitutivo e pautar seus atos de administração com zelo e lealdade, quer a lei que atue, também, no curso da vontade da maioria social. Mesmo que no seu íntimo, com o tino do bom administrador, vislumbre negócio interessante para a sociedade, deverá ele abster-se de sua realização, caso a maioria o reprove."

Deve-se apresentar pedido contendo (i) requerimento de citação do réu e procedência do pedido de condenação do réu ao pagamento dos R$ 135.000,00 de perdas e danos com juros de mora desde a citação (art. 405 do CC); (ii) requerimento de produção de provas (na hipótese de prova testemunhal a apresentação do rol, nos termos do art. 450 do CPC); (iii) a condenação nos honorários de sucumbência e o reembolso das custas e despesas processuais, e; (iv) o valor atribuído à causa.

DISTRIBUIÇÃO DOS PONTOS

ITEM	PONTUAÇÃO	TOTAL
Estrutura da petição		
Endereçamento	0 / 0,25	
Qualificação do autor	0 / 0,25	1,0
Qualificação do réu	0 / 0,25	
Exposição dos fatos	0 / 0,25	
Fundamentos jurídicos dos pedidos		
Da devolução dos valores/prejuízos	0 / 0,5 / 1,0	
Das perdas e danos	0 / 0,5	3,0
Nexo causal	0 / 0,5	
Fundamentação legal	0 / 0,5 / 1,0	
Pedidos		
Citação	0 / 0,25	
Procedência / condenação	0 / 0,25	1,0
Acessórios, inclusive honorários	0 / 0,25	
Valor da causa	0 / 0,25	

(OAB/Exame Unificado – 2008.3 – 2ª fase) PEÇA PROFISSIONAL. João e Carlos são administradores da Snob Veículos Importados S.A., pessoa jurídica com capital social de R$ 1.500.000,00 e com domicílio na cidade de Goiânia – GO. João, acionista da companhia, no último exercício social, praticou vários atos contrários à lei e ao estatuto da sociedade empresária, além de cometer atos culposos e dolosos. Contratada empresa de auditoria, foi constatado que João causara prejuízos à referida sociedade por comprar veículo por valor superior ao de mercado, vender veículos, a prazo, a terceiros, sem cláusula de atualização monetária, por vender veículos com prejuízo, utilizar bens

PRÁTICA EMPRESARIAL – 4ª EDIÇÃO   247   PEÇAS PRÁTICO-PROFISSIONAIS

da sociedade para uso particular e usar recursos da companhia para manutenção de bens particulares. Carlos, amigo íntimo de João, mesmo tendo tomado conhecimento de todos os atos ilícitos perpetrados, não tomou qualquer atitude em relação aos fatos: não informou os demais dirigentes da companhia nem tentou impedir as práticas de João. Instalada assembleia geral, foi decidido que a companhia não promoveria ação de responsabilidade contra João. Contudo, Marcos e Sandoval, acionistas que representam 15% do capital social, ajuizaram ação de reparação de danos contra João e Carlos, a fim de verem reparados os prejuízos causados à Snob Veículos Importados S.A. Em sede de contestação, os réus alegaram a ilegitimidade ativa ad causam de Marcos e Sandoval; a ilegitimidade passiva de Carlos, por ele não ter praticado qualquer ato ilícito; a ilegalidade da conduta de Marcos e Sandoval, que promoverem a ação de reparação de danos a despeito da decisão da assembleia geral. Arguiram, ainda, que os pedidos insertos na petição inicial seriam incertos e indeterminados e que não teriam sido praticados quaisquer atos ilícitos por parte dos administradores. Assim, o juízo competente determinou aos autores que se manifestassem, no prazo de 10 dias. Considerando a situação hipotética apresentada, na qualidade de advogado(a) constituído(a) por Marcos e Sandoval, elabore a peça profissional que entender cabível para a defesa dos interesses de seus clientes, abordando, com fulcro na doutrina e na jurisprudência, todos os aspectos de direito material e processual pertinentes.

COMENTÁRIO PRÉVIO

Marcos e Sandoval movem ação de reparação de danos contra os administradores João e Carlos. Houve contestação e o juiz pede que os autores se manifestem a respeito dela.

Trata-se de **réplica**, em que os autores devem rebater especificamente os argumentos aduzidos na contestação e têm a oportunidade de reiterar o pleito inicial. Não se deve inovar na argumentação, com as exceções do art. 342 do CPC.

É comum o juiz determinar a oitiva do autor nos casos em que o réu suscita fatos impeditivos, modificativos ou extintivos do direito do autor, nos termos do art. 350 do CPC:

Art. 350. Se o réu alegar fato impeditivo, modificativo ou extintivo do direito do autor, este será ouvido no prazo de 15 (quinze) dias, permitindo-lhe o juiz a produção de prova.

No caso do Exame da OAB, o candidato deve se ater estritamente às informações dadas pelo examinador, sob pena de extrapolar os limites do problema e prejudicar sua resposta.

A contestação dos réus trouxe os seguintes argumentos:

a) ilegitimidade ativa *ad causam* de Marcos e Sandoval;

b) ilegitimidade passiva de Carlos, por ele não ter praticado qualquer ato ilícito;

c) ilegalidade da conduta de Marcos e Sandoval, que promoveram a ação de reparação de danos a despeito da decisão da assembleia geral;

d) os pedidos insertos na petição inicial seriam incertos e indeterminados e não teriam sido praticados quaisquer atos ilícitos por parte dos administradores.

Como dito, cabe ao candidato rebater especificamente esses argumentos.

Quanto à (a) legitimidade ativa dos autores e (c) legalidade de sua conduta, de fato compete à companhia, em princípio, propor a ação de responsabilidade contra os administradores, conforme deliberação em assembleia-geral – art. 159, § 4º, da Lei das Sociedades Anônimas (Lei 6.404/1976).

Caso a ação não seja proposta no prazo de três meses da deliberação, qualquer acionista poderá fazê-lo.

O examinador informa que a assembleia deliberou não propor ação contra João. Presume-se que tampouco decidiu responsabilizar o outro administrador.

Ocorre que, nessa hipótese de a assembleia-geral deliberar contra a ação, ela poderá ser proposta por acionistas que representem pelo menos 5% do capital social, nos termos do art. 159, § 4º, da Lei das Sociedades Anônimas:

> Art. 159. Compete à companhia, mediante prévia deliberação da assembleia-geral, a ação de responsabilidade civil contra o administrador, pelos prejuízos causados ao seu patrimônio.
>
> (...)
>
> § 4º. Se a assembleia deliberar não promover a ação, poderá ela ser proposta por acionistas que representem 5% (cinco por cento), pelo menos, do capital social.
>
> (...)

Marcos e Sandoval representam 15% do capital social, o que comprova sua legitimidade ativa *ad causam*. Esse fato deve ter sido comprovado documentalmente, na petição inicial.

Quanto à (b) ilegitimidade passiva de Carlos, embora os atos ilícitos tenham sido cometidos diretamente por João, houve conivência ou, pelo menos, inércia do administrador, o que gera sua responsabilidade, nos termos do art. 158, § 1º, da Lei das Sociedades Anônimas:

> Art. 158. O administrador não é pessoalmente responsável pelas obrigações que contrair em nome da sociedade e em virtude de ato regular de gestão; responde, porém, civilmente, pelos prejuízos que causar, quando proceder:
>
> I – dentro de suas atribuições ou poderes, com culpa ou dolo;
>
> II – com violação da lei ou do estatuto.
>
> § 1º. O administrador não é responsável por atos ilícitos de outros administradores, **salvo se com eles for conivente, se negligenciar em descobri-los ou se, deles tendo conhecimento, deixar de agir para impedir a sua prática.** Exime-se de responsabilidade o administrador dissidente que faça consignar sua divergência em ata de reunião do órgão de administração ou, não sendo possível, dela dê ciência imediata e por escrito ao órgão da administração, no conselho fiscal, se em funcionamento, ou à assembleia-geral.
>
> (...)

O administrador Carlos, "amigo íntimo de João, mesmo tendo tomado conhecimento de todos os atos ilícitos perpetrados, não tomou qualquer atitude em relação aos fatos: não informou os demais dirigentes da companhia nem tentou impedir as práticas de João." Passa, por essa a razão, a responder pelos ilícitos de João.

Finalmente, os réus afirmaram, na contestação, que (d) "os pedidos insertos na petição inicial seriam incertos e indeterminados e que não teriam sido praticados quaisquer atos ilícitos por parte dos administradores".

Cabe ao candidato demonstrar que os ilícitos foram devidamente apontados na inicial, de forma objetiva, e que os documentos disponíveis, que comprovam os fatos, foram juntados pelos autores, em conformidade com o art. 320 do CPC:

> Art. 320. A petição inicial será instruída com os documentos indispensáveis à propositura da ação.

Ademais, se houver controvérsia quanto a esses fatos, o juiz poderá deferir os pedidos de dilação probatória para dirimir a dúvida.

PRÁTICA EMPRESARIAL – 4ª EDIÇÃO   249   PEÇAS PRÁTICO-PROFISSIONAIS

Pelo que foi relatado pelo examinador, foram indicados objetivamente diversos ilícitos, que implicam violação da lei e dos estatutos e, portanto, responsabilidade dos administradores. Foram atos culposos e dolosos que causaram prejuízos à companhia, quais sejam:

– comprar veículo por valor superior ao de mercado;

– vender veículos, a prazo, a terceiros, sem cláusula de atualização monetária;

– vender veículos com prejuízo;

– utilizar bens da sociedade para uso particular; e

– usar recursos da companhia para manutenção de bens particulares.

Esses são, portanto, os argumentos contrários à contestação dos réus.

Vejamos como fica a petição.

Modelo: réplica

[o que estiver entre colchetes é apenas nota do autor – não deve constar da peça]

início da peça

Excelentíssimo Senhor Doutor Juiz de Direito da Vara Cível da Comarca de Goiânia/GO

[deixe espaço de aproximadamente 10 cm, para eventual despacho ou decisão do juiz]

Marcos (...) e Sandoval (...), já qualificados nos autos, por seu advogado que assina esta petição (procuração em anexo), nos autos da ação de reparação de danos que movem contra João (...) e Carlos (...), vêm, respeitosamente, apresentar esta

RÉPLICA

à contestação, considerando o despacho de Vossa Excelência à fl. (...), pelas seguintes razões:

1. DOS FATOS

Os réus são administradores da Snob Veículos Importados S.A., pessoa jurídica com capital social de R$ 1.500.000,00 e com domicílio na cidade de Goiânia – GO.

O réu João, acionista da companhia, no último exercício social, praticou vários atos contrários à lei e ao estatuto da sociedade empresária, além de cometer atos culposos e dolosos.

Contratada empresa de auditoria, foi constatado que o réu João causara prejuízos à referida sociedade por comprar veículo por valor superior ao de mercado, vender veículos, a prazo, a terceiros, sem cláusula de atualização monetária, por vender veículos com prejuízo, utilizar bens da sociedade para uso particular e usar recursos da companhia para manutenção de bens particulares.

O réu Carlos, amigo íntimo de João, mesmo tendo tomado conhecimento de todos os atos ilícitos perpetrados, não tomou qualquer atitude em relação aos fatos: não informou os demais dirigentes da companhia nem tentou impedir as práticas de João.

Instalada assembleia-geral, foi decidido que a companhia não promoveria ação de responsabilidade contra o réu João.

Contudo, os autores, acionistas que representam 15% do capital social, ajuizaram a presente ação de reparação de danos contra os réus João e Carlos, a fim de verem reparados os prejuízos causados à Snob Veículos Importados S.A.

Em sede de contestação, os réus alegaram a ilegitimidade ativa *ad causam* dos autores; a ilegitimidade passiva de Carlos, por ele não ter praticado qualquer ato ilícito; a ilegalidade da conduta dos autores, que promoverem a ação de reparação de danos a despeito da decisão da assembleia-geral. Arguiram, ainda, que os pedidos insertos na petição inicial seriam incertos e indeterminados e que não teriam sido praticados quaisquer atos ilícitos por parte dos administradores.

Vossa Excelência determinou aos autores que se manifestassem, no prazo de 10 dias.

2. DO DIREITO

Como relatado, os réus alegaram, em sua contestação, o seguinte:

a) ilegitimidade ativa *ad causam* de Marcos e Sandoval;

b) ilegitimidade passiva de Carlos, por ele não ter praticado qualquer ato ilícito;

c) ilegalidade da conduta de Marcos e Sandoval, que promoveram a ação de reparação de danos a despeito da decisão da assembleia-geral;

d) os pedidos insertos na petição inicial seriam incertos e indeterminados e não teriam sido praticados quaisquer atos ilícitos por parte dos administradores.

Quanto à (a) legitimidade ativa dos autores e (c) legalidade de sua conduta, de fato compete à companhia, em princípio, propor a ação de responsabilidade contra os administradores, conforme deliberação em assembleia-geral.

Como visto, a assembleia deliberou não propor ação contra o réu João.

Ocorre que, nessa hipótese de a assembleia-geral deliberar contra a ação, ela poderá ser proposta por acionistas que representem pelo menos 5% do capital social, nos termos do art. 159, § 4º, da Lei das Sociedades Anônimas (Lei 6.404/1976):

> Art. 159. Compete à companhia, mediante prévia deliberação da assembleia-geral, a ação de responsabilidade civil contra o administrador, pelos prejuízos causados ao seu patrimônio.
>
> (...)
>
> § 4º. Se a assembleia deliberar não promover a ação, poderá ela ser proposta por acionistas que representem 5% (cinco por cento), pelo menos, do capital social.
>
> (...)

Os autores representam 15% do capital social, conforme comprova a documentação que instruiu a inicial, o que demonstra sua legitimidade ativa *ad causam*.

Quanto à (b) ilegitimidade passiva do réu Carlos, embora os atos ilícitos tenham sido cometidos diretamente pelo réu João, houve conivência ou, pelo menos, inércia do administrador, conforme comprova a documentação que instruiu a inicial, o que gera sua responsabilidade, nos termos do art. 158, § 1º, da Lei das Sociedades Anônimas:

> Art. 158. O administrador não é pessoalmente responsável pelas obrigações que contrair em nome da sociedade e em virtude de ato regular de gestão; responde, porém, civilmente, pelos prejuízos que causar, quando proceder:
>
> I – dentro de suas atribuições ou poderes, com culpa ou dolo;
>
> II – com violação da lei ou do estatuto.
>
> § 1º. O administrador não é responsável por atos ilícitos de outros administradores, **salvo se com eles for conivente, se negligenciar em descobri-los ou se, deles**

PRÁTICA EMPRESARIAL – 4ª EDIÇÃO   251   PEÇAS PRÁTICO-PROFISSIONAIS

tendo conhecimento, deixar de agir para impedir a sua prática. Exime-se de responsabilidade o administrador dissidente que faça consignar sua divergência em ata de reunião do órgão de administração ou, não sendo possível, dela dê ciência imediata e por escrito ao órgão da administração, no conselho fiscal, se em funcionamento, ou à assembleia-geral.

(...)

O réu Carlos, amigo íntimo de João, mesmo tendo tomado conhecimento de todos os atos ilícitos perpetrados, não tomou qualquer atitude em relação aos fatos: não informou os demais dirigentes da companhia nem tentou impedir as práticas de João. Passa, por essa a razão, a responder pelos ilícitos cometidos.

Finalmente, os réus afirmaram, na contestação, que (d) "os pedidos insertos na petição inicial seriam incertos e indeterminados e que não teriam sido praticados quaisquer atos ilícitos por parte dos administradores".

Na verdade, os ilícitos foram devidamente apontados na inicial, de forma objetiva, e comprovados pela documentação que instruiu o pedido. Implicam violação da lei e dos estatutos e, portanto, responsabilidade dos administradores. Foram atos culposos e dolosos que causaram prejuízos à companhia, quais sejam:

– comprar veículo por valor superior ao de mercado;

– vender veículos, a prazo, a terceiros, sem cláusula de atualização monetária;

– vender veículos com prejuízo;

– utilizar bens da sociedade para uso particular; e

– usar recursos da companhia para manutenção de bens particulares.

Caso Vossa Excelência entenda que há controvérsia quanto a esses fatos, poderá, com a devida vênia, deferir os pedidos de dilação probatória para dirimir a dúvida.

3. DO PEDIDO

Diante do exposto, os autores reiteram os pedidos formulados na petição inicial, especialmente quanto à condenação dos réus à indenização pelos danos causados à companhia.

Termos em que

Pede Deferimento

(Local), (data)

[não assine, rubrique ou, de outra forma, identifique sua prova!]

ADVOGADO (...)

OAB-(Estado) nº (...)

Endereço (...)

fim da peça

3. TÍTULOS DE CRÉDITO

(OAB/Exame Unificado – 2019.2 – 2ª fase) O microempreendedor individual Teófilo Montes emitiu, em caráter *pro soluto*, no dia 11 de setembro de 2013, nota promissória à ordem, no valor de R$ 7.000,00 (sete mil reais), em favor de Andradas, Monlevade& Bocaiúva Ltda., pagável no mesmo lugar de emissão, cidade de Cláudio/MG, comarca de Vara única e sede da credora. Não há endosso na cártula, nem prestação de aval à obrigação do subscritor.

O vencimento da cártula ocorreu em 28 de fevereiro de 2014, data de apresentação a pagamento ao subscritor, que não o efetuou. Não obstante, até a presente data, não houve o ajuizamento de qualquer ação judicial para sua cobrança, permanecendo o débito em aberto. Sem embargo, a sociedade empresária beneficiária levou a nota promissória a protesto por falta de pagamento, tendo sido lavrado o ato notarial em 7 de março de 2014. Persiste o registro do protesto da nota promissória no tabelionato e, por conseguinte, a inadimplência e o descumprimento de obrigação do subscritor.

Teófilo Montes procura você, como advogado(a), e relata que não teve condições de pagar a dívida à época do vencimento e nos anos seguintes. Contudo, também não recebeu mais nenhum contato de cobrança do credor, que permanece na posse da cártula.

A intenção do cliente é extinguir o registro do protesto e seus efeitos, diante do lapso de tempo entre o vencimento da nota promissória e seu protesto, de modo a "limpar seu nome" e eliminar as restrições que o protesto impõe à concessão de crédito.

Com base nos fatos relatados, elabore a peça processual adequada. **(Valor: 5,00)**

Obs.: a peça deve abranger todos os fundamentos de Direito que possam ser utilizados para dar respaldo à pretensão. A simples menção ou transcrição do dispositivo legal não confere pontuação.

GABARITO COMENTADO – FGV

A peça processual a ser interposta é a petição inicial da *ação de cancelamento de protesto*, pelo procedimento comum (Art. 318, *caput*, do CPC).

A pretensão do subscritor tem fundamento de direito material no Art. 26, § 3º, da Lei nº 9.492/97: "O cancelamento do registro do protesto, *se fundado em outro motivo que não no pagamento do título ou documento de dívida*, será efetivado por determinação judicial, pagos os emolumentos devidos ao Tabelião".

O examinando deverá reconhecer que a pretensão de cobrança da dívida consubstanciada na nota promissória em face do subscritor, através de ação de execução, está prescrita, tendo decorrido o prazo prescricional de 3 anos a partir da data do vencimento (28/02/2014) em 28/02/2017, explicitando-o com a fundamentação legal. Também se verificou o decurso de mais de 5 anos para o exercício da pretensão de cobrança de dívidas líquidas constantes de instrumento particular (nota promissória), com fundamento no Art. 206, § 5º, inciso I, do Código Civil e na Súmula 504 do STJ ("O prazo para ajuizamento de ação monitória em face do emitente de nota promissória sem força executiva é quinquenal, a contar do dia seguinte ao vencimento do título", isto é, 1º de março de 2014).Não se verificou o ajuizamento de ação monitória pelo credor (Art. 700, inciso I, do CPC).

Com esta fundamentação básica, aliada à ausência de apresentação da cártula (documento protestado) ou declaração de anuência com o cancelamento do credor, só resta ao subscritor pleitear, pela via judicial, o cancelamento do protesto, cujo registro e efeitos permanecem e não podem ser extirpados pelo tabelião.

No que couber, a petição deverá observar as indicações do Art. 319 do CPC.

A simples descrição dos fatos não confere pontuação.

A petição deve ser endereçada ao Juízo de Vara Única da Comarca de Cláudio/MG (Art. 53, inciso III, alínea *a*, do CPC).

O examinando deverá qualificar as partes em conformidade com o Art. 319, inciso II, do CPC.

Autor: Teófilo Montes(qualificação)

Réu: Andradas, Monlevade & Bocaiúva Ltda., representada pelo seu administrador, (qualificação).

Nos Fundamentos Jurídicos é exigido que o examinando:

a) aponte a emissão da nota promissória em caráter *pro soluto*, com efeito de pagamento, para afastar a discussão do negócio subjacente (relação causal);

b) indique o decurso do prazo de mais de 3 anos da data do vencimento (28/02/2014), com a ocorrência da prescrição da ação cambial (execução por quantia certa de título extrajudicial), nos termos do Art. 70c/c Art. 77do Decreto nº 57.663/66;

c) observe que, mesmo com a ocorrência do protesto por falta de pagamento, interrompendo a prescrição, não se verificou por parte do credor outro ato interruptivo (Art. 202, inciso III, do CC);

d) ateste a despeito da prescrição da pretensão à execução do título, não se verificou o ajuizamento de ação monitória pelo credor (Art. 700, inciso I, do CPC);

e) comente o decurso de mais de 5 anos para o exercício da pretensão de cobrança de dívidas líquidas constantes de instrumento particular(nota promissória), com fundamento no Art. 206, § 5º, inciso I, do Código Civil e na Súmula 504 do STJ (*"O prazo para ajuizamento de ação monitória em face do emitente de nota promissória sem força executiva é quinquenal, a contar do dia seguinte ao vencimento do título"*);

f) informe sobre a impossibilidade de apresentação do original do título protestado ou de declaração de anuência para obter o cancelamento do protesto diretamente no Tabelionato de Protesto de Títulos;

g) conclua que, diante da ausência de pagamento do título, não resta ao autor senão requerer o cancelamento do protesto por via judicial, com amparo no Art. 26, § 3º, da Lei nº 9.492/97.

Nos pedidos, o (a) examinando (a) deverá requerer:

a) a procedência do pedido para que seja determinado o cancelamento do protesto;

b) expedição de mandado de cancelamento ao tabelionato;

c) citação do réu;

d) condenação do réu ao pagamento dos ônus de sucumbência OU ao pagamento de custas e honorários advocatícios (Art. 82, § 2º e Art. 85, *caput*, ambos do CPC).

O examinando deverá requerer protesto pela produção de provas (Art. 319, inciso VI, do CPC).

O examinando deverá indicar na petição a opção ou não pela realização de audiência de conciliação ou de mediação (Art. 319, inciso VII, do CPC).

O valor da causa constará da petição inicial (Art. 292, inciso II, do CPC) e será de R$ 7.000,00 (sete mil reais).

Fechamento da peça em conformidade com o Edital:

Município...; Data..., Advogado (a)... e OAB...**OU**

Município XXX; Data XXX, Advogado (a) XXX e OAB XXX

Início da peça

Excelentíssimo Senhor Doutor Juiz de Direito da Comarca de Cláudio/MG

[deixe espaço de aproximadamente 10 cm, para eventual despacho ou decisão do juiz]

Autos n° (...)

TEÓFILO MONTES, [qualificação completa], por meio de seu advogado e bastante procurador que esta subscreve (procuração anexa – Doc. 1), com escritório em (endereço completo), onde receberá quaisquer notificações e intimações, vem, muito respeitosamente, à presença de Vossa Excelência, nos termos do art. 318 e seguintes do CPC propor

AÇÃO DE CANCELAMENTO DE PROTESTO

em face de ANDRADAS, MONLEVADE & BOCAIÚVA LTDA, pessoa jurídica de direito privado. CNPJ n.°..., com sede na Rua... e endereço eletrônico... [e-mail], representada pelo seu administrador, (qualificação), pelas razões de fato e de direito que passa a expor.

[espaço de uma linha]

1. DOS FATOS

Autor emitiu, em 11 de setembro de 2013, nota promissória à ordem em favor de Andradas, Monlevade & Bocaiúva Ltda., não havendo endosso na cártula, nem prestação de aval à obrigação do subscritor.

O vencimento da cártula ocorreu em 28 de fevereiro de 2014, não tendo o Autor condições de pagar a dívida. O Réu protestou a nota promissória por falta de pagamento, em 7 de março de 2014, sendo que até a presente data há registro do protesto da nota promissória no tabelionato e, por conseguinte, a inadimplência e o descumprimento de obrigação do subscritor.

Desta forma, diante do tempo decorrido há de ser extinto o registro do protesto e seus efeitos, conforme veremos a seguir.

[Espaço de uma linha]

2. DO DIREITO

Excelência, evidente que a pretensão de cobrança da nota promissória em face do subscritor, através de ação de execução, está prescrita, tendo decorrido o prazo prescricional de 3 anos a partir da data do vencimento (28/02/2014) em 28/02/2017.

PRÁTICA EMPRESARIAL – 4ª EDIÇÃO 255 PEÇAS PRÁTICO-PROFISSIONAIS

Primeiramente, cabe dizer que a nota promissória foi emitida em caráter *pro soluto*, sendo irrelevante a discussão de qualquer obrigação subjacente. Evidente que mesmo com a ocorrência do protesto por falta de pagamento, o qual interrompeu a prescrição, não se verificou por parte do credor outro ato interruptivo de acordo com o Art. 202, inciso III, do Código Civil, de modo que em razão do decurso do prazo de mais de 3 anos da data do vencimento (28/02/2014), houve a prescrição da ação cambial ou ainda, da execução por quantia certa de título extrajudicial, nos termos do Art. 70 c/c Art. 77 do Decreto nº 57.663/66.

E não é só.

A despeito da prescrição da pretensão à execução do título, não se verificou ajuizamento de ação monitória pela Ré em face a Autora, conforme o Art. 700, inciso I, do CPC. Ademais, há de se reconhecer de plano o decurso de mais de 5 anos do dia seguinte ao da data do vencimento para o exercício da pretensão de cobrança de dívidas líquidas constantes de nota promissória, com fundamento no Art. 206, § 5º, inciso I, do Código Civil e na Súmula 504 do STJ.

Assim, diante da impossibilidade de apresentação original do título protestado ou de declaração de anuência para obter o cancelamento do protesto diretamente no Tabelionato de Protesto de Títulos, não resta ao autor senão requerer o cancelamento do protesto por via judicial, com amparo no Art. 26, § 3º, da Lei nº 9.492/97.

[Espaço de uma linha]

3. DO PEDIDO

Ante o exposto, serve o presente para requerer:

a) a procedência do pedido para que seja determinado o cancelamento do protesto;

b) expedição de mandado de cancelamento ao tabelionato;

c) citação do réu;

d) condenação do réu ao pagamento de custas e honorários advocatícios, nos termos do Art. 82, § 2º e Art. 85, *caput*, ambos do CPC;

e) a dispensa da audiência de conciliação ou de mediação, nos termos do Art. 319, inciso VII, do CPC.

Protesta provar o alegado em todos os meios de prova em Direito admitidos.

Dá-se a causa o valor de R$ 7.000,00 (sete mil reais) (292, inciso II do CPC).

Termos em que

Pede Deferimento.

[Espaço de uma linha]

Cláudio, data...

[Espaço de uma linha]

Advogado...

OAB/UF

[final da peça]

ROBINSON BARREIRINHAS E HENRIQUE SUBI

DISTRIBUIÇÃO DE PONTOS

ITEM	PONTUAÇÃO
Endereçamento	
1.Juízode Direito da Comarca de Cláudio/MG	0,00/0,10
Partes	
2. Autor: Teófilo Montes(qualificação) (0,10). **3.** Réu: Andradas, Monlevade & Bocaiúva Ltda., representada pelo seu administrador, (qualificação) (0,10).	0,00/0,10/0,20
Fundamentação jurídica/Legal	
4. a nota promissória foi emitida em caráter *pro soluto*, sendo irrelevante a discussão da obrigação subjacente (relação causal) (0,40);	0,00/0,40
5. mesmo com a ocorrência do protesto por falta de pagamento, interrompendo a prescrição, não se verificou por parte do credor outro ato interruptivo (0,45), de acordo com o Art. 202, inciso III, do Código Civil (0,10);	0,00/0,45/0,55
6. mencionar o decurso do prazo de mais de 3 anos da data do vencimento (28/02/2014), com a ocorrência da prescrição da ação cambial <u>**OU**</u> da execução por quantia certa de título extrajudicial (0,45), nos termos do Art. 70 c/c Art. 77 do Decreto nº 57.663/66 (0,10);	0,00/0,45/0,55
7. a despeito da prescrição da pretensão à execução do título, não se verificou ajuizamento de ação monitória pelo credor (0,40), com base no Art. 700, inciso I, do CPC (0,10);	0,00/0,40/0,50
8. indicar o decurso de mais de 5 anos do dia seguinte ao da data do vencimento para o exercício da pretensão de cobrança de dívidas líquidas constantes de instrumento particular (nota promissória) (0,40), com fundamento no Art. 206, § 5º, inciso I, do Código Civil (0,10)**E** na Súmula 504 do STJ (0,10);	0,00/0,40/0,50/0,60
9. atentar para a impossibilidade de apresentação do original do título protestado ou de declaração de anuência para obter o cancelamento do protesto diretamente no Tabelionato de Protesto de Títulos (0,40);	0,00/0,40
10. diante da ausência de pagamento do título, não resta ao autor senão requerer o cancelamento do protesto por via judicial (0,40), com amparo no Art. 26, § 3º, da Lei nº 9.492/97 (0,10).	0,00/0,40/0,50
Dos Pedidos	
11. a procedência do pedido para que seja determinado o cancelamento do protesto (0,25);	0,00/0,25
12. expedição de mandado de cancelamento ao tabelionato (0,20);	0,00/0,20
13. citação do réu (0,10);	0,00/0,10
14. condenação do réu ao pagamento dos ônus de sucumbência (0,20) <u>**OU**</u> ao pagamento de custas (0,10) <u>**E**</u> honorários advocatícios (Art. 82, § 2º e Art. 85, *caput*, ambos do CPC) (0,10).	0,00/0,10/0,20
15. Protesto pela produção de provas (Art. 319, inciso VI, do CPC) (0,10).	0,00/0,10
16. Opção do autor pela realização ou não de audiência de conciliação ou de mediação (Art. 319, inciso VII, do CPC) (0,15).	0,00/0,15
17. Valor da causa (art. 292, inciso II, do CPC) -R$ 7.000,00 (sete mil reais) (0,10).	0,00/0,10
Fechamento	
8. Município...; Data..., Advogado (a)... e OAB... (0,10).	0,00/0,10

PRÁTICA EMPRESARIAL – 4ª EDIÇÃO   257   PEÇAS PRÁTICO-PROFISSIONAIS

(OAB/Exame Unificado – 2018.3 – 2ª fase) Com lastro em contrato de abertura de crédito celebrado com o Banco Arroio Grande S/A, Ijuí Alimentos Ltda. emitiu uma cédula de crédito bancário em 02 de dezembro de 2015, com vencimento em 02 de janeiro de 2018. Pedro e Osório figuraram na cédula como avalistas simultâneos do emitente.

Sabe-se que a cédula de crédito bancário em comento contém cláusula de eleição de foro, na qual restou pactuado que a comarca de Porto Alegre/RS seria o foro competente para resolução de eventuais litígios entre as partes. Trinta dias após o vencimento do título, sem que tal obrigação tenha sido adimplida, nem proposta moratória ou renegociação por parte do emitente, o Banco Arroio Grande S/A tomou conhecimento, por meio de anúncio publicado em jornal de grande circulação, de que Ijuí Alimentos Ltda. colocara à venda o único bem de sua propriedade: um imóvel de elevado valor no mercado.

Considerando o não pagamento do título e a natureza do título em que se acha consubstanciado o crédito, o credor deseja promover a cobrança judicial dos responsáveis pelo pagamento, bem como requerer medida no intuito de acautelar seu crédito, tendo em vista a iminência da venda do único bem de propriedade do devedor, considerando que o valor atualizado da dívida é de R$ 530.000,00 (quinhentos e trinta mil reais), com os juros capitalizados, despesas e encargos.

Elabore a peça processual adequada. **(Valor: 5,00)**

Obs.: a peça deve abranger todos os fundamentos de Direito que possam ser utilizados para dar respaldo à pretensão. A simples menção ou transcrição do dispositivo legal não confere pontuação.

GABARITO COMENTADO – FGV

O examinando deverá demonstrar ter conhecimento sobre a cédula de crédito bancário (CCB), bem como que a ação própria para a cobrança do crédito é a de execução de título extrajudicial.

O examinando deve elaborar a petição inicial da *Ação de Execução por Quantia Certa*, em nome do Banco Arroio Grande S.A. Como a CCB é título executivo extrajudicial, a ação monitória não se presta para sua cobrança. Também se percebe da leitura do enunciado que o credor não tem a pretensão de ver decretada a falência da sociedade emitente, mas simplesmente o recebimento de seu crédito, inexistindo, ademais, informação quanto ao prévio protesto por falta de pagamento do título exequendo.

Em conformidade com o item 3.5.10 do Edital, o examinando deve elaborar a peça processual em conformidade com sua estrutura e ordem lógica (Endereçamento, Cabeçalho, Fatos, Fundamentos Jurídicos, Pedidos, Provas e Fechamento), com a inserção correta dos dados avaliados nas partes adequadas.

A ação deverá ser distribuída perante o foro de eleição contido na cédula, qual seja, o da Comarca de Porto Alegre/RS, a qualquer das Varas Cíveis. Em razão da solidariedade legal entre avalizado e avalistas, constarão no polo passivo da ação executiva o emitente do título, Ijuí Alimentos Ltda., e os avalistas, Pedro e Osório.

A simples narrativa dos fatos e indicação das informações contidas no enunciado, sem apresentação dos fundamentos legais e jurídicos não pontua.

O examinando deverá discorrer sobre a Legitimidade Ativa do Banco Arroio Grande S/A que, na condição de credor e portador de título executivo, pode promover a execução forçada, com fundamento no Art. 778, *caput*, do CPC. O examinando deve consignar a tempestividade

ROBINSON BARREIRINHAS E HENRIQUE SUBI

da propositura da ação e sua adequação, pois diante do vencimento da CCB em 02/01/2018, não se verificou ainda o decurso do prazo prescricional da pretensão à execução, que é de 3 (três) anos da data do vencimento, com base no Art. 44 da Lei nº 10.931/04 c/c. o Art. 70 do Decreto nº 57.663/66.

Nos Fundamentos Jurídicos (DO DIREITO) é exigido que o examinando:

a) indique a natureza da cédula de crédito bancário como título executivo extrajudicial, com fundamento no Art. 784, inciso XII, do CPC/15 OU no Art. 28, *caput*, da Lei n. 10.931/04;

b) discorra sobre a legitimidade ativa do autor/exequente, porque os devedores não satisfizeram obrigação certa, líquida e exigível, com fundamento no Art. 783 **OU** Art. 786 do CPC;

c) discorra sobre a legitimidade passiva dos avalistas simultâneos, em razão da solidariedade legal entre eles e o avalizado, sendo corresponsáveis perante o autor, com fundamento no Art. 44 da Lei nº 10.931/04 c/c. o Art. 47 do Decreto nº 57.663/66 OU no Art. 44 da Lei nº 10.931/04 c/c. o Art. 32 do Decreto nº 57.663/66;

d) exponha a possibilidade de dano irreparável ao direito subjetivo patrimonial do exequente caso se consume a venda do único bem de propriedade do executado (imóvel de elevado valor econômico). O Banco Arroio Grande S.A. poderá não ter o seu crédito satisfeito se o único bem de propriedade do emitente do título for alienado (*periculum in mora*). Além disso, o *fumus boni iuris* será demonstrado a partir da força executiva do título e do inadimplemento. Assim, a medida urgente será no sentido de que o executado Ijuí Alimentos Ltda., proprietário do imóvel, se abstenha de aliená-lo.

Nos pedidos o examinando deverá incluir:

(i) a concessão de medida urgente para que o executado Ijuí Alimentos Ltda., proprietário do imóvel, se abstenha de aliená-lo, com fundamentação no Artigo 799, inciso VIII, **OU** no Art. 301, ambos do CPC;

(ii) o requerimento de citação dos devedores (emitente e avalistas simultâneos) para que paguem a quantia exequenda mais acréscimos legais e contratuais, no prazo de 3 (três) dias, sob pena de o oficial de justiça proceder à penhora de bens e à sua avaliação (Art. 829, *caput* e § 1º, do CPC);

(iii) a condenação dos réus ao pagamento dos ônus sucumbenciais **OU** em custas processuais e honorários advocatícios.

No item das Provas, o examinando **deverá expressamente informar** que a inicial está instruída com (i) a Cédula de Crédito Bancário (Art. 798, inciso I, alínea *a*, do CPC); (ii) o demonstrativo do débito atualizado até a data da propositura da ação (Art. 798, inciso I, alínea *b*, do CPC e Artigo 28, § 2º, da Lei nº 10.931/2004) e (iii) o anúncio de alienação do único bem do emitente da CCB publicado em jornal de grande circulação.

O valor da causa constará da petição inicial (Art. 292, inciso I, do CPC) e será de R$ 530.000,00 (quinhentos e trinta mil reais).Fechamento da peça em conformidade com o Edital: Município...; Data..., Advogado (a)... e OAB...

PRÁTICA EMPRESARIAL – 4ª EDIÇÃO 259 PEÇAS PRÁTICO-PROFISSIONAIS

início da peça

Excelentíssimo Senhor Doutor Juiz de Direito da ___ Vara Cível da Comarca de Porto Alegre/RS

[deixe espaço de aproximadamente 10 cm, para eventual despacho ou decisão do juiz]

BANCO ARROIO GRANDE S/A, sociedade empresária regularmente inscrita no CNPJ sob o nº (...), sediada em (endereço completo), nestes autos representada por seu diretor (qualificação completa), por meio de seu advogado e bastante procurador que esta subscreve (procuração anexa – Doc. 1), com escritório em (endereço completo), onde receberá quaisquer notificações e intimações, vem, mui respeitosamente, à presença de Vossa Excelência, nos termos do art. 784, XII, do Código de Processo Civil, propor

AÇÃO DE EXECUÇÃO POR QUANTIA CERTA

em face de IJUÍ ALIMENTOS LTDA, sociedade empresária regularmente inscrita no CNPJ sob o nº (...), sediada em (endereço completo), representada por seu administrador (qualificação completa), e os avalistas Pedro (qualificação completa), e Osório (qualificação completa). pelas razões de fato e de direito que passa a expor.

[Espaço de uma linha]

1. DOS FATOS

Pode promover a execução forçada o credor a quem a lei confere título executivo, no caso o beneficiário da CCB, com fundamento no Art. 778, *caput*, do CPC .Diante do vencimento da CCB em 02/01/2018, não se verificou ainda o decurso do prazo prescricional de 3 anos, com base no Art. 44 da Lei nº 10.931/04 c/c. o Art. 70 do Decreto nº 57.663/66.

Banco Arroio Grande S/A, Ijuí Alimentos Ltda. emitiu uma cédula de crédito bancário em 02 de dezembro de 2015, com vencimento em 02 de janeiro de 2018. Trinta dias após o vencimento do título, sem que tal obrigação tenha sido adimplida, nem proposta moratória ou renegociação por parte do emitente, o Banco Arroio Grande S/A tomou conhecimento, por meio de anúncio publicado em jornal de grande circulação, de que Ijuí Alimentos Ltda. colocara à venda o único bem de sua propriedade: um imóvel de elevado valor no mercado.

Cumpre dizer ainda que Pedro e Osório figuraram na cédula como avalistas simultâneos do emitente.

Considerando o não pagamento do título e a natureza do título em que se acha consubstanciado o crédito, é que se propõe a presente ação de execução de quantia certa, em razão da iminência da venda do único bem de propriedade do réu.

[Espaço de uma linha]

2. DA LEGITIMIDADE ATIVA

O Autor possui legitimidade para promover a execução forçada, uma vez que o CPC prevê que o credor a quem a lei confere título executivo, no caso o beneficiário da CCB, poderá fazê-lo, nos termos do Art. 778, *caput*, do CPC.

Art. 778 Pode promover a execução forçada o credor a quem a lei confere título executivo.

[Espaço de uma linha]

3. DA TEMPESTIVIDADE

A presente ação é tempestiva, tendo em vista que o vencimento da Cédula de Crédito Bancário se deu em 02/01/2018, não tendo decorrido o prazo prescricional de 3 (três) anos, conforme dispõe o Art. 44 da Lei nº 10.931/04 c/c o Art. 70 do Decreto nº 57.663/66.

Art. 44. Aplica-se às Cédulas de Crédito Bancário, no que não contrariar o disposto nesta Lei, a legislação cambial, dispensado o protesto para garantir o direito de cobrança contra endossantes, seus avalistas e terceiros garantidores.

Art. 70. *Todas as ações contra o aceitante relativas a letras prescrevem em 3 (três) anos a contar do seu vencimento.*

As ações do portador contra os endossantes e contra o sacador prescrevem num ano, a contar da data do protesto feito em tempo útil, ou da data do vencimento, se trata de letra que contenha cláusula "sem despesas".

As ações dos endossantes uns contra os outros e contra o sacador prescrevem em 6 (seis) meses a contar do dia em que o endossante pagou a letra ou em que ele próprio foi acionado.

Assim sendo, temos que a ação está dentro do prazo estabelecido.

[Espaço de uma linha]

4. DO DIREITO

Tendo em vista que a cédula de crédito bancário é um título executivo extrajudicial conforme o art., 784, inciso XII, do CPC, c/c o Art. 28, *caput*, da Lei n. 10.931/04, é possível que o Autor/Exequente instaure a presente ação de execução, tendo em vista que os Réus/Executados não satisfizeram a obrigação certa, líquida e exigível com a qual se comprometeram, isso é, a quitação da CCB, nos termos do art. Art. 783 e Art. 786 do CPC.

Ademais, cumpre dizer que em razão da solidariedade legal entre avalizado e avalistas, os Réus são todos corresponsáveis perante o Autor, com fundamento no Art. 44 da Lei nº 10.931/04 c/c. o Art. 47 do Decreto nº 57.663/66, podendo este realizar a cobrança de qualquer um deles.

[Espaço de uma linha]

5. DA TUTELA DE URGÊNCIA

A tutela de urgência se faz plenamente necessária uma vez que o Autor/Exequente poderá deixar de ter seu crédito satisfeito se o bem propriedade do emitente do título for alienado.

Assim, deve ser a tutela concedida em razão do *periculum in mora* e do *fumus boni iuris*, acautelando o crédito da Autora/Exequente por haver o perigo de dano irreparável, conforme o art. 799, inciso VIII, e o Art. 301, do CPC.

[Espaço de uma linha]

6. DO PEDIDO

Ante o exposto, requer:

a) seja a presente ação julgada **TOTALMENTE PROCEDENTE**;

b) a concessão de medida urgente para que o executado Ijuí Alimentos Ltda., proprietário do imóvel, se abstenha de aliená-lo, com fundamentação no Artigo 799, inciso VIII, OU no Art. 301, ambos do CPC;

c) o requerimento de citação dos devedores (emitente e avalistas simultâneos) para que paguem a quantia exequenda mais acréscimos legais e contratuais, no prazo de 3 (três) dias, sob pena de o oficial de justiça proceder à penhora de bens e à sua avaliação (Art. 829, *caput* e § 1º, do CPC);

d) a condenação dos réus ao pagamento dos ônus sucumbenciais, custas processuais e honorários advocatícios;

e) sejam juntadas as seguintes provas aptas a corroborar o direito da Exequente: cédula de crédito bancário (título executivo extrajudicial) com base no Art. 798, inciso I, alínea *a*, do CPC;

f) seja realizada publicação de anúncio em jornal de grande circulação com oferta de venda do único imóvel do emitente da CCB, de elevado valor.

[Espaço de uma linha]

Dá-se a causa o valor de 530.000,00 (quinhentos e trinta mil reais).

[Espaço de uma linha]

Termos em que,

Pede Deferimento

[Espaço de uma linha]

Porto Alegre, data.

[Espaço de uma linha]

Advogado...

OAB/UF...

[não assine, rubrique ou, de outra forma, identifique sua prova!]

fim da peça

DISTRIBUIÇÃO DE PONTOS

ITEM	PONTUAÇÃO
I – Endereçamento	
Exmo. Sr. Juiz de Direito da ___ Vara Cível da Comarca de Porto Alegre (0,10).	0,00/0,10
II-Partes: Autor: Banco Arroio Grande S/A, representado por seu diretor [qualificação] (0,10).	0,00/0,10

Réus: Ijuí Alimentos Ltda., representada por seu administrador [qualificação] (0,10), e os avalistas Pedro e Osório [qualificação] (0,10).	0,00/0,10/0,20
III-Legitimidade ativa: Pode promover a execução forçada o credor a quem a lei confere título executivo, no caso o beneficiário da CCB (0,20), com fundamento no Art. 778, *caput*, do CPC (0,10).	0,00/0,20/0,30
IV- Tempestividade	
Diante do vencimento da CCB em 02/01/2018, não se verificou ainda o decurso do prazo prescricional de 3 (três) anos (0,40), com base no Art. 44 da Lei nº 10.931/04 c/c. o Art. 70 do Decreto nº 57.663/66 (0,10).	0,00/0,40/0,50
V- Fundamentação jurídica/Legal	
a) A cédula de crédito bancário é título executivo extrajudicial (0,30), com fundamento no Art. 784, inciso XII, do CPC **OU** no Art. 28, *caput*, da Lei n. 10.931/04 (0,10).	0,00/0,30/0,40
b) Poderá o autor instaurar a execução porque os devedores não satisfizeram obrigação certa, líquida e exigível (0,30), com fundamento no Art. 783 **OU** Art. 786do CPC (0,10).	0,00/0,30/0,40
c) Em razão da solidariedade legal entre avalizado e avalistas, estes são corresponsáveis perante o credor (0,25), com fundamento no Art. 44 da Lei nº 10.931/04 c/c. o Art. 47 do Decreto nº 57.663/66 **OU** no Art. 44 da Lei nº 10.931/04 c/c. o Art. 32 do Decreto nº 57.663/66 (0,10).	0,00/0,25/0,35
d) O Banco Arroio Grande S.A. poderá não ter o seu crédito satisfeito, se o único bem de propriedade do emitente do título for alienado *(periculum in mora)* (0,25). Além disso, o *fumus boni iuris* será demonstrado a partir da força executiva do título e do inadimplemento (0,25).	0,00/0,25/0,50
VI – Pedidos	
a) medida urgente para que o executado Ijuí Alimentos Ltda., proprietário do imóvel, se abstenha de aliená-lo (0,30), com fundamentação no Artigo 799, inciso VIII, **OU** no Art. 301, ambos do CPC (0,10).	0,00/0,30/0,40
b) Citação do emitente para que pague a quantia exequenda (0,20), e dos avalistas (0,10), no prazo de 3 dias (0,10). Obs.: a pontuação referente ao prazo de 3 dias é complementar	0,00/0,10/0,20/0,30/0,40
b.1) sob pena de o oficial de justiça proceder à penhora de bens e à sua avaliação (0,15).	0,00/0,15
b.2) com base no Art. 829, *caput* e § 1º, do CPC (0,10).	0,00/0,10
c) Condenação dos réus em ônus sucumbenciais **OU** custas e honorários advocatícios (0,10).	0,00/0,10
VII – Provas	
a) cédula de crédito bancário (título executivo extrajudicial) **OU** menção de que a petição foi instruída com o título executivo (0,20), com base no Art. 798, inciso I, alínea *a*, do CPC (0,10).	0,00/0,20/0,30
b) planilha de cálculo do saldo devedor **OU** dos extratos de conta-corrente, demonstrando o valor do débito atualizado até a data da propositura da ação (0,20), com base no Artigo 28, § 2º, da Lei nº 10.931/2004 (0,10) **E** no Artigo 798, inciso I, alínea *b*, do CPC (0,10).	0,00/0,20/0,30/0,40

PRÁTICA EMPRESARIAL – 4ª EDIÇÃO   263   PEÇAS PRÁTICO-PROFISSIONAIS

c) publicação de anúncio em jornal de grande circulação com oferta de venda do único imóvel do emitente da CCB, de elevado valor (0,10).	0,00/0,10
VIII-Valor da causa: R$ 530.000,00 (quinhentos e trinta mil reais) (0,10)	0,00/0,10
IX-Fechamento	
Local..., Data..., Advogado e OAB (0,10).	0,00/0,10

(OAB/Exame Unificado – 2018.2 – 2ª fase) Em 15 de maio de 2017, Magda emprestou a seu irmão Simão Escada, empresário individual enquadrado como microempresário, a quantia de R$ 80.000,00 (oitenta mil reais) para reformar e ampliar seu estabelecimento empresarial, situado na cidade de São Paulo, lugar acordado para o pagamento.

Em razão do parentesco consanguíneo entre as partes, Magda não exigiu de Simão documento escrito que consubstanciasse promessa de pagamento em dinheiro a prazo, confissão de dívida, bem como não há contrato escrito. Entretanto, o negócio jurídico pode ser comprovado por pessoas que podem atestar em juízo o emprego dos recursos providos por Magda a Simão Escada para aplicação em sua empresa.

Em 20 de setembro de 2017, data do vencimento, Simão Escada não realizou o pagamento e persiste nessa condição, mesmo diante de todas as tentativas amigáveis da credora, inclusive a notificação extrajudicial.

Sabendo-se que na Comarca de São Paulo/SP existe mais de um Juízo Cível competente, e que a dívida com os consectários legais, até a data de propositura da ação, atinge o valor de R$ 87.300,00 (oitenta e sete mil e trezentos reais), elabore a peça processual adequada. **(Valor: 5,00)**

Obs.: a peça deve abranger todos os fundamentos de Direito que possam ser utilizados para dar respaldo à pretensão. A simples menção ou transcrição do dispositivo legal não confere pontuação.

GABARITO COMENTADO – FGV

O enunciado descreve a realização de um empréstimo em favor de um microempresário individual que não foi adimplido. A credora mutante é irmã do mutuário e não exigiu dele nenhuma prova escrita do negócio jurídico.

Com esta informação, o examinando deve concluir que não é cabível uma ação de execução por quantia certa em razão da falta de título executivo; pela mesma razão, é inadmissível ação monitória para recebimento da quantia mutuada.

A peça processual adequada é a *petição inicial de ação de cobrança pelo procedimento comum* (art. 318 do CPC).

O examinando deve observar a estrutura da peça profissional de modo a identificar no texto da resposta, separadamente, a Fundamentação Jurídica e os Pedidos, bem como o preâmbulo. A avaliação da peça considera essa estruturação, como segue abaixo (item 3.5.10 do Edital. "Para realização da prova prático-profissional o examinando deverá ter conhecimento das regras processuais inerentes ao fazimento da mesma"):

I-Endereçamento: Com base no Art. 319, inciso I, do CPC, o examinando deverá endereçar a petição de ação de cobrança ao Juízo a que é dirigida: Vara Cível da Comarca da Capital do Estado de São Paulo. Como o enunciado aponta a existência de mais de um Juízo competente para apreciar e julgar o feito, o examinando não deverá determinar previamente esse Juízo, diante do disposto no Art. 284 do CPC.

II-Qualificação das partes: a autora Magda e o réu Simão Escada devem ser qualificados, de acordo com o Art. 319, inciso II, do CPC.

III-Juízo Competente: deve ser enfatizado que a ação está sendo proposta no Juízo do lugar onde a obrigação deve ser satisfeita (cidade de São Paulo), de acordo com o Art. 53, inciso III, alínea *d*, do CPC.

IV- Nos fatos e fundamentos jurídicos, espera-se que o examinando possa expor: a origem do débito (contrato de mútuo celebrado oralmente); a data do vencimento (dia 20 de setembro de 2017), o lugar do pagamento (cidade de São Paulo -SP) e o valor da dívida (R$ 80.000,00).

Ademais, por se tratar de contrato de mútuo, é obrigação do mutuante Simão Escada restituir à mutuária Magda o que dela recebeu, isto é, a coisa fungível (quantia de R$ 80.000,00), de acordo com o Art. 586 do Código Civil.

O examinando deve indicar que o mutuário não realizou o pagamento da data do vencimento, caracterizando-se seu inadimplemento (ou sua mora).

Para motivar a propositura da ação de cobrança pelo procedimento comum, afastando outras vias processuais, deve o examinando enfatizar que não há prova escrita do empréstimo, dado fornecido pelo enunciado. A autora é irmã de Simão e, em razão desse parentesco, não lhe foi exigido nenhum documento escrito que consubstanciasse promessa de pagamento em dinheiro a prazo.

V- Observando-se, uma vez mais, a estruturação da peça, nos Pedidos, o examinando deve requerer:

a) procedência do pedido para a condenação do réu ao pagamento da dívida, acrescida dos encargos decorrentes do inadimplemento (atualização monetária e juros de mora);

b) expedição de mandado de citação do réu (Art. 239 do CPC);

c) a condenação do réu ao pagamento de honorários advocatícios e de custas processuais.

VI- Das provas: requerimento de produção de prova testemunhal, de conformidade com o Art. 445 do CPC.

VII- Em obediência ao Art. 319, inciso VII, do CPC/15, a indicação se a autora tem interesse (ou não) pela realização de audiência de conciliação ou de mediação.

VIII-Menção ao valor da causa, de acordo com o Art. 292, inciso I, do CPC: o examinando deverá fazer menção expressa ao valor da causa de R$ 87.300,00 (oitenta e sete mil e trezentos reais), que corresponde à importância devida pelo réu monetariamente corrigida e dos juros de mora vencidos até a data de propositura da ação.

IX-Fechamento da peça: local ... ou município (São Paulo/SP), data..., advogado(a)... e OAB....

início da peça

Excelentíssimo Senhor Doutor Juiz de Direito da ___ Vara Cível da Comarca de São Paulo/SP

[deixe espaço de aproximadamente 10 cm, para eventual despacho ou decisão do juiz]

MAGDA, (qualificação completa), por meio de seu advogado e bastante procurador que esta subscreve (procuração anexa – Doc. 1), com escritório em (endereço completo), onde receberá quaisquer notificações e intimações, vem, muito respeitosamente, à presença de Vossa Excelência, nos termos do art. 318 do Código de Processo Civil, propor

AÇÃO DE COBRANÇA

em face de SIMÃO ESCADA (qualificação completa), pelas razões de fato e de direito que passa a expor.

[Espaço de uma linha]

1. DOS FATOS

A Autora emprestou ao Réu, seu irmão, em 15 de maio de 2017, a quantia de R$ 80.000,00 (oitenta mil reais) para reformar e ampliar seu estabelecimento empresarial, situado na cidade de São Paulo, lugar acordado para o pagamento.

Em 20 de setembro de 2017, data do vencimento, o Réu não realizou o pagamento e persiste nessa condição, e continua inadimplente mesmo após todas as tentativas amigáveis de recebimento, inclusive a notificação extrajudicial.

Ora, em razão do parentesco a Autora não exigiu do Réu documento escrito que consubstanciasse a existência da dívida. Entretanto, a realização do mútuo pode ser comprovado por pessoas que podem atestar o emprego dos recursos providos pela Autora ao Réu para aplicação em sua empresa.

É importante destacar que a dívida com os consectários legais, até a data de propositura da presente ação, atinge o valor de RS 87.300.00 (oitenta e sete mil e trezentos reais).

[Espaço de uma linha]

2. DO DIREITO

Da narrativa apresentada, é possível constatar a existência de um contrato de mútuo celebrado verbalmente entre a autora e o réu. Verifica-se que vencimento da dívida ocorreu em 20 de setembro de 2017 e que deveria ter sido paga em São Paulo/SP. Entretanto, o presente contrato se encontra inadimplido. Ademais, por se tratar de contrato de mútuo, é obrigação do mutuante, ora Réu, restituir a mutuária o que dela recebeu, isto é, a coisa fungível (quantia de RS 80.000,00), de acordo com o art. 586 do Código Civil. Porém, na data combinada, o réu não realizou o pagamento, restituindo à autora a quantia objeto do empréstimo, caracterizando-se assim sua mora ou inadimplemento.

Ademais, importante ressaltar que não há documento formalizando a presente relação jurídica, assim, não há prova escrita do empréstimo.

Ora, Excelência, frisa-se que as partes são irmãs, e em razão desse parentesco, não foi exigido do Réu nenhum documento escrito que consubstanciasse promessa de pagamento em dinheiro a prazo. Acaso houvesse documento escrito, seria possível o ajuizamento da pretensão executiva ou monitória. Como não há documento escrito, estabelecendo, inclusive, foro de eleição, a presente cobrança deve seguir o rito do procedimento comum, sendo competente, o Juízo Cível da cidade de São Paulo/SP, haja vista ser o local onde a obrigação deve ser satisfeita, nos termos do art. 53, inciso III, alínea *d*, do CPC.

[Espaço de uma linha]

3. DO PEDIDO

Ante o exposto, requer:

a) a procedência do pedido para a condenação do réu ao pagamento da dívida, acrescida dos encargos decorrentes do inadimplemento (atualização monetária e juros de mora), atualmente no valor de R$ 87.300,00:

b) a expedição de mandado de citação do réu (art. 239 do CPC);

c) condenação do réu ao pagamento de custas e honorários advocatícios, nos termos do Art. 82, § 2º e Art. 85, *caput*, ambos do CPC;

d) a dispensa da audiência de conciliação ou de mediação, nos termos do Art. 319, inciso VII, do CPC;

e) a produção de prova testemunhal, conforme art. 445 do CPC.

[Espaço de uma linha]

Protesta provar o alegado por todos os meios de prova em Direito admitidos

[Espaço de uma linha]

Dá-se à presente causa o valor de R$ 87.300,00 (oitenta e sete mil e trezentos reais)

[Espaço de uma linha]

Termos em que,

Pede Deferimento

[Espaço de uma linha]

São Paulo, data.

[Espaço de uma linha]

Advogado...

OAB/UF...

[não assine, rubrique ou, de outra forma, identifique sua prova!]

fim da peça

PRÁTICA EMPRESARIAL – 4ª EDIÇÃO 267 PEÇAS PRÁTICO-PROFISSIONAIS

DISTRIBUIÇÃO DE PONTOS

ITEM	PONTUAÇÃO
Endereçamento	
I-Exmo. Dr. Juiz de Direito da ___ Vara Cível da Comarca de São Paulo/SP (0,10).	0,00/0,10
II-Qualificação: do autor, Magda etc. (0,10) e do réu, Simão Escada, ME etc. (0,10).	0,00/0,10/0,20
III-Juízo Competente: lugar em que a obrigação deve ser satisfeita (0,30), de acordo com o Art. 53, inciso III, alínea *d*, do CPC (0,10).	0,00/0,30/0,40
Fatos e fundamentos jurídicos	
a. Descrição da (I) origem – contrato de mútuo (0,10), (II) vencimento em 20/09/2017 (0,10), (III) lugar de pagamento em São Paulo (0,10) e (IV) do valor da dívida de R$ 80.000,00 OU valor atualizado de R$ 87.300,00 (0,10).	0,00/0,10/0,20/0,30/0,40
b. obrigação do mutuário de restituir ao mutuante o que dele recebeu (0,35), de acordo com o Art. 586 do Código Civil (0,10).	0,00/0,35/0,45
c. Inadimplemento da obrigação (0,30).	0,00/0,30
d. Inexistência de prova escrita da obrigação (0,45).	0,00/0,45
e. A autora não podia obter a prova escrita da obrigação, em razão do parentesco com o réu (0,40).	0,00/0,40
Pedidos	
a. Procedência do pedido para condenar o réu a pagar a dívida à autora (0,30), com atualização monetária (0,25) e juros de mora (0,25). *Obs.: a menção à atualização monetária e/ou aos juros sem o pedido de condenação do réu ao pagamento da dívida não pontua.*	0,00/0,30/0,55/0,80
b. Opção pela realização ou não de audiência de conciliação (0,25), de acordo com o Art. 319, inciso VII, do CPC **OU** art. 334, § 5º do CPC (0,10).	0,00/0,25/0,35
c. Citação do réu (0,25).	0,00/0,25
d. Condenação ao réu ao pagamento de custas (0,15) e honorários advocatícios (0,15).	0,00/0,15/0,30
Das provas	
Requerimento de produção de prova testemunhal (0,30), com base no Art. 445 do CPC (0,10).	0,00/0,30/0,40
Menção ao valor da causa: R$ 87.300,00 (oitenta e sete mil e trezentos reais) (0,10).	0,00/0,10
Fechamento	
Local..., data..., advogado(a)..., OAB... (0,10).	0,00/0,10

(OAB/Exame Unificado – 2017.3 – 2ª fase) Padaria e Confeitaria São João Marcos Ltda., ME, ajuizou ação executiva por título extrajudicial para cobrança de valores relativos a dois cheques emitidos por Trajano de Morais, em 19/06/2016. O primeiro cheque foi emitido em 24/10/2015, no valor de R$ 7.500,00 (sete mil e quinhentos reais), e o segundo, em 28/12/2015, no valor de R$ 15.000,00 (quinze mil reais). Os cheques foram emitidos em Rio Claro/RJ, pagáveis nessa mesma cidade, e possuem garantia pessoal cambiária firmada por Vitor Silva no anverso, em favor do emitente. Trajano de Morais e Vitor Silva foram incluídos no polo passivo da execução.

ROBINSON BARREIRINHAS E HENRIQUE SUBI

O juiz da Comarca de Rio Claro, de Vara Única, despachou a inicial da ação executiva e determinou a citação dos réus para as providências legais.

Vitor Silva, citado regularmente, procura você para patrocinar a defesa na ação. Tendo acesso aos autos do processo no dia 13/07/2016, você verifica que:

I. o emitente nomeou bens à penhora, com termo de penhora de gado e juntada de laudo de avaliação ao processo;

II. o oficial de justiça certificou nos autos a juntada do mandado de citação dos réus, no dia 10/07/2016;

III. os cheques não são pós-datados, tendo o primeiro sido apresentado para compensação no dia 20/11/2015 e devolvido na mesma data por insuficiência de fundos disponíveis (há carimbo de devolução do primeiro cheque no verso da cártula); o segundo foi apresentado na agência sacada em Rio Claro pelo beneficiário e exequente, no dia 12/01/2016, sendo também devolvido pelo mesmo motivo do primeiro cheque;

IV. os cheques não foram protestados.

Com base nas informações contidas no enunciado, elabore a peça processual adequada. **(Valor: 5,00)**

Obs.: a peça processual deve abranger todos os fundamentos de Direito que possam ser utilizados para dar respaldo à pretensão. A simples menção ou transcrição do dispositivo legal não confere pontuação.

GABARITO COMENTADO – FGV

A peça adequada para o exercício do direito de defesa do executado é a de *Embargos à Execução*. O fundamento para a propositura da peça é o Art. 914 do CPC. O *nomen juris* da peça e seu fundamento legal não são pontuados isoladamente ou conjuntamente. A elaboração de peça processual CONTESTAÇÃO não atende ao conteúdo avaliado e é considerada resposta inadequada.

Os embargos devem ser dirigidos ao juízo onde se processa a execução por título extrajudicial – Juízo de Vara Única da Comarca de Rio Claro/RJ.

Nos termos do Art. 914, § 1º, do CPC (Lei nº 13.105/2015), os embargos à execução serão **distribuídos por dependência**. Essa providência deve ser expressamente consignada pelo(a) examinando(a) em sua resposta.

O embargante é o avalista Vitor Silva (devedor cambiário, solidário ao emitente do cheque pelo pagamento), que foi arrolado no polo passivo da ação de execução e regularmente citado. O embargado é o exequente/credor, a Padaria e Confeitaria São João Marcos Ltda.ME, representada por seu administrador.

Menção à tempestividade: o(a) examinando(a) deverá considerar que o(a)advogado(a) teve acesso ao processo dentro dos 15 dias da juntada aos autos do mandado de citação, prazo previsto no Art. 915, *caput*, do CPC, para o oferecimento dos embargos. A intempestividade é razão para sua rejeição liminar (Art. 918, inciso I, do CPC).

Obs.: a simples menção ao Art. 915 do CPC não pontua.

Nos fundamentos jurídicos devem ser mencionados (a descrição dos fatos narrados no enunciado não pontua):

PRÁTICA EMPRESARIAL – 4ª EDIÇÃO   269   PEÇAS PRÁTICO-PROFISSIONAIS

a) quanto a legitimidade ativa, o embargante é devedor por ser avalista do emitente (os cheques "possuem garantia pessoal cambiária firmada por Vitor Silva no anverso em favor do emitente"), tendo responsabilidade cambiária pelo pagamento, como devedor solidário, com fundamento no Art. 31, *caput*, da Lei nº 7.357/85;

b) entretanto, verifica-se a ocorrência da prescrição da pretensão à execução do primeiro cheque, com fundamento no Art. 59, *caput*, da Lei nº 7.357/85;

Após invocar a prescrição da pretensão à execução do primeiro cheque (valor de R$ 7.500,00), o(a) examinando(a) deverá demonstrar sua afirmativa, fazendo menção ao prazo legal de apresentação, data do seu término. O término do prazo de apresentação é o termo inicial do prazo prescricional de 6 meses.

c) o prazo de apresentação deste cheque é de 30 dias, contados da data de emissão, com fundamento no Art. 33, *caput*, da Lei nº 7.357/85;

d) para o primeiro cheque –no valor de R$ 7.500,00 (sete mil e quinhentos reais) – o prazo prescricional de 6 (seis) meses, a partir de término do prazo de apresentação, começou a correr a partir do dia 24/11/2015 e findou no dia 24/05/2016;

O(A) examinando(a) demonstrará que na data da propositura da ação executiva já havia ocorrido a prescrição, relacionando-a com a data do término do prazo.

e) a ação executiva foi proposta em 19/06/2016, portanto, após o fim do prazo prescricional;

Com a informação de que os cheques não foram protestados deve ser capaz o(a) examinando(a) de relacioná-la com o efeito interruptivo da prescrição por protesto cambial.

f) como os cheques não foram protestados, não se verificou ato interruptivo da prescrição (Art. 202, III, do Código Civil) neste interregno (ou entre o dia 24/11/2015 a 24/05/2016);

Cabe observar que o portador do cheque pode levá-lo a protesto cambial, mesmo sendo facultativo tal ato extrajudicial para a propositura da ação de execução em face do emitente (Trajano de Morais) ou do avalista (Vitor Silva), de acordo com o Art. 47, I, da Lei nº 7.357/85.

g) diante da prescrição do primeiro cheque, verifica-se excesso de execução, com base no Art. 917, inciso III, do CPC, porque o valor pleiteado pelo embargado de R$ 22.500,00 (vinte e dois mil e quinhentos reais) não pode ser cobrado coercitivamente do embargante.

Cabe sublinhar que o segundo cheque (valor de R$ 15.000,00) ainda não havia sido atingido pela prescrição na data da propositura da ação, sendo facultativo seu protesto ou apresentação tempestiva a pagamento para a cobrança do emitente e de seu avalista. O enunciado afirma que esse cheque foi apresentado ao sacado e devolvido por insuficiência de fundos, portanto há prova da apresentação e do não pagamento. Não será pontuado como fundamento legal qualquer dispositivo da LUC (Lei Uniforme em matéria de Cheque), promulgada pelo Decreto nº 57.595/66, tendo em vista a superveniência da Lei nº 7.357/85 (lei do cheque).

No hodiernamente clássico RE 80.004-SE (Rel. Min. Cunha Peixoto, julgado em 1º/06/1977), o STF passou a adotar o sistema paritário ou monismo nacionalista moderado, segundo o qual tratados e convenções internacionais têm *status* de lei ordinária. A partir de então, predomina na Suprema Corte a paridade entre lei interna (Lei nº 7.357/85) e tratado internacional (Decreto nº 57.595/66 –LUC), com a utilização do critério cronológico –i.e., da regra *lex posterior derogat priori*–para a resolução dos conflitos entre leis internas e tratados internacionais.

Nos pedidos, o(a) examinando(a) deverá solicitar ao juiz:

a) o recebimento dos embargos e a oitiva do exequente **no prazo de 15 (quinze) dias**, com fundamento no Art. 920, inciso I, do CPC;

Obs.: a simples menção ao artigo não pontua.

b) procedência dos embargos para declarar a prescrição do primeiro cheque (ou do cheque emitido em 24/10/2015) e **o excesso de execução**;

c) suspensão da execução em relação ao embargante (ou atribuição de efeito suspensivo aos embargos) porque seu prosseguimento poderá causar dano de difícil reparação ao executado e a execução já está garantida por penhora, com fundamento no Art. 919, § 1º, do CPC;

Obs.: a simples menção ao artigo não pontua;

d) a **condenação do embargado** ao pagamento das **custas processuais E** dos **honorários advocatícios**.

DAS PROVAS: os embargos devem ser instruídos com cópias das peças processuais relevantes. Deve ser expressamente mencionado que instruem os embargos:

a) cópia dos cheques (relaciona-se com a prescrição);

b) certidão da juntada aos autos do mandado de citação (relaciona-se com a tempestividade);

c) juntada do termo de penhora e laudo de avaliação dos bens penhorado (relaciona-se com o pedido de suspensão da execução); e

d) demonstrativo do valor que o embargante entende correto, nos termos do Art. 917, § 3º, do CPC (relaciona-se com o excesso de execução).

O examinando deve fazer menção ao valor da causa, com fundamento no Art. 319, inciso V, do CPC.

No fechamento da peça, conforme o item 3.5.9 do Edital, o examinando deverá indicar: Município... (ou Rio Claro/RJ), Data..., Advogado..., OAB... **OU** "Município XXX", "Data XXX", "Advogado XXX", "OAB XXX".

início da peça

Excelentíssimo Senhor Doutor Juiz de Direito da Vara Judicial da Comarca de Rio Claro/RJ.

[deixe espaço de aproximadamente 10 cm, para eventual despacho ou decisão do juiz]

Autos nº (...)

Distribuição por dependência

VITOR SILVA, (qualificação completa), por meio de seu advogado e bastante procurador que esta subscreve (procuração anexa – Doc. 1), com escritório em (endereço completo), onde receberá quaisquer notificações e intimações, vem, muito respeitosamente, à presença de Vossa Excelência, tempestivamente e nos termos do art. 915, *caput* do Código de Processo Civil, oferecer

EMBARGOS À EXECUÇÃO

em face de PADARIA E CONFEITARIA SÃO JOÃO MARCOS LTDA., ME (qualificação completa), representada por seu administrador (qualificação completa), pelas razões de fato e de direito que passa a expor.

[Espaço de uma linha]

1. DOS FATOS

Trata-se de ação em que a Exequente, ora Embargada, Padaria e Confeitaria São João Marcos Ltda., ME, ajuizou ação executiva por título extrajudicial para cobrança de valores relativos a dois cheques emitidos por Trajano de Morais, em 19/06/2016. O primeiro cheque foi emitido em 24/10/2015, no valor de R$ 7.500,00 (sete mil e quinhentos reais), e o segundo, em 28/12/2015, no valor de R$ 15.000,00 (quinze mil reais). Os cheques foram emitidos em Rio Claro/RJ, pagáveis nessa mesma cidade, e possuem garantia pessoal cambiária firmada pelo Embargante no anverso, em favor do emitente. Cabe dizer ainda que os referidos cheques não são pós-datados, tendo o primeiro sido apresentado para compensação no dia 20/11/2015 e devolvido na mesma data por insuficiência de fundos disponíveis, e o segundo foi apresentado na agência sacada em Rio Claro pelo beneficiário e exequente, no dia 12/01/2016, sendo também devolvido pelo mesmo motivo do primeiro cheque, contudo, os cheques não foram protestados.

Pois bem.

Executado, ora Embargante, foi citado no dia 10/07/2016.

Desta forma, o Embargante antes de proceder com os Embargos à execução nomeou bens à penhora, com termo de penhora de gado e juntada de laudo de avaliação ao processo.

[Espaço de uma linha]

2. DO DIREITO

Primeiramente, Excelência, quanto a legitimidade ativa, tem-se que o embargante é devedor por ser avalista do emitente, uma vez que os cheques "possuem garantia pessoal cambiária firmada no anverso em favor do emitente", tendo responsabilidade cambiária pelo pagamento, como devedor solidário, com fundamento no Art. 31, *caput*, da Lei nº 7.357/85, isso não se discute.

Entretanto, verifica-se a ocorrência da prescrição da pretensão à execução do primeiro cheque, com fundamento no Art. 59, *caput*, da Lei nº 7.357/85, tendo em vista que o prazo de apresentação deste cheque é de 30 dias, contados da data de emissão (Art. 33, *caput*, da Lei nº 7.357/85). Ademais, o prazo prescricional de 6 meses, contados a partir do término do prazo de apresentação, começou a correr a partir do dia 24/11/2015 e findou no dia 24/05/2016, sendo que a ação foi proposta em 19/06/2016, portanto, após o fim do prazo prescricional.

Ora, como os cheques não foram protestados, não se verificou ato interruptivo da prescrição neste interregno, ou entre o dia 24/11/2015 a 24/05/2016.

Por fim, cumpre dizer ainda que há excesso de execução porque o valor pleiteado pelo Embargado não pode ser integralmente cobrado coercitivamente do Embargante, com base no Art. 917, inciso III, do CPC.

[Espaço de uma linha]

3. DO PEDIDO

Ante o exposto, requer:

a) o recebimento dos embargos e oitiva do exequente no prazo de 15 (quinze) dias, com fundamento no Art. 920, inciso I, do CPC.

b) a procedência dos embargos para declarar a prescrição do primeiro cheque (ou do cheque emitido em 24/10/2015) e o excesso de execução

ROBINSON BARREIRINHAS E HENRIQUE SUBI

c) suspensão da execução em relação ao embargante (ou atribuição de efeito suspensivo aos embargos) porque seu prosseguimento poderá causar ao executado grave dano de difícil reparação e a execução já está garantida por penhora, com fundamento no Art. 919, § 1º, do CPC;

d) a condenação do Embargado ao pagamento de custas e honorários advocatícios;

e) requer ainda a juntada da cópia dos cheques, da certidão de juntada aos autos do mandado de citação, o termo de penhora e laudo de avaliação dos bens penhorados, bem como o demonstrativo do valor que o embargante entende correto nos termos do Art. 917, § 3º, do CPC.

Protesta provar o alegado por todos os meios de prova em Direito admitidos.

Dá-se à presente causa o valor de...

Termos em que,

Pede Deferimento

Rio Claro, data.

[Espaço de uma linha]

Advogado...

OAB/UF...

[não assine, rubrique ou, de outra forma, identifique sua prova!]

fim da peça

DISTRIBUIÇÃO DE PONTOS

ITEM	PONTUAÇÃO
I – Endereçamento	
Exmo. Sr. Dr. Juiz de Direito da Comarca de Rio Claro/RJ (0,10).	0,00/0,10
II-Distribuição por Dependência ao processo n...(0,10).	0,00/0,10
III-Qualificação das partes: Embargante: Vitor Silva, qualificação (0,10). Embargado: Padaria e Confeitaria São João Marcos Ltda., ME, representada por seu administrado, etc. (0,10).	0,00/0,10/0,20
IV- Tempestividade	
vem oferecer Embargos à Execução no prazo de 15 dias (0,10) com base no Art. 915, *caput*, do CPC (0,10).	0,00/0,10/0,20
V- Fundamentação jurídica/Legal	
a) o embargante é avalista emitente e tem responsabilidade solidária pelo pagamento (0,20), com fundamento no Art. 31, *caput*, da Lei nº 7.357/85 (0,10).	0,00/0,20/0,30
b1) Contudo, verifica-se a ocorrência da prescrição da pretensão à execução do primeiro cheque (0,20), com fundamento no Art. 59, *caput*, da Lei nº 7.357/85 (0,10).	0,00/0,20/0,30

PRÁTICA EMPRESARIAL – 4ª EDIÇÃO   273   PEÇAS PRÁTICO-PROFISSIONAIS

b2) o prazo de apresentação deste cheque é de 30 dias, contados da data de emissão (0,20), com fundamento no Art. 33, *caput*, da Lei nº 7.357/85 (0,10).	0,00/0,20/0,30
b3) o prazo prescricional de 6 meses, a partir de término do prazo de apresentação, começou a correr a partir do dia 24/11/2015 e findou no dia 24/05/2016 (0,20).	0,00/0,20
b4) a ação foi proposta em 19/06/2016, portanto, após o fim do prazo prescricional (0,20).	0,00/0,20
c) como os cheques não foram protestados, não se verificou ato interruptivo da prescrição neste interregno (ou entre o dia 24/11/2015 a 24/05/2016) (0,30).	0,00/0,30
d) há excesso de execução porque o valor pleiteado pelo exequente/embargado não pode ser integralmente cobrado coercitivamente do executado/embargante (0,40), com base no Art. 917, inciso III, do CPC (0,10).	0,00/0,40/0,50
VI – Pedidos	
a) recebimento dos embargos e oitiva do exequente no prazo de 15 (quinze) dias (0,15), com fundamento no Art. 920, inciso I, do CPC (0,10).	0,00/0,15/0,25
b) procedência dos embargos para declarar a prescrição do primeiro cheque (ou do cheque emitido em 24/10/2015) (0,20) e o excesso de execução (0,30).	0,00/0,20/0,30/0,50
c) suspensão da execução em relação ao embargante (ou atribuição de efeito suspensivo aos embargos) porque seu prosseguimento poderá causar ao executado grave dano de difícil reparação e a execução já está garantida por penhora (0,30), com fundamento no Art. 919, § 1º, do CPC (0,10).	0,00/0,30/0,40
d) condenação do embargado ao pagamento das custas processuais e dos honorários advocatícios (0,15).	0,00/0,15
VII – Provas (deve haver referência expressa da juntada dos documentos a seguir)	
a) cópia dos cheques (0,15).	0,00/0,15
b) certidão da juntada aos autos do mandado de citação (0,15).	0,00/0,15
c) juntada do termo de penhora e laudo de avaliação dos bens penhorados (0,15).	0,00/0,15
d) demonstrativo do valor que o embargante entende correto (0,25), nos termos do Art. 917, § 3º, do CPC (0,10).	0,00/0,25/0,35
VIII-Valor da causa (0,10).	0,00/0,10
IX-Fechamento	
Local..., Data..., Advogado e OAB (0,10).	0,00/0,10

(OAB/Exame Unificado – 2016.3 – 2ª fase) Em 31/10/2012, quarta-feira, Peçanha, domiciliado e residente na Rua X, casa Y, nº 1, na cidade de São Lourenço/MG, adquiriu eletrodomésticos no valor de R$ 100.000,00 (cem mil reais), do Lojão Chalé Ltda., EPP, tendo sido emitida, na mesma data, uma nota promissória em caráter *pro solvendo* no valor de R$ 100.000,00 (cem mil reais), com vencimento para o dia 25/01/2013, sexta-feira, dia útil no lugar do pagamento.

Em 05/01/2017, quinta-feira, o Sr. Fabriciano Murta, administrador e representante legal da credora, procura você munido de toda a documentação pertinente ao negócio jurídico mencionado. A cliente pretende a cobrança judicial do valor atualizado e com consectários legais de R$ 280.000,00 (duzentos e oitenta mil reais) por não ter sido adimplida a obrigação no vencimento pelo devedor e restadas infrutíferas as tentativas de cobrança amigável.

ROBINSON BARREIRINHAS E HENRIQUE SUBI 274

Elabore a peça adequada, eficaz e pertinente para a defesa do interesse da cliente e considere que a Comarca de São Lourenço/MG tem duas varas com competência concorrente para julgamento de matérias cíveis. **(Valor: 5,00)**

Obs.: a peça deve abranger todos os fundamentos de Direito que possam ser utilizados para dar respaldo à pretensão. A simples menção ou transcrição do dispositivo legal não confere pontuação.

GABARITO COMENTADO – FGV

O(A) examinando(a) deverá demonstrar conhecimento da disciplina relativa às notas promissórias, especialmente o conhecimento do prazo prescricional trienal para a ação de execução e sua necessária e umbilical relação com o cabimento da ação monitória, caso esse prazo tenha expirado.

Dentre as ações cabíveis para a cobrança judicial da nota promissória (cambial ou executiva, monitória e ordinária), aquela que se revela a mais adequada, eficaz e pertinente para a defesa dos interesses da credora é a *Ação Monitória*, com base nas informações contidas no enunciado, considerando-se que houve a prescrição da pretensão à execução da nota promissória, a partir da análise das datas de vencimento e da consulta feita ao advogado.

De acordo com o Art. 77 do Decreto nº 57.663/66 (Lei Uniforme de Genebra – LUG), aplicam-se à nota promissória as disposições relativas à prescrição da letra de câmbio. Por sua vez, o Art. 70 do mesmo diploma estatui o prazo de 3 (três) anos para a propositura da ação por falta de pagamento em face do aceitante, contados do vencimento da cártula. A nota promissória não tem aceitante e sim subscritor, portanto, é necessário o fundamento no Art. 78 da LUG, que equipara o subscritor da nota promissória ao aceitante. Pelas datas citadas no enunciado (25/01/2013 e 05/01/2017), verifica-se o decurso de mais de 3 anos entre a data do vencimento e a data da solicitação de cobrança judicial. Assim sendo, é patente a ocorrência da prescrição da pretensão à execução da nota promissória. O examinando deverá reconhecer a prescrição e relacionar tal fato ao cabimento da ação monitória.

Com base nessas considerações, a peça a ser elaborada pelo(a) examinando(a) é uma Ação Monitória, com fundamento no Art. 700, inciso I, do CPC/15, tendo em vista que o título (prova escrita) perdeu sua eficácia executiva e a credora pretende pagamento de quantia em dinheiro. Por esta razão, é indispensável que o examinando mencione em sua resposta o inciso I do Art. 700 do CPC/15, pois deverá precisar que o autor *pretende o pagamento de quantia em dinheiro* e não a entrega de coisa ou de bem, ou ainda o cumprimento de obrigação de fazer ou de não fazer.

O Juízo competente será a 1ª **OU** a 2ª Vara Cível da Comarca de São Lourenço/MG, lugar do pagamento e domicílio do subscritor da nota promissória (Art. 53, inciso III, alínea *d*, do CPC/15). *A vara onde tramitará a ação não estará determinada no momento da elaboração da petição. Assim, não cabe sua indicação prévia na petição inicial.*

O(A) examinando(a) deve demonstrar a tempestividade no ajuizamento da ação, com base no Art. 206, § 5º, inciso I, do Código Civil (prazo quinquenal) **OU** na Súmula 504 do STJ (*"O prazo para ajuizamento de ação monitória em face do emitente de nota promissória sem força executiva é quinquenal, a contar do dia seguinte ao vencimento do título", STJ, Segunda Seção, julgada em 11/12/2013, DJe 10/02/2014*). Considerando-se que o vencimento ocorreu em 25/01/2013, não decorreram ainda 5 (cinco) anos, portanto há tempestividade para a propositura da ação monitória.

Na petição inicial da ação monitória, o autor deve explicitar o conteúdo patrimonial em discussão, de modo que devem constar no texto da resposta na parte referente aos fundamentos jurídicos:

a) a origem do crédito: aquisição de eletrodomésticos pelo devedor, ora réu;

b) o crédito está representado em nota promissória emitida pelo réu;

c) não houve novação na emissão da nota promissória em relação ao crédito por ter sido emitida em caráter *pro solvendo*; d) do dia seguinte ao do vencimento da nota promissória até a data da propositura da ação, decorreram mais de 3 (três) anos, verificando-se a prescrição da pretensão à execução, nos termos do Art. 77 c/c os artigos 70 e 78, todos do Decreto nº 57.663/66;

e) com a ***perda da eficácia executiva do título*** ainda é cabível a cobrança por via de ação monitória, nos termos do Art. 700, inciso I, do CPC/15.

A razão jurídica para o cabimento da ação monitória está, necessariamente, relacionada à prescrição em 3 anos da pretensão à execução da nota promissória. Por esta razão, a pontuação do item "e" da Fundamentação Jurídica depende que o examinando reconheça a prescrição em 3 anos em sua resposta, e, dessa forma, atinja o conteúdo mínimo avaliado.

Nos pedidos, o(a) examinando(a) deve requerer:

a) a expedição de mandado de citação (admite-se a citação por qualquer dos meios permitidos para o procedimento comum, Art. 700, § 7º, CPC/15) **E** de pagamento contra o réu, a ser cumprido no prazo de 15 dias, nos termos do Art. 701, *caput*, do CPC/15;

b) o pagamento de honorários advocatícios de 5% (cinco por cento) do valor de R$ 280.000,00 (duzentos e oitenta mil reais), correspondentes ao valor da causa, **OU** o pagamento de honorários advocatícios no valor de R$ 14.000,00 (catorze mil reais), correspondente a 5% do valor da causa (o simples pedido de honorários não pontua);

c) a condenação do réu ao pagamento de custas processuais **em caso de descumprimento do mandado monitório**, em conformidade com o Art. 701, § 1º, do CPC/15 (o simples pedido de condenação em custas não pontua);

d) a procedência do pedido para decretar a constituição, de pleno direito, de título executivo judicial, independentemente de qualquer formalidade, **se não realizado o pagamento E não apresentados embargos pelo réu** (Art. 701, § 2º, do CPC/15);

e) em obediência ao Art. 318, parágrafo único c/c o Art. 319, inciso VII, ambos do CPC/15, a indicação de ter interesse (ou não) pela realização de audiência de conciliação ou de mediação.

Das provas: a petição deverá estar necessariamente instruída com a prova escrita sem eficácia de título executivo (nota promissória), nos termos do Art. 700, *caput*, do CPC/15. Portanto, o examinando deverá fazer referência expressa a ela, bem como à memória de cálculo que serviu de base para apuração da importância devida (Art. 700, § 2º, inciso I, do CPC/15).

Valor da causa: Nos termos do Art. 700, § 3º, do CPC/15, o(a) examinando(a) deverá fazer menção expressa ao valor da causa de R$ 280.000,00 (duzentos e oitenta mil reais), que corresponde à importância devida prevista no Art. 700, § 2º, inciso I, do CPC/15.

Fechamento da peça: o(a) examinando(a) deverá proceder conforme o item 3.5.9 do Edital (Local ... ou Município (São Lourenço/MG), Data..., Advogado(a)... e OAB...), abstendo-se de inserir dado ou informação não contidos no enunciado (ex: dia, mês e ano definidos) para não identificar sua peça.

Cabe lembrar que, **em hipótese alguma**, a peça deve ser datada, pois não há este comando no enunciado da questão.

início da peça

Excelentíssimo Senhor Doutor Juiz de Direito de uma das Varas Cíveis da Comarca de São Lourenço/MG.

[deixe espaço de aproximadamente 10 cm, para eventual despacho ou decisão do juiz]

LOJÃO CHALÉ LTDA. – EPP, sociedade empresária regularmente inscrita no CNPJ sob o nº (...), com sede na (endereço completo), neste ato representada por seu administrador, Sr. Fabriciano Murta (qualificação completa), por meio de seu advogado e bastante procurador que esta subscreve (procuração anexa – Doc. 1), com escritório em (endereço completo), onde receberá quaisquer notificações e intimações, vem, mui respeitosamente, à presença de Vossa Excelência, nos termos do art. 700, I, do Código de Processo Civil, ajuizar

AÇÃO MONITÓRIA

em face de PEÇANHA (qualificação completa), domiciliado e residente na Rua X, casa Y, nº 1, nesta cidade e comarca, pelas razões de fato e de direito que passa a expor.

1. DOS FATOS

Em 31/10/2012, o Autor vendeu ao Réu eletrodomésticos no valor de R$ 100.000,00 (cem mil reais), tendo sido emitida, na mesma data, uma nota promissória em caráter *pro solvendo* no valor de R$ 100.000,00 (cem mil reais), com vencimento para o dia 25/01/2013, sexta-feira, dia útil no lugar do pagamento. (doc. 2)

Não tendo a obrigação sido adimplida e esgotadas as tentativas de recebimento amigável, veio a esgotar-se o prazo prescricional da força executiva da nota promissória, restando, então, ao Autor a via monitória para recebimento de seu crédito.

2. DO DIREITO

Dispõe o art. 700, I, do Código de Processo Civil que a ação monitória pode ser proposta por aquele que afirmar, com base em prova escrita sem eficácia de título executivo, ter direito de exigir do devedor capaz o pagamento de quantia em dinheiro.

A nota promissória firmada pelo Requerido (doc. 2) perdeu sua eficácia executiva, não sendo mais possível a exigência do débito nela representado por meio da ação cambial. De acordo com o art. 77 do Decreto nº 57.663/66 (Lei Uniforme de Genebra – LUG), aplicam-se à nota promissória as disposições relativas à prescrição da letra de câmbio. Por sua vez, o art. 70 do mesmo diploma estatui o prazo de 3 (três) anos para a propositura da ação por falta de pagamento em face do aceitante, contados do vencimento da cártula. A nota promissória não tem aceitante e sim subscritor, portanto, invoca-se o art. 78 da LUG, que equipara o subscritor da nota promissória ao aceitante. Como a cártula foi sacada em 25/01/2013, verifica-se o decurso de mais de 3 anos entre a data do vencimento e a data da solicitação de cobrança judicial. Assim sendo, é patente a ocorrência da prescrição da pretensão à execução da nota promissória.

Frise-se, por oportuno, que não houve novação na obrigação, considerando que a nota promissória foi emitida em caráter "pro solvendo".

Conforme memória de cálculo anexa (doc. 3), o valor devido atualizado até a presente data remonta R$280.000,00 (duzentos e oitenta mil reais).

3. DO PEDIDO

Ante o exposto, serve a presente para requerer:

a) a expedição de mandado de citação e de pagamento em desfavor do Requerido, a ser cumprido no prazo de 15 dias, nos termos do art. 701, *caput*, do CPC/15;

b) o pagamento de honorários advocatícios de R$ 14.000,00 (catorze mil reais), correspondente a 5% do valor da causa;

c) a condenação do réu ao pagamento de custas processuais em caso de descumprimento do mandado monitório, em conformidade com o art. 701, § 1º, do CPC/15;

d) a procedência do pedido para decretar a constituição, de pleno direito, de título executivo judicial, independentemente de qualquer formalidade, se não realizado o pagamento e não apresentados embargos pelo réu (art. 701, § 2º, do CPC/15);

e) em obediência ao art. 318, parágrafo único c/c o art. 319, inciso VII, ambos do CPC/15, informa o Autor ter interesse na realização de audiência de conciliação ou de mediação.

Protesta pela produção de todas as provas admitidas em Direito, em especial a apresentação dos documentos que instruem a presente petição – nota promissória e memória de cálculo.

Dá-se à causa o valor de R$ 280.000,00 (duzentos e oitenta mil reais, nos termos do art. 700, §3º, do CPC/15.

Termos em que

Pede deferimento.

(Local e data)

[não assine, rubrique ou, de outra forma, identifique sua prova.]

_____

ADVOGADO (...)

OAB-(Estado) nº (...)

Endereço (...)

fim da peça

DISTRIBUIÇÃO DE PONTOS

ITEM	PONTUAÇÃO
I – Endereçamento	
Exmo. Dr. Juiz de Direito da ___ Vara Cível da Comarca de São Lourenço/MG *Obs.: O endereçamento em desconformidade com o padrão acima não pontua.*	0,00/0,10
II- Autor: Lojão Chalé Ltda., EPP, por seu administrador (ou representante legal) Fabriciano Murta [qualificação] (0,10).**Réu:** Peçanha [qualificação] (0,10).	0,00/0,10/0,20
III- Tempestividade	
O vencimento do título ocorreu em 25/01/2013, portanto não decorreu o prazo de 5 (cinco) anos, tendo a ação sido proposta tempestivamente (0,40), com fundamento no Art. 206, § 5°, inciso I, do CC <u>OU</u> na Súmula 504 do STJ (0,10). *Obs1: a pontuação de 0,10 só será conferida uma única vez, ainda que o examinando cite em sua resposta o dispositivo legal e a Súmula.* *Obs2: a simples menção à Súmula 504 do STJ não pontua.*	0,00/0,40/0,50
IV- Fundamentação jurídica/Legal	
a) a origem do crédito: aquisição de eletrodomésticos pelo réu (0,15);	0,00/0,15
b) o crédito está representado em nota promissória emitida pelo réu (0,15);	0,00/0,15
c) não houve novação da obrigação por ter sido a nota promissória emitida em caráter *pro solvendo* (0,40);	0,00/0,40
d) do dia seguinte ao do vencimento da nota promissória até a data da propositura da ação decorreu mais de 3 (três) anos, verificando-se a prescrição da pretensão à execução (0,50), conforme Art. 77 c/c o Art. 70 (0,10) e o Art. 78 (0,10), todos do Decreto n° 57.663/66 – LUG. *Obs: a simples menção à prescrição da pretensão à execução sem a correta fundamentação e indicação do prazo não pontua.*	0,00/0,50/0,60/0,70
e) A possibilidade de cobrança da soma em dinheiro com base em título sem eficácia executiva pode ser feita via monitória (0,40), nos termos do Art. 700, inciso I, do CPC/15 (0,10). *Obs1: o fundamento legal encontra-se, exclusivamente, no inciso I do Art. 700 do CPC/15 (pagamento de quantia em dinheiro).* *Obs2: conforme consignado no padrão de respostas definitivo e gabarito comentado, a pontuação desse item depende do reconhecimento da prescrição trienal da nota promissória, pressuposto para o cabimento da ação monitória. (item d)*	0,00/0,40/0,50
V – Pedidos	
a) a expedição de mandado de citação E de pagamento contra o réu (0,35), nos termos do Art. 701, *caput*, do CPC/15 (0,10);	0,00/0,35/0,45
b) o pagamento de honorários advocatícios de <u>**5% (cinco por cento)**</u> do valor de R$ 280.000,00 (duzentos e oitenta mil reais), correspondente ao valor da causa <u>OU</u> o pagamento de honorários advocatícios no valor de R$ 14.000,00 (catorze mil reais), correspondente a 5% do valor da causa (0,30); *Obs: o simples pedido de condenação em honorários não pontua.*	0,00/0,30

c) a condenação do réu ao pagamento de custas processuais em **caso de descumprimento do mandado monitório** (0,25), em conformidade com o Art. 701, § 1º, do CPC/15 (0,10). *Obs: o simples pedido de condenação em custas não pontua.*	0,00/0,25/0,35
d) a procedência do pedido para decretar a constituição, de pleno direito, de título executivo judicial, independentemente de qualquer formalidade (0,25) se não realizado o pagamento **E** não apresentados embargos pelo réu (0,15). *Obs: a pontuação de 0,15 não é conferida autonomamente, decorrendo da menção prévia do pedido de constituição do título judicial.*	0,00/0,25/0,40
e) a indicação se tem interesse (ou não) pela realização de audiência de conciliação ou de mediação (0,20).	0,00/0,20
VI – Provas (deve haver referência expressa da juntada dos documentos a seguir)	
a) nota promissória (prova escrita sem eficácia de título executivo – Art. 700, do CPC/15) (0,20).	0,00/0,20
b) memória de cálculo (Art. 700, § 2º, inciso I, do CPC/15) (0,20).	0,00/0,20
VII- Valor da Causa, em conformidade com o Art. 700, § 3º, do CPC/15 R$280.000,00 (duzentos e oitenta mil reais) (0,10).	0,00/0,10
VIII-Fechamento	
Local..., Data..., Advogado(a), OAB ... nº...	0,00/0,10

(OAB/Exame Unificado – 2011.1 – 2ª fase) Indústria de Doces Algodão de Açúcar Ltda., sociedade empresária com sede na Cidade de São Paulo, Estado de São Paulo, é credora da sociedade Sonhos Encantados Comércio de Doces Ltda., domiciliada na Cidade de Petrópolis, Estado do Rio de Janeiro, por meio de uma duplicata de venda de mercadorias, não aceita pela devedora, e vencida em 02.02.2011, no valor de R$ 50.000,00.

Considerando que (i) a recusa do aceite não foi justificada pela sociedade sacada; que (ii) a sacadora protestou o título por falta de pagamento; e que (iii) detém o canhoto da correspondente fatura, assinado por preposto da devedora, dando conta do recebimento da mercadoria, elabore a petição inicial para ação para receber a quantia que melhor se adeque à pretensão do credor no caso relatado. (Valor: 5,0)

COMENTÁRIO PRÉVIO

A questão trata de uma dívida líquida, consubstanciada em título de crédito não prescrito (considerando a data em que a prova foi realizada), vencida e não paga no valor de R$ 50.000,00, isto é, superior a 40 salários mínimos.

Com isso, surge a indagação: deve o candidato propor qual ação judicial? Em princípio, vislumbramos duas alternativas: execução de título extrajudicial ou pedido de falência.

Para solucionar é dúvida, é preciso prestar atenção em dois detalhes. Primeiro, o enunciado não traz a informação de que o título foi protestado para fins falimentares. Como não nos é autorizado a supor ou inventar nada durante a prova, a falta desse requisito afasta a possibilidade do pedido de falência. Segundo, o problema proposto pede que o candidato apresente a ação que "melhor se adeque à pretensão do credor". Ora, se é assim, não há dúvidas que, para o credor, a execução individual é o melhor caminho para o recebimento do crédito, pois não terá de concorrer com outros credores ou superar todo o procedimento compartimentado da falência. Esta somente se recomenda quando não há expectativas do credor em receber sua dívida.

Concluímos, portanto, pelo cabimento da execução de título extrajudicial. Como esta será fundada em uma duplicata, os requisitos da ação executiva devem ser encontrados na Lei 5.474/1968:

"Art. 15. A cobrança judicial de duplicata ou triplicata será efetuada de conformidade com o processo aplicável aos títulos executivos extrajudiciais, de que cogita o Livro II do Código de Processo Civil, quando se tratar:

(...)

II – de duplicata ou triplicata não aceita, contando que, cumulativamente:

a) haja sido protestada;

b) esteja acompanhada de documento hábil comprobatório da entrega e recebimento da mercadoria; e

c) o sacado não tenha, comprovadamente, recusado o aceite, no prazo, nas condições e pelos motivos previstos nos arts. 7º e 8º desta Lei.

Perceba que o enunciado lista, individualmente, todos os requisitos para a execução da duplicata, mencionando que o sacado não justificou a recusa do aceite. Na falta de justificativa, tomamos por base que não ocorreu qualquer das hipóteses autorizadoras da recusa do aceite (não recebimento, avarias, vícios, defeitos ou diferenças nas mercadorias, divergência nos prazos ou preços ajustados).

No mais, a petição inicial da execução é bastante simples, devendo apenas seguir os requisitos do art. 319 do CPC. Sobre a competência, cabe ressaltar que, como o problema não indica o local de pagamento da duplicata, devemos propor a ação no domicílio do devedor, nos termos do art. 17 da Lei 5.474/1968.

RESOLUÇÃO DA PEÇA PRÁTICO-PROFISSIONAL

[o que estiver entre colchetes é apenas nota do autor – não deve constar da peça]

início da peça

Excelentíssimo Senhor Doutor Juiz de Direito de uma das Varas Cíveis da Comarca de Petrópolis – Estado do Rio de Janeiro

[deixe espaço de aproximadamente 10 cm, para eventual despacho ou decisão do juiz]

INDÚSTRIA DE DOCES ALGODÃO DE AÇÚCAR LTDA., sociedade empresária regularmente inscrita no CNPJ sob o nº (...), sediada em (endereço completo), na cidade de São Paulo – SP, por meio de seu advogado e bastante procurador que esta subscreve (procuração anexa – Doc. 1), com escritório em (endereço completo), onde receberá quaisquer notificações e intimações, vem, mui respeitosamente, à presença de Vossa Excelência, nos termos do art. 784, I, do Código de Processo Civil, bem como do art. 15 da Lei 5.474/1968, propor

EXECUÇÃO DE TÍTULO EXTRAJUDICIAL

em face de SONHOS ENCANTADOS COMÉRCIO DE DOCES LTDA., sociedade empresária regularmente inscrita no CNPJ sob o nº (...), sediada em (endereço completo), nesta cidade e comarca de Petrópolis, Estado do Rio de Janeiro, pelas razões de fato e de direito que passa a expor.

1. DOS FATOS

A Exequente é credora da Executada por meio de uma duplicata de venda de mercadorias, não aceita pela devedora, e vencida em 02.02.2011, no valor de R$ 50.000,00 (Doc. 2). Acrescidos dos encargos legais e da correção monetária relativa ao período, o crédito atualmente remonta R$ (...) (memorial de cálculo anexo – Doc. 3).

Cumpre ressaltar que as mercadorias foram devidamente entregues, conforme o canhoto anexo (Doc. 4). Apesar disso, a Executada não justificou a sua recusa em aceitar a duplicata. Aliás, nem teria razão para fazê-lo, considerando que as mercadorias não apresentavam qualquer avaria, vício ou divergência naquilo que foi pactuado.

Após diversas tentativas infrutíferas de conciliação, a Exequente promoveu o protesto do título perante o tabelionato competente (Doc. 5), não lhe restando outro caminho senão a propositura da presente ação.

2. DO DIREITO

Dispõe o art. 15 da Lei 5.474/1968:

"Art. 15. A cobrança judicial de duplicata ou triplicata será efetuada de conformidade com o processo aplicável aos títulos executivos extrajudiciais, de que cogita o Livro II do Código de Processo Civil, quando se tratar:

(...)

II – de duplicata ou triplicata não aceita, contanto que, cumulativamente:

a) haja sido protestada;

b) esteja acompanhada de documento hábil comprobatório da entrega e recebimento da mercadoria; e

c) o sacado não tenha, comprovadamente, recusado o aceite, no prazo, nas condições e pelos motivos previstos nos arts. 7º e 8º desta Lei."

Como se vê, a Exequente atende a todos os requisitos legais para promover a execução da duplicata, juntando os documentos comprobatórios de sua pretensão.

3. DO PEDIDO

Ante o exposto, serve a presente para requerer:

a) seja a Executada citada para, em três dias, efetuar o pagamento, sob pena de, não o fazendo, ter de imediato tantos bens penhorados quanto bastem para a garantia da dívida (art. 829 do CPC);

b) não sendo encontrados bens penhoráveis, seja a Executada intimada para oferecer bens passíveis de constrição (art. 829, § 2º, do CPC);

ROBINSON BARREIRINHAS E HENRIQUE SUBI

c) digne-se Vossa Excelência, nos termos do art. 827 do CPC, fixar, de plano, os honorários de advogado a serem pagos pelo executado.

Dá-se à causa o valor de R$ (...) (valor do crédito atualizado).

Termos em que

Pede deferimento.

(Local e data)

[não assine, rubrique ou, de outra forma, identifique sua prova!]

_____

ADVOGADO (...)

OAB-(Estado) n° (...)

Endereço (...)

fim da peça

GABARITO COMENTADO – FGV

A hipótese contempla a elaboração de petição inicial relativa à ação de execução, porquanto se encontram no enunciado reunidas as condições exigidas pelo art. 15, II, da Lei 5.474/1968 para tal. Desse modo, a pretensão deverá levar em conta os requisitos apontados no indigitado preceito e obedecer ao disposto no art. 319 do CPC e estatuto da OAB.

DISTRIBUIÇÃO DOS PONTOS

ITEM	PONTUAÇÃO
Endereçamento da petição: Vara Cível da Comarca de Petrópolis/RJ	0 / 0,25
Qualificação das partes	0 / 0,25
Demonstração da existência do crédito	0 / 0,5
Fundamentação: demonstração da força executiva com base no art. 15, II, da Lei 5.474/1968 (1,5) e indicação do art. 784, I, do CPC (0,5)	0 / 0,5 / 1,5 / 2,0
Indicação do valor devido mediante referência à planilha de atualização da dívida (art. 798,I, alínea b do CPC)	0 / 0,5
Pedido: citação	0 / 0,25
Pedido: efetuar pagamento da dívida (0,5) em três dias (0,25) sob pena de penhora (0,25)	0 / 0,25 / 0,5 / 0,75 / 1,0
Atribuição do valor da causa	0 / 0,25

4. DIREITO FALIMENTAR

(OAB/Exame Unificado – 2019.3 – 2ª fase) O pedido de recuperação judicial de Praia Norte S/A foi processado pelo Juízo da 1ª Vara Cível da Comarca da Porto Nacional/TO.

Tempestivamente foi apresentado o plano de recuperação e, como esse sofreu objeção por parte de credores trabalhistas, foi realizada assembleia na forma do Art. 56, *caput*, da Lei nº 11.101/05. O referido plano foi aprovado por todas as quatro classes de credores presentes à assembleia geral realizada em 11/07/2019.

Na referida assembleia, o Banco Riachinho S/A, como credor quirografário, classe III, votou contra a aprovação do plano, por discordar do deságio de 80% (oitenta por cento) previsto para a mesma classe III, além da carência de dois anos para início do pagamento e prazo de 12 anos para integralização do pagamento. O credor considerou que a recuperanda age de má-fé com tal proposta, mas ficou vencido na votação.

Antes da concessão da recuperação judicial, você, advogado(a) do Banco Riachinho, já havia peticionado ao Juízo para que exercesse o controle de legalidade no momento da homologação da decisão da assembleia e concessão do favor legal, no sentido de:

a) decretar a ineficácia da cláusula 5.4 (novação dos créditos em face dos coobrigados e garantidores, e proibição de ajuizamento/prosseguimento de ações em face deles) perante os credores sujeitos aos efeitos da recuperação judicial que votaram contrariamente à aprovação do plano, e todos aqueles que estiverem ausentes.

Nos termos em que foi aprovada, a referida cláusula sujeita qualquer credor a seus efeitos, inclusive o Banco Riachinho, que foi expressamente contrário a ela;

b) restringir os efeitos da cláusula 5.5 apenas aos credores sujeitos aos efeitos da recuperação judicial, nos termos do *caput* do Art. 49 da Lei nº 11.101/05.

A referida cláusula prevê que todos os credores, após a aprovação do plano, não mais poderão: (a) ajuizar ou prosseguir qualquer ação, execução ou processo judicial de qualquer tipo relacionado a qualquer crédito; (b) executar qualquer sentença judicial, decisão judicial ou sentença arbitral relacionada a qualquer crédito; (c) requerer penhora de quaisquer bens da companhia para satisfazer seus créditos; (d) criar, aperfeiçoar ou executar qualquer garantia real sobre bens e direitos da companhia para assegurar o pagamento de seus créditos; (f) buscar a satisfação de seus créditos por quaisquer outros meios.

O Banco Riachinho também é titular de créditos com garantia fiduciária sobre imóveis constituídos antes e após o pedido de recuperação. Com essa cláusula e sua vigência a partir da concessão da recuperação, o credor terá seu direito de ação diretamente atingido.

c) declarar a nulidade da cláusula 5.6, que prevê a necessidade de nova convocação de assembleia geral de credores no caso de descumprimento do plano, sem convolação imediata da recuperação em falência.

Sem atender ao peticionamento do(a) advogado(a), o juiz homologou *in totum* o plano de recuperação e, na forma do Art. 45 c/c. o Art. 58, caput, concedeu a recuperação judicial da devedora, não estando presentes quaisquer situações de obscuridade, contradição, omissão ou erro material na decisão. A decisão foi publicada e os advogados das partes intimados.

Na fundamentação, o juiz a quo considerou que, a despeito de o plano estar sujeito ao controle judicial, as cláusulas atacadas foram aprovadas por mérito da soberana vontade da assembleia geral de credores e se referem a direitos patrimoniais disponíveis. Com isso, os credores dissidentes, como o Banco Riachinho S/A, ficam sujeitos aos efeitos da novação (Art. 59 da Lei nº 11.101/05).

Elabore a peça processual adequada, considerando que o Banco Riachinho não se conforma com a decisão e pretende reformá-la. **(Valor: 5,00)**

Obs.: a peça deve abranger todos os fundamentos de Direito que possam ser utilizados para dar respaldo à pretensão. A simples menção ou transcrição do dispositivo legal não confere pontuação.

GABARITO COMENTADO – FGV

A decisão impugnada é uma decisão interlocutória que concedeu a recuperação judicial, razão pela qual o recurso cabível para sua impugnação *é o agravo de instrumento* (Art. 59, § 2º, da Lei nº 11.101/05), que poderá ser interposto por qualquer credor. Logo, o Banco Ranchinho S/A, como credor da recuperanda, tem legitimidade para recorrer da decisão.

Fica claro pelo enunciado que o credor, Banco Ranchinho S/A, pretende a reforma da decisão concessiva da recuperação judicial. Afasta-se o cabimento de embargos de declaração porque não se almeja nenhum dos objetivos previstos no Art. 1.022 do CPC, ou seja, (i) esclarecer obscuridade ou eliminar contradição na decisão judicial; (ii) suprir omissão de ponto ou questão sobre o qual devia se pronunciar o juiz de ofício ou a requerimento ou (iii) corrigir erro material.

O Agravo deve ser dirigido diretamente ao Tribunal competente, no caso o Tribunal de Justiça do Estado do Tocantins.

Em cumprimento ao Art. 1.016, incisos I e IV, do CPC, a petição do agravo deve indicar os nomes das partes e os endereços dos advogados.

Deve haver menção à adequação/cabimento do recurso de Agravo de Instrumento, por se tratar de decisão interlocutória concessiva da recuperação judicial, contra a qual o Art. 59, § 2º, da Lei nº 11.101/05 prevê o Agravo.

O examinando deve fazer referência que o recurso é tempestivo por estar sendo interposto dentro do prazo de quinze dias (Art. 1.003, § 5º, do CPC). O prazo para a interposição do recurso conta-se da data em que os advogados são intimados da decisão (Art. 1.003, *caput*, do CPC).

Para efeito de pontuação, nas razões do pedido de reforma, deve ser exposto, com a devida fundamentação jurídica/legal:

a) A cláusula 5.4 do plano não pode impor a novação dos créditos dos coobrigados e garantidores aos credores que a ela se opuseram, como o agravante, pois os credores do devedor em recuperação judicial conservam seus direitos e privilégios contra os coobrigados, fiadores e obrigados de regresso, de acordo com o Art. 49, § 1º da Lei nº 11.101/05.

b) A cláusula 5.5 viola os direitos do agravante, pois é titular da posição de proprietário fiduciário de bens imóveis, prevalecendo os direitos de propriedade sobre a coisa e as condições contratuais, de acordo com o Art. 49, § 3º, da Lei nº 11.101/05.

c) a cláusula 5.6, que condicionou a convolação da recuperação judicial em falência à convocação de prévia assembleia geral de credores, deve ser extirpada do plano por ser ilegal. O mero descumprimento das obrigações previstas no plano é suficiente para o pedido de convolação da recuperação em falência, nos termos do Art. 61, § 1º, c/c. o Art. 73, inciso IV, ambos da Lei nº 11.101/05.

Deve ser deduzido pedido de concessão de efeito suspensivo ao agravo, de forma a evitar risco de dano grave, na forma do Art. 995, parágrafo único, do CPC (*"A eficácia da decisão recorrida poderá ser suspensa por decisão do relator, se da imediata produção de seus efeitos houver risco de dano grave, de difícil ou impossível reparação, e ficar demonstrada a probabilidade de provimento do recurso"*) **ou** com fundamento no Art. 1.019, inciso I, do CPC.

O pedido de efeito suspensivo ao Agravo deve ser fundamentado e, para fins de pontuação, a necessidade de seu provimento reside no fato de que a cláusula 5.5 proíbe o agravante de ajuizar ou prosseguir qualquer ação, execução ou processo judicial de qualquer tipo relacionado a qualquer crédito. Assim, diante da condição de credor fiduciário do Banco Riachinho S/A, cujo crédito não se submete à recuperação judicial e a ação de execução não fica suspensa com o processamento, a cláusula atinge seu direito de ação.

Nos pedidos devem ser articulados:

a) atribuição de efeito suspensivo, na forma do Art. 995, parágrafo único, do CPC ou Art. 1.019, inciso I, do CPC;

b) provimento do recurso para reformar a decisão concessiva da recuperação;

c) intimação da agravada; e

d) intimação do Ministério Público.

Deve haver menção na peça aos seguintes documentos que instruirão a petição do Agravo (Art. 1.017, inciso I, e § 1º, do CPC)

a) petição que ensejou a decisão agravada;

b) a decisão agravada;

c) certidão da respectiva intimação que comprove a tempestividade;

d) procurações outorgadas aos advogados do agravante e do agravado; e

e) Juntada do comprovante de recolhimento de custas.

O fechamento deve observar o item 3.5.9 do Edital.

Local... ou Município..., Data..., Advogado... e OAB...

início da peça

Excelentíssimo Senhor Desembargador Presidente do Egrégio Tribunal de Justiça do Estado do Tocantins

[deixe espaço de aproximadamente 10 cm, para eventual despacho ou decisão do juiz]

Autos nº (...)

BANCO RANCHINHO S/A, pessoa jurídica de direito privado. CNPJ n.º..., com sede na Rua... e endereço eletrônico... [e-mail], por meio de seu advogado e bastante procurador que esta subscreve (procuração anexa – Doc. 1), com escritório em (endereço completo), onde receberá quaisquer notificações e intimações, vem, muito respeitosamente, à presença de Vossa Excelência, nos termos dos arts. 1.015 e seguintes do CPC, interpor

AGRAVO DE INSTRUMENTO

em face da decisão proferida nos autos do Processo n°..., cuja parte Agravada já se encontra devidamente qualificada, pelas razões de fato e de direito que passa a expor.

Requer a juntada do instrumento com cópias da petição inicial, da contestação, da petição que ensejou a decisão agravada, da própria decisão agravada, da certidão da respectiva intimação, das procurações outorgadas aos advogados e demais peças necessárias, conforme os requisitos constantes do art. 1.017 do CPC.

Requer, também, a juntada da comprovação do preparo. [Sempre verificar se o Agravante é beneficiário da justiça gratuita.]

Informa, ainda, em respeito ao art. 1.016, IV, do CPC, o nome, a inscrição e o endereço profissional dos advogados das partes: [informação muito importante]

Agravante: Advogado..., OAB/UF..., endereço profissional...

Agravado: Advogado..., OAB/UF..., endereço profissional...

Termos em que

Pede Deferimento.

Porto Nacional..., data.

Advogado...

OAB/UF

[espaço de uma linha]

(quebra de página)

[Deve-se escrever exatamente a expressão "quebra de página" entre parênteses para dar a ideia de que haverá mudança de página.]

Agravante: Banco Ranchinho S/A

Agravado: Praia Norte S/A

Processo n°:...

[espaço de uma linha]

RAZÕES DO AGRAVO DE INSTRUMENTO

[espaço de duas linhas]

Egrégio Tribunal,

Colenda Câmara,

Eminentes Julgadores.

[espaço de uma linha]

1. DA TEMPESTIVIDADE E DO CABIMENTO DO AGRAVO

O Presente agravo de instrumento é cabível, tendo em vista tratar-se de decisão interlocutória que concedeu a recuperação judicial, conforme Art. 59, § 2°, da Lei n° 11.101/05.

Ademais, temos que este é tempestivo, uma vez que foi interposto dentro do prazo de quinze dias, conforme o Art. 1.003, § 5°, do CPC.

[espaço de uma linha]

2. DO RESUMO DOS FATOS

Trata-se de processo de recuperação judicial na qual foi submetida a Agravada, tendo ela apresentado tempestivamente o plano de recuperação.

Ante a objeção do plano por parte dos credores, foi realizada Assembleia em que a Agravante participou, sendo esta contra a aprovação do plano, por discordar do deságio de 80% (oitenta por cento) previsto para sua classe(de credores quirografários), da carência de dois anos para início do pagamento e do prazo de 12 anos para integralização do pagamento, tendo sido vencida pelos demais votos.

Contudo, antes mesmo da concessão da recuperação judicial, a Agravante peticionou ao Juízo competente para que ele exercesse o controle de legalidade no momento da homologação da decisão da assembleia e concessão do favor legal, no sentido de decretar a ineficácia da cláusula 5.4 que prevê novação dos créditos em face dos coobrigados e garantidores, e proibição de ajuizamento/prosseguimento de ações em face deles perante os credores sujeitos aos efeitos da recuperação judicial que votaram contrariamente à aprovação do plano, e todos aqueles que estiverem ausentes. E ainda, a cláusula 5.5, pois viola os direitos do agravante, tendo em vista que este é titular da posição de proprietário fiduciário de bens imóveis, prevalecendo os direitos de propriedade sobre a coisa e as condições contratuais.

E por fim, a nulidade da cláusula 5.6, que prevê a necessidade de nova convocação de assembleia geral de credores no caso de descumprimento do plano, sem convolação imediata da recuperação em falência.

Entretanto, o MM. juízo *a quo* considerou que as cláusulas atacadas foram aprovadas por mérito da soberana vontade da assembleia geral de credores e se referem a direitos patrimoniais disponíveis, ficando a Agravante e demais credores dissidentes sujeitos aos efeitos da novação.

É justamente em relação a essa decisão que a Agravante passa a expor as razões para sua reforma.

[Espaço de uma linha]

3. DO DIREITO

Excelências, como é sabido, a cláusula 5.4 do plano não pode impor a novação dos créditos dos coobrigados e garantidores aos credores que a ela se opuseram, como o agravante, de modo que os devedores da recuperação judicial conservam seus direitos e privilégios contra os coobrigados, fiadores e obrigados de regresso, de acordo com o Art. 49, § 1º, da Lei nº 11.101/05.

Já em relação a cláusula 5.5, evidente que esta viola os direitos do Agravante, pois sendo ele titular da posição de proprietário fiduciário de bens imóveis, prevalecem os direitos de propriedade sobre a coisa e as condições contratuais, de acordo com o Art. 49, § 3º, da Lei nº 11.101/05.

E por fim, é evidente que a cláusula 5.6 deve ser excluída do plano porque não é possível condicionar a convolação da recuperação judicial em falência à convocação de prévia assembleia geral de credores. Ora, Excelências, conforme é sabido, o mero descumprimento das obrigações previstas no plano é suficiente para a convolação da recuperação em falência, nos termos do Art. 61, § 1º c/c. o Art. 73, inciso IV, ambos da Lei nº 11.101/05.

Posto isso, evidente a necessidade de reforma da r. decisão.

[Espaço de uma linha]

4. DO EFEITO SUSPENSIVO DO AGRAVO

Excelências, conforme exarado, a cláusula 5.5 do plano aprovado proíbe o Agravante de ajuizar ou prosseguir qualquer ação, execução ou processo judicial de qualquer tipo relacionado a qualquer crédito. Contudo, sendo a Agravante credora fiduciário, seu crédito não se submete aos efeitos da recuperação judicial, de modo que a cláusula atinge diretamente seu direito de ação.

[Espaço de uma linha]

5. DO PEDIDO

Ante o exposto, serve a presente para requerer:

a) seja o presente recurso recebido, conhecido e provido, determinando a reforma da decisão;

b) a juntada de todas as peças obrigatórias e facultativas, conforme o art. 1.017 do CPC, quais sejam: a petição que ensejou a decisão agravada, a decisão agravada, certidão da respectiva intimação que comprove a tempestividade, e as procurações outorgadas;

c) a juntada da comprovação do preparo; [Muito importante mencionar, se a parte não for beneficiária de justiça]

d) a intimação do Agravado para, querendo, apresentar contrarrazões no prazo de 15 dias, conforme o art. 1.003, § 5°, do CPC;

e) a concessão de efeito suspensivo ao presente recurso, diante do prejuízo que a decisão pode causar ao Agravante, como permite o art. 1.019, I, do CPC; [verificar, no caso concreto, a possibilidade deste pedido de efeito suspensivo]

f) a intimação do Ministério Público ou do Procurador de Justiça;

g) seja o Agravado condenado ao pagamento das custas processuais e honorários advocatícios.

[Espaço de uma linha]

Termos em que

Pede Deferimento.

[Espaço de uma linha]

Porto Nacional..., data.

[Espaço de uma linha]

Advogado...

OAB/UF

[final da peça]

PRÁTICA EMPRESARIAL – 4ª EDIÇÃO · 289 · PEÇAS PRÁTICO-PROFISSIONAIS

DISTRIBUIÇÃO DE PONTOS

ITEM	PONTUAÇÃO
Endereçamento	
1.Exmo. Sr. Desembargador Presidente do Egrégio Tribunal de Justiça do Estado do Tocantins (0,10).	0,00/0,10
2.Qualificação das partes: agravante: Banco Ranchinho S/A (0,10); agravada: Praia Norte S/A (0,10).	0,00/0,10/0,20
3.Indicação dos nomes e endereços dos Advogados (0,10).	0,00/0,10
Cabimento	
4. Indicar que a decisão é interlocutória e concessiva da recuperação judicial, atacável por meio de Agravo (0,20), segundo o Art. 59, § 2º, da Lei nº 11.101/05 (0,10).	0,00/0,20/0
Tempestividade	
5.Indicar que o recurso foi interposto dentro do prazo de quinze dias (0,20), conforme o Art. 1.003, § 5º, do CPC (0,10).	0,00/0,20/0,30
Fundamentação jurídica/Legal	
6A. A cláusula 5.4 do plano não pode impor a novação dos créditos dos coobrigados e garantidores aos credores que a ela se opuseram, como o agravante (0,20).	0,00/0,20/0,30
6B. Os credores do devedor em recuperação judicial conservam seus direitos e privilégios contra os coobrigados, fiadores e obrigados de regresso (0,40), de acordo com o Art. 49, § 1º, da Lei nº 11.101/05 (0,10).	0,00/0,40/0,50
7. A cláusula 5.5 viola os direitos do agravante, pois sendo titular da posição de proprietário fiduciário de bens imóveis (0,15),prevalecem os direitos de propriedade sobre a coisa e as condições contratuais (0,35), de acordo com o Art. 49, § 3º, da Lei nº 11.101/05 (0,10).	0,00 / 0,15 / 0,25 / 0,35 0,45 / 0,50 / 0,60
8A. A cláusula 5.6 deve ser excluída do plano (ou invalidada) porque não é possível condicionar a convolação da recuperação judicial em falência à convocação de prévia assembleia geral de credores (0,15).	0,00/0,15
8B. O mero descumprimento das obrigações previstas no plano é suficiente para a convolação da recuperação em falência (0,35), nos termos do Art. 61, § 1º c/c. o Art. 73, inciso IV, ambos da Lei nº 11.101/05 (0,10)	0,00/0,35/0,45
Fundamentação do efeito suspensivo	
9.A cláusula 5.5 do plano aprovado proíbe o agravante de ajuizar ou prosseguir qualquer ação, execução ou processo judicial de qualquer tipo relacionado a qualquer crédito (0,20). Assim, diante da condição de credor fiduciário do Banco Riachinho S/A, cujo crédito não se submete aos efeitos da recuperação judicial, a cláusula atinge seu direito de ação (0,30).	0,00/0,20/0,30/0,50
Dos Pedidos	
10.atribuição de efeito suspensivo ao recurso (0,30), na forma do Art. 995, parágrafo único, do CPC ou Art. 1.019, inciso I, do CPC (0,10).	0,00/0,30/0,40
11. provimento do recurso para reformar a decisão concessiva da recuperação (0,20).	0,00/0,20
12.intimação da agravada (0,20).	0,00/0,20
13.intimação do Ministério Público ou do Procurador de Justiça (0,20).	0,00/0,20

Instrução da petição do Agravo de Instrumento	
14.Menção aos seguintes documentos	
a) petição que ensejou a decisão agravada (0,10);	
b) a decisão agravada (0,10);	0,00 / 0,10 / 0,20 /
c) certidão da respectiva intimação que comprove a tempestividade (0,10);	0,30 / 0,40 / 0,50
d) procurações outorgadas aos advogados do agravante e do agravado (0,10);	
e) Juntada do comprovante de recolhimento de custas (0,10).	
Fechamento	
15. Município...; Data..., Advogado... e OAB...	0,00/0,10

(OAB/Exame Unificado – 2017.2 – 2ª fase) Em maio de 2014, os quatro sócios de Santa Mariana Farmacêutica Ltda. aprovaram, por unanimidade, a alteração do objeto social com restituição de quatro imóveis do patrimônio da sociedade aos sócios Andrea, Bruno, Carlos e Denise.

Os sócios Andrea e Bruno, casados em regime de separação parcial, receberam dois imóveis da sociedade e, em 11 de setembro de 2014, realizaram doação com reserva de usufruto vitalício para Walter e Sandra, seus dois filhos com 7 (sete) e 3 (três) anos de idade. Em 27 de junho de 2017, foi decretada a falência da sociedade empresária pelo juiz da Comarca de Vara Única de Laranja da Terra/ES.

O administrador judicial Barbosa Ferraz descobriu que as doações são fortes indícios do intuito fraudulento de todos os sócios na dilapidação patrimonial em prejuízo dos credores. No caso de Andrea e Bruno e seus filhos Walter e Sandra, verifica-se que as doações em benefício dos próprios filhos dos sócios de tenra idade, ocorreram sem qualquer justificativa, a evidenciar a clara intenção de ocultação de bens passíveis de constrição para pagamento das obrigações decorrentes do exercício da empresa.

A crise da empresa já se anunciava desde 2013, quando os balanços patrimoniais começam a revelar a elevação dos prejuízos, a diminuição da receita e o aumento de ações de cobrança. Assim, foi engendrada a trama que pôs a salvo o patrimônio pessoal dos sócios, esvaziando a possibilidade dos credores de alcançá-los para a solvência de dívida, ao mesmo tempo em que Andrea e Bruno resguardaram o direito de uso, administração e percepção dos frutos dos bens que só seriam de posse dos donatários após o falecimento destes.

No caso os sócios Carlos e Denise, verifica-se que eles alienaram os outros dois imóveis recebidos a Xavier, três dias depois do requerimento de falência, sendo no mesmo dia realizada a prenotação no Registro de Imóveis. O administrador descobriu que Xavier é um ex-empregado da sociedade falida, que foi testemunha nas escrituras de doação dos imóveis por Andrea e Bruno e trabalha atualmente como contador para Denise. De posse da ata da assembleia de maio de 2014, do traslado das escrituras de doação e alienação dos imóveis e das certidões do Registro de Imóveis que lhe foram entregues pelo administrador judicial, o advogado irá tomar as providências cabíveis em defesa dos interesses da massa falida.

Elabore a peça processual adequada. **(Valor: 5,00)**

Obs.: a peça deve abranger todos os fundamentos de Direito que possam ser utilizados para dar respaldo à pretensão. A simples menção ou transcrição do dispositivo legal não confere pontuação.

GABARITO COMENTADO – FGV

Diante dos fatos narrados no enunciado e do teor dos artigos 130 e 132 da Lei nº 11.101/05, a peça adequada é a _Petição de Inicial de Ação Revocatória_. O procedimento a ser adotado é o comum (ex-procedimento ordinário). A descrição dos fatos revela nitidamente a presença de conluio fraudulento entre os sócios e um ex-empregado para causar prejuízo ao patrimônio da sociedade, antes da falência. Desta forma, não se revela adequada a resposta que indique se tratar de ação de ineficácia objetiva, com fundamento no art. 129, parágrafo único ou em qualquer de seus incisos.

Os fatos denotam evidentemente ao examinando a prática de atos REVOGÁVEIS e não ineficazes, sendo descabida (e não pontuada) qualquer afirmação que os sócios incorreram na prática de ato tipificado em inciso do art. 129 da Lei nº 11.101/2005 para justificar a legitimidade passiva ou o fundamento jurídico da ação. Por que a ação e o mérito _**não podem estar fundamentados**_ em qualquer dos incisos do art. 129 ou o examinando _**não pode**_ concluir que se trata de ato objetivamente ineficaz? É o que se passa a demonstrar a seguir.

A ineficácia objetiva ou ineficácia em sentido estrito decorre de previsão legal e da presunção absoluta de prejuízo aos credores em virtude de atos praticados pelo devedor antes da falência. Por se tratar de presunção absoluta e com supedâneo na "par conditio creditorum", os atos ineficazes não produzirão efeito em relação à massa falida, mesmo que se demonstre a boa-fé do terceiro contratante e o desconhecimento da situação econômica grave porque passava o devedor no momento da prática do ato.

As hipóteses de ineficácia estão previstas no art. 129 da Lei nº 11.101/2005 e no art. 45, § 8º, da Lei nº 6.404/76 (Lei de Sociedades por Ações). No tocante a esse dispositivo, fica de plano descartada sua incidência diante do tipo societário adotado pela sociedade – limitada.

Quanto aos incisos do art. 129, percebe-se que:

(I) não foi indicado no enunciado o termo legal da falência e o examinando não poderia deduzi-lo diante da falta de informação quanto ao critério adotado pelo juiz na sua fixação (art. 99, II). Destarte, não é pontuado menção ao termo legal como mérito da ação ou o embasamento de direito material nos incisos I, II ou III do art. 129.

(II) a doação feita em 11 de setembro de 2014 envolveu os sócios Andréa e Bruno, como doadores, e seus filhos Walter e Sandra, como donatários. As doações não foram feitas pela sociedade empresária, ora falida. Caso o examinando tenha lido e interpretado corretamente o inciso IV do art. 129, perceberá de plano a inadequação da hipótese de ineficácia ao enunciado, seja porque o ato a título gratuito não foi praticado pelo devedor, seja em razão do decurso de mais de dois anos antes da falência (11/9/2014 e 27/6/2017).

(III) o enunciado não se refere à sucessão _causa mortis_ ou que tenha havido renúncia à herança ou legado por parte da sociedade empresária, afastando-se a incidência do inciso V do art. 129.

(IV) a restituição dos quatro imóveis ao patrimônio dos sócios não caracteriza trespasse de estabelecimento, tanto pelo fato de os sócios não serem empresários como em razão de o estabelecimento empresarial não se limitar ao "imóvel". Estabelecimento, por definição legal, é o complexo de bens (universalidade de fato) formado por empresário ou sociedade empresária para o exercício da empresa. Nota-se que a sociedade manteve suas atividades após a transferência dos imóveis aos sócios, sendo a falência decretada mais de 3 anos depois. Portanto, o examinando deveria rechaçar ou *não incluir* na fundamentação jurídica o inciso VI do art. 129.

(V) por fim, consta do enunciado que houve alienação e prenotação da alienação de dois imóveis três dias depois do *requerimento de falência*. A ineficácia objetiva prevista no inciso VII do art. 129 decorre de prenotação APÓS A DECRETAÇÃO DA FALÊNCIA. Como houve prenotação antes da decretação da falência, o ato seria eficaz em relação à massa falida *caso não existisse o conluio fraudulento*.

Não receberá, igualmente, pontuação, a resposta que concluiu pelo incidente de desconsideração da personalidade jurídica em razão da nítida distinção entre esse instituto e a fraude contra credores, bem como a possibilidade de constrição direta dos bens que se encontram em poder de sócios ou terceiros, prevista no art. 137 da Lei nº 11.101/2005.

Com base nos argumentos supra, a única peça processual admitida é a AÇÃO REVOCATÓRIA, com fundamento exclusivo no art. 130 da Lei nº 11.101/2005, o qual deverá ser expressamente mencionado e interpretado – nos fundamentos jurídicos (DO DIREITO OU DO MÉRITO) – concomitantemente à luz do conteúdo fático contido no enunciado.

I- Endereçamento: a ação revocatória correrá perante o juízo da falência, conforme determinação do Art. 134 da Lei nº 11.101/05. Assim, o endereçamento da petição é ao Juiz de Direito da Vara Única da Comarca de Laranja daTerra/ES. Não está correta a resposta que endereça a petição ao juiz de vara de falências, de vara cível ou de vara especializada, por contrariar a informação do enunciado de que a vara é única.

II- Qualificação das Partes Em cumprimento ao art. 319, II, do CPC, o examinando deverá qualificar todas as partes. Apenas a indicação dos nomes, sem qualificação, não pontua.

Legitimidade ativa: embora a ação revocatória possa ser proposta por credor ou pelo Ministério Público, no caso apresentado, é a massa falida a parte legitimada (massa falida de Santa Mariana Farmacêutica Ltda., representada pelo administrador judicial Barbosa Ferraz).

O autor da ação revocatória não é o administrador judicial, pois ele não é a parte e sim a Massa Falida (Art. 75, inciso V, do CPC/15 e Art. 22, inciso III, alínea *n*, da Lei nº 11.101/05).

O examinando deverá ser capaz de demonstrar que conhece as regras do CPC sobre a representação processual das partes e que a massa falida DEVE ser representada pelo administrador judicial e que esse é representante daquela e não autor da ação. Além das disposições legais citadas para justificar a não atribuição de ponto para a resposta que apontou o administrador judicial como autor da ação, cita-se o art. 76, parágrafo único, da Lei nº 11.101/05.

"Todas as ações, inclusive as excetuadas no *caput* deste artigo, terão prosseguimento com o administrador judicial, **que deverá ser intimado para representar a massa falida**, sob pena de nulidade do processo." [g.n.]

É pertinente sublinhar que o administrador judicial é o representante legal da MASSA FALIDA e não da sociedade falida. A sociedade falida tem seus representantes na falência indicados no art. 81, § 2º, da Lei nº 11.101/05 ("As sociedades falidas serão representadas na falência por seus administradores ou liquidantes").

A resposta que informa ser autor da ação a sociedade empresária (e não a massa falida) representada pelo administrador judicial não receberá pontuação, haja vista que o administrador judicial não é o representante do falido no processo.

Legitimidade passiva: de acordo com o Art. 133 da Lei nº 11.101/05, a ação revocatória deve ser proposta (i) em face de todas as pessoas que figuraram no ato ou que por efeito dele foram pagos, garantidos ou beneficiados e (ii) contra os terceiros adquirentes, se tiveram conhecimento, ao se criar o direito, da intenção do devedor de prejudicar os credores. Portanto, devem figurar no polo passivo da relação processual os sócios Andrea e Bruno e seus filhos Walter e Sandra (doadores e donatários dos dois imóveis), Carlos, Denise e Xavier (alienantes e adquirentes dos outros dois imóveis). A omissão a um ou mais réus acarretará desconto ou não atribuição de pontuação conforme quadro de distribuição dos pontos.

III- Tempestividade: a ação está sendo proposta **dentro do prazo de 3 anos**, contados da decretação da falência (27/6/2017), em conformidade com o Art. 132 da Lei nº 11.101/05. A tempestividade não se confunde com a legitimidade ativa.

A SIMPLES MENÇÃO OU TRANSCRIÇÃO DO ART. 132 SEM AFIRMAÇÃO QUE A AÇÃO É TEMPESTIVA NÃO PONTUA.

IV- Fundamentos jurídicos

A narrativa dos fatos que antecede a exposição do mérito não pontua, pois os primeiros devem ser associados à demonstração dos elementos exigíveis para a demonstração da ineficácia subjetiva ou revogação. Portanto, ao interpretar o art. 130 da Lei nº 11.101/05, o examinando deve fazer a subsunção dos fatos para identificar a fraude a credores, conluio e prejuízo à massa na conduta dos réus, individualizando-as.

Deverá ser apontado que os atos são REVOGÁVEIS. NÃO SERÃO PONTUADOS FUNDAMENTOS JURÍDICOS DE INEFICÁCIA OBJETIVA porque não há ato ineficaz e revogável concomitantemente. Ineficácia e revogação de atos praticados pelo devedor antes da falência são institutos distintos.

Por conseguinte, o examinando deverá indicar

a) a possibilidade de revogação (ineficácia subjetiva) em relação à massa falida dos atos praticados antes da falência com a intenção de prejudicar credores, de acordo com o Art. 130 da Lei nº 11.101/05.

b) que a revogação depende da comprovação (i) do conluio fraudulento entre o devedor e o terceiro que com ele contratar e (ii) o efetivo prejuízo sofrido pela massa falida. A omissão do elemento subjetivo do ato revogável **OU** do elemento objetivo na fundamentação jurídica implicará em desconto de pontuação.

c) que, em conformidade com o art. 130, estão presentes os elementos subjetivos e objetivo necessários à decretação da revogação (ou ineficácia subjetiva), porque **HÁ PRESENÇA DE CONLUIO FRAUDULENTO** (*fazer a individualização das condutas*)

c.1) no caso dos sócios Andrea e Bruno e de seus filhos Walter e Sandra, verifica-se que as doações dos pais em **benefício dos próprios filhos** ocorreram sem qualquer justificativa, a evidenciar a clara intenção de ocultação de bens passíveis de constrição para pagamento das obrigações decorrentes do exercício da empresa, ao mesmo tempo em que eles resguardaram o direito de uso, administração e percepção dos frutos dos bens que só seriam de posse de seus filhos após o falecimento destes.

É crucial observar que a ação revocatória pode ser proposta em face de todos os que figuraram no ato ou que por efeito dele foram pagos, garantidos ou beneficiados (art. 133, I, da Lei nº 11.101/05)

ROBINSON BARREIRINHAS E HENRIQUE SUBI

c.2) os sócios Carlos e Denise alienaram os outros dois imóveis recebidos a Xavier, três dias depois do requerimento de falência, sendo no mesmo dia realizada a prenotação no Registro de Imóveis.

c.3) Xavier, embora não seja sócio, tinha conhecimento das doações, adquiriu os dois imóveis de Carlos e Denise logo após o requerimento de falência, sendo também ex-empregado da sociedade falida, e trabalha atualmente para Denise como contador.

Houve efetivo prejuízo à massa falida.

c.4) em relação ao prejuízo ao falido, as doações foram realizadas em 2014 e a crise da empresa já se anunciava desde 2013, quando os balanços patrimoniais começam a revelar a elevação dos prejuízos, a diminuição da receita e o aumento de ações de cobrança e as alienações foram realizadas três dias após o pedido de falência.

d) Em decorrência da possibilidade de revogação e caracterização do prejuízo demonstrado, deve ser determinada a devolução dos imóveis à massa falida, reintegrando seu acervo.

V- Pedidos:

a) procedência do pedido para determinar o retorno dos bens à massa falida, com todos os acessórios, acrescidos das perdas e danos, a serem apuradas, com base no Art. 135 da Lei nº 11.101/05. O simples pedido de revogação dos atos ou da procedência do pedido não pontua.

b) concessão de tutela de urgência de natureza cautelar mediante o sequestro dos imóveis, com fundamento no Art. 301 do CPC/15 OU no Art. 137 da Lei nº 11.101/05.

c) citação dos réus.

d) ***CONDENAÇÃO*** dos réus ao pagamento das custas **E** honorários advocatícios ou aos ônus de sucumbência. Não há pontuação para o pedido de condenação apenas em custas ou apenas em honorários.

VI- Provas: protesto pela produção de provas.

VII- Menção ao valor da causa: o examinando deverá fazer menção ao valor da causa, com fundamento no Art. 134 da Lei nº 11.101/05 **c/c** o Art. 291 e com o Art. 319, inciso V, ambos do CPC/15.

VIII- Fechamento da peça conforme o item 3.5.9 do Edital

Na elaboração dos textos da peça profissional e das respostas às questões discursivas, o examinando deverá incluir todos os dados que se façam necessários, sem, contudo, produzir qualquer identificação ou informações além daquelas fornecidas e permitidas nos enunciados contidos no caderno de prova. Assim, o examinando deverá escrever o nome do dado seguido de reticências ou de "XXX" (exemplo: "Município...", "Data...", "Advogado...", "OAB...", "Município XXX", "Data XXX", "Advogado XXX", "OAB XXX" etc.).

Local ... ou Município (Laranja da Terra/ES),

Data..., Advogado(a)... e

OAB...

A omissão de alguns dos dados acima acarreta a não atribuição da pontuação de 0,10 ao item do fechamento.

Excelentíssimo Senhor Doutor Juiz de Direito da Vara Única da Comarca de Laranja da Terra/ES.

[deixe espaço de aproximadamente 10 cm, para eventual despacho ou decisão do juiz]

Distribuição por dependência ao processo nº...

MASSA FALIDA DE SANTA MARIANA FARMACÊUTICA LTDA, (qualificação completa), neste ato representado pelo administrador judicial BARBOSA FERRAZ (qualificação completa), residente e domiciliado à Rua (endereço completo), por meio de seu advogado e bastante procurador que esta subscreve (procuração anexa – Doc. 1), com escritório em (endereço completo), onde receberá quaisquer notificações e intimações, vem, muito respeitosamente, à presença de Vossa Excelência, <u>tempestivamente</u> conforme o art. 132 da Lei 11.101/05, e nos termos do art. 130 da referida Lei, propor

AÇÃO REVOCATÓRIA COM PEDIDO DE TUTELA DE URGÊNCIA

em face de ANDREA (qualificação completa), residente e domiciliada na Rua (endereço completo); BRUNO (qualificação completa), residente e domiciliado na Rua (endereço completo); WALTER (qualificação completa), residente e domiciliado na Rua (endereço completo); SANDRA (qualificação completa), residente e domiciliada na Rua (endereço completo); CARLOS (qualificação completa), residente e domiciliado na Rua (endereço completo); DENISE (qualificação completa), residente e domiciliada na Rua (endereço completo); e XAVIER (qualificação completa), residente e domiciliado na Rua (endereço completo) pelas razões de fato e de direito que passa a expor.

[Espaço de uma linha]

1. DOS FATOS

Em maio de 2014, os quatro sócios de Santa Mariana Farmacêutica Ltda. aprovaram, por unanimidade, a alteração do objeto social com restituição de quatro imóveis do patrimônio da sociedade aos sócios Andrea, Bruno, Carlos e Denise.

Os sócios Andrea e Bruno, casados em regime de separação parcial, receberam dois imóveis da sociedade e, em 11 de setembro de 2014, realizaram doação com reserva de usufruto vitalício para Walter e Sandra, seus dois filhos com 7 (sete) e 3 (três) anos de idade. Em 27 de junho de 2017, foi decretada a falência da sociedade empresária pelo juiz da Comarca de Vara Única de Laranja da Terra/ES.

Ocorre, Excelência, é que as doações possuem fortes indícios do intuito fraudulento de todos os sócios na dilapidação patrimonial em prejuízo dos credores da empresa. Assim, no caso de Andrea e Bruno, é evidente que as doações que fizeram em benefício dos próprios filhos, Walter e Sandra, ainda menores de idade, ocorreu com a intenção de ocultação de bens passíveis de constrição para pagamento das obrigações decorrentes da empresa.

Ora, a crise da empresa já se anunciava desde 2013, quando os balanços patrimoniais começaram a revelar a elevação dos prejuízos, a diminuição da receita e o aumento de ações de cobrança; de forma que que os Réus realizaram as operações de doação com o intuito de resguardar seu patrimônio pessoal como sócios. Isso pois, ao fazê-lo, seria impossível aos credores acionar seus bens pessoais para a solvência de dívida, ao mesmo tempo em que Andrea e Bruno resguardariam o direito de uso, administração e percepção dos frutos dos bens em razão da reserva de usufruto.

Já no que concerne aos outros dois Réus, Carlos e Denise, verifica-se que eles alienaram os outros dois imóveis recebidos a Xavier, três dias depois do requerimento de falência, sendo no mesmo dia realizada a prenotação no Registro de Imóveis, para que não houvesse oportunidade de constrição do bem.

E não é só.

Somando-se ao fato de que os imóveis foram alienados três dias após o requerimento de falência, o comprador da operação, isso é, Xavier, é nada mais nada menos que um ex-empregado da sociedade falida, tendo figurado como testemunha nas escrituras de doação dos imóveis por Andrea e Bruno, além de prestar serviços de contabilidade para Denise.

Por fim, evidente a intenção fraudulenta dos Réus, não havendo outra solução, senão a propositura da presente ação.

[Espaço de uma linha]

2. DO DIREITO

Primeiramente, cumpre dizer que de acordo com o Art. 133 da Lei nº 11.101/05, a ação revocatória deve ser proposta em face de todas as pessoas que figuraram no ato ou que por efeito dele foram pagos, garantidos ou beneficiados e; contra os terceiros adquirentes, se tiveram conhecimento, ao se criar o direito, da intenção do devedor de prejudicar os credores, dentro do prazo de 3 anos, contados da decretação da falência, em conformidade com o Art. 132 da Lei nº 11.101/05.

Desta forma, evidente a tempestividade da presente ação pois a data da decretação da falência se deu em 27/6/2017, bem como a legitimidade das partes.

Pois bem.

É importante mencionar que a ineficácia dos atos em relação ao processo de falência pode ser subjetiva ou objetiva. A primeira se relaciona aos casos em que há necessidade de prova do conluio fraudulento e do real prejuízo causado à massa falida, fundada no art. 130 da Lei nº 11.101/2005. Já a ineficácia objetiva, fundada nos incisos do art. 129 da Lei nº 11.101/2005, é reconhecida independentemente de prova de conluio ou prejuízo, pois a lei os presume de forma absoluta.

No caso em tela, a ineficácia dos atos em relação ao processo de falência é subjetiva, uma vez que a revogação se dá ao fato de que houve a intenção de prejudicar credores, de acordo com o Art. 130 da Lei nº 11.101/05. Assim, apenas a título de informação, vale ressaltar que essa hipótese somente se dará se houver conluio fraudulento entre o devedor e o terceiro que com ele contratar, e o efetivo prejuízo sofrido pela massa falida, tal como o caso em tela. Senão vejamos.

Ora, no caso de Andrea, Bruno e seus filhos Walter e Sandra, verifica-se que as doações em benefício dos próprios filhos dos sócios ocorreram sem qualquer justificativa, a evidenciar a clara intenção de ocultação de bens passíveis de constrição para pagamento das obrigações decorrentes do exercício da empresa, ao mesmo tempo em que eles resguardaram o direito de uso, administração e percepção dos frutos dos bens que só seriam de posse de seus filhos após o falecimento destes.

Partilhando da mesma intenção Carlos e Denise alienaram os outros dois imóveis recebidos a Xavier, três dias depois do requerimento de falência, sendo no mesmo dia realizada a prenotação no Registro de Imóveis.

Em relação a Xavier, esse tinha conhecimento das doações, adquiriu os dois imóveis de Carlos e Denise logo após o requerimento de falência, sendo também ex-empregado da sociedade falida e trabalha atualmente para Denise como contador.

No que concerne ao prejuízo ao falido, as doações foram realizadas em 2014 e a crise da empresa já se anunciava desde 2013, quando os balanços patrimoniais começam a revelar a elevação dos prejuízos e diminuição da receita e o aumento de ações de cobrança e as alienações foram realizadas três dias após o pedido de falência, de modo que é facilmente perceptível o conluio fraudulento dos Réus, havendo a necessidade de ser determinada a devolução dos imóveis à massa falida, reintegrando seu acervo.

3. DA TUTELA DE URGÊNCIA

Tendo em vista os fatos narrados, Excelência, é de rigor a concessão de tutela de urgência como medida preventiva para que haja o sequestro dos bens que foram retirados do patrimônio da Massa Falida e estão em poderes de terceiros, nos termos do art. 301 do CPC c/c o art. 137 da Lei 11.101/05.

[Espaço de uma linha]

4. DO PEDIDO

Ante o exposto, requer:

a) a procedência do pedido para determinar o retorno dos bens à massa falida, com todos os acessórios, acrescidos das perdas e danos, a serem apuradas, com base no Art. 135 da Lei nº 11.101/2005;

b) a concessão de tutela de urgência de natureza cautelar mediante o sequestro dos imóveis, com fundamento no Art. 301 do CPC, c/c o Art. 137 da Lei nº 11.101/05;

c) a citação dos réus;

d) a condenação dos Réus ao pagamento de custas e honorários advocatícios.

[Espaço de uma linha]

Protesta provar o alegado por todos os meios de prova em Direito admitidos.

[Espaço de uma linha]

Dá-se à presente causa o valor de...

[Espaço de uma linha]

Termos em que,

Pede Deferimento

[Espaço de uma linha]

Laranja da Terra, data.

[Espaço de uma linha]

Advogado...

OAB/UF...

[não assine, rubrique ou, de outra forma, identifique sua prova!]

fim da peça

DISTRIBUIÇÃO DE PONTOS

ITEM	PONTUAÇÃO
I – Endereçamento	
Juízo da Vara Única da Comarca de Laranja da Terra/ES (0,10).	0,00/0,10
II-Qualificação das Partes	
Autor: Massa Falida de Santa Mariana Farmacêutica Ltda. (0,20), representada pelo administrador judicial Barbosa Ferraz (0,10).	0,00/0,20/0,30
Réus: Andrea, Bruno, Walter e Sandra (doadores e donatários dos dois imóveis) (0,10), Carlos, Denise e Xavier (alienantes e adquirentes dos outros dois imóveis) (0,10), todos devidamente qualificados.	0,00/0,10/0,20
III- Tempestividade	
A ação está sendo proposta dentro do prazo de 3 anos, contados da decretação da falência, 27/6/2017 (0,20), em conformidade com o Art. 132 da Lei nº 11.101/05 (0,10).	0,00/0,20/0,30
IV- Fundamentação jurídica(simples narrativa dos fatos não pontua)	
IVa. Possibilidade de revogação (ineficácia subjetiva) em relação à massa falida dos atos praticados antes da falência com a intenção de prejudicar credores (0,40), de acordo com o Art. 130 da Lei nº 11.101/05 (0,10).	0,00/0,40/0,50
IVb. Necessidade da presença do conluio fraudulento entre o devedor e o terceiro que com ele contratar (0,25) e o efetivo prejuízo sofrido pela massa falida (0,25).	0,00/0,25/0,50
IVc. Descrição dos requisitos subjetivo (*consilium fraudis*) e objetivo (*eventus damni*)	
IVc.1- No caso de Andrea e Bruno e seus filhos Walter e Sandra, verifica-se que as doações em benefício dos próprios filhos dos sócios ocorreram sem qualquer justificativa, a evidenciar a clara intenção de ocultação de bens passíveis de constrição para pagamento das obrigações decorrentes do exercício da empresa, ao mesmo tempo em que eles resguardaram o direito de uso, administração e percepção dos frutos dos bens que só seriam de posse de seus filhos após o falecimento destes (0,30).	0,00/0,30
IVc.2- No caso de Carlos e Denise, foi verificado que eles alienaram os outros dois imóveis recebidos a Xavier, três dias depois do requerimento de falência, sendo no mesmo dia realizada a prenotação no Registro de Imóveis (0,30).	0,00/0,30
IVc.3- No caso de Xavier, esse tinha conhecimento das doações, adquiriu os dois imóveis de Carlos e Denise logo após o requerimento de falência, sendo também ex-empregado da sociedade falida e trabalha atualmente para Denise como contador (0,30).	0,00/0,30
IVc.4- Em relação ao prejuízo ao falido, as doações foram realizadas em 2014 e a crise da empresa já se anunciava desde 2013, quando os balanços patrimoniais começam a revelar a elevação dos prejuízos e diminuição da receita e o aumento de ações de cobrança e as alienações foram realizadas três dias após o pedido de falência (0,30).	0,00/0,30
IVd. Há necessidade de ser determinada a devolução dos imóveis à massa falida, reintegrando seu acervo (0,30).	0,00/0,30
V – Pedidos	
Va. Procedência do pedido para determinar o retorno dos bens à massa falida, com todos os acessórios (0,35), acrescidos das perdas e danos, a serem apuradas (0,25), com base no Art. 135 da Lei nº 11.101/2005 (0,10).	0,00/0,25/0,35/0,45/0,60/0,70

Vb. Concessão de tutela de urgência de natureza cautelar mediante o sequestro dos imóveis (0,30), com fundamento no Art. 301 do CPC/15 OU no Art. 137 da Lei nº 11.101/05 (0,10).	0,00/0,30/0,40
Vc. Citação dos réus (0,10).	0,00/0,10
Vd. Condenação dos réus ao pagamento das custas e honorários advocatícios (0,10).	0,00/0,10
VI– Provas	
Protesto pela produção de provas (0,10).	0,00/0,10
VII-Valor da causa (0,10).	0,00/0,10
VIII-Fechamento	
Local..., Data..., Advogado e OAB (0,10).	0,00/0,10

(OAB/Exame Unificado – 2016.1 – 2ª fase) Cimbres Produtora e Exportadora de Frutas Ltda. aprovou em assembleia de sócios específica, por unanimidade, a propositura de medida judicial para evitar a decretação de sua falência, diante do gravíssimo quadro de crise de sua empresa. O sócio controlador João Alfredo, titular de 80% do capital social, instruiu o administrador Afrânio Abreu e Lima a contratar os serviços profissionais de um advogado.

A sociedade, constituída regularmente em 1976, tem sede em Petrolina/PE e uma única filial em Pilão Arcado/BA, local de atividade inexpressiva em comparação com a empresa desenvolvida no lugar da sede.

O objeto social é o cultivo de frutas tropicais em áreas irrigadas, o comércio atacadista de frutas para distribuição no mercado interno e a exportação para a Europa de dois terços da produção. Embora a sociedade passe atualmente por crise de liquidez, com vários títulos protestados no cartório de Petrolina, nunca teve necessidade de impetrar medida preventiva à falência. O sócio João Alfredo e os administradores nunca sofreram condenação criminal.

Na reunião profissional com o advogado para coleta de informações necessárias à propositura da ação, Afrânio informou que a crise econômica mundial atingiu duramente os países europeus da Zona do Euro, seu principal e quase exclusivo mercado consumidor. As quedas sucessivas no volume de exportação, expressiva volatilidade do câmbio nos últimos meses, dificuldades de importação de matérias-primas, limitação de crédito e, principalmente, a necessidade de dispensa de empregados e encargos trabalhistas levaram a uma forte retração nas vendas, refletindo gravemente sobre liquidez e receita.

Assim, a sociedade se viu, com o passar dos meses da crise mundial, em delicada posição, não lhe restando outra opção, senão a de requerer, judicialmente, uma medida para viabilizar a superação desse estado de crise, vez que vislumbra maneiras de preservar a empresa e sua função social com a conquista de novos mercados no país e na América do Norte.

A sociedade empresária, nos últimos três anos, como demonstra o relatório de fluxo de caixa e os balancetes trimestrais, foi obrigada a uma completa reestruturação na sua produção, adquirindo equipamentos mais modernos e insumos para o combate de pragas que também atingiram as lavouras. Referidos investimentos não tiveram o retorno esperado, em razão da alta dos juros dos novos empréstimos, o que assolou a economia pátria, refletindo no custo de captação.

Para satisfazer suas obrigações com salários, tributos e fornecedores, não restaram outras alternativas senão novos empréstimos em instituições financeiras, que lhe cobraram taxas de juros altíssimas, devido ao maior risco de inadimplemento, gerando uma falta de capital de giro em alguns meses.

ROBINSON BARREIRINHAS E HENRIQUE SUBI

Dentro desse quadro, a sociedade não dispõe, no momento, de recursos financeiros suficientes para pagar seus fornecedores em dia. O soerguimento é lento e, por isso, é indispensável a adoção de soluções alternativas e prazos diferenciados e mais longos, como única forma de evitar-se uma indesejável falência.

Elabore a peça adequada e considere que a Comarca de Petrolina/PE tem cinco varas cíveis, todas com competência para processar e julgar ações de natureza empresarial. **(Valor: 5,00).**

Obs.: o examinando deve fundamentar suas respostas. A mera citação do dispositivo legal não confere pontuação.

GABARITO COMENTADO – FGV

Os dados contidos no enunciado apontam de forma inequívoca que a peça adequada a ser elaborada pelo examinando é *o pedido/requerimento de recuperação judicial*, fundamentado no Art. 48 da Lei nº 11.101/2005 e dirigido ao juiz do lugar do principal estabelecimento do devedor (Petrolina/PE), em conformidade com a regra de competência fixada no Art. 3º da Lei nº 11.101/2005.

Na elaboração da peça o examinando deverá observar, no que couber, o conteúdo do Art. 319 do CPC (requisitos da petição inicial) por força do Art. 189 da Lei nº 11.101/2005. Ademais, os requisitos formais do Art. 48 da Lei nº 11.101/2005 devem ser apontados no decorrer da peça, com referência expressa à exposição de motivos, prevista no Art. 51, inciso I, da Lei nº 11.101/2005, e os outros documentos exigidos nos incisos II a IX desse artigo, **que devem ser todos nominados de per si**. A correta instrução da petição inicial da ação de recuperação judicial é condição para o deferimento do seu processamento, nos termos do *caput* do Art. 52 da Lei nº 11.101/2005.

A simples menção genérica a "documentos em anexo" ou aos incisos do art. 51 da Lei n. 11.101/2005 não confere pontuação.

A estrutura a ser observada na peça é a seguinte:

I- endereçamento do pedido ao juiz de uma das varas cíveis da Comarca de Petrolina, lugar do principal estabelecimento e sede da sociedade, com base nas informações do enunciado e no Art. 3º da Lei nº 11.101/2005. O examinando não deve precisar de antemão para qual das varas cíveis da comarca o processo será distribuído, portanto não será pontuada a indicação prévia de uma vara específica (Ex: 1ª Vara Cível).

II- qualificação da sociedade empresária requerente, representada pelo seu administrador Afrânio Abreu e Lima. Não haverá pontuação para a resposta que omitir a representação da sociedade através de seu administrador ou que indicar o sócio João Alfredo como seu representante legal, pois se trata de aspecto de direito societário importante em avaliação (art. 1.022 do Código Civil). Não há qualificação do réu na petição de recuperação judicial.

III- fundamento jurídico: o pedido de recuperação judicial deve ser fundamentado no Art. 48 da Lei nº 11.101/2005 e conter a comprovação de todos os requisitos formais exigidos neste artigo, para demonstrar que não há impedimento ao deferimento do processamento. Portanto, com base nos dados do enunciado, o examinando deverá informar que a sociedade (i) tem mais de 2 anos de exercício regular da empresa (ou relacionar sua constituição em 1976 ao prazo mínimo de 2 anos), (ii) não está falida, (iii) não obteve concessão de recuperação judicial há menos de 5 anos (ou nunca requereu tal medida) e que (iv) o sócio controlador e os administradores não foram **condenados pelos crimes previstos na Lei nº 11.101/2005**. A menção ou simples transcrição do art. 48 da Lei nª 11.101/2005 sem contextualização com o enunciado não pontua.

A omissão da análise de algum dos requisitos acima implica no desconto de pontuação, por requisito, em observância ao item 3.5.9 do Edital ("Na elaboração dos textos da peça profissional [...] a omissão de dados que forem legalmente exigidos ou necessários para a correta solução do problema proposto acarretará em descontos na pontuação atribuída ao examinando nesta fase").

Por se tratar de sociedade limitada deve ser observado o Art. 1.071, VIII, do Código Civil c/c o Art. 1076, I, do Código Civil, que exige deliberação da assembleia de sócios para aprovação do pedido de recuperação judicial. O enunciado informa que a totalidade dos sócios aprovou o pedido em assembleia especificamente convocada para esse fim. Destarte, a ata da assembleia deve ser anexada à petição para comprovação do cumprimento da lei e mencionada expressamente pelo examinando na peça.

O examinando deve observar o disposto no Art. 51, *caput*, da Lei nº 11.101/2005, **mencionando na peça EXPRESSA E INDIVIDUALIZADA todos os documentos a serem anexados à petição inicial, a saber**: a) exposição das causas concretas da situação patrimonial da sociedade e das razões da crise econômico-financeira;

b) as demonstrações contábeis relativas aos 3 últimos exercícios sociais e as **levantadas especialmente para instruir o pedido**, devendo ficar inequívoco serem anexadas tanto as demonstrações dos 3 últimos exercícios sociais **quanto as levantadas à época do requerimento**;

c) a relação nominal completa dos credores, com a indicação do endereço, a natureza, a classificação e o valor atualizado do crédito de cada um, discriminação da origem, o regime dos respectivos vencimentos e a indicação dos registros contábeis de cada transação pendente;

d) a relação integral dos empregados, com suas funções, salários, indenizações e outras parcelas a que têm direito, com o correspondente mês de competência, e a discriminação dos valores pendentes de pagamento;

e) **prova da regularidade e tempo de exercício da empresa através de certidão da Junta Comercial, o contrato social atualizado e as atas de nomeação dos atuais administradores**;

f) a relação dos bens **particulares do sócio controlador e dos administradores**;

g) os extratos atualizados **das contas bancárias** da sociedade e de suas **aplicações financeiras**, emitidos pelas respectivas instituições financeiras;

h) certidão do **cartório de protestos** da comarca da sede da sociedade (Petrolina) e da filial (Pilão Arcado);

i) relação das ações judiciais em que a sociedade é parte, inclusive as de natureza trabalhista, com a estimativa dos respectivos valores demandados, assinada pelo administrador Afrânio Abreu e Lima.

A omissão da menção a algum dos documentos acima (ou sua referência equivocada/dúbia/incompleta) implica no desconto de pontuação, em observância ao item 3.5.9 do Edital ("Na elaboração dos textos da peça profissional [...] a omissão de dados que forem legalmente exigidos ou necessários para a correta solução do problema proposto acarretará em descontos na pontuação atribuída ao examinando nesta fase").

ROBINSON BARREIRINHAS E HENRIQUE SUBI

PEDIDOS: O principal pedido é o deferimento do **processamento** da recuperação judicial ("Art. 52. Estando em termos a documentação exigida no art. 51 desta Lei, o juiz deferirá o **processamento** da recuperação judicial"). Ademais, o examinando deverá requerer a nomeação do administrador judicial, a dispensa da apresentação de certidões negativas para que o devedor exerça suas atividades, nos termos do Art. 52, II, da Lei nº 11.101/2005; a suspensão das ações e execuções em face do devedor, nos termos do Art. 52, III, da Lei nº 11.101/2005 (a menção ao dispositivo legal é necessária porque nem todas as ações e execuções serão suspensas, como ressalva o próprio inciso).

Na ação de recuperação judicial **não há citação do réu**; sem embargo, é preciso dar publicidade aos credores do processamento do pedido. Assim, o examinando deverá requerer a publicação de edital na imprensa oficial, contendo o resumo da decisão que defere o processamento do pedido, dando ciência aos credores e advertindo-os acerca do prazo para habilitação dos créditos, e para que apresentem objeção ao plano de recuperação judicial a ser apresentado pelo devedor (Art. 52, § 1º, I, II e III, da Lei nº 11.101/2005).

Em cumprimento ao Art. 319, V, do CPC, deverá ser atribuído valor à causa, independentemente da ausência de quadro de credores homologado ou da possibilidade de impugnação à relação de credores apresentada pela sociedade.

No fechamento da peça o examinando deverá proceder conforme o item 3.5.8 do Edital e indicar, **cumulativamente:** Local ou Município..., Data..., Advogado..., OAB...

início da peça

Excelentíssimo Senhor Doutor Juiz de Direito de uma das Varas Cíveis da Comarca de Petrolina/PE.

[deixe espaço de aproximadamente 10 cm, para eventual despacho ou decisão do juiz]

CIMBRES PRODUTORA E EXPORTADORA DE FRUTAS LTDA., sociedade empresária inscrita no CNPJ sob o nº (...), com sede na (endereço completo), neste ato representada por seu administrador AFRÂNIO ABREU E LIMA, (qualificação completa), nos termos do art. 1.022 do Código Civil, por meio de seu advogado e bastante procurador que esta subscreve (procuração anexa – Doc. 1), com escritório em (endereço completo), onde receberá quaisquer notificações e intimações, vem, mui respeitosamente, à presença de Vossa Excelência, nos termos do art. 47 da Lei nº 11.101/2005 – Lei de Falências, apresentar

PEDIDO DE RECUPERAÇÃO JUDICIAL

pelas razões de fato e de direito que passa a expor.

1. DOS FATOS

A Requerente é sociedade constituída regularmente em 1976, tem sede em Petrolina/PE e uma única filial em Pilão Arcado/BA (contrato social – doc. 2), local de atividade inexpressiva em comparação com a empresa desenvolvida no lugar da sede, que se considera seu principal estabelecimento para fixação da competência deste E. Juízo, nos termos do art. 3º da Lei nº 11.101/2005.

O objeto social é o cultivo de frutas tropicais em áreas irrigadas, o comércio atacadista de frutas para distribuição no mercado interno e a exportação para a Europa de dois terços da produção. Embora a Requerente passe atualmente por crise de liquidez, com vários títulos protestados no cartório de Petrolina (doc. 3), nunca teve necessidade de impetrar medida preventiva à falência (conforme certidão de distribuição de processos – doc. 4). O sócio controlador João Alfredo e os administradores nunca sofreram condenação criminal (conforme folhas de antecedentes – doc. 5).

É fato que a crise econômica mundial atingiu duramente os países europeus da Zona do Euro, seu principal e quase exclusivo mercado consumidor. As quedas sucessivas no volume de exportação, expressiva volatilidade do câmbio nos últimos meses, dificuldades de importação de matérias-primas, limitação de crédito e, principalmente, a necessidade de dispensa de empregados e encargos trabalhistas levaram a uma forte retração nas vendas, refletindo gravemente sobre liquidez e receita.

Assim, a sociedade se viu, com o passar dos meses da crise mundial, em delicada posição, não lhe restando outra opção, senão a de requerer, judicialmente, uma medida para viabilizar a superação desse estado de crise, vez que vislumbra maneiras de preservar a empresa e sua função social com a conquista de novos mercados no país e na América do Norte.

A sociedade empresária, nos últimos três anos, como demonstra o relatório de fluxo de caixa e os balancetes trimestrais (doc. 6), foi obrigada a uma completa reestruturação na sua produção, adquirindo equipamentos mais modernos e insumos para o combate de pragas que também atingiram as lavouras. Referidos investimentos não tiveram o retorno esperado, em razão da alta dos juros dos novos empréstimos, o que assolou a economia pátria, refletindo no custo de captação.

Para satisfazer suas obrigações com salários, tributos e fornecedores, não restaram outras alternativas senão novos empréstimos em instituições financeiras, que lhe cobraram taxas de juros altíssimas, devido ao maior risco de inadimplemento, gerando uma falta de capital de giro em alguns meses. Dentro desse quadro, a sociedade não dispõe, no momento, de recursos financeiros suficientes para pagar seus fornecedores em dia. O soerguimento é lento e, por isso, é indispensável a adoção de soluções alternativas e prazos diferenciados e mais longos, como única forma de evitar-se uma indesejável falência.

Passa-se a demonstrar, então o cumprimento dos requisitos legais para o deferimento do pedido de processamento da recuperação judicial.

2. DO DIREITO

Dispõe o art. 47 da Lei de Falências:

> *Art. 47. A recuperação judicial tem por objetivo viabilizar a superação da situação de crise econômico-financeira do devedor, a fim de permitir a manutenção da fonte produtora, do emprego dos trabalhadores e dos interesses dos credores, promovendo, assim, a preservação da empresa, sua função social e o estímulo à atividade econômica.*

Para ter acesso ao benefício legal, cabe à sociedade empresária demonstrar o cumprimento dos requisitos elencados nos arts. 48 e 51 da Lei de Falências, conforme abaixo:

a) A sociedade está regularmente inscrita no Registro Público de Empresas Mercantis há mais de 2 anos, na verdade desde 1976, conforme demonstra a última alteração de seu contrato social que ora vai anexa (doc. 2);

b) A sociedade não é falida, conforme demonstra a certidão de distribuição de processos anexa (doc. 4);

c) A sociedade nunca requereu recuperação judicial ao longo de sua história, conforme demonstra a mesma certidão (doc. 4);

d) Seus administradores e sócio controlador nunca tiveram qualquer condenação criminal, conforme demonstram suas folhas de antecedentes (doc. 5);

e) As causas concretas da situação patrimonial da Requerente encontram-se minuciosamente expostas no item 1 desta petição, *supra*;

f) Apresenta neste ato as demonstrações contábeis relativas aos últimos três exercícios sociais, bem como as levantadas especialmente para instruir este pedido – balanço patrimonial (doc. 7), demonstração de resultados acumulados (doc. 8), demonstração do resultado do último exercício social (doc. 9) e relatório gerencial de fluxo de caixa acompanhado de sua projeção (doc. 9);

g) Apresenta neste ato a relação nominal de credores, inclusive aqueles por obrigação de fazer ou de dar, nos termos do art. 51, III, da Lei de Falências, estando os respectivos créditos classificados e atualizados (doc. 10);

h) Apresenta neste ato a relação de empregados, nos termos do art. 51, IV, da Lei de Falências (doc. 11);

i) Apresenta neste ato a ata de nomeação dos atuais administradores (doc. 12);

j) Apresenta neste ato a relação de bens particulares do sócio controlador Sr. João Alfredo e do administrador Sr. Afrânio Abreu e Lima (doc. 13);

k) Apresenta neste ato os extratos atualizados das contas bancárias da Requerente, de suas aplicações financeiras e fundos de investimento (doc. 14);

l) Apresenta neste ato as certidões dos cartórios de protestos das comarcas de Petrolina/PE, local da sede da Requerente, e de Pilão Arcado/BA, local de seu único estabelecimento filial (doc. 3);

m) Apresenta neste ato a relação de ações judiciais em que figura como parte (doc. 2).

Cumpre salientar que, em relação à apresentação do pedido de recuperação judicial, a análise do Poder Judiciário cinge-se ao cumprimento dos requisitos legais para deferimento de seu processamento, para que se inicie o prazo de apresentação do plano de recuperação a ser analisado pelos credores. Logo, ante a documentação acima elencada, é de rigor o deferimento do benefício.

3. DO PEDIDO

Ante o exposto, serve a presente para requerer:

a) sejam deferido o processamento da recuperação judicial, nos termos do art. 52, *caput*, da Lei de Falências;

b) seja nomeado o administrador judicial, nos termos do art. 52, I, da Lei de Falências;

PRÁTICA EMPRESARIAL – 4ª EDIÇÃO   305   PEÇAS PRÁTICO-PROFISSIONAIS

c) seja dispensada a apresentação de certidões negativas para que o devedor exerça suas atividades, exceto para a contratação com o Poder Público ou para recebimento de benefícios ou incentivos fiscais ou creditícios, nos termos do art. 52, II, da Lei de Falências;

d) seja ordenada a suspensão de todas as ações e execuções em face do devedor, nos termos e com as ressalvas do art. 52, III, da Lei de Falências

e) a intimação do Ministério Público e da Fazenda Pública Federal, dos Estados de Pernambuco e Bahia e dos Municípios de Petrolina/PE e Pilão Arcado/BA, nos termos do art. 52, V, da Lei de Falências;

f) a publicação de edital na Imprensa Oficial nos termos do art. 52, § 1º, da Lei de Falências, a fim de dar ciência aos credores do deferimento do processamento da recuperação e do prazo para habilitação dos créditos, bem como para que apresentem objeção ao plano de recuperação judicial a ser apresentado pelo devedor.

Dá-se à causa do valor de R$ (...).

Termos em que

Pede deferimento.

(Local e data)

[não assine, rubrique ou, de outra forma, identifique sua prova!]

—————————————
ADVOGADO (...)

OAB-(Estado) nº (...)

Endereço (...)

fim da peça

DISTRIBUIÇÃO DE PONTOS

ITEM	PONTUAÇÃO
I- Endereçamento: Exmº Sr. Juiz de Direito da ___ Vara Cível da Comarca de Petrolina [Estado de Pernambuco] (0,10).	0,00 / 0,10
II- Qualificação do devedor: Cimbres Produtora e Exportadora de Frutas Ltda., representada pelo seu administrador Afrânio Abreu e Lima, etc. (0,10)	0,00 / 0,10
III- Fundamento legal: Art. 48 da Lei nº 11.101/2005 (0,10). *Obs: A menção ao nome da peça PEDIDO/REQUERIMENTO DE RECUPERAÇÃO JUDICIAL não confere pontuação.*	0,00 / 0,10
IV- Cumprimento dos requisitos formais IV.a) exercício regular da empresa pela sociedade há mais de 2 (dois) anos (0,15)	0,00 / 0,15
IV.b) a sociedade não está falida (0,15);	0,00 / 0,15
IV.c) não obteve, há menos de 5 anos, concessão de recuperação judicial (0,15);	0,00 / 0,15

ROBINSON BARREIRINHAS E HENRIQUE SUBI

IV.d) nenhum administrador ou sócio controlador foi condenado por qualquer dos crimes [falimentares] previstos na Lei nº 11.101/2005 (0,15).	0,00 / 0,15
V- Cumprimento da legislação societária: juntada da ata da assembleia de sócios que aprovou o pedido de recuperação judicial (0,25).	0,00 / 0,25
VI. Exposição das causas concretas da situação patrimonial da sociedade e das razões da crise econômico-financeira (0,35). *Obs.: A mera transcrição do texto do enunciado e/ou do dispositivo normativo, sem a devida contextualização, não receberá pontuação.*	0,00 / 0,35
VII- Menção EXPRESSA E INDIVIDUALIZADA aos documentos a serem anexados à petição inicial (Art. 51 da Lei nº 11.101/2005)	
VII.a) demonstrações contábeis da sociedade, tanto aquelas relativas aos 3 (três) últimos exercícios sociais **QUANTO AS LEVANTADAS ESPECIALMENTE PARA INSTRUIR O PEDIDO** (0,15)	0,00 / 0,15
VII.b) relação nominal completa dos credores, com a indicação do endereço, a natureza, a classificação e o valor atualizado do crédito de cada um, discriminação da origem, o regime dos respectivos vencimentos e a indicação dos registros contábeis de cada transação pendente (0,15).	0,00 / 0,15
VII.c) relação integral dos empregados, com suas funções, salários, indenizações e outras parcelas a que têm direito, com o correspondente mês de competência, e a discriminação dos valores pendentes de pagamento (0,15).	0,00 / 0,15
VII.d) certidão de regularidade da sociedade na Junta Comercial, o contrato social atualizado e as atas de nomeação dos atuais administradores (0,15). *Obs: Para fins de pontuação, todos os documentos acima devem ser citados.*	0,00 / 0,15
VII.e) relação dos bens particulares do sócio controlador e dos administradores (0,15).	0,00 / 0,15
VII.f) os extratos atualizados das contas bancárias da sociedade e de suas aplicações financeiras, emitidos pelas respectivas instituições financeiras (0,15).	0,00 / 0,15
VII.g) certidões do cartório de protestos da comarca da sede da sociedade (Petrolina) e da filial (Pilão Arcado) (0,15).	0,00 / 0,15
VII.h) relação das ações judiciais em que a sociedade é parte, inclusive as de natureza trabalhista, com a estimativa dos respectivos valores demandados, assinada pelo administrador Afrânio Abreu e Lima (0,15).	0,00 / 0,15
VIII- PEDIDO e suas especificações	
VIII.a) deferimento do processamento da recuperação judicial (0,30).	0,00 / 0,30
VIII.b) nomeação do administrador judicial (0,25).	0,00 / 0,25
VIII.c) dispensa da apresentação de certidões negativas para que o devedor exerça suas atividades (0,25), nos termos do Art. 52, II, da Lei nº 11.101/2005 (0,10). *Obs.: A simples menção do dispositivo legal sem a precisa indicação do inciso não pontua.*	0,00 / 0,25 / 0,35
VIII.d) suspensão das ações e execuções em face do devedor (0,25), nos termos do Art. 52, III, da Lei nº 11.101/2005 (0,10). *Obs.: A simples menção do dispositivo legal sem a precisa indicação do inciso não pontua.*	0,00 / 0,25 / 0,35
VIII.e.1) determinar a publicação de edital (0,25), nos termos do Art. 52, § 1º, da Lei nº 11.101/2005 (0,10). *Obs.: A simples menção do dispositivo legal sem a precisa indicação do parágrafo não pontua.*	0,00 / 0,25 / 0,35

PRÁTICA EMPRESARIAL – 4ª EDIÇÃO   307   PEÇAS PRÁTICO-PROFISSIONAIS

VIII.e.2) dar ciência aos credores do deferimento do processamento da recuperação e do prazo para habilitação dos créditos (0,30), e para que apresentem objeção ao plano de recuperação judicial a ser apresentado pelo devedor (0,20).	0,00 / 0,20 / 0,30 / 0,50
VIII- Menção ao valor da causa (0,10).	0,00 / 0,10
IX- Fechamento da peça: Local..., Data...., Advogado...., OAB... (0,10).	0,00 / 0,10

(OAB/Exame Unificado – 2015.1 – 2ª fase) João Santana, administrador de Supermercados Porto Grande Ltda., lhe procura para que tome providências para a cobrança imediata de vários débitos assumidos pela sociedade Ferreira Gomes & Cia Ltda. Tal sociedade está em grave crise econô-mico-financeira desde 2012, com vários títulos protestados, negativação em cadastros de proteção ao crédito e execuções individuais ajuizadas por credores.

O cliente apresenta a você os seguintes documentos:

a) uma nota promissória subscrita por Ferreira Gomes & Cia Ltda. no valor de R$ 4.500,00 (quatro mil e quinhentos reais), vencida em 30/9/2013, apresentada a protesto em 17/03/2014, com medida judicial de sustação de protesto deferida e em vigor;

b) boleto de cobrança bancária no valor de R$ 12.900,00 (doze mil e novecentos reais) referente ao fornecimento de alimentos no período de janeiro a março de 2014, vencido, com repactuação de dívida com parcelamento em seis meses, a contar de outubro de 2014.

c) 23 (vinte e três) duplicatas de compra e venda, acompanhadas das respectivas faturas, vencidas entre os meses de janeiro de 2013 a fevereiro de 2014, no valor total de R$ 31.000,00 (trinta e um mil reais), todas aceitas pelo sacado Ferreira Gomes & Cia Ltda. e submetidas ao protesto falimentar em 26/3/2014.

Por fim, solicita o cliente a propositura da medida judicial apta a instauração de execução coletiva dos bens do devedor em caso de procedência do pedido.

Elabore a peça adequada, sabendo-se que: i) a devedora tem um único estabelecimento, denominado "Restaurante e Lanchonete Tartarugal", situado em Macapá/AP; ii) o Decreto sobre a Organização e Divisão Judiciárias do Estado do Amapá determina ser a Comarca de Macapá composta de 06 (seis) Varas Cíveis, competindo aos respectivos Juízes processar e julgar os feitos de natureza comercial. **(Valor: 5,00)**

GABARITO COMENTADO – FGV – ADAPTADO

O enunciado não informa a data da propositura da ação de falência nem solicita que o examinando adote uma data precisa, seja no ano de 2014 seja no ano de 2015. Isto porque, após a análise dos títulos apresentados e a conclusão que apenas as duplicatas de compra e venda seriam títulos executivos extrajudiciais, o examinando encontra óbice ao mínimo exigido pelo Art. 94, I, da Lei nº 11.101/2005 no valor das duplicatas indicado no enunciado (R$ 31.000,00 – trinta e um mil reais). Por outro lado, a ausência de uma data precisa para a elaboração da peça não afasta o cabimento da ação de falência, se a mesma for proposta durante o ano de 2014.

Se o examinando entender que a peça deve ser proposta em 2015 e, nesse caso, o valor de R$ 31.000,00 não perfaz o mínimo exigido pelo Art. 94, I, da Lei nº 11.101/05, ALTER-NATIVAMENTE, a ação de execução por título extrajudicial é a peça processual adequada, mesmo com a indicação ao final do enunciado de que o cliente pretende que o advogado pro-

ROBINSON BARREIRINHAS E HENRIQUE SUBI

ponha medida judicial apta a instaurar a execução coletiva dos bens do devedor. [*não obstante tenha a Banca Examinadora oficialmente acolhido as duas possibilidades, entendemos que o enunciado é bastante claro no sentido de que se deve elaborar o pedido de falência, diante da informação de que se pretende instaurar uma execução coletiva*]

Caso o examinando tenha adotado como premissa que o advogado elaborou a peça durante o ano de 2014, quando o salário mínimo nacional era correspondente a R$ 724,00 (setecentos e vinte e quatro reais), a peça adequada para satisfazer a pretensão do cliente é a AÇÃO (ou PETIÇÃO INICIAL) DE FALÊNCIA, com fundamento no Art. 94, *caput*, inciso I, e § 3º, da Lei nº 11.101/2005.

A petição deve ser endereçada ao Juiz de Direito de uma das Varas Cíveis da Comarca de Macapá, consoante informação contida no enunciado.

O examinando deverá qualificar as partes com base nas informações contidas no enunciado, sendo autor Supermercados Porto Grande Ltda., representada por seu administrador João Santana, e réu Ferreira Gomes & Cia Ltda., representada por seu administrador.

Em cumprimento ao Art. 3º da Lei nº 11.101/2005 (Juízo competente para decretar a falência), o examinando deverá fazer menção ao lugar do principal estabelecimento do devedor, que no caso é a própria sede da sociedade, em Macapá, eis que não há filial.

Deverá ser ressaltada a legitimidade ativa do credor, que é empresário regular inscrito no Registro Público de Empresas Mercantis (OU na Junta Comercial do Estado do Amapá), cuja prova deverá apresentar em conformidade com o Art. 97, IV e § 1º da Lei nº 11.101/2005.

Ao analisar os títulos apresentados pelo credor o examinando deverá concluir que apenas as vinte e três duplicatas reúnem, somadas, as condições do Art. 94, I, e seu § 3º, da Lei nº 11.101/2005 para a propositura da ação. A nota promissória não cumpre o requisito do Art. 94, § 3º, da Lei nº 11.101/2005, em razão da sustação do protesto em vigor; o boleto bancário, além de não ser, isoladamente, título executivo extrajudicial, é inexigível em razão do acordo novativo de parcelamento, a contar de outubro de 2014.

Nos fundamentos jurídicos, o examinando deverá demonstrar o preenchimento de todos os requisitos legais para o pedido de falência (Art. 94, I, e seu § 3º, da Lei nº 11.101/2005), a saber:

a) obrigação líquida não paga sem relevante razão de direito;

b) título executivo (duplicatas de compra e venda aceitas – Art. 784, I, do CPC ou Art. 15, I, da Lei nº 5.474/68);

c) valor da dívida superior a 40 (quarenta) salários mínimos na data do pedido de falência; COMO O EXAMINANDO ADOTOU COMO PREMISSA QUE A PEÇA FOI ELABORADA EM 2014 E A AÇÃO DE FALÊNCIA FOI PROPOSTA NO MESMO ANO, O VALOR DAS 23 DUPLICATAS (R$ 31.000,00) É SUPERIOR A 40 SALÁRIOS MÍNIMOS NA DATA DO PEDIDO, A SABER: 40 SALÁRIOS MÍNIMOS EM 2014 (R$ 724 X 40 = R$ 28.960,00).

d) a submissão das duplicatas de compra e venda ao protesto especial, ou seja, para fins de falência, como exige o Art. 94, § 3º, da Lei nº 11.101/05.

Nos pedidos deverão ser requeridos:

a) a citação do réu para oferecer contestação no prazo de 10 (dez) dias, com base no Art. 98, *caput*, da Lei nº 11.101/2005;

b) a procedência do pedido para ser decretada a falência do devedor;

PRÁTICA EMPRESARIAL – 4ª EDIÇÃO

PEÇAS PRÁTICO-PROFISSIONAIS

c) a condenação do réu ao pagamento das custas e honorários advocatícios.

Em relação às provas com as quais o autor pretende demonstrar a veracidade dos fatos e o cumprimento dos requisitos legais à ação de falência, deve ser expressamente mencionado:

a) certidão de sua regularidade perante o RPEM ou a Junta Comercial do Estado do Amapá, exigência do Art. 97, § 1º, da Lei nº 11.101/05;

b) as duplicatas de compra e venda, acompanhadas das respectivas faturas, exibidas no original em conformidade com o Art. 9º, parágrafo único, da Lei nº 11.101/2005;

c) certidões (ou instrumentos) do protesto especial das duplicatas.

O valor da causa deve ser indicado pelo examinando com fundamento no Art. 319, V, do CPC.

No fechamento da peça o examinando deverá proceder em conformidade com o item 3.5.8 do Edital:

Local... (ou Macapá/AP), Data..., Advogado.... e OAB...

início da peça

Excelentíssimo Senhor Doutor Juiz de Direito de uma das Varas Cíveis da Comarca de Macapá/AP.

[deixe espaço de aproximadamente 10 cm, para eventual despacho ou decisão do juiz]

SUPERMERCADOS PORTO GRANDE LTDA., sociedade empresária regularmente inscrita no CNPJ sob o nº (...), sediada em (endereço completo), nestes autos representada por seu administrador, Sr. João Santana (qualificação completa), por meio de seu advogado e bastante procurador que esta subscreve (procuração anexa – Doc. 1), com escritório em (endereço completo), onde receberá quaisquer notificações e intimações, vem, mui respeito-samente, à presença de Vossa Excelência, nos termos do art. 94, I, da Lei nº 11.101/2005 – Lei de Falências, apresentar

PEDIDO DE FALÊNCIA

em face de FERREIRA GOMES & CIA LTDA., sociedade empresária regularmente inscrita no CNPJ sob o nº (...), sediada em (endereço completo), pelas razões de fato e de direito que passa a expor.

1. DOS FATOS

De proêmio, Excelência, esclareça-se, para fins de comprovação da legitimidade das partes e da competência deste Egrégio Juízo, que a Requerente é sociedade empresária regularmente inscrita no Registro Público de Empresas Mercantis (doc. 2) e que a Requerida é também sociedade empresária que explora seu único, e portanto principal, estabelecimento conhecido como "Restaurante e Lanchonete Tartarugal" nesta cidade e comarca de Macapá, fixando-se a competência territorial nos termos do art. 3º da Lei de Falências.

A Requerente é credora da Requerida do valor total de R$31.000,00 (trinta e um mil reais), representados por 23 (vinte e três) duplicatas vencidas e não pagas, devidamente protestadas para fins falimentares em 26 de março de 2014 (doc. 3), devidamente atualizado nos termos da memória de cálculo anexa (doc. 4).

Tal sociedade está em grave crise econômico-financeira desde 2012, com vários títulos protestados, negativação em cadastros de proteção ao crédito e execuções individuais ajuizadas por credores. Por isso, infrutíferas as tentativas de recebimento amigável do valor e em face do cenário em que se encontra a Requerida, é imperioso o reconhecimento de sua insolvência e decretação de sua falência.

2. DO DIREITO

Dispõe o art. 94, I, da Lei de Falências:

Art. 94. Será decretada a falência do devedor que:

I – sem relevante razão de direito, não paga, no vencimento, obrigação líquida materializada em título ou títulos executivos protestados cuja soma ultrapasse o equivalente a 40 (quarenta) salários-mínimos na data do pedido de falência;

A partir do dispositivo legal transcrito acima, nota-se que estão presentes todos os requisitos legais para decretação da quebra, pois:

a) não houve relevante razão de direito para a ausência de pagamento das duplicatas, simplesmente a Requerida não atendeu ao prazo de estabelecido para adimplemento de sua obrigação;

b) a obrigação está materializada em títulos executivos extrajudiciais – duplicatas – nos termos do art. 784, I, do CPC e art. 15, I, da Lei nº 5.474/1968, devidamente protestados para fins falimentares (art. 94, § 3º, da Lei nº 11.101/2005);

c) o valor devido ultrapassa 40 salários mínimos na data em que esse pedido é realizado.

3. DO PEDIDO

Ante o exposto, serve a presente para requerer:

a) seja o Executado citada para, em 10 dias, apresentar contestação, nos termos do art. 98 da Lei de Falências;

b) seja, ao final, julgado procedente o pedido, decretando-se a falência da devedora e instaurando-se o juízo concursal;

c) a condenação da Ré ao pagamento das custas processuais e honorários advocatícios.

Protesta pela produção de todas as provas admitidas em Direito, em especial a apresentação dos documentos que instruem a presente petição:

a) certidão de sua regularidade perante a Junta Comercial do Estado do Amapá, exigência do art. 97, § 1º, da Lei nº 11.101/05;

b) as duplicatas de compra e venda, acompanhadas das respectivas faturas, exibidas no original em conformidade com o art. 9º, parágrafo único, da Lei nº 11.101/2005;

c) certidões do protesto especial das duplicatas.

Dá-se à causa o valor de R$ (...) (valor atualizado da dívida)

PRÁTICA EMPRESARIAL – 4ª EDIÇÃO   311   PEÇAS PRÁTICO-PROFISSIONAIS

Termos em que
Pede deferimento.
(Local e data)

[não assine, rubrique ou, de outra forma, identifique sua prova!]

_____
ADVOGADO (...)
OAB-(Estado) n° (...)
Endereço (...)

fim da peça

DISTRIBUIÇÃO DE PONTOS

ITEM	PONTUAÇÃO
I – Endereçamento	
Exmo. Dr. Juiz de Direito da ___ Vara Cível da Comarca de Macapá (0,10).	0,00/0,10
II – Qualificação das Partes	
Autor: Supermercados Porto Grande Ltda., representada por seu administrador João Santana etc. (0,15)	0,00/0,15/0,30
Réu: Ferreira Gomes & Cia Ltda., representada por seu administrador etc. (0,15)	
III – Juízo Competente para a Decretação da Falência	
A ação é proposta em Macapá, local do principal estabelecimento do devedor (0,30), com fundamento no Art. 3° da Lei n° 11.101/2005. (0,10)	0,00/0,30/0,40
Obs.: a simples menção ou transcrição do dispositivo legal não será pontuada.	
IV- Legitimidade ativa	
O autor é credor (0,15) e empresário regular inscrito no Registro Público de Empresas Mercantis (OU na Junta Comercial do Estado do Amapá) (0,25), em conformidade com o Art. 97, IV, da Lei n° 11.101/05 (0,10)	0,00/0,15/0,25/0,35/0,40/0,50
Obs.: a simples menção ou transcrição do dispositivo legal não será pontuada.	
V- Fundamentação jurídica	
a) o devedor não pagou no vencimento obrigação líquida sem relevante razão de direito (0,25);	0,00/0,25
b) o crédito está representado por duplicatas de compra e venda, títulos executivos extrajudiciais (0,30), de acordo com o Art. 784, I, do CPC **OU** de acordo com o Art. 15, I, da Lei n° 5.474/68 (0,10);	0,00/0,30/0,40
Obs.: a simples menção ou transcrição do dispositivo legal não será pontuada.	
c) o valor total das duplicatas é superior a 40 (quarenta) salários mínimos. (0,30).	0,00/0,30
Obs.: a simples menção ou transcrição do art. 94, I, da Lei n. 11.101/2005 não pontua.	

d) as duplicatas foram submetidas ao protesto para fim falimentar (0,45), nos termos do Art. 94, § 3°, da Lei n° 11.101/2005 (0,10). *Obs.: a simples menção ou transcrição do dispositivo legal não será pontuada.*	0,00/0,45/0,55
e) Fundamento legal: Art. 94, I, da Lei n° 11.101/2005 (0,10). *Obs.: somente será atribuída pontuação a este item se o examinando apontar, pelo menos, 2 (dois) dos 4 (quatro) fundamentos jurídicos.*	0,00/0,10
VI – Pedidos	
a) citação do réu para oferecer contestação no prazo de 10 (dez) dias (0,25), em conformidade com o Art. 98, *caput*, da Lei n° 11.101/2005 (0,10). *Obs.: a simples menção ou transcrição do dispositivo legal não será pontuada.*	0,00/0,25/0,35
b) procedência do pedido para ser decretada a falência do devedor OU da sociedade empresária (0,20).	0,00/0,20
c) condenação do réu ao pagamento das custas e honorários advocatícios (0,10).	0,00/0,10
VII – Das Provas (deve haver menção expressa)	
a) 23 (vinte e três) duplicatas de compra e venda, acompanhadas das respectivas faturas, exibidas no original (0,35), em conformidade com o Art. 9°, parágrafo único, da Lei n° 11.101/2005 (0,10); *Obs.: a simples menção ou transcrição do dispositivo legal não será pontuada.*	0,00/0,35/0,45
b) certidões (ou instrumentos) do protesto especial das duplicatas (0,35).	0,00/0,35
c) certidão do Registro Público de Empresas Mercantis (OU da Junta Comercial do Estado do Amapá) comprovando a regularidade das atividades do Autor (0,35), com base no Art. 97, § 1°, da Lei n° 11.101/2005 (0,10). *Obs.: a simples menção ou transcrição do dispositivo legal não será pontuada.*	0,00/0,35/0,45
VIII- Menção ao valor da causa (Art. 319, V, do CPC)	0,00/0,10
IX – Fechamento	
Local..., Data..., Advogado..., OAB... (0,10)	0,00 / 0,10

(OAB/Exame Unificado – 2010.3 – 2ª fase) J.P. Estofador, empresário individual domiciliado na cidade do Rio de Janeiro, é credor, por uma duplicata de prestação de serviços, devidamente aceita, no valor de R$ 10.000,00, vencida e não paga, da sociedade Móveis Paraíso Ltda., relativamente a serviços de estofamento realizados. A falência da devedora foi decretada em 11.02.2009 pelo Juízo da 3ª Vara Empresarial da Comarca da Capital do Estado do Rio de Janeiro. Pouco mais de um ano após a decretação da quebra, dito credor procurou-o(a), como advogado(a), para promover sua habilitação na falência da aludida sociedade empresária, considerando não ter sido observado o prazo estipulado no § 1° do artigo 7° da Lei 11.101/2005.

Com base somente nas informações de que dispõe e nas que podem ser inferidas pelo caso concreto acima, elabore a petição adequada a atender à pretensão de seu cliente.

PRÁTICA EMPRESARIAL – 4ª EDIÇÃO 313 PEÇAS PRÁTICO-PROFISSIONAIS

COMENTÁRIO PRÉVIO

Na falência, cabe ao administrador judicial a verificação dos créditos a serem incluídos no quadro-geral de credores, através da análise da contabilidade do falido e dos documentos que lhe forem apresentados pelos interessados.

Caso o credor não se apresente, ou seja, não habilite seu crédito, no prazo legal, poderá fazê-lo posteriormente, sendo sua habilitação processada nos mesmos moldes da impugnação a crédito já reconhecido. Isso desde que ainda não tenha ocorrido a homologação do quadro--geral de credores. Se esta já tiver acontecido, deve o credor ajuizar ação de rito ordinário pretendendo a retificação do quadro-geral de credores – QGC.

Como a questão não traz esse dado, qualquer das saídas era possível, desde que atendesse a todos os requisitos legais.

A habilitação retardatária impõe quatro desvalias para o credor: não terá direito a voto nas assembleias-gerais, perde o direito aos rateios eventualmente já realizados, fica sujeito ao pagamento de custas processuais e perde o direito aos acessórios (juros e multa, por exemplo) compreendidos entre o término do prazo legal para habilitação e a data do pedido. Sem prejuízo, tem direito à reserva de cota da massa falida objetiva para satisfação de seu crédito.

Não deve o candidato esquecer que, dada a natureza da medida, é necessário atribuir valor à causa, principalmente para embasar o cálculo das custas. É o entendimento da jurisprudência majoritária.

RESOLUÇÃO DA PEÇA PRÁTICO-PROFISSIONAL

[o que estiver entre colchetes é apenas nota do autor – não deve constar da peça]

início da peça

Excelentíssimo Senhor Doutor Juiz de Direito da 3ª Vara Empresarial da Comarca da Capital do Estado do Rio de Janeiro

[deixe espaço de aproximadamente 10 cm, para eventual despacho ou decisão do juiz]

Autos nº .../...

Distribuição por dependência

J.P. ESTOFADOR, empresário individual regularmente inscrito no CNPJ sob o nº (...), sediado em (endereço completo), por meio de seu advogado e bastante procurador que esta subscreve (procuração anexa – Doc. 1), com escritório em (endereço completo), onde receberá quaisquer notificações e intimações, vem, mui respeitosamente, à presença de Vossa Excelência, nos termos dos arts. 9º e 10, § 4º, da Lei nº 11.101/2005, propor

HABILITAÇÃO DE CRÉDITO RETARDATÁRIA

nos autos da falência de MÓVEIS PARAÍSO LTDA., já devidamente qualificada, pelas razões de fato e de direito que passa a expor.

1. DOS FATOS

O Requerente é credor, por uma duplicata de prestação de serviços, devidamente aceita, no valor de R$ 10.000,00, vencida e não paga, da sociedade falida (Doc. 2), relativamente a serviços de estofamento realizados, tendo sido a quebra da devedora decretada por este Egrégio Juízo em 11.02.2009.

Ocorre que, até o presente momento, o Requerente não habilitou seu crédito junto ao juízo universal da falência, estando, portanto, fora do quadro-geral de credores que terão seus créditos satisfeitos.

2. DO DIREITO

Dispõe o art. 7°, § 1°, da Lei n° 11.101/2005 (Lei de Falências) que cabe ao credor da sociedade falida habilitar seu crédito junto ao administrador judicial no prazo de 15 dias, contados da data da publicação do edital contendo a íntegra da decisão que decreta a falência e a lista de credores.

Considerando que o Requerente não cumpriu o prazo estipulado em lei, deve a habilitação de seu crédito ser recebida como habilitação retardatária, nos termos do art. 10 da Lei de Falências, requerendo-se, desde já, a reserva de sua quota da massa falida para satisfação de seu crédito, conforme autorizado pelo § 4° do mesmo art. 10 da lei de regência.

Em cumprimento ao disposto no art. 9° da Lei de Falências, informa ainda o Requerente que o valor de seu crédito de natureza quirografária atualizado até a data da decretação da falência é de R$ (valor atualizado), conforme o demonstrativo de cálculo anexo (Doc. 3), tendo como origem a duplicata mencionada anteriormente emitida por conta de serviços de estofamento devidamente prestados (canhoto da duplicata devidamente assinado – Doc. 4).

3. DO PEDIDO

Ante o exposto, requer:

a) seja reservado valor suficiente da massa falida para satisfação do crédito do Requerente;

b) seja a presente habilitação de crédito retardatária recebida como impugnação, remetendo-a ao administrador judicial para parecer e, após, julgada procedente, incluindo-se o crédito do Requerente no quadro-geral de credores;

c) provar o alegado por todos os meios de prova admitidos em direito, principalmente documental, pericial e testemunhal.

Dá-se à causa o valor de R$ (...) (valor do crédito atualizado).

Termos em que

Pede deferimento.

(Local e data)

[não assine, rubrique ou, de outra forma, identifique sua prova!]

ADVOGADO (...)

OAB-(Estado) n° (...)

Endereço (...)

fim da peça

PRÁTICA EMPRESARIAL – 4ª EDIÇÃO 315 PEÇAS PRÁTICO-PROFISSIONAIS

GABARITO COMENTADO – FGV

Artigo 9º e § 4º do artigo 10 – Lei 11.101/2005, procuração, Código de Processo Civil e estatuto da OAB.

Trata-se de uma habilitação de crédito retardatária. Nela deverão estar contemplados os seguintes requisitos: I – o nome, o endereço do credor e o endereço em que receberá comunicação de qualquer ato do processo; II – o valor do crédito, atualizado até a data da decretação da falência, sua origem e classificação; III – os documentos comprobatórios do crédito e a indicação das demais provas a serem produzidas. Por cuidar-se de habilitação retardatária, deve ser utilizada a faculdade contida no § 4º, do art. 10, da Lei 11.101/2005, concernente ao requerimento da denominada "reserva de quota", para evitar a perda, pelo credor, do direito a rateios que eventualmente se realizem, até o julgamento final da habilitação. Na hipótese de o candidato considerar já ter sido homologado o quadro-geral de credores, deverá elaborar ação de retificação do quadro-geral de credores, seguindo os mesmos critérios acima apontados.

DISTRIBUIÇÃO DOS PONTOS

Em relação aos itens de correção, assim ficaram divididos:

ITEM	PONTUAÇÃO
Endereçamento da petição	0 / 0,45
Indicação de que se trata de habilitação retardatária	0 / 0,5
Qualificação do credor	0 / 0,25
Endereço para receber comunicação	0 / 0,25
Valor do crédito (indicação somente do valor histórico = 0,25 / indicou o valor atualizado até a data de decretação de falência = 0,5)	0 / 0,25 / 0,5
Origem do título 0,5 = só o título 0,75 = além do título, a origem	0 / 0,5 / 0,75
Classificação do crédito	0 / 0,5
Indicação dos documentos comprobatórios do crédito e das provas a serem produzidas: 0,25 = procuração (1 documento) 0,5 = procuração + título (2 documentos) 0,75 = procuração + título + memória de cálculo (3 documentos) 1,0 = os anteriores + prova da prestação de serviço OU comprovação da regularidade do registro (4 documentos)	0 / 0,25 / 0,5 / 0,75 / 1,0
Requerimento de reserva de quota	0 / 0,8

Anotações